Militär in Rom

Deutsches Archäologisches Institut Rom

Palilia

Band 20

Alexandra W. Busch

Militär in Rom

Militärische und paramilitärische Einheiten im kaiserzeitlichen Stadtbild

2011

Dr. Ludwig Reichert Verlag Wiesbaden

Umschlagbild:
Soldaten beim Verbrennen von Schuldtafeln auf dem sogenannten Chatsworth-Relief;
Chatsworth, Sammlung Cavendish Inv. A 59

Redaktion: Deutsches Archäologisches Institut Rom
Satz, Bild und Prepress: Klaus E. Werner

Bibliografische Information der Deutschen Nationalbibliothek
Die Deutsche Nationalbibliothek verzeichnet diese Publikation in der Deutschen Nationalbibliografie;
detaillierte bibliografische Daten sind im Internet über http://dnb.ddb.de abrufbar.

ISBN 978-3-89500-706-4

Gedruckt auf alterungsbeständigem Papier mit neutralem pH-Wert.
Printed in Germany.

Inhalt

Vorwort

Die vorliegende Untersuchung ist die überarbeitete Version meiner Dissertation, die im Sommersemester 2004 an der Philosophischen Fakultät der Universität zu Köln angenommen wurde. Ihr Entstehen im Spannungsfeld zwischen Klassischer und Provinzialrömischer Archäologie wurde maßgeblich durch die besondere Situation am Archäologischen Institut der Universität zu Köln beeinflußt, an dem beide archäologischen Fachdisziplinen gelehrt werden.

Für die Bereitschaft, ein für die Archäologie der römischen Provinzen eher untypisches Thema akzeptiert und stets unterstützt zu haben, möchte ich meinem Doktorvater Thomas Fischer herzlich danken. Ein besonders herzlicher Dank gebührt Henner von Hesberg, der die Arbeit von Beginn an mit großem Interesse verfolgt und mit wohlmeinender Kritik begleitet hat. Er übernahm freundlicherweise das Koreferat.

Für die Aufnahme in die Forschergruppe »Stadtkultur in der römischen Kaiserzeit« am DAI Rom bin ich den Leitern des Kollegs Paul Zanker, Richard Neudecker und Valentin Kockel besonders dankbar. Die anregende Atmosphäre am römischen Institut trug bedeutend zur Genese der Arbeit bei. Die großzügige finanzielle Unterstützung durch die Gerda Henkel Stiftung und die sehr guten Arbeitsbedingungen schufen einen optimalen Rahmen zur Beschäftigung mit dem Thema. Für die Aufnahme in die Reihe Palilia danke ich Dieter Mertens, dem ehemaligen Direktor des DAI Rom, und dessen zweitem Direktor Stefan Freyberger.

Die Unterstützung, die ich von Reinhard Förtsch während des gesamten Projekts erhalten habe, ist durch nichts aufzuwiegen. So geht die Beschäftigung mit dem Militär in Rom auf die Möglichkeit zurück, die Grabdenkmäler der equites singulares Augusti im Rahmen einer Magisterarbeit für die Reihe Monumenta Artis Romanae bearbeiten zu dürfen. Die exzellenten Rahmenbedingungen im Forschungsarchiv für Antike Plastik haben entscheidend zum Gelingen der Arbeit beigetragen. Die Aufnahme der Denkmäler wurde durch Fotokampagnen des Archivs begleitet. Den beiden Fotografen, Philipp Groß und Gisela Geng, sei für ihren unermüdlichen Einsatz gedankt.

Die Anregung, die Lager und Unterkünfte der Soldaten in die Untersuchung einzubeziehen, stammt von Jürgen Obmann. Ohne ihn läge die Arbeit nicht in der vorliegenden Form vor. Besonderer Dank gebührt auch Friederike Fless, die die Arbeit von Beginn an gefördert und durch zahlreiche wichtige Hinweise bereichert hat.

Paolo Liverani, Giorgio Filippi und Giandomenico Spinola (Musei Vaticani) schufen optimale Arbeitsbedingungen zur Aufnahme der Denkmäler in den Vatikanischen Museen und unterstützten das Vorhaben in jeglicher Hinsicht. Maria Elena Bertoldi und Luigia Attilia (Archivio della Soprintendenza Speciale per i Beni Archeologici di Roma), Rosanna Friggeri und ihre Mitarbeiter (Museo Nazionale Romano) sowie Wolfgang Schmidt (Saalburg Archiv) ermöglichten mir die Einsichtnahme in die Dokumente der Ausgrabungen und das Bildmaterial. Für ihre freundliche Unterstützung in der Anfangszeit möchte ich Marie Antoinetta Tomei und Francesca Boldrighini danken.

Hugo Brandenburg, Konstantin Brandenburg, Giandomenico Spinola und Tobias Lange begleiteten die Aufnahme der Baubefunde in den castra peregrina, den castra equitum singularium und den castra praetoria. Ihre zahlreichen Hinweise waren bei der Aufarbeitung der Befunde sehr hilfreich.

Durch ihre sorgfältige Lektüre einzelner Kapitel des Manuskripts und entscheidende inhaltliche Hinweise haben mir vor allem Werner Eck, Ulrike Ehmig, Friederike Fless, Christian Gugl, Richard Neudecker und Hans-Joachim Schalles geholfen. Für Hinweise, Anregungen und Kritik danke ich zudem: Franz Alto Bauer, Ralf Behrwald, Heinz Beste, Anthony Birley, Lukas de Blois, Dietrich Boschung, Jon Coulston, Björn Gesemann, Jochen Griesbach, Andreas Grüner, Luca Giuliani, Rudolf Haensch, Oliver Hekster, Hans-Markus von Kaenel, Franziska Koch, Patric Kreuz, Martin Langner, Katherina Lorenz, Irene Mayer, Peter Noelke, Massimiliano Papini, Boris Rankov, Marcus Reuter, Alfred Schäfer, Felix Schäfer, Dirk Schmitz, Sigmar von Schnurbein und Marcus Scholz.

Philipp von Rummel und seinen Vorgängern Olaf Dräger und Matthias Grawehr sowie Eva Hagen sei für die redaktionelle Betreuung des Manuskripts herzlich gedankt. Die Fertigstellung des Bandes ist dabei insbesondere dem engagierten Einsatz und der Geduld von Philipp von Rummel, Eva Hagen und Klaus Werner zu verdanken. Ganz besonderer Dank gebührt Massimiliano Papini, der freundlicherweise die Übersetzung der Zusammenfassung ins Italienische übernahm.

Ohne die fortwährende Hilfsbereitschaft und Unterstützung von Christian Gugl und meinen Eltern wäre die Arbeit nicht zustande gekommen. Ihnen danke ich von ganzem Herzen.

Widmen möchte ich dieses Buch meinen Eltern Gertrud und Walter Busch.

Neuss, im Februar 2008

Abkürzungen und Hinweise zum Online-Katalog

Außer den in der Archäologischen Bibliographie (1992) und dem AA 1997 empfohlenen Sigeln und Abkürzungen werden die folgenden verwendet:

Antonielli, Castra Praetoria	U. Antonielli, Sull'orientamento dei »Castra Praetoria«, BCom 41, 1913, 31 ff.
Ashby – Baillie Reynolds, Castra Peregrinorum	T. Ashby – P. K. Baillie Reynolds, The Castra Peregrinorum, JRS 13, 1923, 152 ff.
Bellen, Leibwache	H. Bellen, Die germanische Leibwache der römischen Kaiser des iulisch-claudischen Hauses, AbhMainz (1981)
Boschung, Grabaltäre	D. Boschung, Antike Grabaltäre aus den Nekropolen Roms, Acta Bernensia 10 (1987)
Buonocore, Codici Lanciani	M. Buonocore, Appunti di topografia romana nei Codici Lanciani della Biblioteca Apostolica Vaticana I (1997); II (1997); III (2000)
CAR	Carta Archeologica di Roma II (1964); III (1977)
Clauss, Tituli	M. Clauss, Zur Datierung stadtrömischer Inschriften: Tituli Militum Praetorianorum, Epigraphica 35/1–2, 1973, 55 ff.
Colini, Celio	A. M. Colini, Storia e topografia del Celio nell'antichità, MemPontAc III 7 (1944)
Cozza, Mura	L. Cozza, Mura di Roma dalla Porta Nomentana alla Tiburtina, AnalRom 25, 1997, 8 ff.
Coulston – Dodge, Rome	J. Coulston – H. Dodge (Hrsg.), Ancient Rome. The Archaeology of the Eternal City (2000)
Deichmann – Tschira, Mausoleum	F. W. Deichmann – A. Tschira, Das Mausoleum der Kaiserin Helena und die Basilika der Heiligen Marcellinus und Petrus an der Via Labicana vor Rom, JdI 72, 1957, 44 ff.
Di Stefano Manzella – Gregori, Imagines	I. Di Stefano Manzella – G. L. Gregori (Hrsg.), Supplementa italica. Imagines. Roma (CIL, VI) II, Musei Vaticani, Antiquarium Comunale del Celio (2003)
Durry, Cohortes prétoriennes	M. Durry, Les cohortes prétoriennes (1938)
Fea, Miscellanea	C. D. Fea, Miscellanea filologica, critica e antiquaria I (1790); II (1836)
Förtsch, Villa	R. Förtsch, Villa und Prätorium. Zur Luxusarchitektur in frühkaiserzeitlichen Legionslagern, KölnJb 28, 1995, 617 ff.
Freis, Cohortes Urbanae	H. Freis, Die cohortes urbanae, Epigraphische Studien 2 = Beiheft BJb 21 (1967)
Frutaz, Piante	A. P. Frutaz, Le Piante di Roma (1962)
FUR	R. Lanciani, Forma Urbis Romae, Consilio et Auctoritate Reginae Academia Lincaeorum (1893–1901)
Giuliano, Sculture	A. Giuliano (Hrsg.), Museo Nazionale Romano. Le Sculture I 3 (1982); I 7 (1984); I 8 (1985)
Guyon, Cimetière	J. Guyon, Le cimetière aux Deux Lauriers (1987)
Johnson, Kastelle	A. Johnson, Römische Kastelle des 1. und 2. Jahrhunderts n. Chr. in Britannien und in den germanischen Provinzen des Römerreiches (1987)
Jordan – Hülsen, Topographie	H. Jordan – Ch. Hülsen, Topographie der Stadt Rom im Altertum I 3 (1907)
Kienast, Kriegsflotten	D. Kienast, Untersuchungen zu den Kriegsflotten der römischen Kaiserzeit, Antiquitas 1 (1966)
Kleiner, Altars	D. E. E. Kleiner, Roman Imperial Funerary Altars with Portraits (1987)

Kolb, Rom	F. Kolb, Rom. Die Geschichte der Stadt in der Antike (1995)
Lanciani, Ruins	R. Lanciani, The Ruins and Excavations of Ancient Rome (1897)
Le Bohec, Armée	Y. Le Bohec, L'Armée romaine sous le Haut-Empire (1989)
Lissi, Ceramica	E. Lissi, La ceramica arretina a rilievo. Rinvenuta durante la prima campagna di scavo all'interno dei Castra Praetoria, RStLig 29, 1963, 53 ff.
Lissi Caronna, Castra Praetoria	E. Lissi Caronna, Castra Praetoria, BdA 50, 1965, 114 f.
Liverani, Laterano	P. Liverani (Hrsg.), Laterano I. Scavi sotto la Basilica di S. Giovanni in Laterano, I Materiali (1998)
Lugli, Fontes	G. Lugli, Fontes ad Topographiam veteris urbis Romae I = Libri I–IV (1952); IV = Libri XII–XIV (1957)
Nordh, De regionibus	A. Nordh, Libellus de regionibus urbis Romae, Acta Instituti Romani Regni Sueciae III 8 (1949)
Panciera, Pretoriani	S. Panciera, Altri pretoriani di origine veneta, Aquileia Nostra 45/46, 1974/75, 163 ff.
Passerini, Coorti pretorie	A. Passerini, Le coorti pretorie (1939)
Piranesi, Antichità	G. B. Piranesi, Le Antichità Romane I–IV (1756)
Richmond, Praetorian Camp	I. A. Richmond, The relation of the Praetorian Camp to Aurelian's Wall of Rome, BSR 10, 1927, 12 ff.
Sablayrolles, Libertinus miles	R. Sablayrolles, Libertinus miles. Les cohortes de vigiles, CEFR 224 (1996)
Speidel, Equites	M. P. Speidel, Die equites singulares Augusti, Antiquitas I 11 (1965)
Speidel, Kaiserreiter	M. P. Speidel, Die Denkmäler der Kaiserreiter, Beih. BJb 1994 (1994)
Spinola, Sculture	G. Spinola, Sculture, rilievi, decorazione architettonica, iscrizioni e reperti ceramici, in: Liverani, Laterano 17–114
Zanghieri, Castro Pretorio	G. Zanghieri, Castro Pretorio. Fucina e tomba del romano impero, Bollettino dell'Istituto storico e di cultura dell'Arma del Genio 27, 1948

Hinweise zur Nutzung des Online-Katalogs in Arachne

Die Materialgrundlage der Untersuchung, das heißt die Baubefunde der Lager und Unterkünfte sowie die Grabdenkmäler des stadtrömischen Militärs wurden mit Hilfe der Bilddatenbank Arachne aufgenommen und strukturiert. Der Katalog ist online unter http://www.arachne.uni-koeln.de/drupal/ zugänglich. In der Menüleiste ‚Inhalte' der Startseite von Arachne kann der Katalog zur Publikation direkt über den Menüpunkt ‚Publikationen' angewählt werden. Über die ‚Einfache Suche' oder die ‚Erweiterte Suche' ist es ferner möglich, nach einzelnen Katalognummern oder eigenen Suchkriterien im Katalog zu recherchieren. Die Suchergebnisse lassen sich als PDF oder Word-Dokument auch für eine Offline-Nutzung exportieren.

Die Benennung der einzelnen Befunde folgt einer festen Nummerierung, die sich aus einem Kürzel für das jeweilige Lager und zwei Zahlen zusammensetzt, die durch einen Punkt getrennt werden (Bsp. CP 1.14). Die erste Zahl steht für die Befundkategorie (1 = Umfassungsmauer), die zweite für den eigentlichen Befund (14 = Befund). Damit lassen sich die Befundnummern klar von den Katalognummern der Grabdenkmäler (s. u.) unterscheiden.

Abürzungen der Lager:

CP = castra praetoria
CPE = castra peregrina
CPES = castra priora equitum singularium
CNES = castra nova equitum singularium
SCV = stationes cohortium vigilum
ECV = excubitorium cohortium vigilum

Kennzahlen der Befundkategorien:

1 = Umfassungsmauer
2 = Gebäude
3 = Infrastruktur
4 = nicht näher bestimmbare Befunde
5 = nicht mehr lokalisierbare Befunde
6 = Befunde außerhalb des Lagers

Die Katalognummern der Grabdenkmäler setzen sich aus einem Kürzel, an dem man die jeweilige Einheit und den Status des Soldaten erkennt und einer fortlaufenden Nummer zusammen. Die Kürzel lauten:

cohortes praetoriae und ihre Untereinheiten (CP)
veterani cohortium praetorianorum (VCP)
evocati (EV)
speculatores Augusti/cohortium praetorianorum (SP)
veterani ex speculatore (VSP)
statores (ST)
veterani Augusti (VA)
Germani corporis custodes (GCC)
equites singulares Augusti (ES)
veterani equitum singularium (VES)

cohortes urbanae (CU)
veterani cohortium urbanarum (VCU)
cohortes vigilum (CV)
veterani cohortium vigilum (VCV)
peregrini (PE)
frumentarii und speculatores legionis (F, SPL)
Flottensoldaten (CL)
Nicht näher bestimmbaren Soldaten (M, MLEG, LEG)
legio II Parthica (LP)
veterani (V, VLEG)

Abb. 1 Stadtrömische Soldaten tragen nach einem Steuererlaß durch Hadrian Schuldtafeln zur Verbrennung. Chatsworth-Relief, Chatsworth House, Großbritannien

Einleitung

Die vorliegende Untersuchung widmet sich der Präsenz militärischer und paramilitärischer Truppeneinheiten im kaiserzeitlichen Rom[1]. Ihr Ziel ist es, das vielschichtige kulturelle Erscheinungsbild des Militärs in der Stadt zu erfassen, seine Wirkung auf die städtische Bevölkerung und seine Bedeutung für das zivile Leben in der Hauptstadt und über deren Grenzen hinaus zu begreifen. Die Materialgrundlage für die Untersuchung bilden neben den epigraphischen und literarischen Quellen vor allem die archäologischen Hinterlassenschaften der Soldaten. Hierzu zählen nicht nur die baulichen Überreste der Lager und Unterkünfte, sondern auch die Befunde in den Nekropolen, mehrere tausend Grab- und Weihedenkmäler sowie die bildlichen Darstellungen römischer Soldaten bei Tätigkeiten innerhalb der Stadt[2] (Abb. 1). Den zeitlichen Rahmen der Betrachtung definieren der Beginn des Prinzipats des Augustus im Jahre 27 v. Chr. und der Sieg Konstantins über Maxentius im Jahre 312 n. Chr.[3]. Augustus hatte mit der Einrichtung und Neugründung verschiedener Einheiten, die erstmalig für den dauerhaften Dienst in der Hauptstadt vorgesehen waren, eine für die Kaiserzeit verbindliche Grundstruktur geschaffen, die erst unter Konstantin nach der Schlacht an der Milvischen Brücke aufgelöst wurde.

In der archäologischen und althistorischen Forschung wurde auf Basis der literarischen Quellen für die Zeit der römischen Republik eine Vorstellung von Rom als ›entmilitarisierter Zone‹ entwickelt, die mitunter auch (fälschlicherweise) auf die römische Kaiserzeit übertragen worden ist. Zahlreiche schriftliche Quellen belegen für diese Epoche jedoch die Anwesenheit militärischer und paramilitärischer Einheiten im Stadtgebiet und in dessen unmittelbarer Umgebung. Hiernach lebten und agierten im kaiserzeitlichen Rom zwischen zehntausend und vierzigtausend Soldaten[4]. Das Militär bildete also allein von seiner Zahl her einen bedeutenden politischen, demographischen, aber auch ökonomischen Faktor und war damit ein wichtiger Bestandteil der römischen Stadtkultur. Dennoch fand die Untersuchung der militärischen Präsenz in Rom in der Forschung bislang nur wenig Berücksichtigung. Während sich die Provinzialrömische Archäologie zwar intensiv der Untersuchung des Militärs an den Grenzen des Imperium Romanum widmete, blieb das Zentrum des Reiches per definitionem weitestgehend unbeachtet[5]. In der Klassischen Archäologie beschränkte man sich in der Regel auf die Betrachtung stadtrömischer Staatsreliefs, die Soldaten abbilden, ließ andere Gattungen aber außer acht[6]. Die Militärlager und Kasernen Roms wurden aus diesem Grunde nur summarisch in kurzen Grabungsberichten oder Handbuchtexten behandelt[7]. Eine

1 Unter der Bezeichnung ›paramilitärisch‹ werden solche Einheiten verstanden, die zwar in militärischer Weise organisiert, dabei aber nicht direkt mit militärischen Aufgaben betraut waren, wie etwa die vigiles. Eine Textstelle bei Ulpian stellt den Dienst bei der Feuerwehr demjenigen bei den »wirklichen« militärischen Korps gegenüber: Ulp. Dig. 48, 5, 16, 3; Jordan – Hülsen, Topographie 452 Anm. 18.

2 Kleinfunde, wie Ausrüstungsgegenstände, die anderenorts häufig als Zeichen militärischer Präsenz gedeutet werden, haben sich in Rom nur in Einzelfällen erhalten, sind aber in der Regel nicht mehr auffindbar und somit für eine entsprechende Untersuchung nicht zu berücksichtigen. Anders verhält es sich mit Militaria aus den Vesuvstädten, die derzeit von Salvatore Ortisi (Archäologisches Institut der Universität zu Köln) in einer zusammenfassenden Studie behandelt werden, s. S. Ortisi in: L. de Blois – O. Hekster (Hrsg.), The Impact of the Roman Army (200 BC–AD 476), Workshop Capri 2005 (2007) 343 ff. Zu den methodischen Schwierigkeiten einer Bestimmung militärischer Präsenz in zivilen Kontexten anhand von Militariafunden s. Konferenzberichte ROMEC XIII, 2001, Vindonissa, JberProVindon 2001, 7 ff.

3 Lact. mort. pers. 44, 6.

4 Vgl. Kap. I 2.

5 In ihrer grundlegenden Arbeit zu römischen Kastellen in Britannien und den germanischen Provinzen verliert Anne Johnson wenige Worte zur Befestigung der castra praetoria in Rom. Johnson, Kastelle 82 Abb. 40. 86.

6 In Auswahl: T. Hölscher, JdI 95, 1980, 265 ff.; M. Bergmann, Zum Fries B der flavischen Cancelleriareliefs, MarbWPr 1981, 19 ff.; M. Torelli, Typology and Structure of Roman Historical Reliefs (1982); G. M. Koeppel, BJb 183, 1983, 61 ff.; ders., BJb 184, 1984, 1 ff.; T. Hölscher, Staatsdenkmal und Publikum. Vom Untergang der Republik bis zur Festigung des Kaisertums in Rom, Xenia 9 (1984); G. M. Koeppel, BJb 185, 1985, 143 ff.; ders., BJb 186, 1986, 1 ff.; T. Hölscher, Römische Bildersprache als semantisches System, Abhandlungen der Heidelberger Akademie der Wissenschaften, Philologisch-Historische Klasse, 1987/2, 5 ff.; A. M. Leander Touati, The Great Traianic Frieze. The study of a monument and of the mechanisms of message transmission in Roman Art (1987); S. Settis, La Colonna Traiana (1988); G. M. Koeppel, BJb 189, 1989, 17 ff.; ders., BJb 190, 1990, 1 ff.; ders., BJb 191, 1991, 135 ff.; T. Hölscher, Monumenti statali e pubblico (1994); P. Pensabene – C. Panella, Arco di Costantino (1999).

7 Vgl. LTUR I (1993) 246 ff. s. v. castra equitum singularium, singulariorum (C. Buzzetti); a. O. 249 ff. s. v. castra peregrina

Abb. 2 Schlachtenrelief vom Konstantinsbogen mit der Darstellung der bei der Schlacht an der Milvischen Brücke besiegten Leibgarden des Maxentius

Zusammenstellung der stadtrömischen Militärarchitektur und eine Untersuchung, wie die Bauten in das Stadtbild eingebunden waren, wie sie wirkten und von der städtischen Bevölkerung wahrgenommen wurden, fehlen ebenso wie eine entsprechende Betrachtung der Nekropolen, in denen die Soldaten bestattet wurden. Ihre Grabdenkmäler wurden in der epigraphischen Forschung zwar mit Blick auf die Geschichte und Organisation bestimmter Einheiten intensiv diskutiert[8], doch fanden sie in ihrer Gesamtheit, unter Berücksichtigung der Fundkontexte und ihrer soziohistorischen Aussage nur geringe Beachtung[9]. Ebenso unberücksichtigt blieb die Bildersprache der Monumente. Fragen zum Erscheinungsbild des Militärs in der Stadt, seiner kulturellen Selbstdefinition und der Rezeption durch die Bevölkerung, die für andere Bereiche der antiken Stadtkultur in den letzten Jahren immer stärker in den Mittelpunkt des Forschungsinteresses getreten sind, blieben für diesen Bereich also offen[10]. Das Fehlen einer systematischen Auseinandersetzung mit den archäologischen Funden und Befunden unter Berücksichtigung der literarischen und epigraphischen Überlieferung zum Militär in Rom resultiert also einerseits aus der Trennung der fachlichen Interessensbereiche, andererseits aus der anachronistischen Vorstellung vom angeblich entmilitarisierten Rom. An diesem Punkt versucht die vorliegende Arbeit anzusetzen. Entgegen der gängigen Betrachtungsweise, das Militär im Hinblick auf seine politische Bedeutung, in Zusammenhang mit römischer Expansionspolitik oder als Träger römischer Kultur zu betrachten, steht die zivile Lebenswelt der Soldaten im Vordergrund, die im urbanen Kontext der Hauptstadt beleuchtet werden soll[11]. Nach der Behandlung typologischer und antiquarischer Fragen

(E. Lissi Caronna); a. O. 251 ff. s. v. castra praetoria (E. Lissi Caronna).

8 Durry, Cohortes prétoriennes; Passerini, Coorti pretorie; Speidel, Equites; Freis, Cohortes Urbanae; Clauss, Tituli; Bellen, Leibwache; Speidel, Kaiserreiter; Sablayrolles, Libertinus miles.

9 Auf dieses Forschungsdesiderat weisen S. Panciera in: W. Eck (Hrsg.), Prosopographie und Sozialgeschichte, Kolloquium Köln 1991 (1993) 261 f. und W. Nippel, Aufruhr und »Polizei« in der römischen Republik (1988) 189 hin.

10 Das Interesse an der Erforschung antiker Stadtkultur wuchs in den 1990er Jahren, als sich aus verschiedenen geistigen Strömungen die sogenannte Historische Anthropologie herausgebildet hatte und nunmehr vermehrt kulturanthropologische Fragestellungen in den Mittelpunkt altertumswissenschaftlicher Forschung rückten. Im November 1996 wurde am Deutschen Archäologischen Institut in Rom unter der Leitung von Paul Zanker, Valentin Kockel und Richard Neudecker eine Forschergruppe zum Thema »Stadtkultur in der römischen Kaiserzeit« ins Leben gerufen, die jungen Wissenschaftlern der verschiedenen altertumswissenschaftlichen Disziplinen die Möglichkeit bot, sich mit unterschiedlichen Projekten dem neuen Forschungsinteresse zu widmen.

11 Zu den althistorischen Arbeiten, die sich bislang dem Verhältnis zwischen Militär und Zivilbevölkerung widmen zählen: R. Alston, Soldier and Society in Roman Egypt (1995); O. Stoll, Zwischen Integration und Abgrenzung: Die Religion des römischen Heeres im Nahen Osten. Studien zum Verhältnis von Armee und Zivilbevölkerung im römischen Syrien und den Nachbargebieten (2001).

durch die ältere Forschung wendet sich die Arbeit damit einem kulturanthropologischen Ansatz zu[12].

Die Konzentration auf den Zeitraum zwischen 27 v. Chr. und 312 n. Chr. sowie die Wahl der Fragestellungen und Methoden erklären sich aus der konkreten historischen Situation. Die erstmalige dauerhafte Stationierung von Soldaten in Rom markierte einen entscheidenden Wendepunkt zwischen Republik und Prinzipat. Augustus setzte sich damit über republikanische Traditionen hinweg. So lassen sich für die Zeit der Republik Vorschriften fassen, nach denen sich kein Heer innerhalb des pomerium aufhalten durfte[13]. Erst jenseits dieser Grenze begann das imperium militiae[14]. Der Trennung der Bereiche domi und militiae entsprechend wurden die für die Zeit der Republik überlieferten Situationen, in denen reguläre Truppen innerhalb des vermeintlich entmilitarisierten Stadtgebietes operierten oder, ohne entlassen zu sein, außerhalb der Stadt mit ihrem Eingreifen drohten, als Bruch mit der staatlichen und sakralen Ordnung und als deren Bedrohung verstanden. Sie galten als Inbegriff der Verletzung des Sakralrechts. Wenn im Rahmen der propagierten Wiederherstellung der republikanischen Ordnung zu Beginn der Kaiserzeit eine militärische Garnison nun sogar dauerhaft in und nahe bei Rom stationiert werden sollte, rief dies bei Teilen der Bevölkerung sicherlich die Tabubrüche des Bürgerkrieges in Erinnerung und war keineswegs unproblematisch[15].

Die Gesamtsituation des Militärs in Rom änderte sich grundlegend, als es zu Beginn des vierten Jahrhunderts zu einer Neustrukturierung kam, nachdem Konstantin die Prätorianergarde und die equites singulares Augusti nach der Schlacht an der Milvischen Brücke im Jahre 312 n. Chr. aufgelöst hatte (Abb. 2)[16]. Für die beiden kaiserlichen Leibwachen wurde kein vergleichbarer Ersatz geschaffen, und die Prätorianerpräfektur wurde reorganisiert[17]. Dauerhaft in der Hauptstadt stationierte Leibgarden waren unnötig geworden, da Konstantin nicht beabsichtigte, in Rom zu residieren[18]. Die von Augustus geschaffene, für drei Jahrhunderte nahezu verbindlich gebliebene Grundstruktur wurde mit einem Schlag aufgehoben.

12 Die historische Anthropologie begreift »Kultur (...) nicht als Kennzeichen eines bestimmten Sektors, sondern als Medium der historischen Lebenspraxis«. Zitat aus dem Editorial der im Jahre 1993 erstmals erschienen Zeitschrift Historische Anthropologie des Seminars für Mittlere und Neue Geschichte der Universität Göttingen.

13 J. Rüpke, Domi militiae. Die religiöse Konstruktion des Krieges in Rom (1990) 29 ff.

14 Enn. scaen. 239. – Zur Bedeutung der Wortpaare »belli domique« und »domi militiae«, »...die als daheim und im Kriegsrechtsgebiet zu übersetzen sind...« s. Rüpke a. O. 29. Nur beim Triumphzug wurden die beiden Sphären vermischt und das Militärische drang in die Stadt ein, ebenda 56.

15 Selbst Cass. Dio 41, 16, 3 f. schreibt noch zu Beginn des 3. Jhs. n. Chr. davon, wie das Volk Caesar und seinen Soldaten mißtraute.

16 Ein Überblick bei: Le Bohec, Armée 20 ff.; J. C. N. Coulston in: Coulston – Dodge, Rome 99.

17 An die Stelle der Prätorianerkohorten traten die sogenannten Scholae Palatinae: R. I. Frank, Scholae Palatinae (1969); J. F. Haldon, Byzantine Praetorians (1984). Zur Reorganisation der Prätorianerpräfektur: Dig. 1, 11, 1; Eunap. Vit. Soph. 490; Socr. 2, 16; A. Demandt, Die Spätantike, HAW III 6 (1989) 77.

18 Zos. 2, 30.

Innerhalb des skizzierten historischen Rahmens ist die vorliegende Untersuchung auf folgende Fragestellungen und Methoden konzentriert:

(1) Zunächst soll der Frage nachgegangen werden, auf welche Art und Weise die Soldaten zu Beginn der Kaiserzeit im Stadtbild in Erscheinung traten, wie die Bevölkerung den Militärdienst in der Hauptstadt – militia in urbe – wahrnahm und ob sich das kulturelle Erscheinungsbild der Soldaten im Laufe der Kaiserzeit veränderte. Vor dem Hintergrund der Ereignisse in spätrepublikanischer Zeit ist etwa zu untersuchen, ob sich in der Anlage und Gestaltung der frühen Lager und Unterkünfte sowie in den Denkmälern der Soldaten eine gewisse Zurücknahme erkennen läßt. Sie könnte als vorsichtiger Umgang mit der vorangegangenen Epoche gedeutet werden, deren Wiederherstellung Teil der augusteischen Ideologie war. Die Untersuchung der Lager und ihre urbanistische Einbindung nehmen daher innerhalb der Arbeit einen großen Raum ein.

(2) Ein zweiter wichtiger Aspekt ist die Frage nach der kulturellen Selbstdefinition der Soldaten vor dem Hintergrund ihrer Herkunfts- und Statusunterschiede. Die Soldaten waren eine fest umrissene soziale Gruppe und wurden sicherlich auch als solche wahrgenommen. Doch waren sie innerhalb dieser sozialen Umgrenzung wiederum in viele fest definierte Einheiten (Prätorianerkohorten, Stadtkohorten etc.) und Untereinheiten (Zenturien, turmae) aufgegliedert, die ihrerseits das Selbstverständnis der Einzelindividuen bestimmten[19]. Aus diesem Befund heraus ergibt sich die Frage, ob und inwieweit in den Nekropolen die Zugehörigkeit zum Militär allgemein betont werden sollte, oder ob sich aus der Zusammensetzung und Gestaltung der Nekropolen das Selbstverständnis einer spezifischen Gruppenzugehörigkeit sowie Aussagen über die sozialen Bindungen innerhalb der Einheiten selbst und zum zivilen Umfeld der Soldaten ableiten lassen. Den Grabdenkmälern der Soldaten und ihrer Integration in die Nekropolen kommt zur Klärung dieses Fragenkomplexes eine zentrale Bedeutung zu.

(3) Ein dritter Aspekt der Untersuchung befaßt sich mit dem Leben und Alltag der Soldaten in der Hauptstadt. Dabei soll gefragt werden, ob und inwieweit sich der Dienst im Zentrum des Reiches nach Aussage der archäologischen Quellen maßgeblich vom Dienst des Militärs an den Reichsgrenzen unterschied. Das Hauptaugenmerk richtet sich hierfür auf die Lebensbedingungen in den stadtrömischen Lagern und Unterkünften wie auch deren Gestaltung und Ausstattung. Bei der Betrachtung der Militärarchitektur gilt es ferner, mögliche Interdependenzen zwischen Rom und den Reichsgrenzen zu beschreiben, die sich in der Übertragung von Bauformen nachvollziehen lassen könnten.

Ein grundsätzliches Problem bei der Beschäftigung mit dem Militär in Rom ist der heterogene Dokumentations- und Überlieferungszustand der militärischen Hinterlassenschaften. Das meiste Material stammt aus Baubeobachtungen und Grabungen, die gegen Ende des neunzehnten und zu Beginn des zwanzigsten Jahrhunderts bei der Erweiterung des Stadtgebietes im Bereich der großen Villen und Weingärten, innerhalb und außerhalb der Aurelianischen Stadtmauer, durchgeführt wurden. Die Dokumentation jüngerer Grabungen ist oftmals unvollständig oder schwer zugänglich, wodurch sich bei deren Auswertung ein disparates Bild ergibt[20]. Um die Materialbasis sinnvoll zu beschränken, wurden neben den Grabdenkmälern der Soldaten ausschließlich solche Steindenkmäler erfaßt, die sicher einem Fundkontext zuzuweisen waren. Weihungen und Entlassungslisten mit unbekanntem Fundort wurden deshalb weitgehend ausgeklammert[21].

Trotz der geschilderten Überlieferungsprobleme und des fragmentarischen Erhaltungszustands ist es möglich, sowohl innerhalb der einzelnen Gattungen als auch in der Kombination von Baubefunden und Denkmälern, Aussagen bezüglich der formulierten Fragestellungen zu treffen. Daher besitzt eine Untersuchung, in der die militärischen Hinterlassenschaften erstmalig zusammengestellt und im Hinblick auf die Frage nach der Bedeutung des Militärs als kultureller Bestandteil des kaiserzeitlichen Rom untersucht werden, ihre Berechtigung. Die Präsenz des Militärs in Rom weist viele Facetten auf, die erst zusammengenommen ein stimmiges Gesamtbild ergeben.

19 Die Gliederung des stadtrömischen Militärs wird ausführlich in Kap. I 2 besprochen.

20 Auf den undokumentierten Abgang von Kleinfunden wurde bereits hingewiesen. Die unpublizierten Informationen, die in den Archiven zusammengetragen werden konnten, flossen in den Fließtext mit einem entsprechenden Quellenverweis in der Fußnote ein und sind zusätzlich im Online-Katalog zur Publikation unter www.arachne.uni-koeln.de verfügbar.

21 Die Weihedenkmäler der stadtrömischen Einheiten werden von der Verfasserin im Rahmen eines eigenen Forschungsprojektes zum Weiheverhalten des Militärs in Rom untersucht. Eine erste Publikation zu dem Thema erscheint in den Akten des Kolloquiums »Römische Weihealtäre in Tempeln und Heiligtümern«, das im Dezember 2009 vom DAI Rom in Kooperation mit dem Römisch-Germanischen Museum der Stadt Köln durchgeführt wurde.

I Historische Einführung

1 Soldaten und Waffengewalt im republikanischen und augusteischen Rom

In republikanischer Zeit konnte Rom weitgehend als eine Art entmilitarisierte Zone angesehen werden[1]. Die Bereiche domi und militiae waren durch das pomerium klar voneinander abgegrenzt. Innerhalb dieser religiösen und staatsrechtlichen Grenze des Stadtgebietes war der Aufenthalt von römischen Bürgern in ihrer Funktion als Soldaten durch sakralrechtliche Vorschriften verboten[2]. Die Anwendung von Waffengewalt im Inneren der Stadt bildete in den ersten Jahrhunderten der Republik eine Ausnahme, doch verwandelte sich die Stadt seit Beginn der spätrepublikanischen Zeit, mit der Krise um den Volkstribunen Tiberius Gracchus im Jahre 133 v. Chr., immer wieder in einen Schauplatz für Kampfhandlungen[3]. Bei den Volksversammlungen kam es nun häufiger zu gewaltsamen Zusammenstößen, und regelmäßige Straßenkämpfe zwischen konkurrierenden Parteien begannen den städtischen Alltag zu prägen[4]. Im ersten vorchristlichen Jahrhundert wurden blutige Auseinandersetzungen innerhalb der Pomeriumsgrenzen beinahe zur Regel[5].

Den eigentlichen Bruch mit der bestehenden Ordnung stellte jedoch der Marsch Sullas auf Rom im Jahre 88 v. Chr. dar, da nun erstmalig reguläre Truppen innerhalb der Stadt gegen die städtische Bevölkerung eingesetzt wurden[6]. Wie tief sich diese Übergriffe im Bewußtsein der Menschen verankerten, zeigen die Ausführungen des Kirchenlehrers Augustinus, der noch in seinem fünf Jahrhunderte später entstandenen Werk »De Civitate Dei« auf die Gewaltakte zwischen Sulla und Marius eingeht und diese mit den Goteneinfällen des frühen fünften Jahrhunderts n. Chr. vergleicht[7]. Was mit Sulla und Marius begonnen hatte, setzte sich im weiteren Verlauf des ersten vorchristlichen Jahrhunderts fort. Entgegen dem sakralrechtlichen Verbot fielen von diesem Zeitpunkt an immer wieder große Abteilungen des Heeres in die Stadt ein, so etwa im Konflikt zwischen Caesar und Pompeius[8]. Plutarch zufolge erschien Rom im Jahre 49 v. Chr. wie ein Militärlager[9] und Cassius Dio schreibt mehrfach davon, daß nur wenige Jahre später Toga und Liktoren durch Militäruniformen und bewaffnete Soldaten verdrängt wurden[10]. In den literarischen Quellen häufen sich für diesen Zeitraum zudem Berichte von gewalttätigen Zwischenfällen bei Triumphzügen und regelrechten Straßenschlachten, wobei die Milde Caesars in diesem Zusammenhang immer wieder betont wird[11]. Zu den Schlägertrupps einflußreicher Personen, wie denen des Milo und des Clodius, existierte kein Gegengewicht, das innere Sicherheit hätte garantieren können[12]. Erst als die Prätorianer Oktavians gemeinsam mit anderen Einheiten seit etwa 36 v. Chr. begannen, Ordnungsfunktionen in der Stadt wahrzunehmen, wurde die Situation etwas stabiler[13]. Die städtische Bevölkerung war zu diesem Zeitpunkt durch die vorangegangenen Geschehnisse des Bürgerkrieges bereits stark traumatisiert[14].

1 Durry, Cohortes prétoriennes 9 spricht vom republikanischen Rom als einer »ville inermis«. Hierzu auch: Kolb, Rom 555; K. Christ, Geschichte der römischen Kaiserzeit von Augustus bis Konstantin (1988) 108 f.; Coulston a. O. 76.

2 Rüpke a. O. 30 ff. bes. 35 f. (zum pomerium) 55 ff.

3 App. civ. 1, 15–17. 25 f.; Plut. C. Gracchus 12–17. – Zusammenfassend zur Gracchenkrise und den Unruhen in der Folgezeit: Kolb, Rom 229 ff. bes. 239 ff.

4 App. civ. 1, 28. 31 f. 36. 54; Cic. Rab. perd. 24; Liv. Epit. 74.

5 A. W. Lintott, Violence in Republican Rome (1968); W. Nippel in: H. Mommsen – W. Schulze (Hrsg.), Vom Elend der Handarbeit: Probleme der historischen Unterschichtsforschung (1981) 70 ff.

6 App. civ. 1, 55 f. 83. 86; Cic. Cat. 3, 9; Sall. Cat. 47, 2. – H. Volkmann, Sullas Marsch auf Rom (1958). Einen guten Überblick über die politische Entwicklung und die Politisierung der Armee in der späten Republik gibt: J. Bleicken, Geschichte der römischen Republik (1980) 171 f.

7 Aug. civ. 3, 27 ff.

8 Cass. Dio ab Buch 40. – P. Jal, Remarques sur la cruauté à Rome pendant les guerres civiles (1961) 475 ff.

9 Plut. Caesar 34, 2; Cass. Dio 46–48 (Triumvirat).

10 Cass. Dio 46, 16, 1. 5 (Mark Anton zeigt sich bewaffnet und in Begleitung von Liktoren und Soldaten, deren Einsatz er nicht scheut); 46, 17, 4–5; 50, 2, 5 (Caesar läßt sich von bewaffneten Soldaten in den Senat begleiten).

11 Sall. Catil. 54, 2 f.; Cic. Marcell. 1; Cic. Lig. 6; Cic. Deiot. 8, 34. – Freis, Cohortes Urbanae 3 f.; L. Giuliani, Bildnis und Botschaft (1986) 210 Anm. 27.

12 W. Nippel, Aufruhr und »Polizei« in der römischen Republik (1988) 161 ff.; L. de Blois, The Roman Army and Politics in the first Century B.C. (1987) 49 ff.

13 de Blois a. O. 52 ff.; Freis, Cohortes Urbanae 4; W. Nippel, JRS 74, 1984, 20 ff.; ders., Public Order in Ancient Rome (1995) 78 ff. bes. 90 f.

14 A. Kneppe, Metus temporum. Zur Bedeutung von Angst in Politik und Gesellschaft der römischen Kaiserzeit des 1. und 2. Jhs. n. Chr. (1994) 57 ff. Hierzu auch: I. Mäckel, Das Zeitbewußtsein und der Bürgerkrieg (2002) 11 ff. 303 ff.

In republikanischer Zeit hatte es zwar keine reguläre, fest in Rom stationierte Truppe gegeben, doch waren im Laufe des letzten Jahrhunderts v. Chr. immer wieder bewaffnete Soldaten in der Stadt präsent gewesen. Daß diese dort nicht gerne gesehen, sondern vielmehr gefürchtet waren und zum Teil sogar von der städtischen Bevölkerung bekämpft wurden, geht aus den Berichten verschiedener antiker Autoren hervor. So erwähnt Cassius Dio den Widerstand des stadtrömischen Volkes gegen die neuen Soldatenmassen, und Appian spricht sogar von der Feindschaft des Volkes Roms gegenüber den Soldaten[15]. In diesem Zusammenhang ist auch auf die Ausführungen Plutarchs zu verweisen, der beschreibt, daß die plebs urbana gegen die Soldaten Sullas kämpfte, als seien diese Hannibals Krieger[16].

Wenngleich die Fülle an Schilderungen verschiedener antiker Autoren für bestimmte Abschnitte der Republik das Bild einer von Soldaten beherrschten Stadt zeichnet, so stellte der reguläre Aufenthalt von Soldaten im spätrepublikanischen Rom dennoch eine Ausnahme dar. Die Präsenz des Militärs in der Stadt wurde erst unter Augustus und seinem Nachfolger Tiberius legalisiert. Augustus stationierte als erster in der römischen Geschichte dauerhaft Militär in beziehungsweise nahe der Hauptstadt und schuf so in bestimmten Bereichen eine für die Kaiserzeit verbindliche Grundstruktur, die teilweise auf vorhandene republikanischen Strukturen aufbaute, teilweise aber auch neue Organisationsformen etablierte. Der Glaube, daß nur durch die ständige Anwesenheit von Soldaten Friede und Sicherheit in Rom gesichert werden könne, führte dazu, daß die in der Urbs stationierten Einheiten von der Bevölkerung akzeptiert wurden[17]. Während Soldaten in der republikanischen Zeit, insbesondere im ersten Jahrhundert v. Chr., durch die starke Bindung an ihre Heerführer und die damit einhergehende Abhängigkeit stets eine potentielle Bedrohung für Rom darstellten, wurden sie unter Augustus scheinbar verstaatlicht[18]. Mit dieser vermeintlichen Verstaatlichung des Militärs wurden die Einheiten zugleich vielfältiger und nun auch verstärkt für infrastrukturelle Maßnahmen eingesetzt. Eine besonders große Rolle spielte hierbei vor allem die Einrichtung zweier eigens für den Dienst in der Hauptstadt und an ihrer Bevölkerung bestimmter Einheiten, zu denen es keine Entsprechungen in republikanischer Zeit gegeben hatte: die cohortes vigilum, eine reguläre Feuerwehr[19], und die Stadtkohorten, eine Polizeitruppe[20], deren einzelne Soldaten bei Tacitus auch als *miles proprius* bezeichnet werden[21]. Diese zunächst nur militärisch organisierten, nicht aber mit militärischen Aufgaben im eigentlichen Sinne betrauten Einheiten sollten in erster Linie die innere Sicherheit garantieren. Neben diesen richtete Augustus auch solche Einheiten ein, die direkte Vorläufer in republikanischer Zeit besaßen, wie die Prätorianergarde und die germanische Leibwache, und die vor allem seine eigene Herrschaft sicherten[22]. Ferner schuf er zum Schutze Italiens und zur Sicherung der Versorgungswege zwei Flotten, deren Stützpunkte in Ravenna und Misenum angelegt wurden, die aber für Rom zunächst ohne Bedeutung blieben. Bei diesen handelte es sich jedoch nicht um Truppen im regulären Sinn[23].

2 Zusammensetzung und Aufgaben des Militärs in Rom

Die für das kaiserzeitliche Rom epigraphisch und literarisch überlieferten Einheiten lassen sich nur teilweise in ihrer Funktion und hinsichtlich ihrer Entstehung genau beschreiben. Damit treten nicht alle Facetten der Organisation und der Aufgaben des Militärs in der Hauptstadt des Reiches hervor. Um die Struktur des stadtrömischen

15 Cass. Dio 46 ff.; App. civ. 1, 58.

16 Plut. Sulla 9, 6–7. Plutarchs Ausführungen sind vor dem Hintergrund des großen zeitlichen Abstandes und der gattungsspezifischen Eigenheiten der »Vitae parallelae« nur mit Vorsicht als Quellen für das Verhältnis zwischen den Soldaten und der städtischen Zivilbevölkerung im spätrepublikanischen Rom anzuführen. Zum Werk Plutarchs: B. Scardigli, Die Römerbiographien Plutarchs (1979); E. Valgiglio in: ANRW II 33, 6 (1991) 3963 ff.; J. M. Mossman, Plutarch and his Intellectual World (1997).

17 Vor diesem Hintergrund ist es bemerkenswert, daß Augustus in den »Res gestae« zwar viel über seine militärischen Erfolge berichtet, über die Einrichtung der stadtrömischen Garnison jedoch schweigt; Durry, Cohortes prétoriennes 10. Sueton erwähnt die Einrichtung der Einheiten zum Schutz der Stadt (Suet. 49, 1) und hebt die vigiles hervor (Suet. 30, 1).

18 A. Winterling, Klio 83, 2001, 93–112, v. a. 98. 110 ff.

19 Strab. 5, 3, 7; Suet. Aug. 30; Paul. Dig. 1, 15, 1.

20 In republikanischer Zeit hatte es keine reguläre Polizei und staatlich organisierte Brandbekämpfung gegeben. Kolb, Rom 555. Zu den Hintergründen der Neuschöpfung im politischen Kontext der Regierungszeit des Augustus: Sablayrolles, Libertinus miles 24 ff.

21 Tac. ann. 4, 5, 3; Freis, Cohortes Urbanae 3 ff.

22 Über private Prätorianerkohorten verfügte gegen Ende der republikanischen Zeit nahezu jeder militärische Oberbefehlshaber: Cic. Ad. Fam. 15, 4, 7; App. civ. 4, 7. Zusammenfassend: K. J. Nowak, Der Einsatz privater Garden in der späten römischen Republik (Diss. München 1973). In Anknüpfung an die prätorischen Kohorten der Bürgerkriege, die in spätrepublikanischer Zeit als Wachen der Feldherren fungierten, war es die Hauptaufgabe der kaiserzeitlichen Prätorianerkohorten, den persönlichen Schutz des Kaisers zu garantieren.

23 Kienast, Kriegsflotten 48.

Militärs nachvollziehbar zu machen, sollen die Einheiten und ihr Aufbau im Folgenden mit wenigen Worten skizziert werden.

Man geht davon aus, daß die Einheiten der stadtrömischen Garnison[24] unabhängig von ihren Funktionen nach dem Grundsystem des römischen Heeres, also entsprechend der Legionen und Hilfstruppen, in cohortes peditatae und equitatae mit den Untereinheiten Zenturie und turma oder vergleichbar einer ala gegliedert waren[25]. Besaßen die Einheiten Sonderfunktionen, so gab es neben den üblichen militärischen Rängen eine bestimmte Anzahl von Spezialisten, wie bei den vigiles[26]. Es handelte sich beim Militär in Rom also nicht um eine homogene Garnison, sondern um eine Vielfalt von Einheiten mit unterschiedlicher Mannschaftsstärke, unterschiedlicher Herkunft und unterschiedlichem sozialen Status, die verschiedene Funktionen innehatten (Tab. 1)[27]. Auf Grund ihrer Funktion lassen sich die Einheiten in drei große Gruppen aufteilen:

(1) Die dem Kaiser zu seinem Schutze unmittelbar zugeordnete Prätorianergarde (cohortes praetoriae) mit ihren Untereinheiten[28] sowie die persönliche, berittene Leibwache, die Germani corporis custodes und ihre Nachfolger, die equites singulares Augusti.

(2) Die auf die Sicherheit und Feuerbekämpfung innerhalb der Stadt Rom ausgerichteten Einheiten, zu denen die Stadtkohorten[29] (cohortes urbanae) und die vigiles (cohortes vigilum) zählten[30].

(3) Die für den temporären Dienst in der Hauptstadt aus den Provinzen abberufenen Soldaten, die im eigentlichen Sinn keine feste Einheit bildeten, in Rom aber an einem Ort unter der Bezeichnung »peregrini« zusammengefaßt waren[31], sowie die von den italischen Flottenstützpunkten in Ravenna und Misenum abgeordneten Flottensoldaten, die zur Begleitung des Kaisers auf Seereisen und bei den Spielen eingesetzt wurden[32].

Außer den beschriebenen militärischen Einheiten sind in Rom noch weitere epigraphisch oder literarisch belegt, die sich wegen der fragmentarischen Quellenlage jedoch weder ihrer Funktion noch ihrer Organisation nach differenzierter beschreiben lassen und deshalb in der Untersuchung unberücksichtigt bleiben[33]. Bis zum Ende des zweiten Jahrhunderts waren die bereits erwähnten

24 Unter dem Begriff »stadtrömische Garnison« werden hier und im Folgenden sämtliche militärische Einheiten zusammengefaßt, die für den temporären oder längerfristigen Dienst in der Hauptstadt bestimmt und dort in festen Unterkünften stationiert waren. Sie deckten ein sehr viel weiteres Spektrum des Militärischen ab, als man es etwa von modernen Garnisonsstädten kennt.

25 Zur Gliederung des römisches Heeres grundlegend: A. v. Domaszewski – B. Dobson, Die Rangordnung des römischen Heeres^2 (1967). Auch bei den in Lyon stationierten Stadtkohorten wird von dem in der römischen Armee üblichen Gliederungsschema der Kohorten ausgegangen: F. Bérard in: Y. Le Bohec (Hrsg.), La hiérarchie (Rangordnung) de l'armée romaine sous le Haut-Empire, Kongreß Lyon 1994 (1995) 373 ff. Die Dienstränge innerhalb der stadtrömischen Einheiten entsprechen den der jeweiligen Organisationsform üblichen, wobei sich die Organisationsform nicht für alle Einheiten genau bestimmen läßt.

26 Die verschiedenen Funktionen ausführlich bei Sablayrolles, Libertinus miles 353 ff.

27 Ausführlichere Bemerkungen zur Herkunft und zum Status der stadtrömischen Soldaten sind den jeweiligen Abschnitten zu den Begräbnisplätzen und Grabdenkmälern vorangestellt, da der kulturelle Hintergrund und die soziale Stellung wichtige Grundlagen zur Bewertung der Denkmäler darstellen, s. Kap. III 4–10.

28 Unter dem Begriff »Untereinheit« werden hier und im Folgenden die Einheiten zusammengefaßt, die aus den Reihen der Prätorianer rekrutiert wurden oder ihnen beigeordnet waren, sich aber begrifflich von diesen absetzten, wie die speculatores Augusti, die statores (auch numerus statorum) und die evocati. Sie unterstanden in der Regel dem Oberbefehl des oder der Prätorianerpräfekten und waren ebenfalls in den castra praetoria stationiert. – Nach Marcel Durry waren die statores selbständig. Er belegt dies mit den Inschriften: CIL VI 1009: ILS 2012; CIL XI 5646: ILS 2081; CIL XI 395: ILS 2648; CIL VI 32709 a: Dessau 9190. Erst im 3. Jh. seien diese als »statores praetorianorum« bezeichnet worden, vgl. Durry, Cohortes prétoriennes 21.

29 Cass. Dio 55, 24, 6 (cohortes urbanae). Nach CIL IX 2218 und CIL X 5403 wurden jene auch als *urbaniciani* bezeichnet. Ihre Aufgabenfelder entsprachen weitgehend denen der modernen Polizei: sie sollten Unruhen und Tumulte eindämmen, um Sicherheit und Ordnung in der Stadt sowie Disziplin bei den Spielen zu garantieren. Dig. 1, 12, 12. Im 2. Jh. (nach Freis, Cohortes Urbanae 45 eher im 3. Jh.) wurden sie auch als Marktpolizei eingesetzt, Dig. 1, 12, 11. Ein Überblick zu den Aufgaben: Freis, ebenda 44 ff.

30 Cass. Dio 55, 26, 4–5. Es gibt Belege dafür, daß die vigiles neben ihrer Hauptaufgabe der Brandbekämpfung auch Wachpersonal für die öffentlichen Thermen, die staatlichen Speicheranlagen und die Gefängnisse stellten. Ausführlich dazu: Sablayrolles, Libertinus miles 380 ff.

31 Die beiden größten Gruppen waren die speculatores legionis und die frumentarii, vgl. Kap. II 6.

32 Tac. ann. 4, 5, 1; Kienast, Kriegsflotten 48.

33 Für tiberische und neronische Zeit ist bei Tacitus ein *numerus primipilarium* belegt. Tac. ann. 2, 11, 1; 13, 36; Tac. hist. 1, 31; 1, 87; 2, 22; 3, 70. Weitere Belege bei: Hyg. mun. castr. 6; A. v. Domaszewski – B. Dobson, Die Rangordnung des römischen Heeres^2 (1967) 116 f.; CIL X 3757. III 1919. III 4855. X 5829. XI 1836. Nach Durry, Cohortes prétoriennes 21 f.

Flotteneinheiten von Ravenna und Misenum neben der stadtrömischen Garnison die einzigen Soldaten auf italischem Boden[34].

a Organisation und Stärke der stadtrömischen Einheiten

Die stadtrömischen Einheiten lassen sich, wie einleitend erwähnt, nicht alle sicher in ihrer Organisationsform bestimmen, so daß genaue Angaben zur Mannschaftsstärke bei manchen nur in bedingtem Maße möglich sind. Unumstritten ist, daß sich die Gesamtstärke der Garnison im Laufe der ersten drei nachchristlichen Jahrhunderte durch die Auflösung und Neugründung von Einheiten, durch die Erhöhung und Herabsetzung der Mannschaftsstärken sowie durch die Berufung von Heeresabordnungen zu (temporären) Spezialdiensten nach Rom ständig veränderte (Tab. 2–4). Die in der modernen Literatur mitunter stark divergierenden Angaben zur Mannschaftsstärke einzelner Einheiten resultieren in der Regel aus dem Umstand, daß verschiedene Zeitpunkte betrachtet werden[35].

Von den etwa zehntausend Soldaten in augusteischer Zeit hatte sich die Zahl bis zu Beginn des dritten Jahrhunderts auf etwa vierzigtausend Soldaten vervierfacht, die in Rom beziehungsweise in der unmittelbaren Umgebung der Stadt stationiert waren und dort ihren Dienst versahen[36] (Tab. 2). Einen entscheidenden Einschnitt innerhalb der anwachsenden Militärpräsenz in Rom markierte die Verdoppelung der Mannschaftsstärken sämtlicher stadtrömischer Einheiten und die Stationierung der neu ausgehobenen legio II Parthica im nur 15 km von Rom entfernten Albano unter Septimius Severus[37]. Vor dem Hintergrund der bevorstehenden Feldzüge war die Aushebung der neuen Legion zwar eine sinnvolle Maßnahme, doch hätte man diese, wäre sie ausschließlich für die geplanten militärischen Kampagnen eingerichtet worden, nicht zwingend vor den Toren der Hauptstadt stationieren müssen[38]. Das verstärkte Militäraufkommen in der Stadt und deren Umfeld war seit severischer Zeit zumindest in bestimmten Perioden deutlich spürbar und wurde durchaus von Teilen der Bevölkerung wahrgenommen, wie die Ausführungen von Cassius Dio und Herodian zeigen[39]. Wenn man den Schätzungen zur stadtrömischen Bevölkerungszahl folgt, bildete das Militär sogar zeitweise etwa ein Zwanzigstel der städtischen Gesamtbevölkerung[40].

Die beiden zahlenmäßig größten Gruppen unter den stadtrömischen Einheiten waren die Prätorianerkohorten und die vigiles. Die Prätorianergarde setzte sich anfänglich aus neun Kohorten zusammen, die in ihrer jeweiligen Gliederung einer cohors quingenaria equitata entsprochen haben sollen[41]. Bei näherer Prüfung des epigraphischen Materials scheint die Organisationsform der Prätorianer jedoch davon abzuweichen. Die equites cohortium praetoriarum, also der berittene Teil der Kohorten, ordnen sich nämlich in den Militärlisten, den sogenannten laterculi, und in Grabinschriften jeweils einer Zenturie zu[42]. Offenbar waren sie also nicht, wie es bei cohortes equitatae normalerweise üblich war, in turmae untergegliedert[43]. Für die Gesamtzahl der Kohorten und deren Stärke kann festgehalten werden, daß beides bis zur Auflösung der Prätorianer im Jahre 312 n. Chr., vor allem im ersten Jahrhundert, erheblich schwankte[44] (Tab. 3).

Die Mannschaftsstärke der aus sieben Kohorten à fünfhundert Mann bestehenden vigiles blieb dagegen fast zwei Jahrhunderte lang konstant, bis die Einheit wie die

wurde diese Einheit aus den Reihen der Prätorianer gebildet und unterstand dem Prätorianerpräfekten.

34 C. G. Starr, The Roman Imperial Navy 31 BC–AD 324 (1960) 13 f.; Kienast, Kriegsflotten 48.

35 Vgl. Coulston – Dodge, Rome 81 Abb. 5. 8. – Es herrscht zudem Uneinigkeit darüber, ob die verschiedenen stadtrömischen Kohorten zu Beginn der Kaiserzeit cohortes quingenariae oder bereits cohortes miliariae gewesen seien. Eine Zusammenstellung der verschiedenen Forschungsmeinungen findet sich bei: Le Bohec, Armée 21.

36 R. E. Smith, Historia 21, 1972, 481 ff. bes. 487 f. Die legio II Parthica verblieb nicht dauerhaft in Albano, sondern wurde bei mehreren Feldzügen im vorderen Orient eingesetzt: C. Ricci in: Y. Le Bohec (Hrsg.), Les légions de Rome sous le Haut-Empire, Kongreß Lyon 1998 (2000) 397 ff. bes. 399.

37 Herodian. 3, 13, 4 spricht sogar von einer Vervierfachung der Mannschaftsstärken aller stadtrömischer Einheiten. Zum Lager der legio II Parthica: E. Tortorici, Castra Albana, Forma Italiae, Regio I, 11 (1975) 40 ff.

38 Daß es sich hierbei um eine Machtdemonstration des Septimius Severus handelte, äußert bereits Tortorici a. O. 21

39 Cass. Dio 75, 2, 3; Herodian. a. O.

40 Zur Bevölkerungszahl vgl. P. Garnsey, Famine and Food Supply in the Graeco-Roman World (1988) 191.

41 Zur Gliederung der cohortes equitatae s. RE I 235 (1894) s. v. cohors (Cichorius); Durry, Cohortes prétoriennes 9 f. Mehrfach wird in Erwägung gezogen, daß es sich bei den Prätorianern von Beginn an um cohortes milliariae gehandelt hätte: Th. Mommsen – J. Marquardt, Manuel des antiquités romaines 11 (1891) 209; Passerini, Coorti pretorie 58 ff.; D. L. Kennedy, AncSoc 1978, 275 ff.

42 CP 121: CIL VI 2438.

43 CIL VI 32536 (laterculus).

44 Durry, Cohortes prétoriennes 9. Nach der Auflösung wurde die Einheit nicht mehr neu eingerichtet. An ihre Stelle traten die sogenannten scholae palatinae, eine wesentlich kleinere berittene Gardetruppe.

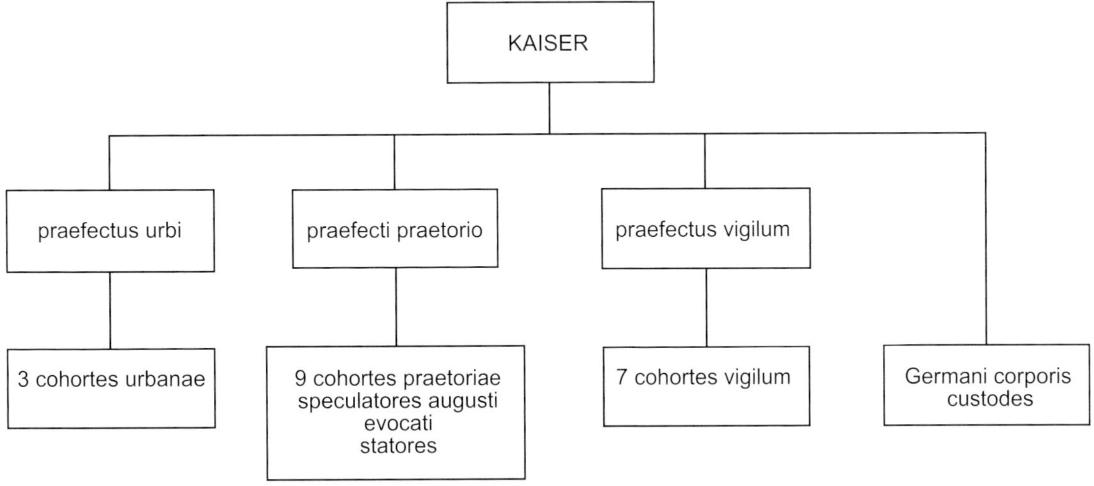

Abb. 3 Kommandostrukturen der stadtrömischen Garnison zu Beginn des 1. Jhs.

anderen stadtrömischen Einheiten in severischer Zeit auf siebentausend Mann verdoppelt wurde[45] (Tab. 1).

Verhältnismäßig große Einheiten waren ferner die Stadtkohorten und die in trajanischer Zeit gegründeten equites singulares Augusti[46]. Die in der modernen Literatur divergierenden Angaben über die Anzahl und die Stärke der Stadtkohorten erklären sich dadurch, daß diese in Analogie zu den Prätorianerkohorten zwischen dem ersten und dem vierten Jahrhundert häufig schwankten (Tab. 4). Den literarischen Quellen zufolge hatte sich ihre Zahl von eintausendfünfhundert Mann in augusteischer Zeit auf etwa sechstausend Mann im dritten Jahrhundert sogar vervierfacht[47]. Die Zahl der entsprechend einer ala in turmae à dreißig Mann gegliederten Einheit der equites singulares Augusti wurde dagegen nur einmal, in severischer Zeit, von vermutlich eintausend auf nunmehr zweitausend Reiter heraufgesetzt[48].

Die Mannschaftsstärken der übrigen für Rom belegten Einheiten lassen sich nicht mehr genau bestimmen, wobei sie aller Wahrscheinlichkeit nach zwischen jeweils hundert und fünfhundert Mann gelegen haben dürften (Tab. 1. 2). Die Vorgänger der equites singulares Augusti, die sogenannten Germani corporis custodes werden bei Sueton beispielsweise als *cohors Germanorum* bezeichnet, so daß für sie eine Mannschaftsstärke von etwa fünfhundert Reitern angenommen werden kann[49]. Von anderen, wie den den Prätorianern beigeordneten statores, ist überliefert, es habe sich dabei um einen aus fünf Zenturien bestehenden numerus gehandelt[50].

Die Befehlsgewalt über die Soldaten der stadtrömischen Garnison verteilte sich im ersten Jahrhundert auf mehrere Präfekten, die direkt dem Kaiser unterstellt waren und von diesem eingesetzt wurden[51] (Abb. 3). Während die Prätorianerpräfekten und der praefectus vigilum aus dem Ritterstand stammten, war der Stadtpräfekt (praefectus urbi) senatorischen Ranges[52]. Dem Senat wurde auf diese Weise suggeriert, er habe ebenfalls eine Truppe zur Verfügung[53]. Den beiden Prätorianerpräfekten unterstanden neben den Prätorianerkohorten und deren Untereinheiten

45 Paul. Dig. 1, 15, 3. Nach Le Bohec, Armée 22 f. waren sie vielleicht bereits vom 1. Jh. an eine cohors milliaria.

46 Zur Gründung der equites singulares Augusti, s. Speidel, Equites 93; Speidel, Kaiserreiter 4.

47 Zur Entwicklung der Mannschaftsstärke bei den Stadtkohorten: Cass. Dio 55, 24, 6; Freis, Cohortes Urbanae 36 ff.

48 M. P. Speidel, Riding for Caesar. The Roman Emperors' Horse Guards (1994) 59.

49 Suet. Galba 12, 2. Hierfür sprechen auch weitere Gründe, die ausführlich bei Bellen, Leibwache 53 ff. dargelegt werden.

50 Die Bezeichnung *numerus* ist durch die Grabinschrift ST 09: CIL X 1766 belegt. – Zur Gliederung in 5 Zenturien s. A. v. Domaszewski in: ders., Aufsätze zur Heeresgeschichte (1972) 86. – Allgemein zu den statores s. RE III A (1929) 2228 f. s. v. statores (Lammert).

51 Dies galt bis in die Spätantike: Cod. Theod. 6, 7, 1.

52 Ausnahmen senatorischen Ranges waren unter den Prätorianerpräfekten M. Arrecinus Clemens (69–71 n. Chr.) und der spätere Kaiser Titus, der während der Regierungszeit seines Vaters von 71–79 n. Chr. das Amt innehatte. M. Absil, Les préfets du prétoire d'Auguste à Commode, 2 avant Jésus-Christ – 192 après Jésus-Christ (1997) 31 ff.

53 Tac. hist. 3, 64, 1. Die Vermutung, daß der praefectus urbi im Laufe des 2. Jhs. zugunsten der Prätorianerpräfekten die Befehlsgewalt über die Einheiten verloren habe, konnte Freis, Cohortes Urbanae 42 ff. überzeugend widerlegen. Vgl. Durry, Cohortes prétoriennes 167 und A. v. Domaszewski – B. Dobson, Die Rangordnung des römischen Heeres^2 (1967) 17 Anm. 1.

vermutlich auch die zu Beginn des zweiten Jahrhunderts ausgehobene berittene Leibgarde der equites singulares[54]. Ihre Vorgänger, die Germani corporis custodes, waren hingegen von Dienern aus dem engsten Umfeld des Kaisers oder von Freigelassenen geführt worden[55]. Beinahe genauso viele Soldaten wie die Prätorianerpräfekten befehligte im ersten Jahrhundert n. Chr. der praefectus vigilum, so daß die Feuerwehreinheit eine Art Gegengewicht zu den Prätorianern bildete[56]. Beim Sturz des Sejanus im Jahre 31 n. Chr. führte dies dazu, beide Einheiten gegeneinander einzusetzen[57].

b Aufgabenbereiche und Funktionen der stadtrömischen Einheiten

Neben den eingangs beschriebenen Funktionen (Schutz des Prinzeps und der kaiserlichen Familie, Garantie der Ordnung und Sicherheit, Kommunikation zwischen Provinz und Zentrum) übernahmen die stadtrömischen Einheiten der literarischen Überlieferung zufolge zahlreiche weitere Aufgaben, die nicht zwangsläufig an Rom gebunden waren. Mitunter kam es dabei zu Überschneidungen innerhalb der Zuständigkeitsbereiche der einzelnen Einheiten.

Für die Prätorianerkohorten ist beispielsweise überliefert, daß diese neben ihrer eigentlichen Aufgabe auch Ordnungsfunktionen bei besonderen Anlässen wahrnahmen[58]. Vielfältig waren die Aufgabenfelder ihrer Untereinheiten. Die aus den Reihen der Prätorianer zusammengestellte, berittene Spezialeinheit der speculatores Augusti war zwar in erster Linie für die Sicherheit und die Begleitung des Kaisers zuständig, doch betraute dieser sie gelegentlich mit der Durchführung besonderer Aufträge[59]. Ferner ist überliefert, daß die speculatores auch Hinrichtungen Verurteilter durchführten[60]. Die evocati, bei denen es sich vielfach um ehemalige Soldaten der Prätorianerkohorten handelte, wurden nach ihrer Entlassung auf Grund ihres großen Erfahrungsschatzes wieder angeworben oder dienten gleich über die vorgeschriebene Zeit hinaus weiter[61]. Sie nahmen nicht nur Aufgaben im Stab der Prätorianerpräfekten war, sondern wurden nachweislich an die Reichsgrenzen zu den dort stehenden Legionen geschickt[62]. Für die statores Augusti, eine weitere Untereinheit der Prätorianer, wird angenommen, daß sie in Analogie zu ihren gleichnamigen Vorgängern aus republikanischer Zeit vor allem mit kaiserlichen Botendiensten betraut gewesen seien[63]. Daneben sollen sie als eine Art Militärpolizei auch Gerichts- und Polizeidienst ausgeübt haben. Die Leibgarden, also auch die Germani corporis custodes und später die equites singulares Augusti, begleiteten den Kaiser natürlich auf seinen Reisen. Soldaten der Leibgarden hielten sich auch in der Nähe des Prinzeps auf, wenn dieser nicht in seiner Residenz auf dem Palatin, sondern in einer der zahlreichen kaiserlichen Villen weilte[64].

Neben ihrer Hauptaufgabe, der Brandbekämpfung, stellten die vigiles auch Wachpersonal für horrea und nahmen Ordnungsfunktion in den Thermen wahr[65]. Ferner erfüllten sie des Nachts Aufgaben, die am Tage von den Stadtkohorten wahrgenommen wurden. So waren sie für die nächtliche Verbrechensbekämpfung zuständig, und ihr Präfekt verfügte über eine spezifische Gerichtsbarkeit[66].

Das Übermitteln von Botschaften und Befehlen zwischen Rom und der Peripherie war die Aufgabe der speculatores legionis, die im kaiserzeitlichen Heer eine Sonderstellung einnahmen. Sie zählten zum Stab des Heerführers beziehungsweise des Statthalters und waren offenbar mit besonderen caligae und lanceae ausgestattet,

54 Seit 2 v. Chr. sind mit P. Salvius Aper und Q. Ostorius Scapula zwei Prätorianerpräfekten belegt. Die Kollegialität des Amtes wurde jedoch zwischenzeitlich immer wieder aufgehoben, so daß die Prätorianergarde über einen längeren Zeitraum unter dem Kommando eines Präfekten stehen konnte, s. Absil a. O. 22. – Die Weisungsbefugnis über die equites singulares ist unklar, doch werden verschiedene Prätorianerpräfekten in Entlassungsinschriften der Reiter genannt; vgl. Speidel, Kaiserreiter 31.

55 R. L. Frank, Scholae Palatinae (1969) 25.

56 Sablayrolles, Libertinus miles 94 ff. Es waren meist dieselben Personen, die zuerst praefectus vigilum, dann praefectus praetorio wurden. Sablayrolles, Libertinus miles 76 ff. Ausführlich zu den militärischen Vorraussetzungen der Prätorianerpräfekten: Absil a. O. 22.

57 So wurden vor der Festnahme des Sejanus die vigiles anstelle der Prätorianer auf dem Forum in Stellung gesetzt: Cass. Dio 58, 9, 3–6.

58 Beispielsweise beim offiziellen Empfang des Tiridates (Suet. Nero 13) und bei den Gesangsaufführungen des Nero (Tac. ann. 14, 15).

59 Tac. hist. 2, 73; Suet. Cal. 44.

60 Sen. benef. 3, 25; Sen. de ira 1, 18, 4; Cass. Dio 78, 14.

61 Cass. Dio. 55, 24; CIL VI 2440.

62 Cass. Dio 55, 23. Die eher zivil geprägte Tätigkeit wird durch ein besonderes Schuhwerk und durch die Bezahlung unterstrichen, die als *salarium* und nicht, wie bei den Soldaten üblich, als *stipendium* bezeichnet wird. Vgl. EV 13: CIL XI 3006. EV 15: CIL VI 2578. EV 42: CIL VI 3411.

63 Allgemein zu den statores: RE III A 2 (1929) 2299 s. v. statores (Kübler).

64 So ist bei Sueton für Augustus überliefert, daß dieser gerne in Kampanien oder auf den kampanischen Inseln weilte: Suet. Aug. 72, 2–3. 82, 1. 92, 1. 98. Gleiches galt für Tiberius und Caligula. Suet. Tib. 72 f.; Suet. Cal. 14. 23. 37.

65 Ein Überblick und weitere Literatur findet sich bei: Sablayrolles, Libertinus miles 377 ff.

66 Dig. 1, 15.

die sie von den übrigen Legionssoldaten unterschieden[67]. Benannt wurden sie entweder nach der Legion oder nach der Provinz, in der sie dienten[68]. Zum Dienst nach Rom berufen, waren sie in den castra peregrina auf dem Caelius nahe der kaiserlichen Residenz stationiert[69]. Hier lagen sie zusammen mit den frumentarii, die vor allem logistische Aufgaben besonders im Bereich der Getreideversorgung übernahmen[70], darüber hinaus aber, wie nahezu alle stadtrömischen Einheiten, für Boten- und Kurierdienste zwischen Rom und den Legionen an den Reichsgrenzen eingesetzt wurden. Da ihre Auflösung zu Beginn des vierten Jahrhunderts etwa in die Zeit fiel, in der Diokletian die agentes in rebus schuf, wurde fälschlicherweise angenommen, die frumentarii seien als deren Vorläufer eine Geheimpolizei gewesen, die für Bespitzelungen und das Sammeln von Informationen über die Stimmung in der Stadt zuständig war[71].

Zu den Aufgaben der Flottensoldaten aus Misenum zählte zwar das Hissen und Spannen der Sonnensegel im Kolosseum, doch übernahmen sie – wie die Ravennatii, die unter Tiberius und Nero zu Seespielen in der Naumachia Augusti eingesetzt wurden – auch Kurierdienste zwischen der Hauptstadt und den Häfen von Ostia und Puteoli[72]. Die Matrosen begleiteten den Kaiser außerdem bei seinen Reisen und ergänzten damit die Prätorianerkohorten[73]. In den Wirren des Jahres 69 n. Chr. übernahmen die Flottensoldaten teilweise die Aufgaben der Prätorianerkohorten und konkurrierten mit diesen[74]. Die Flottensoldaten kümmerten sich also ebenso um den Schutz des Prinzeps wie die legio II Parthica, die als Ergänzung zu den Leibgarden im dritten Jahrhundert zu einer regelrechten Begleittruppe des Kaisers wurde[75].

Neben ihren Diensten in Rom und der Teilnahme an militärischen Unternehmungen in verschiedenen Provinzen des Reiches wurden die Soldaten der stadtrömischen Garnison auch außerhalb der Hauptstadt, fernab des kaiserlichen Hofes, zum Nutzen und Schutz der Zivilbevölkerung eingesetzt. Detachements stadtrömischer Einheiten lagen nachweislich in Ostia und Puteoli sowie in der Hauptstadt der Provinz Gallia Lugdunensis, dem heutigen Lyon, und in Karthago[76]. Ob der Prätorianer Lucius Pedanius Felix, der bei Löscharbeiten in Ostia umkam[77], zufällig bei dem Unglück zugegen war, eine Abordnung seiner Einheit zur Unterstützung der vigiles dorthin geschickt wurde[78] oder er dauerhaft in Ostia stationiert war, läßt sich nicht entscheiden[79]. Sein Grabdenkmal ist jedoch ein früher Beleg für die vielfältigen Aktivitäten der stadtrömischen Garnison außerhalb Roms. Von den vigiles weiß man sicher, daß diese eine eigene Station in der nahegelegenen Hafenstadt unterhielten, über die ein Großteil der Getreideversorgung Roms abgewickelt wurde[80]. Eine weitere Station befand sich vermutlich in Puteoli, dem zweiten bedeutenden Hafen der Westküste Italiens[81]. An beiden Orten lagen seit claudischer Zeit zusätzliche Stadtkohorten mit den Nummern XIV und XV[82].

Im Hinblick auf die tatsächliche Präsenz des Militärs in Rom ist deshalb festzuhalten, daß sich nicht alle Soldaten ständig in der Hauptstadt aufhalten mußten. Neben der

67 Suet. Cal. 52: *speculatoria caliga*. Einen Überblick gibt: M. Clauss, Untersuchungen zu den Principales des römischen Heeres von Augustus bis Diokletian. Cornicularii, speculatores, frumentarii (1973) 59 ff.

68 CIL III 2015 (Legion). 4402 (Provinz); s. a. R. Haensch, KJb 34, 2001, 89 ff.

69 Siehe Kap. II 6.

70 M. Reuter in: E. Schallmayer, Traian in Germanien. Traian im Reich, Kolloquium Saalburg 1999, Saalburg-Schriften 5 (1999) 77 ff. bes. 79 f.

71 Nur für hadrianische Zeit wird überliefert, daß die frumentarii auf Befehl des Prinzeps den Briefverkehr seiner Bekannten überwachten: SHA Hadr. 11, 4. 6.

72 Suet. Vesp. 8; SHA Comm. 15, 6 *a militibus classiariis, qui vela ducebat, in amphiteatro*; Durry, Cohortes prétoriennes 24; S. Panciera, RendLinc Ser. 8, 19, 1964, 316 ff. bes. 321.

73 Damit bildeten sie ein starkes Gegengewicht zur eigentlichen Leibgarde, s. hierzu: Kienast, Kriegsflotten 80.

74 Zur Rolle der italischen Flotte im 1. Jh. s. Kienast, Kriegsflotten 48 ff.

75 RE XII 2 (1925) 1475 ff. s. v. legio II Parthica (Ritterling). – Als Begleittruppe genannt bei: SHA Carac. 6, 7

76 Epigraphische Funde belegen, daß nicht nur Prätorianer, sondern im 3. Jh. sogar Soldaten der legio II Parthica als *stationarii*, also Wachmannschaften, in einigen italischen Munizipien ihren Dienst taten. Epigraphische Zeugnisse für entsprechend eingesetzte Soldaten: AE 1902, Nr. 89: Dessau 9087 (Weihung); A. Domaszewki, RM 1902, 330; CIL X 5652 (Grabdenkmal). Nicht zu verwechseln sind diese mit den Soldaten, die nach Abschluß ihres Dienstes zurück in ihren Heimatort kamen.

77 CIL XIV 223.

78 Sen. nat. quaest. 1, 15, 5.

79 R. Meiggs, Roman Ostia (1960) 46 spricht von einer Stationierung der cohors VI praetoria in Ostia für die augusteische Zeit und belegt dies mit Suet. Aug. 49, 1. Die Inschrift CIL XIV 223 weist jedoch in eine spätere Zeit.

80 J. S. Rainbird, BSR 54, 1986, 145 ff. – s. a. Kap. II 7 Abb. 45.

81 Sablayrolles, Libertinus miles 383 Anm. 168.

82 Freis, Cohortes Urbanae 8. Die Zahl der Stadtkohorten wurde unter Claudius von vier auf neun erhöht, wobei nach wie vor nur drei davon für den Dienst in der Hauptstadt vorgesehen waren: Freis, Cohortes Urbanae 10. 90.

Vielzahl literarischer und epigraphischer Belege für den Einsatz der Soldaten bei zivilen Katastrophen und anderen Diensten auf italischem Boden gibt es eine Fülle von Zeugnissen für die Teilnahme der stadtrömischen Soldaten an Feldzügen, wobei sich diese nicht etwa auf die Leibgarden des Kaisers und die legio II Parthica beschränken[83]. Es zeigt sich, daß sogar die eigens für den Dienst in der Hauptstadt eingerichteten Stadtkohorten Soldaten für militärische Unternehmungen außerhalb Roms stellten[84]. Die bronzene Abschrift eines kaiserlichen Briefes für einen vigilis belegt für das dritte Jahrhundert sogar den Einsatz der eigentlich paramilitärischen, für die Brandbekämpfung in der Hauptstadt konzipierten Einheit bei militärischen Kampagnen.[85]

Soldaten, die eine Zeit lang in Rom, vorzugsweise in einer der kaiserlichen Leibwachen, gedient hatten, konnten von dort als Ausbilder in eine Legion oder Auxiliareinheit geschickt werden[86]. Eine herausragende Stellung bei der taktischen Ausbildung der Soldaten in den Provinzheeren kam offenbar den evocati zu, die auf Grund ihrer militärischen Erfahrung und durch ihre verschiedenen Aufgaben innerhalb der stadtrömischen Garnison in besonderem Maße dafür geeignet waren. Sie übernahmen zudem strategische Beraterfunktionen[87].

Daß milites der stadtrömischen Einheiten häufiger höhere Posten in den Provinzheeren zugewiesen bekamen, zeigt eine große Anzahl von Denkmälern[88]. Obwohl nachgewiesen werden konnte, daß mindestens ebenso häufig Legionssoldaten in Zenturiate aufstiegen wie Soldaten der stadtrömischen Garnison, spricht deren hoher Anteil an den entsprechenden Rängen für eine gewisse Bevorzugung, bedenkt man die Mannschaftsstärken dieser Einheiten im Verhältnis zur Größe der Legionen[89]. Die stadtrömischen Einheiten aus diesem Grunde als eine Art Offiziersschule oder Militärakademie zu verstehen, aus der die Elite des Heeres rekrutiert wurde, ist eine Vorstellung, die von Militärhistorikern zwar immer wieder gerne geäußert wurde, aber nicht zutreffend ist[90]. Die Soldaten hatten während ihrer Dienstzeit in Rom sicherlich Möglichkeiten, sich für einen höheren Posten zu qualifizieren, doch machte sie der im Vergleich zu einem Grenzposten eher geruhsame Dienst in der Hauptstadt nicht per se zu militärischen Experten. Die Ausbildungsfunktion der stadtrömischen Garnison darf aus diesem Grunde nicht überbewert werden. Vielmehr scheint es die Nähe zum Kaiser und einflußreichen Personen, wie den Prätorianerpräfekten, gewesen zu sein, die den Aufstieg in einen höheren militärischen Rang begünstigte[91].

83 Die Teilnahme der Prätorianer an Feldzügen ist bei Suet. Cal. 19, 43 überliefert. Epigraphische Zeugnisse hierfür sind die Inschriften CIL XI 395 (mit Claudius in Britannien) und ILS 2081 (mit Trajan in Dakien). – Ein entsprechender Einsatz der equites singulares ist durch CIL VI 225 belegt.

84 Tac. hist. 1, 87 beschreibt eine Ausnahmesituation. Daß die Soldaten der Stadtkohorten über ihre innerstädtischen Aufgaben hinaus seit dem 2., vermehrt vom 3. Jh. an bei Feldzügen eingesetzt wurden, belegen auch fernab der Hauptstadt gefundene Grabdenkmäler: Pfuhl – Möbius I Nr. 306 (trajanisch).

85 B. Pferdehirt, Ein kaiserliches Reskript aus dem Jahr 248–249 n. Chr., AKorrBl 33, 2003, 403 ff.

86 So etwa hatte M. Aurelius Sextianus als Ausbilder bei den equites singulares gedient, bevor er von Rom nach Lambaesis versetzt wurde, Speidel, Kaiserreiter Nr. 754.

87 A. v. Domaszewski – B. Dobson, Die Rangordnung des römischen Heeres^{2} (1967) 75 ff. bes. 77.

88 Zusammenstellung bei B. Dobson – D. J. Breeze in: Epigraphische Studien 8 (1969) 100 ff.

89 Noch immer grundlegend: Dobson – Breeze, a. O.

90 J. Ott, Die Beneficiarier, Historia Einzelschriften 92 (1995) 15 ff.; Speidel, Equites 1 ff.

91 Ähnliches läßt sich für die Laufbahnen von Senatoren zeigen, für die ihre persönlichen Kontakte in Rom mindestens ebenso wichtig wie die bei der Ausübung verschiedener Ämter erworbene Qualifikation waren, vgl. W. Eck in: ANRW II 1 (1974) 158 ff. bes. 226 f.; E. Birley, Carnuntum Jahrbuch 1957, 5.

3 Präsenz und Einsätze des Militärs im stadtrömischen Alltag

Das Militär bildete durch seine hohe Zahl, die dauerhafte Stationierung in der Hauptstadt, den damit zusammenhängenden logistischen Anforderungen und nicht zuletzt durch die Einsätze im römischen Alltag, einen wesentlichen Bestandteil des städtischen Lebens von Rom. Über die alltäglichen Berührungspunkte zwischen Soldaten und ziviler Bevölkerung geben die literarischen Quellen jedoch nur in geringem Maße Auskunft. In der Regel werden die stadtrömischen Einheiten darin vor allem im Zusammenhang mit schwerwiegenden politischen Veränderungen, Umstürzen oder Verschwörungen beschrieben, in die ihre Offiziere oder gesamte Einheiten verwickelt, wenn nicht sogar maßgeblich daran beteiligt waren[92]. Diese wichtige Rolle des stadtrömischen Militärs innerhalb der römischen Geschichte wurde in der althistorischen und philologischen Forschung bereits ausführlich diskutiert, so daß dieser Aspekt der Überlieferung zum Militär in Rom im Folgenden nicht weiter vertieft werden soll[93]. Vielmehr

92 Suet. Cal. 56–58; Suet. Claud. 10; Cass. Dio 59, 29 ff. 60, 1; Ios. Ant. 19, 162 ff.; Ios. Bell. Iud. 2, 204; Tac. ann. 15, 48 ff.

93 Hierzu: R. Ash, Ordering Anarchy. Armies and Leaders in Tacitus' Histories (1999); E. Flaig, Den Kaiser herausfordern (1992) 240 ff.

soll das Militär als Bestandteil des städtischen Lebens skizziert und die alltäglichen Einsätze der Soldaten sowie die Wahrnehmung ihrer Präsenz im stadtrömischen beschrieben werden. Dabei sind vor allem die Aktivitäten gemeint, die über die bereits genannten offiziellen Aufgaben hinaus gehen[94]. Zur Ergänzung des aus den literarischen Quellen gewonnenen Bildes werden in die folgenden Überlegungen auch Darstellungen von Soldaten der stadtrömischen Einheiten in der Staatskunst einbezogen, sofern diese Handlungen in der Stadt zeigen[95].

Neben den eingangs erwähnten Berichten über das Eingreifen der Soldaten ins politische Geschehen findet von den vielfältigen Einsätzen des stadtrömischen Militärs nur eine kleine Auswahl in den literarischen Quellen Erwähnung. Verhältnismäßig häufig schreiben die verschiedenen Autoren von der Teilnahme der Soldaten an Paraden und Triumphzügen[96] sowie über das Exerzieren auf dem campus cohortium praetorianarum[97]. Diese Form des militärischen Sichzurschaustellens erfreute sich offenbar bei der Bevölkerung Roms einer besonderen Beliebtheit, wenn man Autoren wie Tacitus Glauben schenkt, der berichtet, wie die Menschen zusammenliefen, wenn die Prätorianer in voller Ausrüstung vor dem Lager exerzierten[98]. Die Teilnahme der Soldaten an Paraden und Triumphzügen war offenbar erwähnenswert und wird in der Regel, zumindest für die ersten beiden Jahrhunderte, ohne negative Konnotationen beschrieben[99]. Mitunter wird sogar das gesittete Verhalten der Soldaten bei solchen Anlässen in besonderer Weise hervorgehoben, wie in der Lobrede des Plinius auf Trajan, in der es zum adventus des Kaisers in der Stadt heißt: »Die Soldaten waren, was ihre äußere Erscheinung und was die ruhige, disziplinierte Haltung betraf, vom Volke nicht zu unterscheiden«[100]. Auffällig ist in diesem Zusammenhang, wie wenige bildliche Darstellungen von Soldaten beim Triumphzug man aus der frühen Kaiserzeit kennt, wo diese doch den Hauptteil aller Triumphzüge bildeten[101]. Eines der wenigen bekannten Beispiele ist eine Campanaplatte aus augusteischer Zeit, die einen Wagen mit zwei gefangenen Barbarinnen zeigt, der von einem Soldaten begleitet wird[102]. Es scheint fast so, als habe man auf entsprechende Darstellungen verzichtet, als die Anwesenheit des Militärs in Rom noch problematisch war.

Wie Tacitus überliefert, wurden die Soldaten auch bei Zeremonien eingesetzt. So ließ Vespasian bei der Weihung des Bauplatzes für den Wiederaufbau des Kapitols Soldaten mit heilverkündenden Namen auftreten, um deren positive Wirkung zu nutzen[103]. Besonders aufschlußreich für die alltäglichen Begegnungen von Soldaten und städtischer Bevölkerung sind die Erwähnungen des täglichen Wachwechsels der Prätorianer zwischen dem Lager auf dem campus Viminalis und dem kaiserlichen Palast auf dem Palatin[104]. Dabei seien die Soldaten allerdings nicht in Uniform, sondern als *cohors togata* durch die Stadt gezogen[105]. Möglicherweise gab es daneben eine spezielle Prätorianertracht, wie eine Textstelle bei Herodian andeuten könnte. Es ist darin von einer List des Maternus die Rede, der sich in der Tracht der Leibwache unter dieselbe mischen will, um Commodus bei einer Prozession zu ermorden[106]. Der Annahme, die Prätorianer hätten bei ihrem

94 Eine systematische Untersuchung der literarischen Quellen im Hinblick auf das darin gezeichnete Bild des Militärs in Rom wäre von philologischer und althistorischer Seite sehr wünschenswert, da die literarischen Quellen das Phänomen der militärischen Präsenz in Rom aus der Sicht der Zeitgenossen beleuchten. Sie geben in ihrer Fülle eine Vielzahl subjektiver, durch den sozialen und gesellschaftlichen Hintergrund des jeweiligen Autors geprägter Einschätzungen wieder, die sich sicherlich zu einer aussagekräftigen Betrachtung bündeln ließen. Was die Autoren im Zusammenhang mit den stadtrömischen Einheiten für erwähnenswert hielten, welche Topoi und Vorurteile in den Schilderungen auftauchen und wie sich das Bild des stadtrömischen Militärs im Laufe der Zeit wandelte, wären Fragen, denen sich eine solche Untersuchung widmen könnte.

95 Denkmäler wie der Große Trajanische Schlachtenfries, werden aus diesem Grunde weitgehend ausgeklammert, vgl. A. M. Leander Touati, The Great Traianic Frieze. The study of a monument and of the mechanisms of message transmission in Roman Art (1987).

96 Thesaurus cultus et rituum antiquorum I (2004) 44 s. v. Prozessionen, römisch (F. Fless); darunter sogar ein Triumphus navalis, Suet. Cal. 15.

97 Zum Campus: Tac. ann. 12, 36; Cass. Dio 74, 1; Herodian. 2, 13, 3; SHA Did. 5, 9; Lugli, Fontes 250 Nr. 319–321.

98 Tac. ann. a. O.

99 Cass. Dio 63, 4, 2 (Einzug des Nero, 66 n. Chr.)

100 Plin. paneg. 23, 3. Möglicherweise zeigt die Textstelle auch, daß es in Wirklichkeit genau anders war, da Plinius Beschreibungen ja vor allem dazu dienen, Trajan in besonderer Weise zu loben.

101 Liv. 45, 38, 12–14; M. Beard, The Roman Triumph (2007) 241 ff.

102 F. Fless, Opferdiener und Kultmusiker auf stadtrömischen historischen Reliefs (1995) 25 Anm. 97. Es läßt sich nicht belegen, daß es sich hierbei um den Angehörigen einer stadtrömischen Einheit handelt.

103 Tac. hist. 4, 53, 2.

104 Tac. ann. 12, 69; Herodian. 5, 8, 5–7.

105 Tac. hist. 1, 38, 2. Es wird angenommen, die Bezeichnung *cohors togata* diene zur Verunglimpfung des Dienstes in der Hauptstadt, der kaum mit dem harten Dienst an den Grenzen des Reiches vergleichbar sei: O. Stoll, Römisches Heer und Gesellschaft, Mavors 13 (2001) 30 Anm. 124.

106 Herodian. 1, 10, 6.

Dienst in Rom antike, historisierende Waffen getragen, ist jedoch zu widersprechen, da sie auf einer Eigenart bildlicher Darstellungen von Realien beruht[107].

Bei der Durchsicht der Quellen fällt auf, daß der Umstand, wie die Soldaten in der Stadt gekleidet waren, wie sie sich präsentierten und ob sie ihre Waffen sichtbar trugen, ihre Wahrnehmung deutlich beeinflußte. Exerzierten diese außerhalb der Stadt in voller militärischer Ausrüstung, übte der militärische Ornat eine große Anziehung auf die Bevölkerung aus, die hierfür wie zu einem besonderen Spektakel zusammenlief[108]. Die Soldaten konnten in Rom also durchaus in militärischer Ausrüstung auftreten, wenn dies im Rahmen einer geordneten Form geschah, ohne dabei Unbehagen auszulösen und von der Bevölkerung kritisch beäugt zu werden. In dieses Bild fügen sich auch die Beschreibungen über gerüstete Soldaten, die beim Begräbnis des Germanicus oder des Pertinax den Zug sicherten[109]. Überaus negativ wird hingegen bewertet, wenn die Soldaten vollbewaffnet am Forum Romanum, also im politischen und religiösen Zentrum der Stadt, oder bei den Kaiserfora auftauchten, wie Tacitus und Sueton berichten[110]. Zogen sie zusammen mit Septimius Severus in voller militärischer Ausrüstung auf das Kapitol, war dies ein regelrechter Affront[111]. Entsprechende Schilderungen finden sich in der Regel im Zusammenhang mit bürgerkriegsähnlichen Zuständen und unruhigen Zeiten. Es handelt sich dabei also um ganz spezifische Situationen, bei denen die Beschreibungen der Autoren genutzt werden, um gewisse Stimmungen zu erzeugen. So konnten die Soldaten entweder positiv in ihrer schillernden Wehr Eindruck machen oder Angst erzeugen[112].

Neben den wenigen überlieferten Handlungsabläufen und Einsätzen im stadtrömischen Alltag gab es eine Fülle von Aktivitäten, die man nicht oder nur unzulänglich fassen kann. Hierzu zählen logistische Belange, wie die Getreideversorgung der Soldaten, und das Zusammenleben mit ihren Familien[113]. Ob alle Soldaten, wie es für die vigiles überliefert ist, ihr frumentum zusammen mit der Zivilbevölkerung bekamen und inwieweit sie dadurch mit dieser verbunden waren, ist für das Verständnis alltäglicher Abläufe von Bedeutung, aber nur schwer nachzuvollziehen[114]. Die Frage, wie sich das soziale Leben der Soldaten gestaltete, deren Frauen und Kinder nachweislich in Rom lebten, ist noch viel schwerer zu beantworten[115].

Sieht man einmal von den eingangs kurz erwähnten politisch relevanten Aktivitäten der stadtrömischen Einheiten ab, ist auffällig, daß diese in den literarischen Quellen bis in die Zeit des Septimius Severus ansonsten nicht besonders in Erscheinung treten. Eine Ausnahme stellt eine bei Herodian überlieferte, wenig rühmliche Episode über den Einsatz der berittenen Leibgarde gegen die Zivilbevölkerung Roms dar. Unter Commodus habe der Prätorianerpräfekt Cleander angeblich die kaiserlichen Reitertruppen, vermutlich die equites singulares, die aufständische Bevölkerung verfolgten, niederreiten und töten lassen[116]. Daraufhin seien die städtischen Kohorten den Zivilisten, angeblich »aus Haß auf die Reiter«, zu Hilfe geeilt. Dieser vermeintliche Einsatz der Soldaten gegen die zivile Bevölkerung muß nicht in der beschriebenen Form stattgefunden haben, wahrscheinlich ist er vielmehr als Stilmittel zu verstehen. Herodian folgt an dieser Stelle vermutlich einem Kompositionsschema, das in seinem Werk häufiger nachgewiesen werden kann[117].

Mit Cassius Dio häufen sich, vor allem für seine Zeit, die Berichte von Trinkgelagen der Soldaten in den Gasthäu-

107 So E. Künzl, Der römische Triumph (1987) 74. Die Darstellung »historischer« Waffen in der römischen Staatskunst ist vielmehr ein gattungsimmanentes Stilmittel und kein Spiegel historischer Realitäten. Vgl. G. Waurick, JbRGZM 30, 1983, 265 ff.

108 Siehe oben Anm. 124.

109 Tac. ann. 3, 4, 1 (Begräbnis des Germanicus). – Cass. Dio 75, 4, 2–6 (Begräbnis des Pertinax, 193 n. Chr.) »Die nächsten waren die Berittenen und Soldaten zu Fuß im Waffenschmuck, die Rennpferde und all die Totenspenden (...).«

110 Tac. hist. 1, 40; Tac. ann. 16, 27, 1: Die Prätorianer seien *non occultis gladiis* am Zugang zum Senatssaal erschienen. Zur Waffenpräsenz und dem gewalttätigen Einsatz von Waffen innerhalb der Stadt s. auch Suet. Galba 19; Suet. Otho 6 »mit gezückten Schwertern« in den principia des Lagers.

111 Herodian. 2, 14, 1; SHA Severus 7, 1.

112 J. Lehnen, Adventus principis. Untersuchungen zu Sinngehalt und Zeremoniell der Kaiserankunft in den Städten des Imperium Romanum (1997) 284 ff.; Thesaurus cultus et rituum antiquorum I (2004) 44 s. v. Prozessionen, römisch (F. Fless); A. Kneppe, Metus temporum. Zur Bedeutung von Angst in Politik und Gesellschaft der römischen Kaiserzeit des 1. und 2. Jhs. n. Chr. (1994) 77 ff. bes. 113.

113 Über die Inschriften zahlreicher Grabdenkmäler sind verschiedene familiäre Konstellation nachweisbar, vgl. Kap. III 11. 13.

114 *f(rumentum) p(ublicum) a(ccipit) d(ie) XXII ost(io) XII*, s. B. Pferdehirt, AKorrbl 33, 2003, 403 ff.; ebenda, Römische Militärdiplome (2004) 192 ff. – Nach Elio Lo Cascio waren die vigiles dadurch nicht richtig militärisch, E. Lo Cascio, Il Princeps e il suo impero (2000) 19 ff.

115 Die Soldaten durften zwar bis in severische Zeit nicht offiziell heiraten, doch finden sich zahlreiche Belege für eheähnliche Gemeinschaften, aus denen auch Kinder hervorgingen, vgl. Kap. II 12.

116 Herodian. 1, 12, 6–9.

117 O. Hekster, Commodus: an Emperor at the Crossroads (2002) 72 ff. bes. 73; eine Analyse dieser Stelle bei G. Alföldy in: ders., Die Krise des römischen Reiches (1989) 94 ff. bes. 110.

sern der Hauptstadt und Schlägereien, in die das Militär verwickelt war. Ihm zufolge füllte sich die Stadt in severischer Zeit mit Soldaten, die er als halbbarbarische Fremde charakterisiert[118]. Er schreibt weiterhin, daß Severus diese auch gegen den Senat einsetzte[119]. Seine negativen Schilderungen beschränken sich aber nicht allein auf seine eigene Zeit, auch für die vorangegangenen Jahrhunderte berichtet Cassius Dio über Zusammenstöße zwischen Soldaten und der städtischen Bevölkerung oder darüber wie sich das Volk gegen diese zur Wehr setzte[120]. Natürlich sind die Ausführungen von Cassius Dio vor seinem eigenen gesellschaftlichen Hintergrund zu bewerten, der in der erhöhten militärischen Präsenz eine Bedrohung für sich und andere Angehörige des Senatorenstandes sah[121].

Neben den schriftlichen Quellen belegen auch wenige bildliche Darstellungen der Staatsreliefs, daß die Soldaten der stadtrömischen Einheiten als Akteure im Stadtbild präsent waren. So weiß man nicht nur aus der literarischen Überlieferung, daß die Soldaten als Begleitung des Kaisers bei Sitzungen im Senat oder öffentlichen Versammlungen in Erscheinung traten, sondern kennt entsprechende Darstellungen in der Staatskunst, wie die sogenannten Cancelleriareliefs oder die Bilder auf dem Bogen des Mark Aurel[122]. Auffällig ist dabei, daß Soldaten in der frühkaiserzeitlichen Staatskunst so gut wie nicht vertreten sind. Die Kaiser werden hier häufig in Begleitung von Liktoren dargestellt, womit sie an alte Traditionen anknüpfen und einen respektvollen Umgang mit der alten Ordnung betonen[123]. Erst in flavischer Zeit lassen sich erste Darstellungen auf den bereits erwähnten Cancelleriareliefs nachweisen, die den Kaiser in Begleitung von Prätorianern beim Adventuszeremoniell zeigen[124]. Die ersten gezielten, wenngleich zurückhaltenden Inszenierungen von Soldaten der stadtrömischen Einheiten bei Tätigkeiten innerhalb der Stadt finden sich zu Beginn des zweiten Jahrhunderts auf den sogenannten Anaglypha Traiani und dem Chatsworthrelief[125]. Beide Reliefs zeigen Männer beim Verbrennen von Schuldtafeln, die durch ihr cingulum militare eindeutig als Soldaten gekennzeichnet sind[126]. Es sind also Soldaten dargestellt, die im Dienste des Kaisers etwas zum Wohle des Volkes taten. Dabei werden diese beinahe vollständig ohne Ausrüstungsgegenstände abgebildet und sind nur durch das erwähnte cingulum und die pugii als solche zu erkennen. Die wenig später entstandenen Reliefs auf der Basis der Antoninus-Pius-Säule zeigen die Soldaten zwar hoch zu Roß, in ihrer militärischen Ausrüstung, doch reiten diese diszipliniert und geordnet im Rahmen des kaiserlichen Begräbnisrituals[127].

Mit den wenigen genannten Ausnahmen fehlen in der offiziellen Bildwelt also jene Darstellungen, in denen die Soldaten innerhalb der Stadt tätig sind. So gibt es keine Bilder der alltäglichen Feuer- und Verbrechensbekämpfung, des Aufziehens der Sonnensegel im Kolosseum oder anderer literarisch überlieferter Tätigkeiten. Allein bei einigen Prozessionen wie der pompa triumphalis, der profectio und dem adventus werden Soldaten dargestellt, die als Zugordner[128], Zugbegleiter[129] und Zugteilnehmer[130] agierten, wobei auch solche Denkmäler nicht zahlreich vertreten sind. Ihre größte Präsenz entfaltet die Gruppe der Soldaten durch die zahlreichen Monumente, die ihr Handeln bei Feldzügen zeigen, wobei hier auch die stadtrömischen Einheiten vertreten sind[131]. Denkt man an Monumente wie die Trajans- und die Marcussäule oder den Bogen für Septimius Severus, die allesamt mit der mannigfaltigen Darstellung von Soldaten in verschiedenen Situationen operieren und diese sogar im Kampf abbilden, ist die geringe Zahl von Denkmälern, die Soldaten der

118 Cass. Dio 75, 2, 4–6.

119 Cass. Dio 75, 2, 2.

120 Cass. Dio 74, 13, 4.

121 In einer seiner großen Reden geht es sogar um die Position des Soldaten innerhalb des gesellschaftlichen und politischen Systems. Cass. Dio 41, 27–35. Seine Angst vor einer militärischen Tyrannei spiegelt sich in mehreren Büchern wider: Cass. Dio 46–48. 77. 78.

122 I. Scott-Ryberg, Panel Reliefs of Marcus Aurelius (1967) 43 ff.; G. M. Koeppel, BJb 186, 1986, 9 ff. 67 Abb. 35.

123 A. Alföldy, Die monarchische Repräsentation im römischen Kaiserreich (1977) 100 ff.

124 M. Bergmann, Zum Fries B der flavischen Cancelleriareliefs, MarbWPr 1981, 19 ff.; G. M. Koeppel, BJb 184, 1984, 31 ff. Nr. 8.

125 M. Torelli, Typology and structure of Roman historical reliefs (1992) 89 ff. bes. 109 Abb. IV 16; G. M. Koeppel, BJb 185, 171 f. Abb. 10–12; M. Boatwright, Hadrian and the city of Rome (1987) 189 f. Abb. 43; D. E. E. Kleiner, Roman Sculpture (1992) 251 Abb. 218.

126 Zur Bedeutung des cingulum: J. Obmann in: H. v. Hesberg, Das Militär als Kulturträger in römischer Zeit (1999) 189 ff.

127 G. M. Koeppel, BJb 186, 1986, 1 ff.

128 Auf dem Durchgangsrelief des Titusbogens ist der Zugordner die frontal stehende Figur, s. G. M. Koeppel, BJb 184, 1984, 1 ff.

129 Vgl. F. Fless, Opferdiener und Kultmusiker auf stadtrömischen Reliefs (1995) 25 (Campanaplatte).

130 Auf dem sogenannten Tiberiusbecher aus der Villa von Boscoreale und einem Relief in Palestrina finden sich entsprechende Darstellungen, vgl. E. Künzl, Der römische Triumph (1988) Abb. 51 a. b.

131 Hannestad a. O. 154 ff. 236 ff.; P. Zanker, AA 1970, 499 ff.; L. E. Baumer – T. Hölscher – L. Winkler, JdI 106, 1991, 261 ff.; B. Fehr, Hephaistos 7/8, 1985/86, 39 ff.

stadtrömischen Garnison bei Tätigkeiten innerhalb der Stadt zeigt, erklärungsbedürftig[132]. Daß die erstgenannten Denkmäler Soldaten bei militärischen Aktionen fernab der Hauptstadt, auf Feldzügen für Rom abbilden, mag eine Erklärung für ihr verhältnismäßig großes Aufkommen im kaiserzeitlichen Stadtbild sein[133]. Eine größere Rolle dürften aber die dargestellten Themen gespielt haben, aus denen sich über die positiven Schilderungen des militärischen Einsatzes die Virtus und das besondere Ansehen des Militärs definierten[134]. Ob und inwieweit diese offiziellen Bilder auch der privaten Selbstdarstellung entsprechen, soll an anderer Stelle geprüft werden[135].

132 A. M. Leander Touati, The Great Traianic Frieze (1987) 44 ff.

133 Eine auf diese Fragen ausgerichtete Untersuchung dieser Denkmälergattung könnte das bei der Auswertung der unmittelbaren Hinterlassenschaften der Soldaten (Unterkünfte, Grabdenkmäler) gewonnene Bild vervollständigen. Interessant wären dabei auch die Aufstellungskontexte der Denkmäler.

134 Leander Touati a. O. 27 ff.

135 Kap. III 12 a.

II Lager und Unterkünfte

1 Einleitung

Die dauerhafte Anwesenheit von Soldaten in der Hauptstadt wird vor allem durch ihre Lager und Unterkünfte deutlich, da die über das Stadtgebiet verteilten baulichen Strukturen den Zeitgenossen in besonderer Weise die Präsenz des Militärs veranschaulichten[1]. Eine Untersuchung der Anlagen im Hinblick auf ihre Lage, ihre Gestaltung und ihre Ausstattung ist aus diesem Grund zur Beantwortung der Frage nach dem kulturellen Erscheinungsbild des Militärs in der Stadt und dessen Wahrnehmung durch die städtische Bevölkerung von grundlegender Bedeutung.

Das Hauptaugenmerk richtet sich dabei zunächst auf die topographische Situation der Lager und Unterkünfte und die urbanen Strukturen, in die sie eingebettet waren. Diese topographische Betrachtung zielt darauf ab, aufzuzeigen, wie sehr die Truppenunterkünfte das Stadtbild prägten und wie deutlich sie der stadtrömischen Bevölkerung vor Augen waren. Desweiteren soll geklärt werden, ob sich bei der Auswahl der Plätze bestimmte Muster erkennen lassen. Es wäre beispielsweise gut denkbar, daß man besonders exponierten, verkehrsgünstig gelegen Plätzen den Vorzug gab oder aber andere Faktoren, wie beispielsweise die Entfernung der Lager zu den Einsatzorten der jeweiligen Einheit oder die Besitzverhältnisse an einem Ort, hierfür eine entscheidende Rolle spielten. Das Verhältnis zwischen Stationierungs- und Einsatzort der Einheiten erlaubt zudem Rückschlüsse auf organisatorische Abläufe des Militärdienstes in der Stadt und ermöglicht es, Überlegungen zu den alltäglichen Berührungspunkten zwischen Soldaten und Zivilbevölkerung anzustellen.

Der zweite wichtige Aspekt bei der Betrachtung der stadtrömischen Soldatenunterkünfte ist die Untersuchung der einzelnen Bauabschnitte und der baulichen Gestaltung der Anlagen. Eine besondere Bedeutung kommt hierbei den Umwehrungen zu, da die Tore, die Bauweise und Höhe der Umfassungsmauer sowie möglicherweise vorhandene Annäherungshindernisse die Außenwirkung des Lagers und damit auch die Wahrnehmung des im Lager stationierten Militärs bestimmten[2]. Durch die genaue Betrachtung der Innenbebauung, das heißt der Bauweise und Ausstattung der Gebäude, soll ferner eine Vorstellung vom Leben der Soldaten in der Hauptstadt gewonnen und diesem dem Alltag der Soldaten an den Reichsgrenzen gegenübergestellt werden. An den archäologischen Funden und Befunden aus den stadtrömischen Soldatenunterkünften gilt es schließlich aufzuzeigen, ob und inwieweit sich die militärische Architektur in Rom von der sonst bekannten Militärarchitektur unterschied, um so die Besonderheiten der Anlagen in der Urbs herauszuarbeiten und zu klären, ob die anders gearteten funktionalen Ansprüche in der Hauptstadt auch in der architektonischen Gestaltung erkennbar sind.

2 Überlieferungsbedingungen und methodischer Zugang

Die Lager und Unterkünfte der Soldaten in Rom sind unterschiedlich gut überliefert. Während manche Anlagen nur aus literarischen oder epigraphischen Quellen bekannt sind, sind andere noch heute im Stadtbild präsent oder konnten im Zuge archäologischer Ausgrabungen des neunzehnten und zwanzigsten Jahrhunderts vor ihrer Zerstörung lokalisiert und dokumentiert werden. Allein aus schriftlichen Quellen kennt man im stadtrömischen Gebiet zwölf als castra bezeichnete Anlagen, diverse stationes und excubitoria cohortium vigilum sowie eine nicht näher benannte Unterbringung der Germani corporis custodes[3]. Es waren jedoch nicht alle mit dem Begriff ›castra‹ bezeichneten Bauten zur Unterbringung militärischer beziehungsweise paramilitärisch organisierter Einheiten gedacht, so daß in den folgenden Ausführungen nur solche Plätze berücksichtigt werden, die als Truppenunterkünfte

1 Der Begriff »Lager« bezieht sich auf ein größeres umwehrtes Areal, d. h. eine Anlage mit Umfassungsmauer, wohingegen unter dem Begriff »Unterkunft« im folgenden kleinere Anlagen verstanden werden, die zwar durch eine Mauer von der Umgebung abgegrenzt sein können, in ihrer Grundstruktur aber keine spezifisch militärischen Charakteristika aufweisen, wie die sogenannte Caserma dei Vigili in Ostia.

2 Cassius Dio verwendet das Gegensatzpaar von Lager und Stadt als Synonyme für Prätorianer und zivile Bevölkerung, vgl. Kap. II 9 b.

3 Die Texte der beiden spätantiken Regionenverzeichnisse Notitia Urbis Romae und Curiosum Urbis Romae sind bei Nordh, De regionibus 73 ff. und in Teilen bei Lugli, Fontes XII–XIV 378 f. Nr. 65–67 ediert. Einträge zu den Truppenunterkünften finden sich im LTUR I (1993) 246 ff.; ebenda 292 ff. s. v. cohortium vigilum stationes (A. M. Ramieri). Für das Lager der Germani corporis custodes s. Suet. Galba 12, 2; hierzu auch: Bellen, Leibwache 56 f. 101.

im eigentlichen Sinne, also zur Unterbringung von Soldaten der stadtrömischen Garnison, dienten[4].

Die methodische Grundlage der folgenden Betrachtung ist eine quantitative und chronologische Erfassung der gesamten zugänglichen literarischen, epigraphischen und archäologischen Quellen zu den Truppenunterkünften in Rom. Sie bildet den Ausgangspunkt für die Lokalisierung der Anlagen und die topographische Analyse der für den Bau ausgewählten Bereiche. Um ihre Bedeutung im Stadtbild zu erfassen, werden sämtliche Lager, kasernenartigen Unterkünfte sowie einfache Wachtposten chronologisch differenziert kartiert. Bei den Lagern, von denen heute zwar keine baulichen Reste mehr erhalten beziehungsweise dokumentiert sind, wie den castra Misenatium, kann auf diese Weise zumindest ihre Lage im Stadtbild und ihre Einbettung in die urbanen Strukturen untersucht werden[5].

Für die Frage nach der Gestaltung und Außenwirkung der militärischen Anlagen besitzen die castra praetoria als einziges stadtrömisches Lager, dessen Umwehrung sich erhalten hat, eine besonders große Bedeutung. In den Ausführungen zu den castra praetoria werden die Bauphasen der Umfassungsmauer deshalb detailliert beschrieben, um die Veränderungen des Baukörpers zu erfassen, die dessen Funktionalität und Wahrnehmung beeinflußten. Bei einigen anderen Lagern ist es zumindest möglich, auf Grund des Terrains und der vorhandenen Bebauung Aussagen zum Verlauf der Umfassungsmauern und zur Ausdehnung der Anlagen zu treffen[6].

Von manchen Lagern wie den castra nova equitum singularium unter S. Giovanni in Laterano oder den castra peregrina auf dem Caelius sind noch weite Teile der Innenbebauung erhalten, die für die Frage nach dem Lebensraum der Soldaten während ihres Dienstes in der Hauptstadt aufschlußreich sind. Die Betrachtung der Innenbebauung hinsichtlich der Bau- und Ausstattungsphasen wird dabei jedoch dadurch erschwert, daß man bereits im fünfzehnten Jahrhundert begonnen hatte, auf der Suche nach Skulpturen zur Ausstattung der zahlreichen Palazzi Roms das Stadtgebiet regelrecht umzugraben. Viele Fundkontexte wurden also bereits zu diesem frühen Zeitpunkt zerstört, und ein großer Teil des Fundmaterials (Weihungen, Skulpturen) kann heute keinem Fundort mehr zugewiesen werden[7]. Zudem wird die chronologische Einordnung und Stratifizierung von später ergrabenen Funden und Befunden durch diese frühen Eingriffe erheblich erschwert.

Die Dokumentation zahlreicher archäologischer Befunde und Funde, die im Zuge großer Umstrukturierungsmaßnahmen des Stadtgebietes gegen Ende des neunzehnten Jahrhunderts zutage traten, ist vor allem dem unermüdlichen Einsatz von Rodolfo Lanciani zu verdanken. In seiner Funktion als Sekretär der Commissione Archeologica di Roma war er nicht nur im Bereich der castra praetoria, sondern auch in ganz Rom tätig. Die Ergebnisse seiner Baubeobachtungen publizierte er in der Forma Urbis Romae sowie in zahlreichen Aufsätzen[8]. Ferner trug er sämtliche Informationen zu Eingriffen der vorangegangenen Jahrhunderte zusammen und publizierte diese in der mehrbändigen »Storia degli Scavi di Roma«[9]. Seine für die damalige Zeit und in Anbetracht der Fülle des Materials vergleichsweise sorgfältig in knappen Berichten vorgelegten Grabungsergebnisse bilden eine wichtige Grundlage der Untersuchung[10].

Ein weiteres Problem bei der Betrachtung der Innenbebauung stadtrömischer Militärlager ist der heterogene Zustand der Grabungsdokumentation aus dem zwanzigsten Jahrhundert. In den vierziger, sechziger und achtziger Jahren hatte man unter Zeitdruck weite Teile der castra praetoria und Abschnitte der castra peregrina ausgegraben[11]. Manche Befunde wurden dabei weder zeichnerisch noch fotografisch dokumentiert, so daß man bei der

4 Die castra fontanorum, lecticariorum, silicariorum und tabellariorum bleiben deshalb unberücksichtigt. Zusammenstellung in: LTUR I (1993) 248 s. v. castra fontanorum (L. Chioffi); ebenda s. v. castra lecticariorum (D. Palombi); 255 s. v. castra silicariorum (D. Palombi); ebenda s. v. castra tabellariorum (D. Palombi).

5 Vgl. Kap. II 8 c.

6 Kap. II 5–6.

7 Gleiches gilt für die Grabdenkmäler und die Befunde in den Nekropolen, s. L. Malvezzi Campeggi (Hrsg.), R. Lanciani. Storia degli scavi di Roma I (1989); II (1990); C. Buzetti (Hrsg.), Rodolfo Lanciani. Storia degli scavi di Roma III (1990); P. Liverani (Hrsg.), R. Lanciani. Storia degli scavi di Roma IV (1992); L. Malvezzi Campeggi – M. R. Russo (Hrsg.), R. Lanciani. Storia degli scavi di Roma V (1994); P. Liverani – M. R. Russo (Hrsg.), Rodolfo Lanciani. Storia degli Scavi di Roma VI (2000). Die Indizes finden sich bei: P. Pellegrino (Hrsg.), Rodolfo Lanciani. Storia degli Scavi di Roma VII (2002).

8 FUR; R. Lanciani, BCom 1, 1872/73, 223 ff.; ders., BCom 4, 1876, 165 ff.; ders., BCom 13, 1885, 137 ff.; ders., BCom 20, 1892, 283 ff. (in Auswahl).

9 R. Lanciani, Storia degli Scavi di Roma I–VI (1902–12); 1994–2002 wurde die Zusammenstellung neu ediert. s. Malvezzi Campeggi a. O.; Buzetti a. O.; Liverani a. O. und Russo a. O.

10 R. Lanciani, BCom 1, 1872/73, 223 ff.; ders., BCom 4, 1876, 165 ff. Taf. 18–21; ders. – G. Gatti, BCom 14, 1886, 81 ff.

11 Zu den castra praetoria: Lissi, Ceramica; Lissi Caronna, Castra Praetoria; P. A. Gianfrotta, BCom 89, 1984, 380; C. Buzetti, BCom 90/2, 1985, 334 f.; L. Cecilia, BCom 91, 1986, 366 ff. – Zu den castra peregrina: E. Lissi Caronna in: C. Ceschi, S. Stefano Rotondo, MemPontAcc 15 (1982) 175 ff.; dies., Il mitreo dei Castra Peregrinorum (1986).

Beschäftigung mit den Bauten allein auf die Beschreibungen der Ausgräber in den Grabungstagebüchern, sofern diese vorhanden sind, angewiesen ist[12]. In vielen Fällen fehlen Niveauangaben zu den Befunden, wodurch deren chronologische Einordnung und deren Abfolge erschwert wird[13]. Die Dokumentation ist häufig auseinandergerissen, befindet sich im Privatbesitz der Ausgräber oder ist nicht mehr auffindbar.

Auf Grund der skizzierten Probleme hinsichtlich des Überlieferungs- und Dokumentationsstandes werden die Soldatenunterkünfte Roms in der vorliegenden Studie unter Berücksichtigung ihrer jeweiligen Eigenheiten zunächst getrennt voneinander betrachtet. Zu Beginn eines jeden Abschnitts werden der historische Rahmen und die Forschungs- und Überlieferungssituation des Lagers umrissen, bevor auf die Topographie, die Befunde, Bauphasen und Binnenstruktur der Soldatenunterkunft eingegangen wird. Die archäologischen Befunde sind dabei den ausschließlich literarisch und epigraphisch überlieferten Plätzen vorangestellt. An die Einzelbetrachtungen der Soldatenunterkünfte schließt eine Auswertung des chronologisch differenzierten Quellenmaterials im Hinblick auf die eingangs formulierten Fragestellungen an.

3 Das Lager der Prätorianer und der Stadtkohorten

a Historischer Hintergrund

Unter den Militärlagern Roms nehmen die castra praetoria nicht nur wegen der einzigartigen Erhaltung ihrer Umwehrung und ihrer Größe, sondern auch wegen der zentralen Bedeutung und Mannschaftsstärke der dort stationierten Einheiten eine besondere Stellung ein. Bei den castra praetoria handelt es sich zudem um das erste monumental errichtete Militärlager der römischen Kaiserzeit[14].

Der Beschluß zum Bau wurde nach Tacitus im Jahre 21 n. Chr. gefällt und ging offenbar auf die Initiative des damaligen Prätorianerpräfekten Sejan zurück, der durch das Zusammenziehen der neun Prätorianerkohorten die Effizienz der Garde steigern wollte[15]. In augusteischer Zeit hatten nur drei Kohorten im Stadtgebiet gelegen, während die übrigen sechs Kohorten auf Munizipien in der Umgebung Roms verteilt worden waren[16]. Ausgeführt wurde das Bauvorhaben in den Jahren 21–23 n. Chr.[17]. Den Quellen zufolge dürften im Lager anfänglich mindestens sechstausend Mann stationiert gewesen sein, die sich auf neun Prätorianerkohorten und drei Stadtkohorten verteilten. Hinzu kam eine nicht genauer bestimmbare Zahl von Soldaten kleinerer Spezial- beziehungsweise Untereinheiten, wie die speculatores Augusti, die statores Augusti und die evocati[18]. Durch Erhöhungen der Mannschaftsstärken und der Kohortenanzahl beider Einheiten stieg die Zahl der potentiell im Lager zu stationierenden Soldaten noch im ersten Jahrhundert auf etwa zehntausend, später sogar auf sechzehntausend Mann an (Tab. 3. 4).

Nach einer ereignisreichen Geschichte und zahlreichen Veränderungen am Baukörper kam es in der zweiten Hälfte des dritten Jahrhunderts zum wohl größten baulichen Eingriff vor dem eigentlichen Ende des Lagers, als die castra praetoria in die Aurelianische Stadtmauer einbezogen wurden und damit nicht mehr als eigenständige Wehranlage erkennbar waren. Das weitere Schicksal der castra praetoria ist relativ ungewiß. Auf Grundlage der archäologischen Quellen läßt sich nicht entscheiden, ob nach der Schlacht an der Milvischen Brücke im Jahre 312 n. Chr. und der Auflösung der Prätorianergarde durch Konstantin tatsächlich die Westflanke des Lagers geschleift wurde, wie es bei Zosimus überliefert wird und das Lager infolge dessen bereits zu Beginn des vierten Jahrhunderts unbrauchbar wurde[19]. Schließlich mußte auch Konstantin

12 Ein Großteil der Dokumentation zu den Ausgrabungen im Bereich der castra praetoria lagert im Archivio della Soprintendenza Speciale per i Beni Archeologici di Roma, Palazzo Altemps. Die dazugehörigen Fotografien werden getrennt davon im Archivio Fotografico, Palazzo Massimo, aufbewahrt.

13 Finden sich relative Höhenangaben in der Dokumentation, fehlt häufig der absolute Referenzwert beziehungsweise Angaben zur genauen Lage des Meßpunktes. Viele Befunde sind insofern oftmals nicht genau eingemessen.

14 Während die älteren Militäranlagen der Kaiserzeit allesamt aus vergänglichem Material bestanden, handelt es sich bei dem in Stein erbauten republikanischen Lager von Cáceres el Viejo um das einzige monumentale Beispiel einer früheren Zeitstellung. Zu Cáceres: G. Ulbert, Cáceres el Viejo. Ein spätrepublikanisches Legionslager in Spanisch-Extremadura, MB 11 (1984). – Zu den augusteischen Lagern: S. v. Schnurbein in: Die römische Okkupation nördlich der Alpen zur Zeit des Augustus, Kolloquium Bergkamen 1989 (1991) 1 ff.

15 Tac. ann. 4, 2; Suet. Tib. 37, 1.

16 Suet. Aug. 49. – Zur augusteischen Prätorianergarde: L. Keppie, Athenaeum 84, 1996, 101 ff.

17 Cass. Dio 57, 19, 6.

18 Die gemeinsame Stationierung belegen u. a. gemeinsame Weihungen und die Wahl gemeinsamer Begräbnisplätze in der Nähe des Lagers (vgl. Kap. III 11 a).

19 Zos. 2, 17, 2; Aur. Vict. 40, 25: *Quorum odio praetoriae legionis ac subsidiae factionibus aptiora quam urli Romae, sublata penitus simul arma, atque usus indumenti militaris.* – Zur Auflösung der Prätorianer: D. van Berchem, L'armée de Dioclétien et la réforme constantinienne (1952) 103 ff.; M. P. Speidel, MEFRA 100, 1988, 183 ff.; P. Barceló, Boreas 14/15, 1991/92, 155; ders. in: G. Bonamente – F. Fusco (Hrsg.), Costantino il Grande

eine Unterkunft für seine Truppen besorgen und überdies seine Herrschaft in Rom sichern.

b Forschungsgeschichte und Überlieferungsbedingungen

Bereits im späten fünfzehnten Jahrhundert hatten erste Grabungen im Bereich der castra praetoria stattgefunden, als man im Auftrag des Kardinals Raffaele Riario nach marmornen Skulpturen zur Ausstattung des Palazzo della Cancelleria suchte[20].

Auf Kupferstichen des sechzehnten und siebzehnten Jahrhunderts, die den Plan des antiken Rom wiedergeben, erscheint die Umwehrung des Lagers in ihrer heute noch erhaltenen charakteristischen Form und wird als *castrum custodiae* oder *castrum praetorium* bezeichnet[21]. Die ehemalige Bedeutung und Funktion des Ortes geriet also über die Jahrhunderte hinweg nicht in Vergessenheit. Im Laufe des achtzehnten Jahrhunderts weckte das Gebiet erstmals soviel Interesse, daß sich Francesco Piranesi um eine Rekonstruktion der castra praetoria mit ihrer Innenbebauung bemühte und diese in seinen »Le Antichità Romane« des Jahres 1756 publizierte[22]. Dennoch blieb der Innenbereich des Lagers in der von Villen, Weinbergen und Gärten geprägten Umgebung lange Zeit weitgehend unangetastet, wie verschiedene Pläne jüngerer Zeit belegen[23]. Erst in der zweiten Hälfte des neunzehnten Jahrhunderts wurde bei den Bauarbeiten für die Kaserne der päpstlichen Truppen, die Caserma Macao, durch den damaligen Ministro delle Arme, Sua Eminenza Monsignore De Merode, mit Ausgrabungen im Bereich der castra praetoria begonnen, deren Ergebnisse auch dokumentiert wurden. Damals war man auf Räume an der Innenseite der Umfassungsmauer[24], Straßenpflaster[25] und Bleirohre[26] gestoßen.

Mit der um 1870 eingeleiteten Umstrukturierung des gesamten Stadtgebietes begann auch die großflächige Zerstörung und Überbauung des Monuments und seines unmittelbaren Umfeldes[27]. So wurden bei Baumaßnahmen zur Anlage und später zur Verbreiterung des Viale Castro Pretorio zunächst sechzehn Meter, bis zum Jahre 1890 sogar vierzig Meter der bis dahin intakten Nordseite der Umfassungsmauer niedergerissen. Dabei zerstörte man mindestens acht der an der Innenseite der Mauer gelegenen Räume sowie zwei Türme[28] (Abb. 4). Weitere Räume an der Innenseite der Umwehrung fielen dem Bau moderner Mannschaftsunterkünfte der Caserma Macao zwischen 1880/81 und 1888 zum Opfer[29]. Die Ergebnisse der zuvor in diesem Bereich durchgeführten Sondagen wurden glücklicherweise festgehalten[30]. Bei der Beschäftigung mit dem Lager sind die zahlreichen Skizzen und Beschreibungen Rodolfo Lancianis, die heute in verschiedenen Archiven der Stadt aufbewahrt werden, eine wertvolle Arbeitsgrundlage, da sie zur Gestaltung und Lage einzelner Bauten oftmals die einzige Informationsquelle darstellen[31].

Daß die Umwehrung der castra praetoria bereits im frühen neunzehnten Jahrhundert großes Interesse auf sich zog, belegen die zahlreichen Beschreibungen der Lagermauer und ihrer Bauphasen sowie die 1830 anonym angefertigten Aquarelle der Mauerabwicklung (Abb. 5)[32]. Sogar der damalige Leiter des Deutschen Archäologischen Instituts, Christian Hülsen, hatte nach dem Durchbruch der Lagermauer für den Viale Castro Pretorio Skizzen angefertigt, die zusammen mit denen Rodolfo Lancianis noch heute wichtige Daten zur Bauweise der Mauer enthalten (Abb. 4). Carl August v. Cohausen, ehemaliger Ausgräber der Saalburg und königlicher Konservator fertigte auf einer

dall'antichità all'umanesimo, Kolloquium Macerata 1990 (1992) 113; L. Richardson, A New Topographical Dictionary of Ancient Rome (1992) 79.

20 Lanciani, Ruins 442.

21 Bufalini 1551: *castrum custodiae*; Du Perac 1577: *castrum praetorium*. Beide abgebildet bei: Frutaz, Piante Taf. 35; im Ausschnitt reproduziert bei: Cozza, Mura 75 Abb. 84.

22 Piranesi, Antichità I Taf. 39; L. Ficacci (Hrsg.), Giovanni Battista Piranesi (2000) Abb. 209.

23 z. B. Frutaz, Piante Taf. 296.

24 CP 2.05: Fasti Archeologici 15, 1960, Nr. 4299; CAR III E 41; Buonocore, Codici Lanciani II 52 f.

25 CP 3.32: FUR Taf. 4; AdI 1864, 5; CAR III E 42; Buonocore ebenda.

26 CP 3.46: CIL XV 7240. 7242; BdI 1862, 7; BdI 1866, 127; AdI 1864, 5 ff.; R. Lanciani, I comentarii di Frontino intorno le acque e gli acquedotti (1880) 227 f. Nr. 109. 112; FUR Taf. 11; CAR III H 14.

27 Der Romplan von Giovanni Battista Nolli, Roma nel 1748, veranschaulicht den Zustand des Geländes vor der Bebauung. F. Castagnoli u. a., Topografia e urbanistica di Roma (1958) Beil. 3; R. Lanciani – C. L. Visconti, BCom 1, 1872/73, 5 ff.

28 CP 1.03–09: CAR III D 143–144 I. II; Cozza, Mura 33 ff. Abb. 32–35.

29 Zanghieri, Castro Pretorio 6 ff.

30 Zanghieri a. O.

31 Teile davon publizierte Rodolfo Lanciani in der Forma Urbis Romae (FUR). – Eine besondere Bedeutung hat der Codex Vaticanus Latinus 13035. In Teilen ediert bei: Buonocore, Codici Lanciani.

32 F. Eschinardi – R. Venuti, Descrizione di Roma e dell'Agro Romano (1750) 7 f. – Die Aquarelle finden sich unter der Bezeichnung »Descrizione del Castro Pretorio e degli avanzi antichi esistenti nella villa Torlonia presso la porta Nomentana« (c. 1830) in der Bibliothek des Deutschen Archäologischen Instituts in Rom.

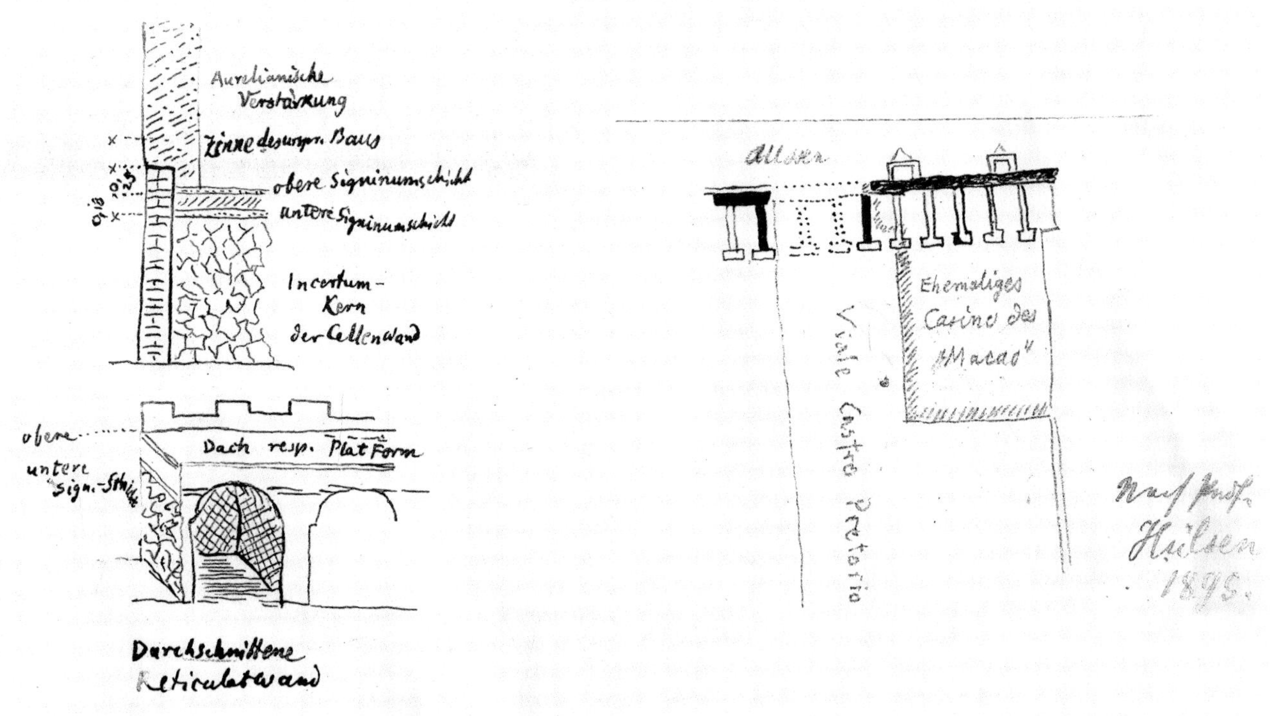

Abb. 4 Skizzen vom Mauerdurchbruch im Bereich des Viale Castro Pretorio von Christian Hülsen; Saalburg-Archiv A30

Italienreise zahlreiche Skizzen der Umfassungsmauer an und beschäftigte sich als erster intensiv mit deren Erhaltungszustand[33]. Als Ergebnis seiner Forschungen publizierte er in einem allgemeinen Werk zum Befestigungswesen einen kommentierten Grundriß der castra praetoria[34]. Ende des neunzehnten Jahrhunderts beschrieb der Architekt Carl Zangemeister in Briefen an Ludwig Jacobi, den Architekten und Baumeister der Saalburg, detailliert den Aufbau der Lagermauer[35]. Seine Beschreibungen bildeten eine wichtige Grundlage für Jacobis Rekonstruktion des im Taunus gelegenen Saalburgkastells[36].

Das Interesse am Lager hielt noch etwa bis zur Mitte des zwanzigsten Jahrhunderts an, wie die Publikationen von Ugo Antonielli und Giovanni Zanghieri zeigen, ließ dann aber, möglicherweise in Folge des zweiten Weltkriegs, deutlich nach[37]. Doch war noch in diesem Zeitraum die erste systematische Studie zur Umwehrung der castra praetoria im Rahmen einer größeren Untersuchung zur Aurelianischen Stadtmauer entstanden[38]. Ian Richmond hatte darin eigentlich zeigen wollen, daß die Mauer des Prätorianerlagers unverändert blieb, bis das Lager unter Aurelian in die Stadtmauer einbezogen wurde[39]. Er verwarf jedoch alsbald seine These und definierte als erster verschiedene Bauphasen der Umfassungsmauer, die er auf Basis der literarischen Quellen bestimmten Kaisern und historischen Ereignissen zuwies[40]. Seine Datierungsvorschläge wurden ebenso wie seine Rekonstruktion der Mauer in der jüngeren Forschung weitgehend unkritisch ohne Änderungen übernommen[41]. Das Werk Richmonds ist jedoch nicht in allen Punkten unproblematisch und unwidersprochen geblieben[42].

Noch bevor das Lagerareal in den sechziger Jahren des vergangenen Jahrhunderts großflächig untersucht werden konnte, hatten im August und September 1943 im östlichen Bereich des Viale Castro Pretorio, gegenüber der Straßenmündung der Via Gaeta, kleinere baubegleitende

33 Saalburg-Archiv NC06, 23. 25 f.

34 A. v. Cohausen, Die Befestigungsweisen der Vorzeit und des Mittelalters (1898) Abb. 112.

35 Saalburg-Archiv A30.

36 B. Dölemeyer in: E. Schallmayer (Hrsg.), Hundert Jahre Saalburg. Vom römischen Grenzposten zum europäischen Museum (1997) 28 ff.

37 Antonielli, Castra Praetoria; Zanghieri, Castro Pretorio.

38 I. A. Richmond, The City Wall of Imperial Rome (1971); ders., Praetorian Camp.

39 Richmond a. O. 12.

40 Bauphase 1: Tiberius, 23 n. Chr.; Bauphase 2: Vitellius/Vespasian, 69 n. Chr.; Bauphase 3: Caracalla, 215 n. Chr.; Bauphase 4: Maximinus/Balbinus, 238 n. Chr.; Bauphase 5: Aurelianus, 275 n. Chr.; Bauphase 6: Maxentius, 310 n. Chr.

41 Johnson, Kastelle Abb. 40.

42 Kap. II 3 d.

Ausgrabungen stattgefunden[43]. Die Grabungsfläche ist heute nicht mehr genau lokalisierbar, doch belegen Fotos und die Beschreibungen des Ausgräbers einen Bau, der denen ähnelte, die Rodolfo Lanciani im neunzehnten Jahrhundert im Bereich des Viale entdeckt hatte[44]. In den sechziger Jahren kam es dann im Vorfeld der Baumaßnahmen zur Errichtung der Nationalbibliothek im südöstlichen Areal der castra praetoria erstmals zu einer systematischen Untersuchung des Geländes. Unter der Leitung von Elisa Lissi Caronna wurden hierbei streckenweise die beiden Hauptachsen des Lagers, die Überreste von mehreren Mannschaftsunterkünften im Südosten der castra praetoria sowie einige der an die Umwehrung gebauten Räume nahe der Nordostecke freigelegt[45]. Ihrem Engagement ist die umfangreiche fotografische Dokumentation der Grabungsbefunde zu verdanken[46]. Sie bemühte sich außerdem darum, Schichtenabfolgen zu dokumentieren und chronologisch relevantes Material (Reliefsigillata) nach Schichten getrennt zu betrachten, was zu diesem Zeitpunkt noch nicht die Regel war[47]. Etwa zur selben Zeit konnten beim Bau einer Unterführung des Corso Italia ein Abschnitt der nördlichen Umwehrung und ein Teil der im Nordwesten gelegenen Innenbebauung untersucht werden[48]. Des weiteren führte die Soprintendenza Archeologica di Roma im November 1960 einige Sondagen an der Nord- und Ostseite der Umwehrung, insbesondere im Bereich der beiden Tore durch, die den Blick auf deren architektonische Gliederung ermöglichten[49].

Zwischen 1983 und 1985 fanden im Zusammenhang mit dem Ausbau der Metrolinie B erneut mehrere Grabungskampagnen im Inneren des Lagers, im heutigen Eingangsbereich der Biblioteca Nazionale, unter der Leitung der Soprintendenza Speciale statt. Hierbei konnten weitere Bauten freigelegt werden, die in ihrer Orientierung und ihren Maßen den Mannschaftsunterkünften im südöstlichen Lagerareal entsprachen[50].

In den vergangenen zwei Jahrzehnten beschäftigte man sich im Rahmen zweier größerer Studien zur Aurelianischen Stadtmauer erneut mit der Umwehrung des Prätorianerlagers[51]. Lucos Cozza und Rosanna Mancini widmen sich in ihren Arbeiten neben einer allgemeinen Zustandsbeschreibung vor allem der Frage nach den im Mittelalter und in der frühen Neuzeit durchgeführten Restaurierungsmaßnahmen. Ihre Arbeiten bilden die Ausgangsbasis für die Beschäftigung mit der Umfassungsmauer des Lagers und deren nachantiken Veränderungen. Die Rekonstruktion der einzelnen Bauphasen geht in der detaillierten Studie Cozzas allerdings weitgehend auf die Ergebnisse Ian Richmonds zurück[52].

c Topographische Situation

In der Topographie des antiken Rom lagen die castra praetoria in der antiken Regio VI, also im nordöstlichen Stadtareal, auf dem sogenannten campus Viminalis, einer Hochebene östlich des Viminal[53] (Abb. 6). Mit einer Höhe von etwa sechzig Metern über dem Meeresspiegel handelt es sich um einen der exponiertesten Punkte Roms, wobei die Hochebene bald hinter dem Lager nach Nordosten hin abfiel. Das Terrain auf dem das Lager errichtet wurde, war nicht völlig eben, sondern durch Geländesenken, wie im Bereich der Nordostecke des Lagers, gekennzeichnet[54].

Das Lager wurde in einer Entfernung von etwa vierhundert Metern zur Servianischen Stadtmauer außerhalb der tiberischen Pomeriumsgrenzen zwischen der Via Nomentana im Norden und der Via Tiburtina vetus im Süden errichtet[55] (Abb. 6). In augusteischer Zeit war der Viminal nur spärlich besiedelt. Nach Plinius befand sich hier in republikanischer Zeit inmitten unansehnlicher Straßen

43 C. Buzetti, BCom 90, 1985, 334 f.

44 Leider existiert kein Plan vom Grundriß des Baus, so daß dieser in Abb. 90 nur schematisch dargestellt wird.

45 Erste Grabungskampagne von Juli 1960 bis März 1961, zweite Kampagne von März 1962 bis Mai 1963, Lissi Caronna, Castra Praetoria 114 f. Davon abweichend Lissi, Ceramica 53: Erste Grabung August 1960 bis April 1961; ebenda 54 f. 55 Anm. 3 (Maße der Gebäude).

46 Nahezu die gesamte fotografische Dokumentation der Ausgrabungen befindet sich heute im Archivio Fotografico (Palazzo Massimo). Ein kleiner Teil davon wird zusammen mit den übrigen Grabungsunterlagen im Palazzo Altemps aufbewahrt.

47 s. Lissi Caronna, Castra Praetoria.

48 Die Dokumentation der Grabungen befindet sich heute unter der Bezeichnung »Sottovia« im Archivio della Soprintendenza Spciale per i Beni Archeologici di Roma (Palazzo Altemps).

49 C. Buzetti, BCom 90, 1985, 334 f.

50 L. Cecilia, BCom 91, 1986, 366 ff.

51 Cozza, Mura 30 ff.; R. Mancini, Le mura aureliane di Roma: atlante di un palinsesto murario (2001).

52 Cozza, Mura 107 f. Anm. 92. Eine Ausnahme bildet Richmonds Bauphase 6, die Cozza nicht Maxentius, sondern Honorius zuweist. Richmond, Praetorian Camp 19 f.

53 Nennung der antiken Region im Codex Vindobonensis Latinus 162 (= Notitia) s. a. Nordh, De regionibus 81. Zur Benennung der Hochebene: Frutaz, Painte Taf. 24.

54 Zum Geländeabfall an der Nordostecke vgl. Kap. II 3 d.

55 Plin. nat. 3, 67 *ad extrema tectorum*; Iuv. 10, 94 f. *vis certe pila cohortes, egregios equites et castra domestica?*; schol. ad loc. *juxta aggerem primus castra posuit Sejanus, id est super Diocletianas: quae dicta sunt castra praetoria.*

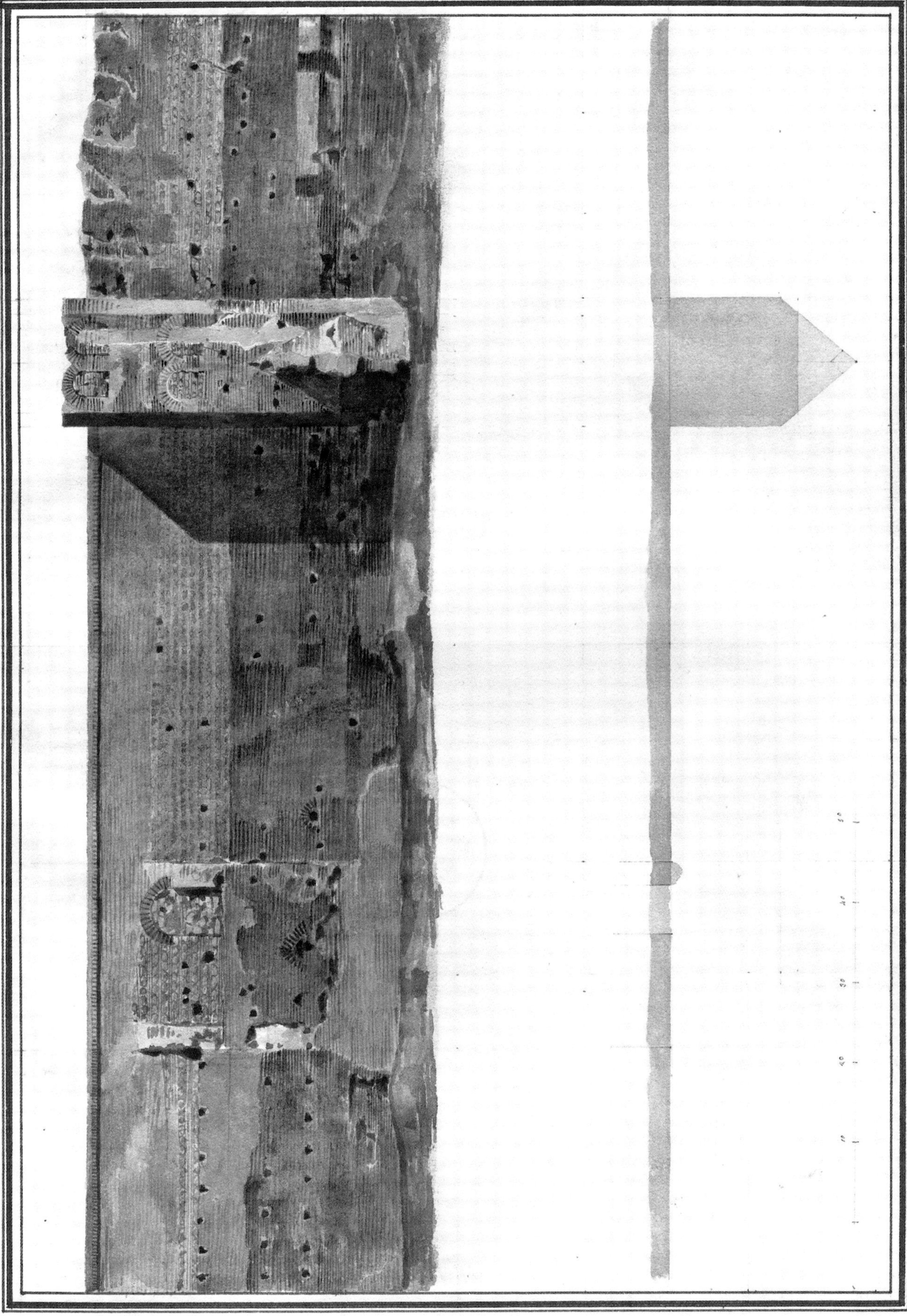

Abb. 5 Aquarell von der Nordseite der castra praetoria (1850–1870); DAI Rom Bibliothek K 157 (Rara)

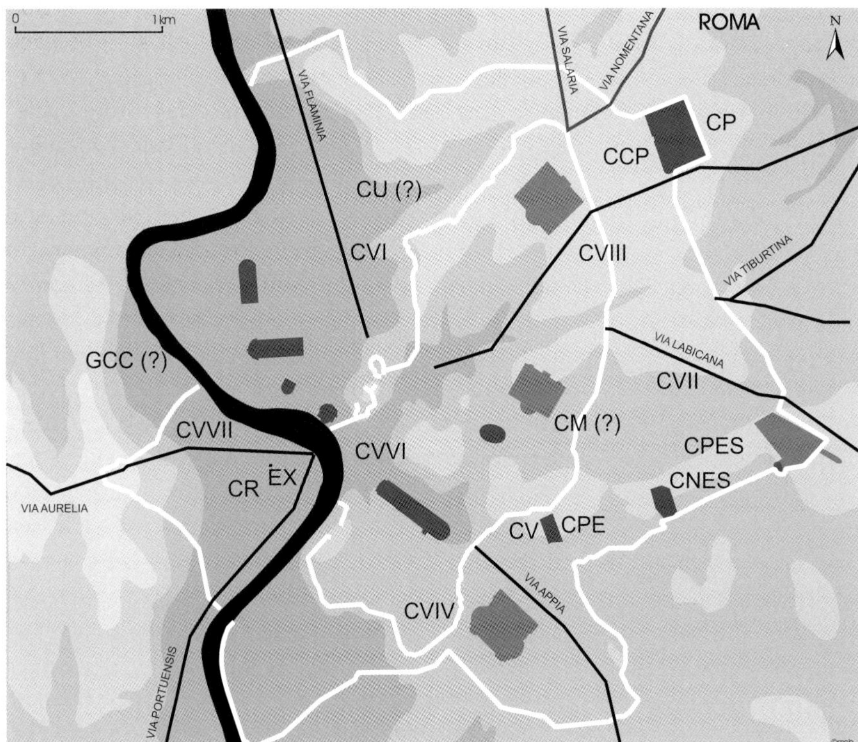

Abb. 6 Kartierung der in Rom nachgewiesenen Soldatenunterkünfte: castra praetoria (CP), campus cohortium praetorianorum (CCP), castra peregrina (CPE), castra priora equitum singularium (CPES), castra nova equitum singularium (CNES), stationes cohortium vigilum (CV + römische Zahl), excubitorium cohortis VII vigilum (EX), Lager der Germani corporis custodes (GCC), castra Misenatium (CM), castra Ravennatium (CR), castra Urbana (CU)

der Palast des Rechtsgelehrten Gaius Aquilius Gallus[56]. Außerhalb des agger entstand im Laufe des ersten Jahrhunderts v. Chr. entlang der Via Nomentana eine ausgedehnte Nekropole inmitten von großen suburbanen, mit Peristyl und Gärten ausgestatteten Villen[57]. Reste von Grabbauten fanden sich auch im unmittelbaren Umfeld des Lagers[58]. Die gut erhaltenen Überreste dieser Grabbauten machen eine Niederlegung derselben beim beziehungsweise nach dem Bau des Lagers recht unwahrscheinlich. Es ist vielmehr anzunehmen, daß diese fortbestanden, bis manche von ihnen in die Aurelianische Stadtmauer einbezogen wurden[59]. Tacitus spricht in seinen Annalen von der Wahl eines Ortes *procul urbis inlecebris*, den man für den Bau des Lagers ausgewählt hatte[60].

Zur Stadt hin war den castra praetoria der campus cohortium praetoriarum vorgelagert, der im Westen vom agger begrenzt wurde[61] (Abb. 6). Der campus war kleiner als das Lager selbst und diente vorwiegend zum Exerzieren sowie als Ort für Paraden[62]. Wie ein im Bereich des campus gefundenes Amphorendepot[63] zeigt, kam es dort um die Mitte des ersten Jahrhunderts zu geländevorbereitenden Maßnahmen, die möglicherweise durch die geplante-Nutzung als Exerzierplatz bedingt wurden[64]. Der agger

56 Zur Besiedlung des Viminal in augusteischer Zeit: L. Haselberger (Hrsg.), Mapping Augustan Rome, JRA Suppl. 50 (2002); Plin. nat. 17, 2.

57 Eine Reihe tuskischer Peperinkapitelle stammen vom Gelände der ehemaligen Villa Patrizi: Giuliano, Sculture I 3, 64 ff. Nr. II, 32. 33. 35. 36; III, 1. 2; IV, 24. 25; V, 23; VI, 29; VII, 16; VIII, 21. Die Kapitelle werden in augusteische Zeit datiert. L. Lupi – C. Martini in: Giuliano a. O. 32. Zu den weiteren Bauten im Umfeld: O. J. Gilkes – S. Passigli – R. Schinke, Porta Pia: excavations and survey in an area of suburban Rome I, BSR 62, 1994, 101 ff. bes. 128.

58 CAR III E 30. E 39.

59 Ein Beispiel für eine solche Einbeziehung von Grabbauten in die Stadtmauer ist das sogenannte Sepulchrum Q. Haterii aus dem Jahre 26 n. Chr. nahe der Porta Nomentana. CIL VI 1426; Nash, Rom II, 340 Abb. 1111.

60 Tac. ann. 4, 2.

61 Siehe auch Antonielli, Castra Praetoria Taf. 7.

62 Vgl. Kap. I 3. – L. Richardson, A New Topographical Dictionary of Ancient Rome (1992) 64 (campus cohortium praetoriarum); Lugli, Fontes Nr. 319. Ursprünglich wurde auf dem campus Martius exerziert. Zum Marsfeld: F. Coarelli, Il campo marzio (1997). Zu militärischen Übungsplätzen: G. Horsmann, Untersuchungen zur militärischen Ausbildung im republikanischen und kaiserzeitlichen Rom (1991) 60 ff.; R. W. Davies, Service in the Roman Army (1989) 93 ff.

63 Von Planiermaßnahmen im Umfeld des Lagers zeugen zahlreiche Amphorendepots: CP 6.15. 6.20. 6.21: BCom 7, 1879, 36 ff. 143 ff.; CIL XV 657–699; Buonocore, Codici Lanciani II 43 ff. 49. 46 ff. 50; R. Lanciani, Notes from Rome (1988) 46 (Brief vom 23.3.1878).

64 Etliche Amphoren aus dem Depot haben noch eine Pinselaufschrift. Der späteste datierte Titulus gehört in das Jahr 45 n. Chr., damit ist ein Terminus post quem für das Depot

Servianus, also die Reste der republikanischen Stadtmauer mit der dazugehörigen Aufschüttung, bildete zwar eine Art Barriere zwischen Stadt und Lager, doch dürften die castra praetoria von der Geländeerhebung des agger in ihrer Binnenstruktur gut sichtbar gewesen sein[65].

Im direkten Umfeld des Lagers konnten Reste mehrerer Straßen nachgewiesen werden. So führte eine im Bereich des sogenannten vivarium entdeckte Straße vom Süden des Lagers durch die Porta Viminalis und den Vicus Patricius in die Stadt hinein und in ihrer Verlängerung bis hin zum Palatin[66] (Abb. 6). Im Norden stieß man auf Reste einer Straße, die als Verlängerung der Nordsüdachse des Lagers aus dem Nordtor hinaus vermutlich geradewegs auf die Via Nomentana zulief[67]. An der Westseite der castra praetoria wurden an mehreren Stellen Überreste einer weiteren Straße festgestellt, die entlang der Umwehrung verlief[68].

Ob ein reich ausgestattetes Privathaus aus dem ersten Jahrhundert n. Chr. im unmittelbaren Vorfeld der castra praetoria, zwischen agger und Lager gelegen, oder die jüngst im Bereich des Viale del Policlinico entdeckten antiken Werkstätten bereits vor dem Bau der castra existierten oder ob sie in Zusammenhang mit ihnen gesehen werden müssen, läßt sich auf der Basis der vorhanden Informationen bedauerlicherweise nicht mehr klären[69]. Andere Befunde sind in dieser Hinsicht eindeutiger. Mit der Errichtung der castra praetoria veränderte sich nämlich das zuvor eher sepulkral geprägte Umfeld des Lagers. Im Vorlagerbereich entwickelte sich eine Art sakrale Landschaft mit kleineren Heiligtümern, zahlreichen Altären und Weihungen, die die Westseite des campus einfaßten[70]. Zuvor hatte es in diesem Bereich zwar schon ein Heiligtum für Minerva gegeben, doch kam es nach Errichtung der castra offenbar zu einer Häufung kultischer Anlagen[71]. Überliefert ist ein am Rande des campus gelegenes sacellum der Dea Naenia[72]. Von kultischer Aktivität der Soldaten in diesem Bereich zeugen neben zahlreichen Skulpturenfunden, wie der Statuette eines Silvanus, auf dessen Plinthe die Weihung zweier Prätorianer angebracht war[73], auch ein im weiteren Umfeld der castra gelegenes Mithräum[74]. Im Osten schloß sich ein weitgehend offenes Gelände an das Lager an[75].

Unweit der castra praetoria stieß man auf einen interessanten Komplex von Skulptur- und Architekturfragmenten, bei denen es sich möglicherweise um den Baudekor eines Bogenmonumentes handelt[76]. Die heute noch erhaltenen sechs Fragmente eines großen Konsolengesimses, lassen sich stilistisch in flavische Zeit datieren und entsprechen in ihren Maßen etwa denen des Konstantinsbogens[77]. Daneben fand man zahlreiche Relieffragmente mit Darstellungen von tropaea, vexilla und Kampfszenen mit beinahe

gegeben. Vgl. U. Ehmig, Die römischen Amphoren aus Mainz, Frankfurter Archäologische Schriften 4 (2003) 186.

65 Die geschätzte Höhe des agger betrug in der Kaiserzeit etwa 10 m. Zahlreiche Stiche aus dem 15. und 16. Jh. legen nahe, daß auch in dieser Zeit noch sichtbare Überreste des agger das Lager von der Stadt trennten, vgl. Frutaz, Piante Taf. 21. 22. 24. 25. 35. 57. 86. 87. 95.

66 Bei dem sich im Süden an die Umwehrung des Lagers anfügenden ›vivarium‹ handelt es sich um eine mittelalterliche Fehlbenennung. Der ursprüngliche Zweck dieser in zahlreichen Kupferstichen überlieferten Einfassung ist bisher nicht geklärt, die Zugehörigkeit zum kaiserzeitlichen Lager kann allerdings bestritten werden, s. CP 6.08. 6.09; zum Verlauf der Straße s. F. Coarelli, Rom (2000) 241.

67 Antonielli, Castra Praetoria 44 Taf. 7.

68 CP 6.18: BCom 1, 1872/73, Taf. 1 (nach S. 283); BCom 4, 1876, 176; FUR Taf. 11; CAR III D 183 a. – CP 6.19: BCom 4, 1876, 176 (falsche Position); FUR Taf. 11; CAR III D 220 (falsche Position).

69 Lanciani, Ruins 71. – Zu den Werkstätten: BCom 94, 1991/92, 115 ff.

70 CIL VI 20 (Weihinschrift für Asklepios und die Gesundheit der Kameraden). 2797. 32456 (Prätorianer thrakischer Herkunft stiften einen Weihaltar für Apollo Cicanus); R. Lanciani, BCom 1, 1872/73, 103. 234 Taf. 2, 2; ders., BCom 4, 1876, 188; ders., BCom 5, 1877, 21 ff. 89 ff; BCom 6, 1878, 263; BCom 7, 1879, 331; Jordan – Hülsen, Topographie 384 f.

71 Das Kultbild der Minerva wurde 1884 in der Via Mentana gefunden. Die Statue befindet sich heute in den Kapitolinischen Museen, Museo Nuovo, Saal 5, Inv. 1829, s. Helbig 4 II Nr. 1732.

72 Auf dem Romplan Bufalinis aus dem Jahre 1551 sind die Reste eines »templum deae Naeniae« eingezeichnet, Cozza, Mura Abb. 5.

73 C. L. Visconti, BCom 14, 1886, 299 Nr. 1326.

74 Im Bereich der Villa Patrizi und im Areal der castra praetoria fanden sich mehrere Weihedenkmäler für Mithras, CIL VI 711. 715. 716. 728; M. Vermaseren, De Mithrasdienst in Rome (1951) 66. 121; F. Coarelli, Topografia Mitriaca di Roma, in: U. Bianchi, Mysteria Mithrae (1979) 73 Nr. 21.

75 Nach Jordan – Hülsen, Topographie 384 f. eine geringe Funddichte in diesem Bereich; G. Lugli, I monumenti antichi di Roma e suburbio III (1938) 375. Des weiteren finden sich kaum Einträge in der CAR III.

76 CP 6.01: Cod. Vat. lat. 13035, 124 r; V. Vespignani, BCom 1, 1872/73, 103 ff. Taf. 2; R. Lanciani, ebenda 234 f. 310 Nr. 16; S. Aurigemma, Le terme di Diocleziano e il Museo Nazionale Romano[6] (1970) Nr. 19. 28 (Inv. 108391); CAR III G 21 b; App. 21; Buonocore, Codici Lanciani II 41.

77 Giuliano, Sculture I 8, 88 ff. Nr. II, 17. Zur Entwicklung der Konsolengeisa: H. v. Hesberg, Konsolengeisa des Hellenismus und der frühen Kaiserzeit (1980); P. Pensabene – C. Panella, Arco di Costantino (1999) 157 ff.

Abb. 8 Nordostecke der castra praetoria mit dem tiberischen Eckturm und den gut sichtbaren Abdrücken der Verschalungsbretter im Fundamentbereich (CP 1.28. 1.29)

dung fanden, daß ihnen eine eigene Ästhetik zukam und sie nicht zwangsläufig verputzt werden mußten[95].

Die opus-caementicium-Fundamente der Umwehrung wurden aus einem Tuffbrocken-Mörtel-Gemisch gegossen. Im Bereich der Nordostecke sind die Abdrücke der Bretter zur Verschalung noch deutlich erkennbar[96] (Abb. 8). Am Nordtor[97] reichen sie bis in eine Tiefe von 3,30 Meter – an der Ostseite stoßen sie bereits in 1,30 Meter Tiefe auf den dort anstehenden Fels[98]. Da das Gelände an der Nordostecke des Lagers bereits in der Antike stark abfiel, wurde das Fundament in diesem Bereich bis zur Unterkante gezielt[99] (Abb. 8). Zwei Entlastungsbögen dienten hier zur Stabilisierung der Mauer, unter der ein Abwasserkanal aus dem Lager heraus in die sich nach Nordosten erstreckende Geländesenke entwässerte. Die im Fundamentbereich der Nordseite erkennbare Retikulatmauer gehört wahrscheinlich zu einer Vorgängerbebauung des Lagers, denn sie unterscheidet sich deutlich vom Retikulat der Innenverschalung[100]. Ob ein Entlastungsbogen aus Tuff, über dem

95 Vgl. H. Kammera-Grothaus, RM 81, 1974, 131 ff. (Grab der Annia Regilla); J. DeLaine in: Coulston – Dodge, Rome 119 ff. – Aufwendige Ziegelportale in Ostia: R. Meiggs, Roman Ostia (1960) Taf. 11 a. b. – Zu den Mercati Traiani: L. Lancaster, AJA 102, 1998, 238 ff.

96 CP 1.28. 1.29: Cozza, Mura 49 ff. Abb. 52. 54–57.

97 CP 1.14: Lissi Caronna, Castra Praetoria 114 f.; CAR III E 38 II; BCom 90/2, 1985, 334 f.; Cozza, Mura 38 f. Abb. 38. 39. 41.

98 CP 1.39: Lissi Caronna, Castra Praetoria 114; CAR III E 66; Cozza, Mura 55 f. Abb. 62.

99 CP 1.27: Cozza, Mura 49 Abb. 51–53; CP 1.28: a. O. – Richmond, Praetorian Camp 13 nennt als Ursache für die Ziegelfundamente einen »bad ground«. Beim jüngeren Lager der equites singulares Augusti lassen sich im Fundamentbereich ebenfalls Kombinationen aus verschiedenen Bauweisen zur Überwindung von Niveauunterschieden feststellen, vgl. Kap. II 5 e.

100 CP 1.25: Cozza, Mura 47 ff. Abb. 48–50. Es handelt sich hierbei lediglich um ein etwa 2 m kurzes Stück, dessen Wiedergabe auf einem Aquarell aus dem Jahre 1870 irreführend ist, so daß Armin v. Gerkan auf Basis der Darstellung in den Retikulatresten die erste Phase der Umfassungsmauer erkennen möchte. A. v. Gerkan, Rez. zu G. Lugli, La technica edilizia Romana, GGA 212, 1958, 178 ff. bes. 195. Bei den Mauerresten aus opus mixtum, das normalerweise später als in die 1. Hälfte des

Abb. 9 Nordseite der Umfassungsmauer mit Brustwehr und Zinnen aus Phase 1 (CP 1.01)

mehrere Lagen länglicher Tuffsteine regelmäßig verlegt wurden, ebenfalls zu einem Vorgängerbau gehört oder es sich hier um die Überbrückung einer weiteren Senke, wie an der Nordostecke der castra praetoria, handelt, ist nur schwer zu entscheiden[101].

Den Fundamentbereich trennt an der Außenseite der Umfassungsmauer ein zehn Zentimeter hoher Sockel aus einer doppelten Ziegellage vom aufgehenden Mauerwerk[102] (Abb. 8). Darüber erhebt sich, leicht zurückgesetzt, die durchschnittlich 3,30 Meter hohe Mauer bis zur Unterkante eines in Höhe des Wehrgangs liegenden Gesimses[103]. Das Gesims bestand ehemals aus vier Lagen profilierter Ziegel, die zusammen eine Höhe von zwanzig Zentimetern ergeben, ist jedoch nur noch an wenigen Stellen vollständig erhalten[104] (Abb. 7. 9). Oberhalb des Gesimses erhebt sich die sechzig Zentimeter hohe Wehrmauer, deren oberer Abschluß eine Ziegellage bildet, auf der in regelmäßigen Abständen von etwa 2,30 Metern Zinnen saßen[105]. Die abschließende Ziegellage ist nur noch an wenigen Stellen erhalten. Der ehemalige Abstand der Zinnen zueinander stand in keinerlei Bezug zu den gleichzeitig errichteten Türmen und läßt sich heute nur noch an wenigen Stellen nachvollziehen[106]. In der Antike hatten

1. Jhs. n. Chr. datiert wird, handelt es sich vermutlich ebenfalls um einen Vorgängerbau. Der Komplex lag dicht an der Mauer, zwischen 2,20 und 4 m unter dem Niveau des tiberischen opus spicatum und ist anders orientiert. CAR III E 30 I; CAR III 104 Anm. 3. Für die Deutung als Teil der tiberischen Befestigung gibt es keinerlei Hinweise.

101 CP 1.21: Cozza, Mura 44 Abb. 47.

102 Cozza, Mura 43 ff. Abb. 45. 47. 50.

103 3,30 m entsprechen etwa elf römischen Fuß. Andere Angaben zur Mauerhöhe begründen sich durch unterschiedlich gewählte Meßpunkte.

104 Cozza, Mura 31. Bei der Autopsie des Objekts konnten von der Verfasserin entlang der Nordseite in weiten Teilen nur drei Ziegellagen verifiziert werden. – Lanciani zeichnet das Gesims sowohl vierlagig als auch dreilagig. In den Skizzen Jacobis und v. Cohausens ist das Gesims jeweils dreilagig angegeben.

105 Nach Cozza, Mura 31 beträgt die Höhe dieser Ziegellage 4 cm.

106 CP 1.19: Richmond, Praetorian Camp 14 Abb. 2; Cozza, Mura 42 ff. Abb. 45. 48. Zwischen Nordwestecke und Turm 12 betragen die Abstände mitunter 6,40 m; s. den Brief Zangemei-

Abb. 10 Nordtor der castra praetoria (CP 1.14)

die sechzig Zentimeter breiten Zinnen eine Mindesthöhe von siebzig Zentimetern, waren leicht zurückgesetzt und banden nicht unmittelbar in die Mauer ein, sondern waren auf die oberste Ziegellage aufgesetzt[107] (Abb. 9).

Von den Türmen der ersten Bauphase sind heute lediglich drei erhalten, einer der vier Ecktürme und zwei der ehemals vermutlich acht Türme, die sich auf die Längs- und Querseiten der Umwehrung verteilten[108] (Abb. 8. 18). Die Türme der ersten Bauphase sind dadurch gekennzeichnet, daß sie lediglich zwanzig bis dreißig Zentimeter vorspringen (Abb. 8). In Höhe der Zinnen sind zwei schmale Öffnungen eingelassen, die nach oben hin von einem Formziegel mit Bogen begrenzt werden[109]. Den oberen Abschluß der Türme bildet ein Gesims aus drei Lagen profilierter Ziegel. Über die Gestaltung der Türme im Lagerinneren ist so gut wie nichts bekannt, da die entsprechenden Bereiche nicht untersucht werden konnten. Die Tiefe der Räume, die an der Umfassungsmauer errichtet wurden, macht es allerdings unwahrscheinlich, daß die Türme über diese hinaus ins Lagerinnere hineinragten[110].

Von den vier Toren des Lagers haben sich das Nordtor und das Osttor erhalten, während das Süd- und das Westtor heute nicht mehr sicher lokalisiert werden können. Die etwaige Lage der beiden nicht erhaltenen Tore läßt sich durch eine Verlängerung der beiden Hauptachsen des Lagers jedoch annähernd bestimmen. Für die Rekon-

sters vom 19.8.1898 an August v. Cohausen (Saalburg-Archiv A 30).

107 Die heute erhaltene Höhe der Zinnen variiert zwischen 0,59–0,70 m (Nordwestecke). Nach Cozza, Mura 31 betrug die Mindesthöhe in der Kaiserzeit 0,85 m; Richmond, Praetorian Camp 15.

108 CP 1.1. CP 1.22. CP 1.28. Vgl. Cozza, Mura 46 f. Abb. 47. 48. Die Benennung der Türme erfolgt in Ahnlehnung an Cozza, Mura 7. Seine nicht chronologisch differenzierte Zählung beginnt mit dem Turm südlich der Porta Nomentana (Turm 1) und endet mit dem Turm nördlich der Porta Tiburtina (Turm 47). Die den castra praetoria zugehörigen Türme haben von der Nordwestecke des Lagers an gezählt die Nummern 6 ff.

109 Die Benennung als Schießscharten bei Cozza, Mura 38 f. ist irreführend.

110 Richmond, Praetorian Camp 14; vgl. auch E. Tortoria, Castra Albana, Forma Italiae, Regio I 11 (1975).

Abb. 11. 12 Basis und Detail vom linken Pilaster des Nordtors der castra praetoria (CP 1.14) – Abb. 13 Detail vom linken Pilaster des Osttors der castra praetoria (CP 1.40)

struktion des Grundrisses wurden von der Verfasserin ausgehend von den erhaltenen Toren parallel zur Umwehrung eine Nordsüdachse und eine Ostwestachse ins Lager projiziert, deren Schnittpunkte mit der rekonstruierten West- und Südseite der Umwehrung in etwa mit der Lage der Tore übereinstimmen dürften (Abb. 18. 90). Die beiden erhaltenen Tore wurden nach außen hin wie die Umfassungsmauer des Lagers in Ziegelbauweise errichtet und entsprachen sich weitgehend in ihrer Gestaltung[111]. Von ihrem Grundriß gleichen sie den sogenannten Kammertoren, die auch bei den Umwehrungen republikanischer Kolonien vorkommen[112]. Besonders gut erhalten ist das Nordtor[113], dessen 4,60 Meter breite Durchfahrt in einer Höhe von 5,95 Metern von einem Bogen überspannt wurde (Abb. 10). Dieser ruhte auf 3,65 Meter hohen, sorgfältig geziegelten Pilastern, die leicht zurückgesetzt die Durchfahrt zu beiden Seiten flankierten (Abb. 11). Als Auflager diente ein profiliertes Gesims aus einem Kyma und einem Formziegel mit modellierten Miniaturkonsolen (Abb. 12). Über dem Torbogen rekonstruiert Cozza für die erste Bauphase des Lagers einen von zwei Lisenen getragenen Architrav mit einer Giebelarchitektur und einer Attika. Er stützt sich dabei auf die ältere Rekonstruktion des Osttores durch Richmond[114]. Da sich jedoch weder am Osttor noch am Nordtor Spuren der ersten Bauphase oberhalb der Lisenen erhalten haben, sind Richmonds und Cozzas Rekonstruktionen mit entsprechender Skepsis zu betrachten[115]. Sie erinnern in ihrer Gestaltung eher an Bogenmonumente als an Lagertore[116].

Der beschriebene zentrale Bereich des Nordtores wird zu beiden Seiten von 4,13 Metern breiten Türmen flankiert, die, wie die übrigen Türme, nur etwa dreißig Zentimeter vorspringen. In Höhe der Zinnen befanden sich jeweils zwei kleine Fenster, deren obere Einfassung auch hier durch einen profilierten Formziegel mit Bogen gebildet wird. Die zum Bau des Tores verwendeten Ziegel entsprechen in ihrer Textur und Größe den Ziegeln der

111 Cozza, Mura 38 f. Abb. 38. 39. 41 (Nordtor); Richmond, Praetorian Camp 15 Abb. 4; 20 Abb. 8 (Nordtor) Taf. 6 (Osttor). – Die Innenseiten der Lagertore wurden durch spätere Überbauung zerstört, so daß keine genaueren Aussagen zu deren Aufbau getroffen werden können.

112 G. Brands, Republikanische Stadttore in Italien, BARIntSer 458 (1988); Buonocore, Codici Lanciani II 51 f. 139 (= Cod. Vat. lat. 13035 f., 139).

113 CP 1.14: Lissi Caronna, Castra Praetoria 114 f.; CAR III E 38 II; BCom 90/2, 1985, 334 f.; Cozza, Mura 38 f. Abb. 38. 39. 41.

114 Cozza, Mura 39 Abb. 39. Richmond, Praetorian Camp 14 Taf. 6.

115 Am Nordtor wurde dieser Bereich durch die jüngeren opus-mixtum-Strukturen der Phase 5 komplett zerstört, s. hierzu Richmond, Praetorian Camp 19. Die Rekonstruktion des Osttores bei Richmond, Praetorian Camp 14 Taf. 6 (unten) basiert auf einem Aquarell, das m. E. keinerlei Hinweis auf eine entsprechende Gestaltung der Toranlage gibt.

116 Richmond, Praetorian Camp 13 beschreibt diese als eine Kombination aus Triumphbogen und »crenellated towers«; M. E. Blake, Roman Construction in Italy from Tiberius through the Flavians (1959) 14 f. spricht sogar von einer Übertragung der Ehrenbögen auf Torbauten, wobei diese allein auf die castra praetoria beschränkt wäre, da es so gut wie keine anderen gleichzeitigen Lagertore aus festen Baumaterialien gibt.

Abb. 15 Phase 3 und verspringende Zinnen der aurelianischen Stadtmauer im Bereich von Turm 14 (CP 1.19–21)

(Abb. 10). Die etwa 6,50 Meter breite, niedrige Außenfassade besteht aus vier bis fünf Lagen rechteckiger Tuffsteine, die im Wechsel mit einer Ziegellage verlegt wurden, und schließt bündig mit der älteren Fassade des Tores ab[136]. In den ehemals von breiten Zinnen bekrönten Baukörper wurden drei große Fenster in Form von gestelzten Rundbögen eingelassen. Die stark umgebaute Toranlage ähnelt in ihrem Aufbau spätantiken Stadttoren und betont neben dem fortifikatorischen auch den urbanen Charakter der Anlage[137]. Die heute nicht mehr sichtbaren Veränderungen am Osttor[138] müssen, den Zeichnungen Luigi Rossinis zufolge, im Wesentlichen denen des Nordtores entsprochen haben[139]. Richmond beschreibt ferner, daß die Zinnen der Tortürme verbreitert und der obere Teil des südlichen Torturms mit opus mixtum verblendet wurde[140]. An der Nordseite errichtete man in dieser Phase zusätzlich zwei niedrige und breite Türme, die in ihrem Aufbau dem Torturm des Nordtores entsprachen und ebenfalls mit opus mixtum verblendet wurden[141]. Im Gegensatz zu den Türmen der tiberischen Zeit schlossen sie bündig mit der Umfassungsmauer ab und traten nicht hervor[142].

stattgefunden, die durch die Zerstörung der gesamten Zone nicht mehr rekonstruierbar sind.

136 Cozza, Mura 39 spricht hier von opus listatum.

137 S. Johnson, Late Roman Fortifications (1983) 31 ff. 82 ff.

138 CP 1.40: Lissi Caronna, Castra Praetoria 115; CAR III E 78; Cozza, Mura 56 ff. Abb. 63. 64.

139 Rossini a. O. Taf. 34.

140 Richmond, Praetorian Camp 16 f.

141 CP 1.20: Cozza, Mura 46 Abb. 47. 48. Die opus-mixtum-Verblendung besteht hier aus 3 bis 4 Lagen von rechteckig zugeschlagenen Tuffsteinen, die im Wechsel mit jeweils einer Ziegellage verlegt sind.

142 Nach Richmond seien außerdem weite Teile der Wehrmauer der vorangegangenen Phase (Richmonds Phase 2)

Phase 5 (Aurelianische Stadtmauer): Als die Umfassungsmauer der castra praetoria unter Aurelian ein Teil der neu errichteten Stadtmauer wurde, kam es zu erheblichen Veränderungen am Baukörper. Durch eine erneute Erhöhung um zwei bis drei Meter erreichte die ehemalige Lagermauer nun die Höhe der Türme aus Phase 4, so daß diese funktionslos wurden[143]. Nach den Zeichnungen Rossinis bekamen die Tortürme des Osttores[144] in dieser Phase ein zweites Geschoß, so daß die Zinnen des Osttores in einer Höhe mit denen der Stadtmauer lagen[145]. Auf diese hatte man in regelmäßigen Abständen weitere Zinnen gesetzt, die breiter waren und einen geringeren Abstand zueinander hatten als in den vorangegangenen Phasen[146] (Abb. 15. 51). Die starke Belastung durch das höhere Gewicht der nunmehr zwischen sieben und neun Meter hohen Mauer konnte nicht mehr allein von den tiberischen Fundamenten getragen werden, so daß verschiedene Maßnahmen zur Stärkung der ehemaligen Lagermauer notwendig wurden. An die Innenseite der Umwehrung setzte man im Fundamentbereich stabile Pfeiler etwa in der Mitte der an die Innenseite der Mauer gefügten Räume, was deren Nutzungsmöglichkeiten und Funktionalität jedoch massiv einschränkte[147].

Ferner wurde eine Reihe neuer Türme errichtet, die man der Außenfassade der Umfassungsmauer vorblendete[148]. Um diese mit dem älteren Mauerwerk zu verbinden, brach man Teile der äußeren Ziegelverschalung im unteren Bereich der Mauer heraus, so daß die Seitenwände der Türme punktuell in das ältere Mauerwerk einbinden konnten[149]. Die ebenfalls in Ziegelbauweise errichteten Türme besaßen in der Regel einen rechteckigen Grundriß, wobei an der Vorderseite im unteren Bereich zusätzliche Stabilität durch einen dreieckigen Sporn geschaffen wurde, der sonst ausschließlich bei Brückenpfeilern auftritt[150] (Abb. 4. 5). Zu den Seiten hin hatten die Türme jeweils mindestens ein Fenster in Form eines gestelzten Bogens[151]. Bei der Außengestaltung bemühte man sich darum, den Fortlauf des in Höhe des Wehrgangs umlaufenden Ziegelgesimses aus Phase 1 nachzuahmen[152]. Der Zugang zu den Türmen befand sich in Höhe des neuen Wehrgangs. Durch den Bau der Türme an der Außenseite wurde die Mauer zusätzlich stabilisiert, ohne im Inneren viel verändern zu müssen. Die Unregelmäßigkeit der Abstände zwischen den neu errichteten Türmen läßt sich vermutlich durch stärker ruinös gewordene und einsturzgefährdete Mauerabschnitte erklären[153]. Möglicherweise gilt diese Erklärung auch für die anders nicht begründbaren Unterschiede in der Breite der Türme. Eine besonders starke Beeinträchtigung hinsichtlich seiner Funktionalität erfuhr das Lager, als im Zuge der Einbeziehung in die Stadtmauer das Nord- und das Osttor zugemauert wurden[154]. Inwieweit diese Störung der Infrastruktur Veränderungen im Innenbereich des Lagers nach sich zog, wird an späterer Stelle dargelegt[155].

Phase 6: An verschiedenen Stellen der Umwehrung haben sich Reste von opus-listatum-Mauerwerk erhalten[156]. Vermutlich handelt es sich hierbei um Reparaturen, die an der Außenverschalung der alten Umfassungsmauer des Lagers nötig wurden, da sie nicht an der gesamten

entfernt worden beziehungsweise so beschädigt gewesen, daß neue Zinnen in engeren Abständen zueinander darauf gesetzt wurden.

143 Richmond, Praetorian Camp Taf. 7. – Die Höhe der neu errichten Mauer schwankt in den verschiedenen Bauabschnitten, so daß keine exakte Angabe zur Gesamterhöhung gemacht werden kann; vgl. CP 1.21: Cozza, Mura 46 Abb. 47. 48; CP 1.25: a. O. 47 ff. Abb. 48–50.

144 CP 1.40: Lissi Caronna, Castra Praetoria 115; CAR III E 78; Cozza, Mura 56 ff. Abb. 63. 64.

145 Richmond, Praetorian Camp 19 Taf. 7. Die auch bei Cozza, Mura 56 Abb. 63 reproduzierte Tafel Ian Richmonds zeigt die rekonstruierte Abfolge der Bauphasen am Osttor.

146 CP 1.25: Cozza, Mura 47 ff. Abb. 48–50; CP 1.27: a. O. 49 Abb. 51–53.

147 FUR Taf. 11; Zanghieri, Castro Pretorio 64.

148 CP 1.02: Cozza, Mura 32 f. Abb. 30. 31. – CP 1.10: a. O. 36 f. Abb. 36. – CP 1.12: a. O. 37 f. Abb. 36. 37. – CP 1.18: Richmond, Praetorian Camp 17 Taf. 8; Cozza, Mura 42 ff. Abb. 45. 48. – CP 1.20: a. O. 46 Abb. 47. 48. – CP 1.26: a. O. 49 Abb. 51–53.

149 CP 1.26: Cozza, Mura 49 Abb. 51 (Turm 17). – Ferner: CP 1.12: a. O. 37 f. Abb. 36 (Turm 11); CP 1.16: a. O. 40 Abb. 43 (Turm 12); CP 1.18: a. O. 42 Abb. 45 (Turm 13).

150 Cozza, Mura 18 Abb. 15; 30 Abb. 29; 33 Abb. 31. Die Form erinnert an sogenannte Wellenbrecher von Brückenpfeilern und ist bei kaiserzeitlichen Umwehrungen äußerst selten.

151 Auf dem bei Cozza abgebildeten Foto von CP 1.02 (Turm 6) sind in der östlichen Seitenwand zwei übereinanderliegende Fenster zu erkennen. Die beiden Etagen des Turmes waren durch verschiedene Türen zu begehen, s. Cozza, Mura 32 f. Abb. 31.

152 Vgl. Cozza, Mura Abb. 31. 69.

153 Cozza, Mura 31.

154 Das Zusetzen der Tore fällt nach Richmond, Praetorian Camp 19 f. in die Zeit vor der konstantinischen Zerstörung der Westflanke. Die Ziegel entsprechen in ihrer Textur denen der aurelianischen Phase.

155 Vgl. Kap. II 3.

156 Unter der Bezeichnung opus listatum wird hier und im Folgenden eine Bauweise verstanden, bei denen eine Lage rechteckiger Tuffsteine mit einer beziehungsweise zwei Ziegellagen wechselt. Sie ist von dem als opus mixtum bezeichneten Mauerwerk der Phase 4 durch die Abfolge der Lagen zu unterscheiden, worin sich im Falle der castra praetoria auch chronologische Unterschiede äußern.

Fassade beobachtet werden konnten, sondern sich auf wenige Abschnitte beschränken. Besonders gut erhalten ist ein solcher baulicher Eingriff zwischen der Nordwestecke und Turm 6[157]. Auf Fotografien, die im Zuge der Baumaßnahmen an der Unterführung im Bereich des Viale Castro Pretorio entstanden sind, ist ein weiteres Mauerstück in opus listatum erkennbar. Auch bei ihm handelt es sich aller Wahrscheinlichkeit nach um eine Mauerflickung[158].

Auf Grund fehlender Ziegelstempel und stratigraphischer Aufschlüsse ist es bei den castra praetoria nur möglich, die beschriebene relativchronologische Abfolge der Bauphasen durch konstruktionstechnische und stilistische Vergleiche des Mauerwerks mit anderen stadtrömischen Bauten zu datieren. Zwei wichtige chronologische Fixpunkte für die Datierung der Umfassungsmauer und ihrer verschiedenen Bauphasen sind der literarisch überlieferte Bau des Prätorianerlagers in tiberischer Zeit und die Einbeziehung des Lagers in die Aurelianische Stadtmauer in der zweiten Hälfte des dritten Jahrhunderts n. Chr.[159].

Der bei Sueton und Tacitus beschriebene Bau der castra praetoria zwischen 21 und 23 n. Chr. gibt einen Anhaltspunkt für die Datierung von Phase 1 der Umfassungsmauer in tiberische Zeit[160]. Betrachtet man davon unabhängig die Bauweise der Umfassungsmauer, kommt man zu einem ähnlichen Ergebnis. So variiert der Modulus der in Ziegelbauweise errichteten Außenmauer von 25 bis 25,5 cm und findet zahlreiche Parallelen in anderen frühkaiserzeitlichen Bauten[161]. Besonders interessant ist in diesem Zusammenhang ein unweit des Lagers in Ziegelbauweise errichtetes Kolumbarium aus augusteischer Zeit, dessen Mauerwerk starke Übereinstimmungen mit der ersten Bauphase der Umfassungsmauer zeigt[162]. An einer frühkaiserzeitlichen Datierung von Phase 1 ist daher nicht zu zweifeln[163]. Ein weiteres Indiz sind die großen Pilasterkapitelle, die vermutlich zum Westtor gehörten und sich stilistisch ebenfalls in die frühe Kaiserzeit datieren lassen[164]. Ferner entsprechen die zum Bau des tiberischen Palastes verwendeten Ziegel in ihren Charakteristika, das heißt in Farbe und Maßen, denen der castra praetoria, so daß der literarisch überlieferte Bau des Lagers in dieser Zeit zusätzlich vom archäologischen Befund gestützt wird[165].

Die genauere Datierung der nachfolgenden Phasen 2 bis 4 fällt dagegen deutlich schwerer, wobei der Bau der Aurelianischen Stadtmauer (Phase 5), der die älteren Bauphasen einschloß und konservierte, hierfür einen Terminus ante quem gibt. Der zeitliche Rahmen für die Bauphasen 2 bis 4 wird also durch die Jahre 21–23 und 271–275 n. Chr. definiert. Richmond stützte seine Datierung der Bauphasen auf die wenigen Textstellen, in denen von einer Belagerung der castra praetoria oder Auseinandersetzungen zwischen der Besatzung des Lagers und der städtischen Bevölkerung die Rede ist[166]. Diese erwähnen jedoch keine konkreten baulichen Veränderungen oder Eingriffe an der Umfassungsmauer, so daß sie für eine absolute Datierung der Bauphasen nur in geringem Maße geeignet sind. Besonders schwierig ist die chronologische Einordnung von Phase 2, da sich zu dem relativ unspezifischen Mauerwerk, das nur in einem schmalen Streifen erhalten ist und teilweise

157 CP 1.01: Cozza, Mura 30 f.

158 CP 1.03: Arch. Fot. 26935. 26939. Es läßt sich auf Basis der vorliegenden Dokumentation nicht sagen, ob es an dieser Stelle zu einer Reparatur der gesamten Mauer kam oder ob hier lediglich die Ziegelverkleidung erneuert werden mußte.

159 Siehe oben Phase 5.

160 Vgl. Kap. II 3 a.

161 Der ›Modulus‹ ist die gängige Maßangabe bei der Beschreibung von Ziegelfassaden und bezieht sich auf die Gesamthöhe von fünf Ziegellagen und fünf Mörtelschichten. R. Marta, Tecnica Costruttiva Romana (1991) 29. Für Vergleiche mit gleichzeitigen Ziegelbauten s. G. Lugli, La Tecnica Edilizia Romana (1957) 588 ff.

162 H. v. Hesberg – M. Pfanner, JdI 103, 1988, 465 ff.

163 Der Einwand bei A. v. Gerkan, GGA 212, 1958, 195 ff., der Modulus sei zu gering für die tiberische Zeit sowie seine Behauptung, die Schalenmauer der ersten Bauphase sei wahrscheinlich unter Trajan errichtet worden, der die tiberischen, in Pseudoretikulat errichten, »...unansehnlichen castra als einer Gardekaserne nicht mehr würdig empfand«, entbehrt jeglicher wissenschaftlicher Grundlage. Gerkans Argument gegen eine jüngere Datierung, wonach Ziegel als Baumaterial in der 1. Hälfte des 1. Jhs. eigentlich nicht üblich seien, kann durch eine Vielzahl von Gegenbelegen widerlegt werden. Eine Zusammenstellung früher Grabbauten in Ziegelbauweise mit weiterer Literatur bei: Hesberg – Pfanner a. O. 480 f. und M. Eisner, Zur Typologie der Grabbauten im Suburbium (1986) 150 ff.

164 CAR III D 192 (vgl. CAR III D 193 II a); S. Aurigemma, Le terme di Diocleziano e il Museo Nazionale Romano^{6} (1970) Nr. 115; Giuliano, Sculture I 8, 484 f. Nr. IX, 9. 10.

165 Lugli, Tecnica 589. Ein weiteres Beispiel tiberischer Ziegelarchitektur, das gut mit der Umfassungsmauer der castra praetoria vergleichbar ist, ist das Grabmal von Pomponius Hylas, s. hierzu: Th. Ashby, BSR 5, 1910, 464 ff.

166 Tacitus berichtet für das Jahr 69 n. Chr. davon, daß sich die Prätorianer des Vitellius im Lager verschanzten und ihre Gegner (die Soldaten Vespasians) es erstürmten, Tac. hist. 3, 84. Die erste bauliche Veränderung bringt Ian Richmond deshalb mit den nach der Erstürmung des Lagers notwendig gewordenen Reparaturmaßnahmen zusammen, Richmond, Praetorian Camp 15. – Für die Bauphasen Richmonds und seine Datierung s. Kap. II 3 b. Den Umbau der Tore und die Errichtung zweier Türme datiert er ins Jahr 238 n. Chr. und sieht diese als Reaktion auf die Unruhen in der Regierungszeit des Balbinus, Richmond a. O. 22; s. a. Herodian. 2, 6–12; 7, 11 f.; SHA Max. Balb. 10.

von der darauffolgenden Phase 3 wieder zerstört wurde, sowohl in vor- als auch in nachtrajanischer Zeit Parallelen finden[167]. Die in Phase 3 verwendete Mauertechnik, bei der gelbliche und rotbraune Ziegel mit verhältnismäßig breiten Fugen verlegt wurden, erinnert in ihrer Ausführung an die Ziegelfassade der Caracallathermen und das Amphitheatrum Castrense[168]. Sie entspricht in ihren Charakteristika ferner den Ziegelmauern der Mannschaftsunterkünfte in den castra nova equitum singularium, die zwischen 193 und 196 n. Chr. errichtet wurden[169]. Auch die bei den severischen Umbauten und Erweiterungen an der Domus Severiana auf dem Palatin verwendeten Ziegel sowie die Struktur des Mauerwerks weisen Übereinstimmungen mit Phase 3 der Umfassungsmauer auf, so daß die Summe dieser Beobachtungen eine Datierung in severische Zeit nahelegt[170]. Für Phase 2 wäre dadurch ein entsprechender Terminus ante quem gegeben.

Die opus-mixtum-Strukturen aus Phase 4 müssen ebenfalls vor der Einbeziehung des Lagers in die Aurelianische Stadtmauer errichtet worden sein, da diese seitlich an die Türme und Toraufbauten aus Phase 4 stößt und nicht mit den betreffenden Strukturen verbunden ist[171]. Die Abfolge der Ziegel- und Tufflagen von Phase 4 unterscheidet sich von den jüngeren opus-listatum-Strukturen[172] der Phase 6. Betrachtet man die Entwicklung des sich aus Ziegel- und Tuffsteinlagen zusammensetzenden opus mixtum in Rom und Umgebung, gewinnt man den Eindruck, daß bei den älteren Befunden mehrere Lagen von Ziegeln mit mehreren Lagen von Tuffsteinen wechseln[173], während die jüngeren meist aus einer Lage von Tuffsteinen bestehen, die mit einer oder zwei Lagen von Ziegeln abwechselt[174].

Phase 5 der Umwehrung ist zweifelsohne mit der Aurelianischen Stadtmauer gleichzusetzen, deren Baubeginn allgemein in das Jahr 271 n. Chr. datiert wird. Der literarischen Überlieferung zufolge war sie beim Tode Aurelians fast abgeschlossen, wobei ihre endgültige Fertigstellung wohl in die Regierungszeit des Probus (276–282 n. Chr.) fällt[175]. Es gibt zudem Hinweise darauf, daß in dieser Zeit das Niveau außerhalb der Mauern abgesenkt wurde, so daß deren Fundamente offen lagen[176].

Die Reparaturen, die in Phase 6 an der Außenfassade der castra praetoria in opus-listatum-Technik durchgeführt wurden, sind nicht etwa auf die ehemalige Umfassungsmauer des Lagers beschränkt, sondern konnten auch in anderen Abschnitten der Aurelianischen Stadtmauer nachgewiesen werden[177]. Durch zahlreiche Vergleiche lassen sie sich ins späte dritte Jahrhundert beziehungsweise in den Beginn des vierten Jahrhunderts datieren[178]. Die charakteristische Bauweise der wechselnden Tuff- und Ziegellagen fand in Rom und Umgebung zwar schon im zweiten Jahrhundert Verwendung, doch erfreute sie sich erst unter Maxentius besonderer Beliebtheit[179]. Da die opus-listatum-Reparaturen der castra praetoria in der stratigraphischen Abfolge der Bauphasen über der aurelianischen Bauphase (Phase 5) liegen und somit jünger als diese sein müssen, liegt eine chronologische Zuweisung von Phase 6 in die Regierungszeit des Maxentius nahe.

Nachdem die Prätorianerkohorten im Jahre 312 n. Chr. von Konstantin aufgelöst worden waren, verliert sich die Überlieferung zur weiteren Nutzung des Lagerareals. Auf Basis der zugänglichen archäologischen Quellen läßt sich heute nicht mehr klären, ob die Anlage tatsächlich durch die vielfach postulierte Zerstörung der Westflanke unter Konstantin in ihrer Funktion unbrauchbar gemacht wurde[180]. Zumindest drei Seiten der ehemaligen Umwehrung bestanden als Teil der Aurelianischen Stadtmauer zunächst fort und wurden nach dem mutmaßlichen Ende des Lagers abermals erhöht. Über den Zinnen der aurelianischen

167 Eine Zusammenstellung gibt Lugli, Tecnica 588 ff.

168 Farbabbildungen bei: F. Coarelli, Rom (2000) 327 (Caracallathermen); J.-P. Adam, Roman Building (1994) 146 Abb. 346 (Amphiteatrum Castrense). – Richmonds Datierung ins Jahr 215 n. Chr. ist nicht sicher zu belegen, doch paßt sie chronologisch zu dieser Bauphase.

169 Vgl. Kap. II 5 e Abb. 39. 40.

170 A. Hoffmann – U. Wulf-Rheidt, RM 107, 2000, 279 ff.; A. Hoffmann – U. Wulf, Die Kaiserpaläste auf dem Palatin in Rom (2004) 153 ff. bes. 162 ff. Abb. 234.

171 Cozza, Mura 38 f.

172 Zu den unterschiedlichen Bezeichnungen s. bei Anm. 156.

173 So beispielsweise in der Villa dei Sette Bassi an der Via Latina (zwischen 140–160 n. Chr.), wo neun Tufflagen mit sechs Ziegellagen wechseln: Adam a. O. 141 Abb. 332.

174 So beim Nymphäum der Quintilier-Villa aus dem 3. Jh. n. Chr., vgl. Adam a. O. 142 Abb. 336.

175 Kolb, Rom 662.

176 R. Lanciani, NSc 1888, 734; Richmond, Praetorian Camp 18. Den Terminus ante quem für das Absenken des Geländeniveaus geben die Reste eines Baus, der im Jahre 1888 nahe der Nordostecke des Lagers entdeckt wurde. Die Mauern lagen in Fundamenthöhe und können durch einen Ziegelstempel in den Beginn des 4. Jhs. datiert werden.

177 L. Cozza, AnalRom 16, 1987, 25 ff. bes. 26 f. Abb. 4–6

178 La Residenza Imperiale di Massenzio, Ausst. Rom 1980, Abb. 91 (Circus des Maxentius); J. J. Rasch, Das Maxentiusmausoleum an der Via Appia in Rom (1984) 40 ff. (Grabbau des Valerius Romulus an der Via Appia um 309 n. Chr.).

179 Ein Beispiel für die Verwendung im späten 2. Jh. sind die principia der castra nova equitum singularium, vgl. Kap. II 5 e.

180 Zos. 2, 17, 2 berichtet von der Zerstörung der Lager, im archäologischen Befund gibt es hierfür bislang keinerlei Evidenz.

Bauphase (Phase 5) ist durch ein Aquarell aus dem Jahre 1830 eine weitere Reihe von Zinnen überliefert, von denen heute auf Grund der Restaurierungsmaßnahmen der dreißiger und sechziger Jahre des zwanzigsten Jahrhunderts kaum mehr Reste erhalten sind[181] (Abb. 51). Im Zuge der erneuten Erhöhung wurde die Mauer zusätzlich verstärkt, so daß ihre Gesamtstärke auf 2,30 Meter angewachsen war. Cozza konnte überzeugend nachweisen, daß diese nachlagerzeitliche Phase, die sich auch in anderen Abschnitten der Stadtmauer fassen läßt, Honorius zugewiesen werden kann[182]. Zu einem nicht näher bestimmbaren Zeitpunkt muß die ehemalige Südseite des Lagers entweder zerstört oder aus Baufälligkeit eingestürzt sein, da deren heutiger Verlauf und deren bauliche Ausführung nicht mit dem antiken Bestand übereinstimmen (Abb. 90)[183]. Bis ins zwanzigste Jahrhundert kam es zu zahlreichen weiteren Veränderungen an der Umfassungsmauer, die nicht im Einzelnen ausgeführt werden sollen[184].

Die Ergebnisse, die sich aus der Betrachtung der Bauweise und der Bauphasen gewinnen lassen, sind folgendermaßen zusammenzufassen: Die Umfassungsmauer der castra praetoria besaß in ihrer ersten Bauphase (Phase 1) eine Gesamthöhe von etwa 4,40 Metern ohne Zinnen und 5,00–5,19 Metern mit Zinnen[185]. Insgesamt betrug sie also etwa siebzehn römische Fuß[186] und entsprach damit anderen früh- und mittelkaiserzeitlichen Lagermauern an den Grenzen des Reiches[187]. Auch die Breite der Zinnen und die Maße der Zinnenzwischenräume fügen sich in das aus den Provinzen bekannte Spektrum[188]. Während bei anderen Kastellen gleicher Zeitstellung die Türme jedoch mit der Lagermauer abschlossen, springen die der castra praetoria bereits in tiberischer Zeit leicht hervor und ähneln damit Konstruktionen, die an den Reichsgrenzen erst im Laufe des zweiten Jahrhunderts üblich wurden[189].

In ihrem Verlauf paßt sich die Umfassungsmauer der castra praetoria dem Relief des Geländes an und fällt so nach Osten hin ab. Besonders gut läßt sich diese Beobachtung am umlaufenden Gesims nachvollziehen, wenn man diesem von der Nordwestecke des Lagers nach Osten hin folgt[190]. Noch deutlicher tritt die beschriebene Gelän-

181 J. Durm, Die Baustile. Historische und Technische Entwickelung. Die Baukunst der Etrusker. Die Baukunst der Römer, Handbuch der Architektur II (1905) 436 Abb. 491.

182 L. Cozza, AnalRom 16, 1987, 25 ff. bes. 26 f.; ders., Mura 31 Abb. 2. 7–9.

183 Hierzu genauer in Kap. II 3 d.

184 So unter Theoderich I. (511–533), im Mittelalter und in der Neuzeit, vgl. Richmond, Praetorian Camp 19 f.; einen guten Überblick gibt Cozza, Mura 31.

185 Die unterschiedlichen Maßangaben in der Literatur ergeben sich durch unterschiedlich gewählte Meßpunkte in verschiedenen Mauerabschnitten und das Messen der Mauer mit beziehungsweise ohne Sockel und Zinnen. So finden sich andere Maße bei: F. Coarelli, Rom (2000) 251 f. (4,75 m); Zanghieri, Castro Pretorio 10 (4,50 m).

186 Nach Richmond, Praetorian Camp 13 habe die Höhe elf römische Fuß betragen. Die Mauer der castra praetoria sei damit um drei Fuß niedriger als Lagermauern in den Provinzen gewesen.

187 Die Höhe der Umfassungsmauern von Auxiliarkastellen beträgt im Durchschnitt 4–5 m, während die Umwehrungen von Legionslagern meist etwas höher sind. Zur Mauerhöhe von Militärlagern in den Nordwestprovinzen allgemein: Johnson, Kastelle 81 f. – Auf Grund ihrer besonders guten Überlieferungsbedingungen läßt sich die Kastellmauer von Wörth am Main gut mit den castra praetoria vergleichen. An deren Mauerfront verlief in Höhe des Wehrgangs ein profiliertes Gesims aus Buntsandstein. Von der Fundamentoberkante betrug die Mauerhöhe der 1 m breiten Mauer bis zum Gesims etwa 4,15 m (oder etwas weniger, da die Mauer beim Sturz vermutlich aus dem Gefüge gegangen ist). Die Brustwehr war etwa 0,45 m breit. W. Conrady in: E. Fabricius – F. Hettner – O. von Sarwey (Hrsg.), Der Obergermanisch-Raetische Limes des Römerreiches, Abt. B 63 (1914) 1 ff. bes. 3 f. Auch bei Holz-Erde- und Rasensodenkonstruktionen wurde eine entsprechende Mauerhöhe bis zum Wehrgang beobachtet. Beispiele hierfür sind die Kastelle Baginton (3–3,60 m) und Gelligaer/Wales (3,40 m): Johnson, Kastelle 72 f.; B. Hobley, Transactions of the Birmingham and Warwickshire Archeological Society 87, 1975, 1 ff.; J. Ward, The Roman Fort at Gelligaer (1903).

188 Die Breite der Zinnendecksteine am obergermanischen Limes beträgt 0,60–1,20 m. Die Abstände der Zinnen zueinander variieren in der Regel zwischen 1,20 m und 2,40 m. Die unterschiedlichen Maße der Zinnen stehen in Abhängigkeit von der Verteidigungsart der Anlagen, so D. Baatz, SaalbJb 21, 1963/64, 57 f. Anm. 61; ders. in: B. Hobley – J. Maloney (Hrsg.), Roman Urban Defences in the West, CBA Research Report 51 (1983) 136 f.

189 In Osterburken und South Shields springen die Türme von Hauptkastell und Anbau nur geringfügig vor, so daß kein seitlich flankierender Beschuß der Mauer möglich ist, s. K. Schuhmacher in: E. Fabricius – F. Hettner – O. von Sarwey (Hrsg.), Der Obergermanisch-Raetische Limes des Römerreiches, Abt. B 40 (1929) 1 ff. bes. 7 ff. Taf. 4; R. Miket, The Roman Fort at South Shields. Excavation of the Defence 1977–1981 (1983) 8 Abb. 2; 36 Abb. 18. – In Niederbieber erlauben die weit vorspringenden Türme einen flankierenden Beschuß der Mauern, s. E. Ritterling in: E. Fabricius – F. Hettner – O. von Sarwey (Hrsg.), Der Obergermanisch-Raetische Limes des Römerreiches, Abt. B 1 a (1937) 1 ff. bes. 9 ff.

190 Die von Richmond, Praetorian Camp Taf. 8 und Giorgio Ortolani publizierten Rekonstruktionen der Nordseite berücksichtigen diese Anpassung an das Gelände nicht. G. Ortolani, AnalRom 19, 1990, 239 ff. Abb. 7. Die auf Richmond basierende Rekonstruktion bei Johnson, Kastelle 82 Abb. 40 gibt den Mauerverlauf deshalb ebenfalls nicht korrekt wieder. Cozza, Mura 31. 44 Abb. 48 beschreibt den Abfall des

deanpassung allerdings in einer späteren Bauphase hervor, als die Umfassungsmauer zur Überbrückung der Niveau-Unterschiede sogar abgetreppt wurde, wie der Versprung der Zinnen der Aurelianischen Stadtmauer bei Turm 14 zeigt[191] (Abb. 15). Eine Parallele für die planmäßige Terrassierung eines Lagers zur Überbrückung von Niveauunterschieden findet sich im nahegelegenen Albano, wo die in severischer Zeit in opus quadratum erbaute Umwehrung des Lagers der legio II Parthica in mehreren Stufen nach Südwesten hin abfällt[192].

Bei der Umwehrung der castra praetoria ist ferner auffällig, daß die andernorts für Lager und Kastelle üblichen Gräben fehlen. So konnten bei Grabungen entlang der Nordseite, im direkten Vorfeld des Lagers, keinerlei Spuren eines Grabensystems nachgewiesen werden. Statt dessen stieß man in diesem Bereich auf Grabbauten[193]. Dicht entlang der Lagermauer verlief zudem eine Straße, und der Exerzierplatz schloß im Westen unmittelbar an das Lager an[194]. Das Fehlen des Grabens hatte Folgen für die Innengestaltung der Anlage. An die Innenseite der Umfassungsmauer wurden dort, wo bei anderen Militärlagern der Aushub des Grabens zu einem Wall geschüttet wurde, Räume angefügt, auf denen der Wehrgang verlief[195].

e Grundriß und Ausrichtung des Lagers

Die Erhaltungsbedingungen der verschiedenen Seiten der Umfassungsmauer sind, wie eingangs beschrieben, sehr unterschiedlich. Während die Nordseite durch spätere bauliche Maßnahmen nahezu unverändert blieb, zeigen die Untersuchungen Rosanna Mancinis und Lucos Cozzas, daß die Ostseite durch besonders starke Restaurierungsmaßnahmen erheblich verändert wurde[196]. Die an der Nordseite deutlich erkennbaren antiken Bauphasen lassen sich hier nur in einem kurzen Abschnitt zwischen Nordostecke und Turm 19 fassen[197] (Abb. 8). Bis zum Osttor folgt die Außenseite der Umfassungsmauer im Wesentlichen dem ursprünglichen Verlauf, während sie südlich davon von ihrer ursprünglichen Orientierung nach Südosten hin abweicht[198] (Abb. 90). Im Inneren trennt eine robuste Mauer die an der Innenseite angefügten Räume von der Umfassungsmauer (CP 2.06). Auf Basis der zugänglichen Dokumentation ist es schwierig, den ehemaligen Verlauf der tiberischen Umfassungsmauer in diesem Bereich sicher nachzuvollziehen. Doch da sich die beschriebene robuste Mauer in einer Flucht mit dem nördlich des Osttores liegenden Abschnitt der Umfassungsmauer befindet, könnte sie einen Hinweis auf den ehemaligen Verlauf geben.

Von der Westseite des Lagers ist heute nichts mehr sichtbar erhalten. Im neunzehnten Jahrhundert konnten bei Bauarbeiten jedoch zwei Abschnitte nachgewiesen werden, die auf Rodolfo Lancianis Forma Urbis Romae und in der Carta Archeologica di Roma verzeichnet wurden[199]. Wenn man den fehlenden Teil der Westseite rekonstruiert, indem man die erhaltenen Abschnitte der Nord- und Ostseite zugrunde legt, diese auf die Nordwestecke projiziert und entsprechend verlängert (Abb. 90), fällt beim Vergleich mit dem Plan in der Forma Urbis Romae und der Carta Archeologica auf, daß die bei Rodolfo Lanciani verzeichneten Abschnitte der westlichen Umwehrung außerhalb des Lagers liegen. Dies erklärt sich durch einen Fehler in der Darstellung: Nach den Beschreibungen Lancianis wurde der südliche Abschnitt in einer Entfernung von 65 Metern zur Viale Castro Pretorio entdeckt[200]. Als man den Plan der castra praetoria für die Forma Urbis Romae erstellte, wurde dieser Abstand fälschlicherweise von der Ecke des Viale Castro Pretorio mit der Via S. Martino della Battaglia, ehemals Via Solferino, ausgehend

horizontal erscheinenden Gesimses von der Piazza della Croce Rossa zur Piazza G. Fabrizio hin, verwendet aber Richmonds Rekonstruktionszeichnungen.

191 CP 1.19–1.21: Cozza, Mura 42 ff. Abb. 45. 48.

192 E. Tortorici, Castra Albana, Forma Italiae, Regio I 11 (1974) 40 ff.

193 CP 6.14: CAR III E 39 a.

194 Nach Richmond, Praetorian Camp 13 verläuft die Straße verliefe hier anstelle eines Grabens, der Abstand zwischen Straße und Lager sei im Vergleich zu anderen Bermen allerdings sehr gering. – Zum Exerzierplatz: Tac. ann. 12, 36; Herodian. 2, 13, 3; Cass. Dio 57, 24, 5. – Als ein weiterer Hinweis auf das Fehlen von Gräben wird häufig eine Episode aus der Zeit des Didius Iulianus angeführt, in der die Prätorianer ihm eine Leiter herab ließen, damit er ins Lager kommen konnte, Zanghieri, Castro Pretorio 12 f.

195 Das bei Tac. hist. 1, 36 erwähnte *vallum* bezieht sich auf die Lagermauer.

196 A. v. Cohausen, Die Befestigungsweisen der Vorzeit und des Mittelalters (1898) Abb. 120; Cozza, Mura 55 ff. Abb. 64–67; R. Mancini, Le mura aureliane di Roma: atlante di un palinsesto murario (2001) Taf. 8e–10e.

197 CP 1.29: Cozza, Mura 51 f. Abb. 57.

198 CP 1.42–1.48, bes. CP 1.44–1.48: Cozza, Mura 60 ff. Abb. 68 .69. 72. 74.

199 CP 1.50: BCom 4, 1876, 176 (falsch lokalisiert); FUR Taf. 11; CAR III D 220 (falsch lokalisiert). – CP 1.51: BCom 1, 1872/73, Taf. 1 (nach S. 283); BCom 4, 1876, 176; FUR Taf. 11; CAR III D 183 a.

200 R. Lanciani, BCom 4, 1876, 176; Buonocore, Codici Lanciani II 53 f. (Cod. Vat. lat. 13035 f., 141).

Abb. 16 Sogenannte Südseite der castra praetoria mit der Porta Clausa (CP 1.49)

gemessen. Rodolfo Lanciani hatte sich hier jedoch auf die Mittelachse der Straße bezogen[201].

Betrachtet man den Grundriß der castra praetoria, fällt ferner die abgeschrägte Südseite der Umfassungsmauer ins Auge. Der ungewöhnliche Befund führt unweigerlich zu der Frage, ob die castra praetoria schon in tiberischer Zeit mit der Ausbuchtung im Süden errichtet wurden oder ob die Mauer des Lagers zunächst einen anderen Verlauf nahm[202]. Eine Antwort hierauf kann allein die Autopsie der heute erhaltenen Mauerabschnitte und die Durchsicht der Grabungsdokumentation geben. Zunächst jedoch einige einleitende Überlegungen zu den möglichen Ursachen für einen unregelmäßigen Verlauf der Mauer: Nimmt man an, daß die Südostecke des Lagers in tiberischer Zeit abgeschrägt war, muß man nach den Gründen fragen, die bei einer solch großangelegten Baumaßnahme dazu geführt hätten, von einer rechteckigen Bauform abzuweichen, und ob sich hierfür in Rom Parallelen finden lassen. In den Provinzen können unregelmäßige Lagergrundrisse häufig dadurch erklärt werden, daß der Verlauf der jeweiligen Umwehrung der topographischen Situation anpaßt wurde. Diese Beobachtung läßt sich am Prätorianerlager allerdings nicht verifizieren. Das Gelände fiel zwar insgesamt nach Osten hin ab, doch wich man der Geländesenke im Nordosten nicht aus, sondern nutzte sie für die Entwässerung des Schmutzwassers. Man paßte nicht etwa den Verlauf, sondern die Bauweise der Umfassungsmauer der topographischen Situation an, indem man hier bis in den Fundamentbereich ziegelte[203] (Abb. 8). Im Südosten des Lagers gab es keine besondere topographische Situation, auf die man hätte Rücksicht nehmen müssen.

Eine andere Ursache für die abgeschrägte Südmauer hätte ein bereits bestehendes Bauwerk sein können, auf das man Rücksicht nehmen wollte. Derartige Maßnahmen, eine Anpassung von Bauten an vorhandene Strukturen, sind in Rom sogar bei großen Staatsbauten belegt[204]. Im Falle der castra praetoria hätte dies ein besonders bedeutendes Bauwerk sein müssen, daß man bei der Anlage des Lagers nicht beeinträchtigen oder zerstören wollte. Da ein solches Monument aber nicht überliefert ist und es an der Nordseite offensichtlich kein Problem war, vorhandene Bauten in die Umwehrung einzubeziehen, ist es unwahrscheinlich, hierin eine Erklärung für die Abweichung von einer regelmäßigen Bauform zu sehen[205].

201 Vgl. Lanciani a. O. 176 deutlich: »… a 119 m di distanza dall'asse di via Solferino…«. Die Angaben zur Lage des nördlichen Abschnitts sind im BCom mit 119 m von der Via Castel Fidardo zur Via Gaeta völlig falsch.

202 Die Klärung dieses Problems ist für die Genese römischer Militäranlagen der Kaiserzeit von großer Bedeutung, vgl. hierzu Kap. II 13.

203 CP 1.28: Cozza, Mura 49 ff. Abb. 54–57.

204 So wurde das Augustusforum unter Berücksichtigung der vorhandenen Baustrukturen nicht rechteckig gebaut, sondern ist im hinteren Bereich abgeschrägt. J. Ganzert, Das Augustusforum in Rom: augusteisch-klassizistisches oder römisch-klassisches Stadtzentrum?, in: X. Dupré i Raventós (Hrsg.), La ciudad en el mundo romano. Kongreß Tarragona 1993 (1994) 166 f. (mit weiterer Literatur); P. Zanker, Il foro di Augusto (1984).

205 An der Nordseite hatte man ältere Grabbauten nicht berücksichtigt, CAR III E 30. E 39.

Abb. 17 Befundsituation an der Porta Clausa

Wendet man sich dem archäologischen Befund zu, stellt man beim Vergleich der Mauer, die das ehemalige Lagerareal im Süden begrenzt, mit der gut erhaltenen Nordseite der Umwehrung fest, daß die abgeschrägte Mauer im Süden der castra praetoria eine deutlich andere Bauweise zeigt und keinesfalls in tiberische Zeit zu datieren ist (Abb. 16). Rodolfo Lanciani und August v. Cohausen hatten bereits im neunzehnten Jahrhundert unabhängig voneinander bemerkt, daß es sich bei der südlichen Begrenzung des Lagers um eine im Mittelalter aus zahlreichen Spolien errichtete Mauer handelt[206]. Ihre Beobachtungen blieben in der Forschung jedoch weitgehend unberücksichtigt, so daß das Lager stets mit der abgeschrägten Südseite abgebildet wird[207].

Für die Frage, welchen Verlauf die Umfassungsmauer der castra praetoria in ihrer ersten Bauphase nahm, ist zu prüfen, ob die mittelalterliche Mauer im Süden, wie immer wieder vermutet wurde, dem ehemaligen Verlauf der Aurelianischen Stadtmauer und der darin integrierten tiberischen Umwehrung folgt[208]. Das wichtigste Argument gegen diese Annahme ist die bauliche Einbindung der sogenannten Porta Clausa (auch Porta Chiusa) im Süden des Lagers. Das unter Honorius um 403 n. Chr. errichtete Tor wird nämlich von der mittelalterlichen Mauer geschnitten[209] (Abb. 17). Da man ein neues Tor in dieser Zeit kaum in einer so ungünstigen Position angelegt hätte, daß es von einer bereits vorhandenen Mauer zugesetzt worden wäre, müssen die Aurelianische Stadtmauer und damit auch die darin inkorporierte ehemalige tiberische Südseite der castra praetoria weiter nördlich verlaufen sein. Der in der Literatur immer wieder dargestellte Verlauf der Umfassungsmauer mit der Ausbuchtung orientiert sich an den mittelalterlichen Mauern und entspricht damit nicht dem antiken Bestand. Wieso die Mauer in diesem Bereich vom antiken Mauerbestand abwich, läßt sich auf Basis der zur Verfügung stehenden Quellen nur mutmaßen. Möglicherweise war die Aurelianische Stadtmauer hier im Laufe der Zeit baufällig oder durch eines der Erdbeben zerstört worden, die für das spätantike Rom nachgewiesen sind, und mußte deshalb erneuert werden[210]. Denkbar wäre ein Neubau der Mauer im Süden der castra praetoria auch im Zusammenhang mit den Goten- und Vandalenstürmen, die Rom im fünften und sechsten Jahrhundert heimsuchten und den Quellen zufolge weite Teile der Stadt verwüsteten[211]. Zudem sind für zahlreiche Päpste bis in die Neuzeit hinein Bau- und Restaurierungsmaßnahmen an der Aurelianischen Stadtmauer belegt, in deren Rahmen auch Abschnitte im Bereich der castra praetoria erneuert und ergänzt wurden[212]. Keiner der genannten Umstände erklärt jedoch die Vorverlegung und den merkwürdigen Verlauf der Südmauer in nachantiker Zeit. Ohne eine Grabung und eine sorgfältige Bauaufnahme in dem fraglichen Bereich wird diese Frage nicht endgültig zu klären sein, so dass die unterschiedlichen Erklärungsansätze hierzu spekulativ bleiben.

Festzuhalten ist, daß der Grundriß des Lagers in tiberischer Zeit keine Ausbuchtung im Süden aufwies, so

206 Cohausen a. O. Abb. 120; Buonocore, Codici Lanciani II 51 (Cod. Vat. lat. 13035 f., 139 v).

207 So zuletzt in: Coulston – Dodge, Rome 83 Abb. 5. 9.

208 So wird in der Regel der Lagergrundriß mit seiner Ausbuchtung im Süden erklärt, u. a. Cozza, Mura 65.

209 CP 1.49: Cozza, Mura 70 ff. Abb. 78–80.

210 Erdbeben sind für die Jahre 443, 484, 502 und 508 n. Chr. nachgewiesen, s. D. Molin – E. Guidoboni in: ders. (Hrsg.), I terremoti prima del mille in Italia e nell'area mediterranea (1989) 194 ff.

211 F. G. Maier, Die Verwandlung der Mittelmeerwelt (1968) 128 ff; Aug. civ. 3, 29.

212 F. A. Bauer, Das Bild der Stadt Rom im Frühmittelalter. Papststiftungen im Spiegel des Liber Pontificalis von Gregor dem Dritten bis zu Leo dem Dritten, Palilia 14 (2004) 219 ff.

daß sich die Frage nach seinem ursprünglichen Erscheinungsbild stellt. Eine Nachuntersuchung des Geländes zur exakten Bestimmung des ursprünglichen Mauerverlaufs ist durch die flächendeckende Bebauung und Asphaltierung im südlichen Bereich der castra praetoria heute nicht mehr möglich. Mit Blick auf die Lage der Porta Clausa kann aber davon ausgegangen werden, daß die Südseite des Lagers einige Dutzend Meter nördlich der mittelalterlichen Mauer verlief (Abb. 90). Dies würde auch erklären, weshalb man bei den Sondagen der Soprintendenza im Bereich der postulierten Südostecke nicht auf Teile der Umwehrung stieß[213].

Aus den dargelegten Gründen ist auszuschließen, daß es sich bei den Räumen mit Retikulatmauerwerk, die in die mittelalterliche Mauer im Süden des Lagers einbezogen wurden, um Reste der Innenbauung des Lagers handelte[214]. Die fälschlich als contubernia angesprochenen Baubefunde im Süden der castra praetoria dürften vielmehr in einen sepulkralen oder sakralen Kontext gehören[215]. Schon in vortiberischer Zeit hatten entsprechende Bauten im späteren Bereich des Lagers und dessen unmittelbaren Umfeldes gestanden, die an der Nordseite zum Teil in die Fundamente der tiberischen Umwehrung einbezogen wurden, zum Teil neben dem Lager weiterbestanden. Die Bauten im Süden wären dann erst zu einem nicht näher bestimmbaren späteren Zeitpunkt, nach dem Verfall oder der Zerstörung der Aurelianischen Mauer, in die neu errichtete Mauer einbezogen worden.

Einen Hinweis darauf, daß die ehemalige Südseite der castra praetoria parallel zur Nordseite verlief, gibt eine Skizze Rodolfo Lancianis, auf der seine Rekonstruktion des Lagers in der Forma Urbis Romae beruht[216]. Diese zeigt eine von der Südostecke abgehende, parallel zur Nordseite verlaufende starke Mauer, an die sich von Norden her große Räume anfügen. Möglicherweise verlief die südliche Begrenzung der castra praetoria in tiberischer Zeit sogar noch etwas weiter nördlich. Für eine entsprechende Annahme spricht die Lage der sogenannten horrea[217], deren Zugang direkt an die Innenseite der östlichen Umfassungsmauer gefügt ist, so daß der Bau die entlang der Umwehrung verlaufende Via Sagularis blockiert hätte, wenn die Südseite der Umwehrung weiter südlich gelegen hätte[218] (Abb. 90). Faßt man sämtliche Beobachtungen zu den verschiedenen Seiten der Umwehrung zusammen, so ist es wahrscheinlich, daß der Grundriß der castra praetoria in tiberischer Zeit ein Rechteck mit abgerundeten Ecken, also ein Lager in der sogenannten Spielkartenform gebildet hat (Abb. 18). Die unterschiedlichen Maßangaben zur Grundfläche der castra praetoria in der Literatur resultieren daraus, daß sich heute nicht genau feststellen läßt, wo die Südmauer des tiberischen Lagers ursprünglich verlief. Aus diesem Grunde ist die genaue Bestimmung der Größe des Lagers nicht möglich, doch läßt sich diese durch die Befunde an der Porta Clausa und die Mannschaftsbaracken eingrenzen. Das Lager umfaßte demnach eine Fläche von mindestens 15,7 und höchstens 16,72 Hektar[219].

Interessant ist die Frage nach den Vorbildern, an denen sich der regelmäßige, rechteckige Grundriß der castra praetoria orientierte, und ob sich auch in Rom und Umgebung Parallelen für solche regelmäßig geplanten Anlagen finden lassen. Militärlager mit rechteckigem Grundriß sind aus augusteischer Zeit nur äußerst selten bekannt, wobei Befunde wie die erst jüngst in Obrežje (Slowenien) ergrabene Anlage mit spielkartenförmigem Grundriß, die nach Aussage des Ausgräbers Phil Mason in augusteische Zeit zu datieren ist, deren Existenz für den Beginn der Kaiserzeit belegen könnten[220]. Unter den bekannten augusteischen Lagern entlang des Rheins weist allein der römische Militärstützpunkt in Haltern einen Grundriß auf, der einem Rechteck mit abgerundeten Ecken am ehesten angenähert ist[221]. Das älteste bekannte Beispiel einer regelmäßig rechteckigen Grundform in militärischem

213 Archivio della Soprintendenza Speciale per i Beni Archeologici di Roma, Palazzo Altemps Collocazione 77.

214 CP 6.16: CAR III H 16.

215 Vgl. Kap. II 3 c.

216 Buonocore, Codici Lanciani II 54 f. 141 (= Cod. Vat. lat. 13035 f., 141); FUR Taf. 11.

217 CP 2.20: CAR III E 146. H 19 (falsch lokalisiert); CAR III E 94 III a.

218 Spiegelt man unter der Prämisse, daß Türme in regelmäßigen Abständen gesetzt werden, den im nördlichen Abschnitt der Ostseite erhaltenen tiberischen Turm am Osttor und trägt dessen Distanz zur Nordostecke im Süden des gespiegelten Turmes an der Mauer ab, so würde das Lager knapp vor dem horreum enden, vgl. Kap. II 3 f.

219 Bei einer Breite von etwa 380 m und einer Länge zwischen 413 m (= Länge der Ostseite bis zur Südseite des sogenannten horreum) und 440 m (= Länge der Ostseite bis etwa auf Höhe der Porta Clausa).

220 Bedauerlicherweise ist das Lager bislang nur summarisch und entlegen publiziert: Ph. Mason in: D. Preseren (Hrsg.), Zemlja pod vašimi nogami (2003) 66 ff. Das datierende Fundmaterial wurde noch nicht vorgelegt. – Schon S. v. Schnurbein in: Roman fortresses and their legions (2000) 29 ff. bes. 30 betont die planmäßig rechteckige Anlage frühestkaiserzeitlicher Lager, indem er schreibt: »...most Augustan fortresses have a basically rectangular plan but take account for the terrain more than their later counterparts«.

221 J. S. Kühlborn, Germaniam pacavi. Germanien habe ich befriedet (1995) 82 ff. Abb. 4.

Kontext ist die spätrepublikanische Befestigungsanlage von Cáceres el Viejo[222]. Hierbei handelt es sich jedoch um einen Einzelfall, der durch seine zeitliche und räumliche Entfernung kaum als direktes Vorbild für die Konzeption der castra praetoria gedient haben kann. Zudem sind die Ecken der Umfassungsmauer von Cáceres el Vejo nicht wie die der castra praetoria abgerundet, sondern bilden einen rechten Winkel[223]. Es ist gut denkbar, daß für die Anlage von Cáceres trotz der genannten formalen Unterschiede die gleichen Vorbilder bestimmend waren wie für die castra praetoria. Sucht man auf italischem Boden nach entsprechend regelmäßig geplanten Anlagen, so stößt man zwangsläufig auf die coloniae maritimae, die zwischen der zweiten Hälfte des vierten und der ersten Hälfte des zweiten Jahrhunderts an der tyrrhenischen Küste entstanden waren[224]. Der Aufbau der castra praetoria erinnert an diese frühen städtischen Befestigungen, unterscheidet sich allerdings durch seine abgerundeten Ecken, die Hyginus zufolge die Wehrhaftigkeit eines Lagers verstärken[225]. Demnach werde durch diese Bauweise das Stemmen der Steine aus dem Verbund erschwert[226]. Einen anderen Erklärungsansatz für die abgerundeten Ecken bei römischen Militärlagern gibt Shelagh Gregory, der die Entstehung der Bauform auf das in den Nordwestprovinzen des Reiches zur Verfügung stehende Baumaterial zurückführt. Nachdem sich die charakteristische Form bei den in Holz-Erde-Technik errichteten Anlagen einmal herausgebildet habe, habe sie eine entsprechende Verbreitung gefunden und die Gestaltung der in Stein errichteten jüngeren Lager beeinflußt[227]. Bei den Holz-Erde-Lagern mag Gregorys Erklärungsmodell greifen, nicht jedoch im Falle der castra praetoria in Rom. Die Ziegelbauweise hätte es hier ohne weiteres ermöglicht, im rechten Winkel zu bauen, wenn dies gewünscht gewesen wäre. Die abgerundeten Ecken lassen sich in Rom daher eher durch die Beschreibung des Hyginus erklären, das heißt bei der Gestaltung stand der fortifikatorische Aspekt im Vordergrund[228]. Ferner entsprechen einzelne Bauabschnitte wie die Lagertore der castra praetoria in ihrem Aufbau Stadttoren früher italischer Kolonien. So finden sich Beispiele für die sogenannten Kammertore in Ostia, Terracina, Pyrgi und Cosa[229]. Neben den republikanischen Anlagen mit rechteckigem Grundriß kennt man aus Oberitalien mit der augusteischen Kolonie Aosta ein jüngeres Beispiel, das als Vorbild der ersten dauerhaften militärischen Befestigung auf italischem Boden gedient haben könnte[230].

Die Parallelen zwischen städtischen Befestigungsanlagen und Lagergrundrissen verwundern nicht, da ähnlich funktionale Ansprüche an beide Siedlungsformen gestellt wurden, die vor allem in der Innenbebauung zu fassen sind[231]. Die zahlreichen Anleihen der vermeintlichen Militärarchitektur aus dem zivilen Bereich erleichterten unter städteplanerischen Gesichtspunkten sicherlich die Entwicklung von ehemaligen Militärstützpunkten (Legionslagern) zu römischen Städten[232]. Mitunter erschweren die starken Übereinstimmungen im Aufbau ziviler und militärischer Anlagen es sogar, deren Funktionen allein auf Basis der Baubefunde zu bestimmen, wie im Falle von Lahnau-Waldgirmes, das zunächst als Militärlager gedeutet wurde, während mittlerweile eine zivile Nutzung der Anlage postuliert wird[233].

Auf Basis der Rekonstruktion des spielkartenförmigen Grundrisses sollen nun Überlegungen zur ehemaligen Ausrichtung der castra praetoria angestellt werden. Römische Militärlager in den Grenzprovinzen waren mit ihrer Hauptseite und der porta praetoria in der Regel zum Feind hin orientiert. Vor diesem Hintergrund ist die Frage, wohin die Hauptfront der castra praetoria ausgerichtet war, von einer gewissen Brisanz[234]. Hätte man in Rom nicht eine

222 G. Ulbert, Cáceres el Viejo, MB 11 (1984) 17 ff.

223 Ebenda 21 Beil. 1.

224 Hierzu: H. v. Hesberg, RM 92, 1985, 127 ff.

225 Hyg. mun. castr. 54; A. Domaszewski, Hygini Gromatici liber de munitionibus castrorum (1887) 28.

226 Siehe auch Antonielli, Castra Praetoria 37.

227 S. Gregory in: The eastern frontier of the Roman Empire, Kolloquium Ankara 1988 (1989) 169 ff. bes. 172.

228 F. Blume – K. Lachmann – A. Rudorff, Die Schriften der römischen Feldmesser I (1848). – Zum fortifikatorischen Charakter der Anlage s. u. Kap. II 10.

229 Zu republikanischen Stadttoren: G. Brands, Republikanische Stadttore in Italien, BARIntSer 458 (1988); F. E. Brown, Cosa. The Making of a Roman Town (1980) 18 ff.; J. R. Brandt, ActaAArtHist 5, 1985, 25 ff.

230 J. Stübben, Aosta. Die Stadt und ihre Bauwerke (1897); S. Finocchi in: Atti del Settimo Congresso Internazionale di Archeologia Classica, Rom und Neapel 1958 (1961) 375 ff.; I. Richmond in: ders., Roman archeology and art. Essays and studies (1969) 249 ff.

231 B. Fehr, Hephaistos 7/8, 1985/86, 39 ff.; Förtsch, Villa 617 ff.

232 Solche engen Zusammenhänge von militärischer und ziviler Architektur und ihren Einfluß auf die Entwicklung römischer Städte konnten u. a. in Britannien beobachtet werden. Hierzu: P. Crummy, Britannia 7, 1977, 65 ff.; M. Millett, The Romanization of Britain. An Essay in Archaeological Interpretation (1992) 69 ff.; G. Webster (Hrsg.), Fortress into City (1988).

233 Zuletzt: U. Schreiber in: A. Becker – G. Rasbach, Germania 81/1, 2003, 190 ff.; S. v. Schnurbein, JRA 16, 1, 2003, 93 ff.

234 Zur Ausrichtung von Militärlagern: C. S. Sommer, Kastellvicus und Kastell. Untersuchungen zum Zugmantel im Taunus und zu den Kastellvici in Obergermanien und Rätien,

Ausrichtung auf die Urbs in diesem Sinne mißverstehen können[235]?

Zur Bestimmung der Praetorialfront des Lagers ist einerseits zu überlegen, inwieweit funktionale Gründe, das anstehende Terrain und die bereits bestehende Infrastruktur die Orientierung beeinflußten. Andererseits muß hierfür die Innenbebauung des Lagers betrachtet werden, deren Struktur einen Anhaltspunkt für die Ausrichtung des Lagers gibt. Während in der älteren Forschung kontrovers diskutiert wurde, welches die Hauptseite des Lagers mit der porta praetoria war, wird das Problem in den jüngeren Publikationen nicht mehr thematisiert[236]. Jede der vier Seiten wurde bereits als Hauptseite vorgeschlagen. So sehen Canina, Lanciani und Richmond diese in der zur Stadt hin orientierten Westseite des Lagers[237]. Christian Hülsen schlägt dagegen als erster die auf die Via Nomentana hin ausgerichtete Nordseite des Lagers vor[238]. Ugo Antonielli vermutet die porta praetoria nach dem Schema von Hyginus zunächst an der Südseite und vertritt die Meinung, daß später, nach dem Bau der Aurelianischen Stadtmauer, die Westseite zur Hauptseite des Lagers wurde[239]. Die spätere Umorientierung sei ihm zufolge die Ursache für die fälschliche Annahme, die Westseite wäre schon in der frühen Kaiserzeit die Hauptfront des Lagers gewesen.

Die verschiedenen Beobachtungen zur topographischen Situation der castra praetoria weisen darauf hin, daß die Westseite, obwohl diese möglicherweise anders gestaltet war als die übrigen, in tiberischer Zeit nicht die Hauptseite des Lagers war. So konnten im Vorfeld des Westtores weder die Reste einer Straße nachgewiesen werden, die als Verlängerung der Ostwestachse aus dem Lager hinaus in die Stadt geführt hätte, noch gab es in diesem Bereich ein Tor im agger[240]. Im westlichen Vorfeld des Lagers befand sich statt dessen der weitgehend unbebaute Exerzierplatz[241]. Betrachtet man andere Militärlager der sogenannten Spielkartenform, so liegt die porta praetoria in der Regel an einer der beiden Schmalseiten des Lagers. Im Falle der castra praetoria wären dies die Nord- und die Südseite[242]. Antonielli betrachtet die Südseite als Hauptseite des Lagers und begründet seine These vor allem mit der Ausrichtung des Lagers auf die ehemalige Hauptstraße des Viminal, die durch den Vicus Patricius, Subura und Argiletum, das Nervaforum und das Forum Romanum direkt auf den Palatin führte[243] (Abb. 6). Doch konnten auch an der Nordwestecke des Lagers Reste einer Straße nachgewiesen werden, die in die Stadt hineinführte. Ferner lief die Verlängerung der Nordsüdachse aus dem Nordtor heraus direkt auf die Via Nomentana zu, über die man ebenso gut ins Stadtzentrum gelangen konnte wie über die im Süden verlaufende Straße[244]. Betrachtet man nun die Innenbebauung der castra praetoria, so fällt auf, daß die Nordsüdachse des Lagers sowohl in der nördlichen Hälfte des Lagers, als auch in der südlich der Ostwestachse gelegenen Hälfte durch die Reste von Gebäuden blockiert wird (Abb. 90). Während es sich im Norden allerdings nur um eine einzelne Mauer handelt[245], sind im Süden die Reste eines oder sogar mehrerer Gebäude erhalten, die im Bereich der Nordsüdachse angelegt wurden und die der ersten Bauphase des Lagers zugeschrieben werden können[246]. In Analogie zu anderen Militärlagern ist dieser Befund ein Hinweis darauf, daß die zentralen Bauten und die Retentura der castra praetoria ursprünglich in der Südhälfte lagen und damit die Nordseite des Lagers die Prätorialfront bildete. Es ist wahrscheinlich, daß sich die Ausrichtung des Lagers änderte, als dieses in die Aurelianische Stadtmauer einbezogen wurde und man im Zuge dessen das Nordtor, das Osttor und vermutlich auch das Südtor zumauerte (Abb. 10).

f Bauphasen und Bauformen im Lagerinneren

Die Innenbebauung der castra praetoria wurde bislang nicht systematisch untersucht, so daß weder die chronologische Abfolge der Bauphasen im Lagerinneren noch die funktionale Bestimmung verschiedener Bautypen nachvollziehbar sind. Ebensowenig weiß man über die Ausstattung des Lagers und der einzelnen Gebäude. In

FuBerBadWürt 13, 1988, 457 ff. bes. 539 ff. mit weiterer Literatur.

235 So A. Nibby – W. Gell, Le mura di Roma (1820) 331.

236 Einen Überblick zu den Vorschlägen in der älteren Forschung gibt Antonielli, Castra Praetoria 31 ff.

237 L. Canina, Gli edifici di Roma antica cogniti per alcune reliquie (1848) Taf. 17–21; FUR Taf. 4–11. Nach Richmond, Praetorian Camp 13 weist die Darstellung des Lagers auf einer Münzemission des Claudius darauf hin, daß das Lager zur Stadt hin ausgerichtet war, vgl. H.-M. v. Kaenel, Münzprägung und Münzbildnis des Claudius, AMUGS 9 (1986) 234 Taf. 1, 12–16. 18–23; Taf. 6, 290–295. 311–317; Taf. 7, 318–329. 331–346.

238 Jordan – Hülsen, Topographie 385 f.; F. Castagnoli, Orthogonal Town Planning in Antiquity (1971) 100.

239 Antonielli, Castra Praetoria 42 f.

240 Frutaz, Piante Taf. 21. 24. 24. 35. 189.

241 Vgl. Kap. II 3 c.

242 So auch Antonielli, Castra Praetoria 36.

243 Antonielli, Castra Praetoria 46; später auch: Durry, Cohortes prétoriennes 52.

244 NSc 8, 1911, 139. 340. Dagegen: Antonielli, Castra Praetoria 44.

245 CP 2.37: CAR III E 67.

246 CP 2.13–2.16: CAR III E 108; Lissi, Ceramica 59 (= edificio Z 3); CAR III E 111; Lissi, Ceramica 57 f. Nr. 3 (edificio A); CAR III E 98. 110. 117.

den publizierten Plänen der castra praetoria werden nicht nur die Bauten und Befunde undifferenziert abgebildet, die bei Grabungen im Lagerareal nachgewiesen werden konnten, sondern auch solche, die nicht zum Lager gehörten, werden diesem fälschlich zugerechnet[247]. Die folgende Betrachtung zielt darauf ab, die Infra- und Binnenstruktur des Lagers zu begreifen, die baulichen Veränderungen im Lagerinneren zu erfassen und diese entsprechend darzulegen. Neben den archäologisch überlieferten Baubefunden erlaubt es die Betrachtung der Lagerstraßen und der Abwasserkanäle, Aussagen zur Binnenstruktur des Lagers zu treffen, da diese durch die Infrastruktur gegliedert wurde[248]. Um eine differenziertere Vorstellung vom Leben und Alltag der Soldaten im Lager zu bekommen, werden darüber hinaus auch solche Bauten der castra praetoria in die Überlegungen miteinbezogen, die ausschließlich durch literarische oder epigraphische Quellen überliefert sind.

Der Versuch, eine genaue chronologische Abfolge der Innenbebauung zu entwerfen, wird durch den heterogenen Überlieferungszustand, fehlende stratigraphische Beobachtungen mit datierten Fundkontexten und fehlende Höhenangaben erheblich erschwert[249]. Hinzu kommt, daß bei der Auffindung mancher Bauten nur noch die opus-caementicium-Fundamente erhalten waren, so daß nicht immer Aussagen zur Gestaltung des aufgehenden Mauerwerks gemacht werden können. Zudem wurde bislang ein nur verschwindend geringer Teil der Keramikfunde vorgelegt und einem Befund zugeordnet[250]. Die antiken Schriftquellen geben ebenfalls keinerlei konkreten Hinweis auf Baumaßnahmen im Bereich des Lagers, der sich mit dem archäologischen Befund verbinden ließe. Es gibt jedoch einige historische Anhaltspunkte, die Umstrukturierungsmaßnahmen des Lagerinneren wahrscheinlich machen. Hierzu zählen die Verdoppelung der Truppenstärke unter Septimius Severus sowie die Einbeziehung des Lagers in die Stadtmauer und die etwa gleichzeitige Verlegung der Stadtkohorten auf den campus Agrippae unter Aurelian[251].

Archäologische Indizien für eine Mehrphasigkeit und Umstrukturierung der Innenbebauung sind neben zugesetzten Lagerstraßen Bauten mit unterschiedlicher Orientierung[252] (Abb. 90). Daneben gibt es verschiedene Hinweise, die eine längere Nutzung einzelner Bauten wahrscheinlich machen. Hierzu zählen Reparaturarbeiten am Mauerwerk und an den Fußböden sowie ein Weihaltar für Fortuna Restitutrix, der die Durchführung von Umbau- beziehungsweise Restaurierungsmaßnahmen für die Zeit Caracallas belegt[253]. In einigen Gebäuden lassen sich zudem mehrere Ausstattungsphasen nachweisen, bei denen die Fußböden erhöht und mit neuen Mosaiken ausgelegt wurden[254].

Trotz der geschilderten Schwierigkeiten wird im Folgenden der Versuch unternommen, aus den wenigen chronologischen Anhaltspunkten eine relative Abfolge der Bau- und Ausstattungsphasen zu entwerfen und Aussagen zur Funktionalität der Bauten innerhalb des Lagers zu treffen. Unter der Prämisse, daß Bauten in Retikulatbauweise älter sind, als solche in Ziegelbauweise und Bauten mit opus-listatum-Mauern tendenziell jünger, wird die Innenbebauung nach den verschiedenen Bautechniken

247 Als Abbildungsvorlage dient normalerweise der in der CAR III publizierte Plan, in dem die bei Lanciani verzeichneten Befunde gemeinsam mit den Grabungsergebnissen der sechziger Jahre kombiniert dargestellt werden. Der darauf basierende Plan im LTUR bildet zusätzlich die Grabungsergebnisse der achtziger Jahre des 20. Jhs. ab. Für die im Süden des Lagers verzeichneten Räume an der rezenten Umfassungsmauer konnte jedoch nachgewiesen werden, daß diese ursprünglich außerhalb des Lagers gelegen haben müssen, s. Kap. II 3 e.

248 Die Kanäle verliefen oftmals in Straßenmitte, unterhalb der Straßenstickung. In Bereichen, wo sich keine Reste des Straßenpflasters erhalten haben, geben sie einen Hinweis auf den ehemaligen Straßenverlauf. CP 3.07: CAR III E 91.

249 Funde wie ein kleiner Münzschatz aus dem 2. Jh. n. Chr. werden beiläufig in einem Vorbericht erwähnt, ohne aber einem Fundkontext zugewiesen oder in seiner Zusammensetzung genauer beschrieben zu werden. Sein Verbleib ist unklar. Lissi Caronna, Castra Praetoria 115. – Sind Höhenangaben vorhanden, fehlen in der Regel die Bezugspunkte, um diese in absolute Höhenangaben üNN umzuwandeln, vgl. CAR III H 15.

250 Von den zahlreichen Keramikfragmenten, bei denen es sich laut Grabungsvorbericht hauptsächlich um Arretina, Sigillata chiara und Amphoren handelte, wurde bisher nur eine Auswahl der Reliefsigillata aus den Kampagnen vom Anfang der sechziger Jahre vorgelegt. Da es sich dabei hauptsächlich um Funde aus Straßenstickungen handelt, geben diese nur wenig Auskunft über die Datierung der Bauten. Ferner werden zahlreiche Fragmente gestempelter Sigillata erwähnt, die bearbeitet und katalogisiert worden seien, doch wurden diese bislang nicht publiziert, vgl. Lissi, Ceramica Anm. 2. – Die bei Lugli, Fontes 314 Nr. 1–12 aufgeführte gestempelte Sigillata läßt sich keinem Befund mehr zuordnen.

251 Vgl. Kap. II 8 b.

252 Nordnordwest-südsüdost orientierte Bauten: CP 2.08–2.11. 2.17. 2.18. 2.33. – Westsüdwest-Ostnordost orientierte Bauten CP 2.21–2.30. 2.35. CP 2.37–2.42.

253 NSc 1888, 391: CIL VI 30876. Die Inschrift gibt keine Auskunft darüber, was restauriert wurde. Nach Richmond, Praetorian Camp 22 wurde der Altar auf dem Mosaikfußboden eines Baderaumes einer Offiziersunterkunft gefunden, vgl. Durry, Cohortes prétoriennes 49.

254 CP 2.35: CAR III D 145 II a. – CP 2.50: BCom 1, 1872/73, 18 ff.; CAR III D184. – CP 2.01: CAR III D 141 b.

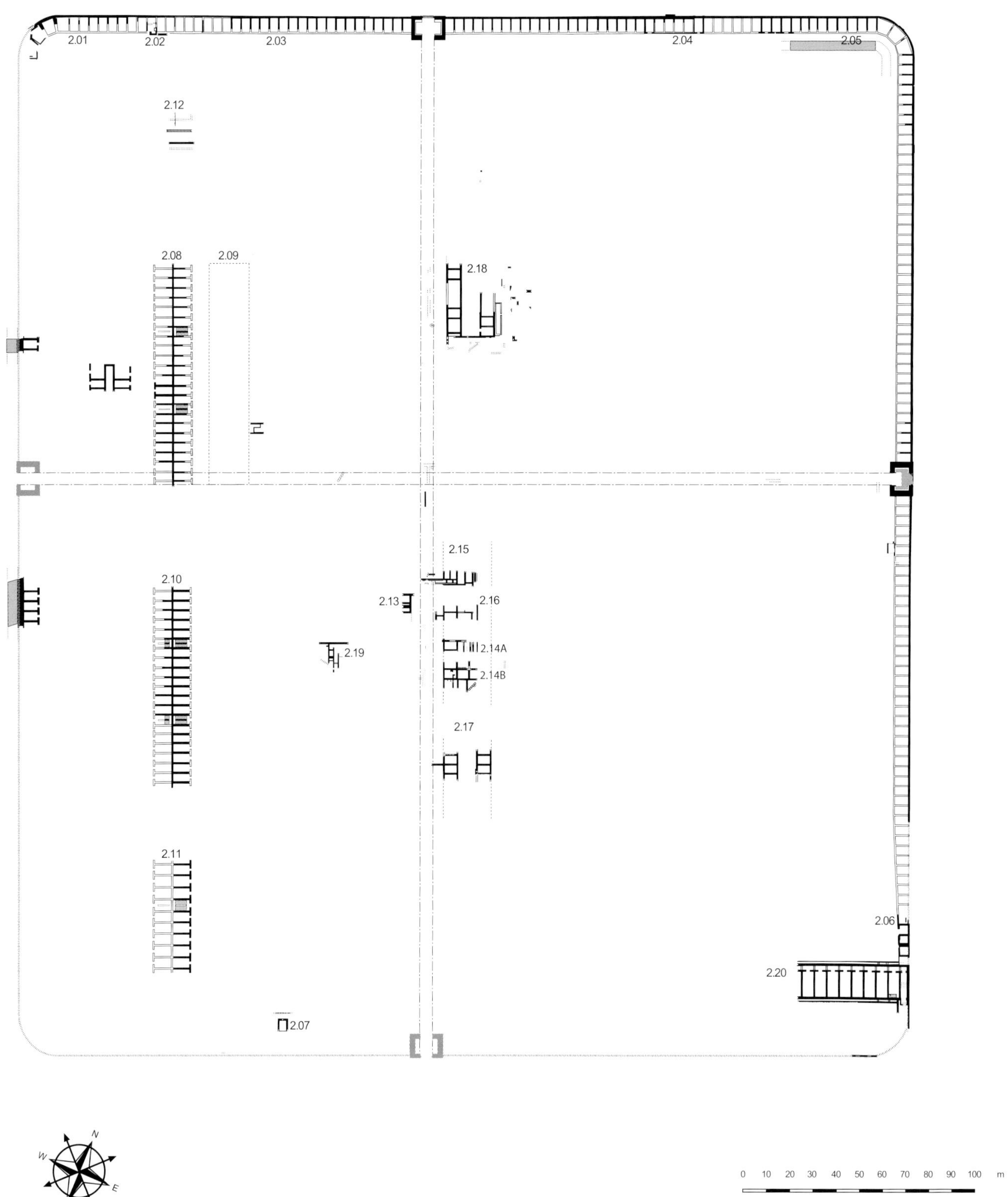

Abb. 18 Castra praetoria, Rekonstruktion von Phase 1 (Mauerverlauf und Innenbebauung)

aufgegliedert und graphisch differenziert[255] (Abb. 18. 25. 28). Die teilweise vorhandenen relativen Höhenangaben zu den Befunden stützen das auf diese Weise gewonnene Bild insofern, als daß die Bauten mit Retikulatmauern in allen Fällen tiefer liegen als die Bauten in Ziegelbauweise[256]. Bauten, bei denen keine Reste des aufgehenden Mauerwerks erhalten waren, wurden ihren Merkmalen nach, also nach Ausdehnung, Raumabfolge und Orientierung, einer entsprechenden Gruppe beziehungsweise Phase zugewiesen. Sofern datierende Funde wie Ziegelstempel vorhanden waren, wurden diese ebenfalls in die Überlegungen einbezogen.

Die Hauptachsen des Lagers, die zwischen Nord- und Südtor beziehungsweise zwischen Ost- und Westtor verliefen, konnten in Teilen ergraben werden[257]. In der Regel war nur die Straßenstickung erhalten. Reste des ehemaligen Straßenpflasters fanden sich im Verbund in den Tordurchfahrten, zudem stieß man an wenigen Stellen noch auf vereinzelte Pflastersteine. Die Straßenstickung der Nordsüdachse bestand aus Travertinabfällen und Kieseln[258]. An der Nordostecke des Lagers konnte zudem ein mehrere Meter langer Abschnitt der via sagularis nachgewiesen werden, die in geringem Abstand zu den Räumen verlief, die an die Umwehrung gefügt waren[259] (Abb. 90). Wie die beiden Hauptachsen des Lagers war auch diese gepflastert. Den weiteren Verlauf der Straße geben die südwestlich des Osttores gefundenen Reste eines Kanals an, der in Nordsüdrichtung in einigem Abstand parallel zur Umfassungsmauer verlief[260].

Abb. 19 Castra praetoria, Mannschaftsunterkünfte mit Lagergasse (CP 2.40. 2.41)

Die Gassen zwischen den Mannschaftsunterkünften waren im Gegensatz zu den Hauptstraßen des Lagers nicht gepflastert. Der Abstand zwischen den Gebäuden betrug etwa 8,50 Meter, doch zeigt ein Befund im südöstlichen Lagerareal, daß die eigentliche Gasse nur etwa drei Meter breit war und zu beiden Seiten durch eine Reihe von Travertinsteinen begrenzt wurde, die eine Art Bordstein entlang der Portiken vor den Mannschaftsunterkünften bildeten[261] (Abb. 19). Direkt in den Boden der Lagergassen waren die Abflußdeckel der mittig verlaufenden Kanäle eingefügt. Das Lager war nämlich mit einem System von Abwasserkanälen durchzogen, bei dem kleinere Kanäle, die zwischen den Mannschaftsunterkünften in westöstlicher Richtung verliefen, in größere Kanäle mündeten, die parallel zu und unterhalb der Nordsüdachse verliefen (Abb. 20. 90). Entwässert wurde sowohl zur Nord- als auch zur Südseite, da die Kanäle der Südhälfte ein Gefälle nach Süden aufweisen und ein Kanal an der Nordostecke aus dem Lager in eine Senke führte. Die Kanäle waren zumeist aus opus caementicium gegossen und mit Ziegeln abgedeckt, die man spitzwinklig gegeneinander gestellt hatte[262].

Die chronologische Einordnung des Abwassersystems ist schwierig, es gibt jedoch Hinweise darauf, daß die dokumentierte Form vermutlich nur in Teilen der ersten

255 Die Datierung von Bauten auf Basis der Mauertechnik kann nur auf eng begrenztem Raum mit gut datierten Vergleichsbeispielen durchgeführt werden, wobei berücksichtigt werden muß, daß sich mitunter auch verschiedene Techniken an einem Bau beobachten lassen, die in manchen Fällen eine zeitliche Differenzierung erlauben, in anderen (wie beispielsweise an der Umfassungsmauer der castra praetoria) aber auch gleichzeitig Verwendung finden konnten.

256 Da es sich hierbei nicht um absolute Höhenangaben handelt, sind diese nur unter Vorbehalt zu berücksichtigen. Der Umstand, daß die Räume an der Umwehrung Retikulatmauern besaßen und diese in die tiberische Phase der Umfassungsmauer (Phase 1) einbinden, stützt die Argumentation, wobei die in Ziegelbauweise errichtete Außenseite der Umfassungsmauer ebenfalls die Verwendung von Ziegeln in der ersten Phase des Lagers belegt.

257 CP 3.01: CAR III E 61. – CP 3.03: Lissi, Ceramica 59 Nr. 8; CAR III E 115 a. – CP 3.04: Lissi, Ceramica 58; CAR III E 116 a. – CP 3.05: Lissi, Ceramica 57; CAR III E 130. – CP 3.06: CAR III E 77. – CP 3.35: CAR III E 93.

258 Lissi, Ceramica 59 Nr. 8.

259 CP 3.32: FUR Taf. 4; AdI 1864, 5; CAR III E 42; Buonocore, Codici Lanciani II 52 f.

260 CP 3.07: CAR III E 91.

261 CP 3.44: Lissi Caronna, Castra Praetoria 115; CAR III E 139. 140.

262 Arch. Fot. 12303. 12304. 12317. 11033. 11034.

Abb. 20 Castra praetoria, Schnittstelle zweier Abwasserkanäle (CP 3.14)

Bauphase des Lagers zuzuweisen ist. So wird ein im nordwestlichen Lagerareal gelegener Bau[263], der sicher in die erste Phase des Lagers gehört, von einem parallel zur Nordseite verlaufenden Kanal geschnitten[264]. Dieser entspricht den kleineren Kanälen der Lagergassen im Südosten. Zwei der hier gefundenen Ziegelfragmente trugen Stempel aus der Zeit der Faustina minor[265] (130–176 n. Chr.).

Die zahlreichen Bleirohre, die während der vergangenen Jahrhunderte im Bereich des Lagerareals und im umliegenden Gelände gefunden wurden, belegen darüber hinaus die Frischwasserversorgung des Lagers[266]. Durch fehlende Fundkontexte ist es jedoch nicht möglich, genauere Aussagen darüber zu treffen, welche Bauten mit fließendem Wasser versorgt wurden, auf welche Weise das Wasser innerhalb des Lagers verteilt wurde und ob es möglicherweise sogar eine Badeanlage im Lagerinneren gab[267]. Stempel auf Bleirohren geben allerdings Auskunft über verschiedene Erneuerungsmaßnahmen der Frischwasserversorgung, bei denen Wasserleitungen und Bleirohre ersetzt wurden. Der früheste Beleg einer solchen Restaurierungsmaßnahme stammt aus dem Jahre 175 n. Chr.[268], weitere sind aus der Regierungszeit Caracallas, des Macrinus und des Diadumenianus bekannt[269].

Für das dritte Jahrhundert überliefert Herodianus einen Zwischenfall, bei dem die städtische Bevölkerung in einer Auseinandersetzung mit der Prätorianergarde die Frischwasserleitungen des Lagers kappte[270].

Phase 1 a (Baubefunde mit Retikulatmauern, vgl. Abb. 18): An die Innenseite der Umfassungsmauer wurde gleichzeitig mit dem Bau der Lagermauer eine Reihe von Räumen gesetzt, über deren Gewölben der Wehrgang verlief[271] (Abb. 4). Die Räume waren durchschnittlich sechs Meter tief, 3,60 Meter breit und wurden in drei Meter Höhe von einem Tonnengewölbe abgeschlossen[272] (Abb. 21). Die Rückwand der Räume bildet gleichzeitig die innere Verschalung des opus-caementicium-Kerns der Umfassungsmauer und besteht wie die Seitenwände aus Retikulatmauerwerk[273]. Ausstattungselemente wie Wandmalereien, Stuckdekor und Mosaikfußböden weisen auf eine Nutzung als Wohnraum hin[274] (Abb. 22).

Beispiele für Räume, die man an die Innenseite einer Umfassungsmauer fügte, finden sich sowohl bei Befestigungsanlagen des dritten Jahrhunderts v. Chr. als auch in Kastellen spätantiker Zeit[275]. Bei diesen sollte die Bauform vor allem Platz für das Bewegungsheer schaffen, das große freie Innenflächen benötigte. Bei den castra praetoria war auch die Innenfläche des Lagers bebaut, so daß hier sicherlich der Wunsch nach optimaler Raumnutzung, der auch in der Mehrgeschossigkeit der Mannschaftsunterkünfte zum Ausdruck kommt, im Vordergrund stand und die Bauform bedingte. Diese platzökonomische Maßnahme war möglicherweise auch der eigentliche Grund dafür, auf einen Graben zu verzichten, denn dort, wo normalerweise der Aushub zu einem Wall angeschüttet wurde, ließ man Wohnräume errichten, auf denen der Wehrgang verlief. Rekonstruiert man die Räume umlaufend für die gesamte Umwehrung, so kommt man auf eine Mindestanzahl von 348 bis 366 Räume, die bei einer Belegung von acht Per-

263 CP 2.09: CAR III D 168; C. Buzetti, BCom 90/2, 1985, 334 f. Abb. 34. 35.

264 CP 3.24: Buzetti a. O. Abb. 33.

265 IAC 5656–5659. Bei einem weiteren Stempel handelt es sich um eine Variante von CIL XV 1558.

266 CIL XV 7237–7244; ILS 8697–8699; Fea, Miscellanea II, 113 f.

267 Bei anderen stadtrömischen Militärlagern sind diese inschriftlich im Lager belegt, wie das balneum der castra peregrina. s. u. Kap. II 6 f.

268 CIL XV 7240.

269 CIL XV 7237; R. Lanciani, I comentarii di Frontino intorno le acque e gli acquedotti (1880) 227 ff.

270 Herodian. 7, 12, 3.

271 A. Nibby – W. Gell, Le mura di Roma (1820) 331 f.; R. Lanciani, Rovine e Scavi di Roma Antica (1985) Abb. 170 zeigt die Innenseite der Nordostecke.

272 Vgl. Zanghieri, Castro Pretorio 10.

273 Dies spricht u. a. für die Zuweisung der Retikulatbefunde in die erste Bauphase.

274 CP 2.06: CAR III E 147. 148. Zu dem Stuckdekor, den Alfred Zangemeister bei seinem Rombesuch im Jahre 1865 in Teilen erhalten gesehen hatte, s. Brief Alfred Zangemeister an August v. Cohausen vom 19.8.1898 (Saalburg-Archiv A 30).

275 J.-P. Adam, L'Architecture Militaire Grecque (1982) 248 ff. Abb. 140. – Zum spätantiken Befestigungswesen: St. Johnson, Late Roman Fortifications (1983).

Abb. 21 Castra praetoria, contubernium an der Umfassungsmauer mit Tonnengewölbe (CP 2.05)

Abb. 22 Castra praetoria, contubernium an der Umfassungsmauer mit Mosaikfußboden (CP 2.06)

sonen pro Raum etwa 2800 bis 2900 Mann Platz geboten haben könnten[276].

In eine frühe Bauphase des Lagers gehören ferner vier oder fünf in etwa nordsüdlich ausgerichtete Bauten, die im Bereich des Viale Castro Pretorio entdeckt wurden[277]. Dort, wo Reste des aufgehenden Mauerwerks erhalten waren, war dieses in Retikulat ausgeführt. Die Gesamtlänge der Bauten sowie die genaue Anzahl der Räume sind unklar, da die Dokumentation und die Publikation der Befunde widersprüchlich sind. Denn anders als es der Plan (Abb. 90) suggeriert, gibt es Indizien dafür, daß die Bauten nicht richtig eingemessen wurden[278]. Die etwa sieben mal dreieinhalb Meter großen Räume im Erdgeschoß der Bauten waren mit Tonnengewölben überspannt[279]. In regelmäßigen Abständen fanden sich Reste von Treppenhäusern, die in ein oder möglicherweise sogar mehrere Obergeschosse führten[280] (Abb. 18). In den Räumen des Erdgeschosses fehlen dekorative Innenausstattungselemente wie Mosaikfußböden und Wandmalerei, die in den contubernia an der Umfassungsmauer beobachtet werden konnten. Dies spricht gegen eine Nutzung dieses Bereichs als Wohnraum. Fragt man nach der Funktion der Bauten und sucht nach vergleichbaren Parallelen im militärischen Kontext, so lassen sich diese am ehesten mit einer Kombination aus Pferdestall und Mannschaftsunterkunft in Verbindung bringen, wie sie jüngst in dem Lager von Heidenheim nachgewiesen werden konnten[281]. Den

276 Die durchgehende Nutzung als Mannschaftsunterkünfte ist nicht gesichert, doch wurden dort, wo die Räume untersucht werden konnten, stets die beschriebenen Ausstattungselemente nachgewiesen.

277 CP 2.08: BCom 4, 1876, 178; FUR Taf. 11 (I.1873); CAR III D 174; Buonocore, Codici Lanciani II 53, 55. – CP 2.09: CAR III D 168; C. Buzetti, BCom 90, 1985, 334 f. Abb. 34. 35. – CP 2.11. 2.12: BCom 1, 1872/73, Taf. 1 (nach S. 238); BCom 4, 1876, 178; FUR Taf. 11; CAR III H 19; Buonocore, Codici Lanciani II 53. 55. – CP 2.12: BCom 61, 1933, 251; CAR III D 145 I. D 145 II d. Der vierte Bau, CP 2.09, ist nur durch einen Grabungsbericht und mit wenigen Abbildungen im BCom 90, 1985, 334 f. Abb. 34. 35 überliefert. Es wird weder der Grundriß des Gebäudes abgebildet, noch werden Angaben zu seiner genauen Position gemacht. Der Beschreibung zufolge lag er östlich von CP 2.08: BCom 1876, 178; FUR Taf. 11 (I.1873); CAR III D 174; Buonocore, Codici Lanciani II 53. 55.

278 So zeigt Lancianis Forma Urbis Romae diese in einer anderen Position als die ältere Publikation der Befunde im BCom. Widersprüchlich sind ferner Lancianis Angaben zur Anzahl der Räume und zur Länge der Bauten. Zeichnet man eine parallel zur Nordseite verlaufende Achse vom Osttor in Ostwestrichtung durch das Lager, wird eines der Gebäude auf dem Viale Castro Pretorio geschnitten.

279 CP 2.11: BCom 1, 1872/73, Taf. 1 (nach S. 238); BCom 4, 1876, 178; FUR Taf. 11; CAR III H 19; Buonocore, Codici Lanciani II 53. 55.

280 FUR Taf. 11.

281 Bei den bisher in den Provinzen nachgewiesenen Stallbaracken liegen die Wohnräume vielfach hinter den Ställen. In Heidenheim gibt es darüber hinaus Hinweise auf ein zweites Geschoß, wobei es sich dem Befund zufolge eher um eine Art Speicher bzw. Boden zur Aufbewahrung von Ausrüstungsgegenständen gehandelt haben dürfte als um ein zweites Wohngeschoß. Hierzu: M. Scholz, Archäologische

einzelnen Zenturien der Prätorianerkohorten waren, wie sich durch zahlreiche Grabinschriften und Militärlisten belegen läßt, Reiter beigefügt[282]. Für das Vorhandensein von Pferden spricht ferner ein Grabdenkmal, das einen *veterinarius* nennt[283]. Es ist also nicht allzu abwegig, in den castra praetoria Ställe zur Unterbringung der Pferde zu vermuten. Spezifische Installationen in den Fußböden, wie kleine Gräben oder eine Gosse, die eine entsprechende Interpretation der Bauten untermauern würde, hatten sich offenbar nicht erhalten oder wurden hier nicht beobachtet.

Südlich der zwischen Ost- und Westtor verlaufenden Straße konnten etwa in Lagermitte weitere Überreste von Gebäuden freigelegt werden, die sich von der übrigen Bebauung durch eine Vielzahl unterschiedlich großer Räume absetzten[284] (Abb. 18. 90). An manchen Stellen hatten sich Retikulatmauern erhalten. Die Orientierung und Ausdehnung der Bauten ist unklar, auffällig ist allerdings, daß ein Mauerzug die Nordsüdachse des Lagers blockierte[285]. Ob die südlich davon gelegenen Befunde zum gleichen Bau gehörten oder ob es sich hierbei schon um die Reste eines weiteren separaten Gebäudes handelte, läßt sich nicht mit Sicherheit sagen[286]. Ihre Zusammengehörigkeit ist allerdings wahrscheinlich, da mehrere Mauerzüge der drei nur wenige Meter auseinanderliegenden Baubefunde in einer Flucht liegen. Die Funktion der Bauten läßt sich nicht genau bestimmen, doch scheinen diese über einen längeren Zeitraum in Benutzung gewesen zu sein, wie die neben den Retikulatmauern beobachteten opus-listatum-Reparaturen in diesem Bereich zeigen[287].

Weiter südlich erstreckte sich ein zweiflügeliges, parallel zur Nordsüdachse orientiertes Gebäude, dessen Mauern in Retikulatbauweise errichtet waren[288]. Die beiden Gebäudeflügel setzten sich aus einer Aneinanderreihung gleich großer Räume zusammen und wurden durch einen Hof voneinander getrennt. In einem der Räume des Westflügels war ein Mosaikfußboden erhalten. Ein in seiner Struktur, Größe und Orientierung entsprechender Bau befand sich im nordöstlichen Quadranten[289]. Hier hatten sich zwar keine Reste des Mauerwerks erhalten, doch legen die beschriebenen Übereinstimmungen eine Gleichzeitigkeit der beiden Bauten nahe. Ein formal ähnlicher Bau wurde im Lager von Corbridge als valetudinarium angesprochen, doch ist dessen Deutung auch dort nicht gesichert[290]. Da sowohl bei den Prätorianern, als auch bei den Stadtkohorten diverse *medici* überliefert sind, ist es nicht allzu abwegig, daß diese in entsprechenden Bauten des Lagers tätig waren[291]. Gegen die von den Ausgräbern des nördlichen Baus gewählte Bezeichnung »fabrica« spricht der im südlichen Bau nachgewiesene Mosaikfußboden und das Fehlen jeglicher Produktionsabfälle.

P h a s e 1 b (Abb. 18): Das sogenannte horreum im Südosten der castra praetoria wurde in opus-mixtum-Bauweise, in einer Mischtechnik aus Retikulat mit Ziegelbändern, errichtet[292]. Der westöstlich orientierte Bau schloß unmittelbar an die Innenseite der Umfassungsmauer an und war von dort aus über eine Art Rampe von Süden her zugänglich (Abb. 18). Man gelangte so in einen etwa vierzig Meter langen, unterirdisch gelegenen Korridor, von dem acht gleich große Räume mit Ausmaßen von etwa vierzig Quadratmetern nach Süden hin abgingen[293] (Abb. 23). Im östlichsten der Räume, unmittelbar neben der Rampe, hatte sich eine Treppe erhalten, von der man aus dem ehemals unterirdisch liegenden Kellergeschoß in das Erdgeschoß gelangen konnte[294] (Abb. 24). Die An-

Ausgrabungen in Baden-Württemberg 2002, 97 ff.; ders., Jahrbuch des Heimat- und Altvereins Heidenheim 9, 2001/02, 89 ff. Allgemeiner: E. Grönke in: M. Kemkes – J. Scheuerbrandt, Fragen zur römischen Reiterei, Kolloquium Aalen 1998 (1999) 91 ff. bes. 92.

282 CP 19: CIL VI 2695; CP 37: G. Mancini, NSc 20, 1923, 62; CP 74: CIL VI 2765. 32625; CP 84: CIL VI 2519; CP 86: CIL VI 2572; CP 113: CIL VI 2672; ILS 2054; CP 114: CIL VI 2591; CP 140: CIL VI 2751; CP 155: CIL VI 2746; CP 185: CIL VI 2601; ILS 2055; CP 259: CIL VI 2439; CP 276: CIL VI 2679; CP 304: CIL VI 2517; CP 307: CIL VI 2556; CP 389: CIL VI 2704; CP 419: BCom 43, 1915, 224; CP 426: CIL VI 2256.

283 CP 206: CIL VI 37194.

284 CP 2.13–2.16: CAR III E 108; Lissi, Ceramica 59 (edificio Z 3); CAR III E 111; CAR III E 98; CAR III E 110.

285 CP 2.15: CAR III E 98.

286 CP 2.14 A: Lissi Caronna, Ceramica 59 »edificio Z 3«; CAR III E 111. – CP 2.14 B: Lissi Caronna, Ceramica 57 f. Nr. 3 »edificio A«; CAR III E 117. – CP 2.16: CAR III E 110.

287 CP 2.13: Ein kleiner Abwasserkanal in einem der Räume spricht für eine Frischwasserversorgung des Baus, da die Abwasserkanäle zur Entsorgung des Regenwassers normalerweise an den Außenseiten der Bauten entlang führten.

288 CP 2.17: Lissi, Ceramica 56 f. »edificio J«; CAR III E 131 a.

289 CP 2.18: Lissi, Ceramica 68 »edificio W«; CAR III E 62–65 a.

290 J. Collingwood Bruce, Handbook to the Roman Wall (1978) 90 ff.

291 CP 206: CIL VI 37194; CP 221: NSc 1950, 83; CP 238: CIL VI 2594; CP 305: CIL VI 2532; CU 047: NSc 1917, 99 Nr. 5; AE 1917/18, 118.

292 CP 2.20: CAR III E 146. E 94 III a (?); FUR Taf. 11; CAR III H 9 (falsche Position); Buonocore, Codici Lanciani II 54.

293 Die Räume waren 4,72 m breit und 10,63 m tief. Der Korridor besaß eine Breite von 1,80 m.

294 Beispiele für unterirdisch angelegte Lagerräume finden sich in der römischen Architektur häufig: vgl. E. M. Luschin,

Abb. 23 Castra praetoria, Korridor im sogenannten horreum (CP 2.20)

Abb. 24 Castra praetoria, Treppe in Raum 1 des sogenannten horreum

sprache des Baus als horreum stützt sich abgesehen von dessen Innengliederung auf den Fund eines Doliums, das in der Verfüllung eines Raumes gefunden wurde[295]. In zwei anderen Räumen wurden ferner vier runde Pfosteneinlassungen freigelegt, die quadratisch angeordnet waren und auf einen funktional nicht näher beschreibbaren Einbau hinweisen[296]. Anders als bei den Räumen an der Innenseite der Umfassungsmauer läßt sich nicht mit Sicherheit sagen, ob das sogenannte horreum gleichzeitig mit dieser oder etwas später errichtet wurde[297]. Für eine frühe Datierung spricht die Bautechnik der Mauern in opus mixtum, das in Rom bereits in augusteischer Zeit verwendet wurde[298]. Betrachtet man jedoch die Einbindung des Baus, der die an mehreren Stellen nachgewiesene Via Sagularis blockierte, ist es wahrscheinlicher, daß es sich hier um eine nachträgliche Umstrukturierung handelte, sofern das Lager nicht unmittelbar südlich des Baus endete[299].

P h a s e 2 (Baubefunde in Ziegelbauweise, Abb. 25): Im südöstlichen Lagerareal konnten acht etwa westöstlich orientierte, parallel zur Nordseite des Lagers liegende Bauten nachgewiesen werden[300]. Die großen Gebäude mit einer durchschnittlichen Ausdehnung von 76,65 mal zwölf Meter bestanden aus einer Doppelreihe von gleich großen Räumen, die sich nach Norden und Süden in die Lagergassen öffneten (Abb. 25. 90). Bei ihrer Entdeckung hatten sich an fünf Bauten Reste des aufgehenden Ziegelmauerwerks erhalten, das in zweien Flickungen in opus listatum aufwies[301]. Die Bauten waren also offenbar über einen längeren Zeitraum in Benutzung. Im nordwestlichen Lagerareal konnten die Reste von fünf weiteren Bauten nachgewiesen werden, die in ihren Merkmalen den im Südosten gelegenen entsprachen, wobei nur an zweien Reste von Ziegelmauerwerk erhalten waren, während die übrigen Mauern aus opus listatum besaßen[302] (Abb. 25). Bei den Bauten handelte es sich um Doppelbaracken, wobei der

Cryptoporticus (2002) 38 ff.; P. Gros, L'Architecture romaine. Du début du 3e siècle av. J.-C. à la fin du Haut-Empire, 1. Les monuments publics (1996) 113 ff.

295 G. Rickman, Roman Granaries and Stone Buildings (1971) 108 Taf. 48. 49.

296 Rickman a. O. Taf. 48.

297 Die Anbindung des Baus an die Umfassungsmauer läßt sich auf Basis der zugänglichen Dokumentation nur schwer beurteilen.

298 F. Rakob, RM 90, 1983, 370; R. Marta, Tecnica Costruttiva Romana (1991) 26.

299 Zum möglichen Verlauf der Südseite s. Kap. II 3 d.

300 CP 2.21–2.25: CAR III E 88–88 bis; Lissi, Ceramica 55 f. Anm. 3; 60 f.; CAR III E 99. 100 a; CAR III 118. 119; Lissi Caronna, Castra Praetoria 115. – CP 2.39: ebenda; CAR III E 135. – CP 2.40: ebenda; CAR III E 139. 140.

301 CP 2.22: Lissi, Ceramica 55 f. Anm. 3, 60 f.; Lissi Caronna, Castra Praetoria 115; CAR III E 99. 100 a. – CP 2.26: CAR III E 136.

302 CP 2.28. 2.29 (Ziegelmauerwerk): BCom 91, 1986, 366 ff. Abb. 57. 58. – CP 2.27 (opus listatum): CAR III E 67. – CP 2.38 (opus listatum): Lissi, Ceramica 65 »edificio G«; CAR III E 83 a.

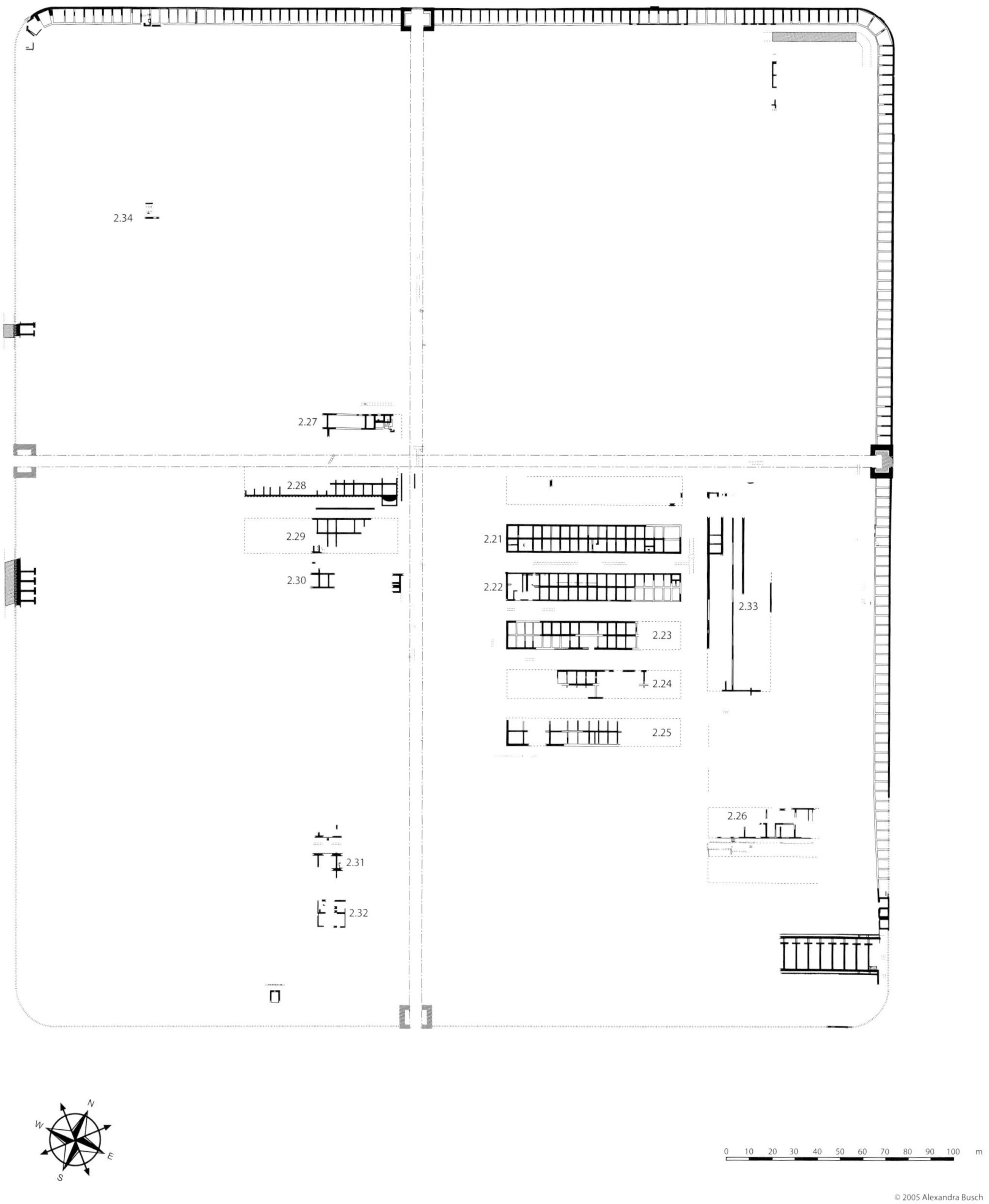

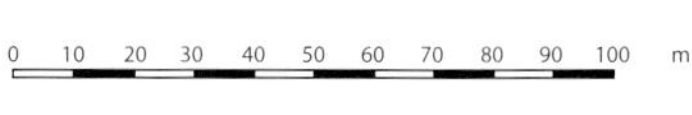

Abb. 25 Castra praetoria, Rekonstruktion von Phase 2 (Innenbebauung)

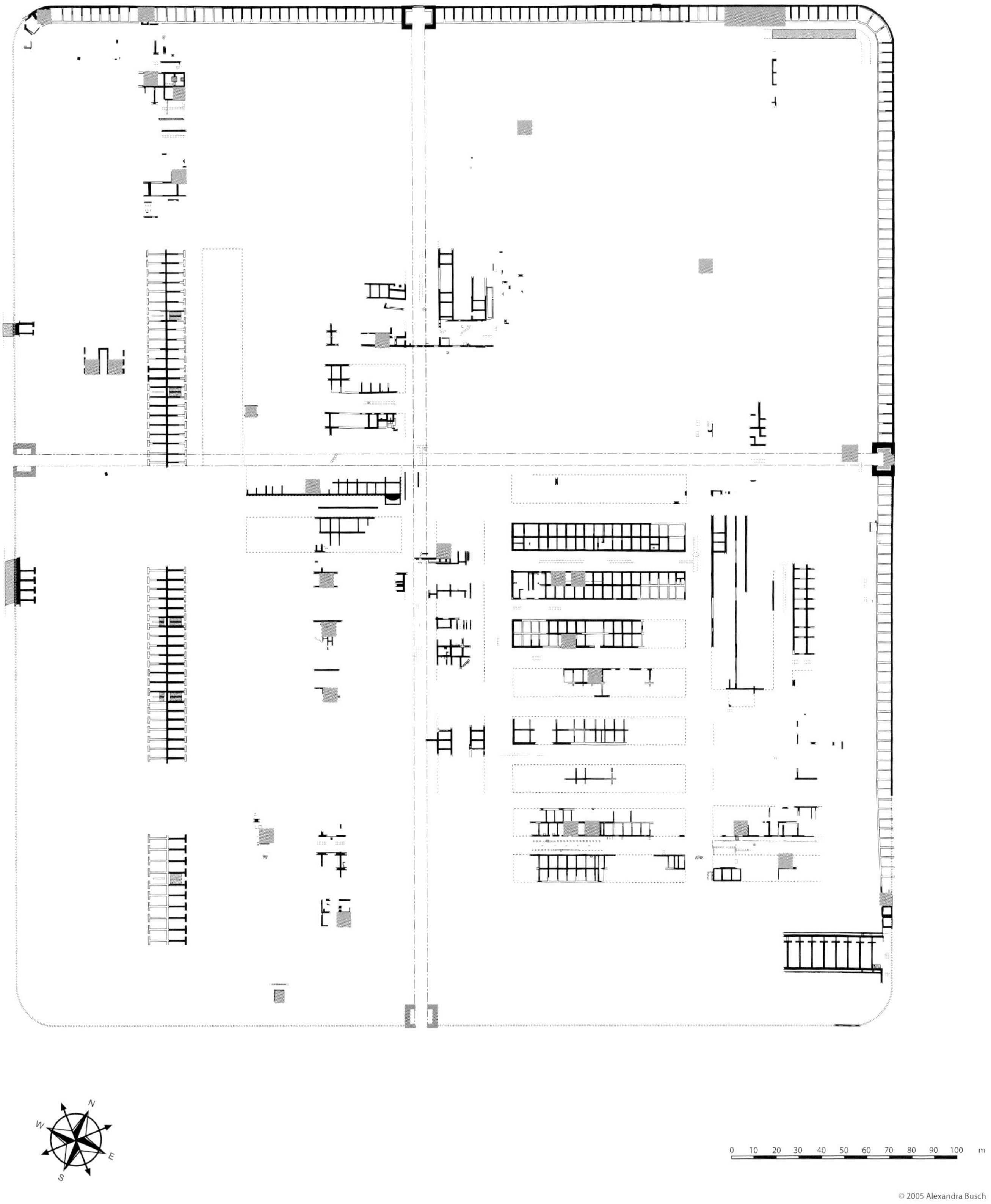

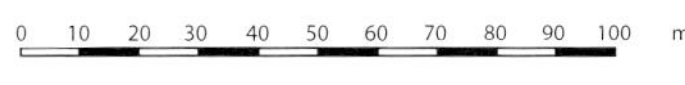

Abb. 26 Castra praetoria, Verteilung der Mosaikfußböden

Abb. 27 Castra praetoria, Mannschaftsunterkunft mit Mosaikfußböden (CP 2.40)

dem Wohnraum normalerweise vorgelagerte Lagerraum in allen Fällen fehlt[303]. Reste von Treppenaufgängen weisen darauf hin, daß auch diese Bauten zweistöckig waren[304]. Die im Erdgeschoß nachgewiesenen Mosaikfußböden (Abb. 26. 27) und Wandmalereien legen hier jedoch im Gegensatz zu den nordsüdlich orientierten Bauten aus Phase 1 eine Nutzung als Wohnraum nahe. In manchen Räumen lagen zwei Mosaikfußböden übereinander oder wiesen Reparaturen auf, was eine längere Nutzung der Bauten belegt[305]. Den Unterkünften waren nach Norden und Süden zur Lagergasse hin Portiken vorgelagert, die durch einen Travertinrand von dieser abgegrenzt wurden[306] (Abb. 19. 90). Auffällig ist das Fehlen vorspringender Kopfbauten für die Zenturionen, die sich normalerweise an einem der beiden Enden einer Mannschaftsunterkunft befinden (Abb. 25. 90).

Neben den beschriebenen großen Mannschaftsunterkünften wurden nördlich des ›horreum‹ die Reste zweier weiterer westöstlich orientierter Bauten freigelegt, deren Mauern in Ziegelbauweise errichtet worden waren und an einigen Stellen Flickungen in opus listatum aufwiesen[307] (Abb. 25. 90). Die erhaltenen Räume entsprachen in ihren Abmessungen denen der übrigen doppelten Mannschaftsunterkünfte und besaßen zur Gasse hin ebenfalls eine vorgelagerte Portikus, die durch eine Reihe von Travertinsteinen begrenzt wurde. Der Boden der Portikus war hier aus opus spicatum. Ein Unterschied bestand in der Längsausdehnung der Bauten, die um etwa fünfzehn Meter geringer war als bei den übrigen.

Obwohl auch die Außenseite der Umfassungsmauer bereits in tiberischer Zeit als Ziegelmauer errichtet worden war, ist es aus verschiedenen Gründen wahrscheinlich, daß die westöstlich orientierten Ziegelbauten nicht gleichzeitig mit der Lagermauer zu datieren sind, sondern in eine spätere Bauphase gehören. Einen wichtigen Hinweis für eine spätere Datierung geben die in zwei Gebäuden verwendeten Bipedales, die den Fundamentbereich vom aufgehenden Mauerwerk trennten[308]. Die Benutzung von Bipedales wurde in Rom erst in flavischer Zeit, vermutlich unter Domitian üblich[309]. Ferner fand man in einem der westöstlich ausgerichteten Gebäude ein Schwarzweißmosaik, dessen Gestaltung chronologisch in die erste Hälfte des zweiten Jahrhunderts weist[310].

P h a s e 3 (opus-listatum-Befunde, Abb. 28): Über das ganze Lagerareal verteilt, lassen sich Bauten mit Reparaturen in opus listatum nachweisen. Diese beschränken sich nicht etwa auf die in Ziegelbauweise errichteten doppelten Mannschaftsunterkünfte aus Phase 2, sondern finden sich ebenfalls in den an die Umfassungsmauer angefügten Räumen[311]. Bei manchen der beschriebenen doppelten Mannschaftsunterkünfte hatten sich nur Reste von opus-listatum-Mauerwerk erhalten, doch legt deren

303 Eine Übersicht zu Mannschaftsbaracken gibt D. P. Davison, The Barracks of the Roman Army from the 1st to the 3rd Centuries A.D., BARIntSer 427 (1989) 18 ff. 60 ff. 103 ff.

304 CP 2.22: Lissi, Ceramica 55 f. Anm. 3; 60 f. »edificio U«; Lissi Caronna, Castra Praetoria 115; CAR III E 99. 100 a.

305 CP 2.35: CAR III D 145 II a. – CP 2.50: BCom 1, 1872/73, 18 ff. Taf. 1 Nr. 2; Taf. 1 (nach S. 283); FUR Taf. 11; CAR III D 184.

306 CP 2.40: Lissi Caronna, Castra Praetoria 115; CAR III E 139. 140.

307 CP 2.26: CAR III E 136. – CP 2.42: CAR III E 142.

308 CP 2.28. 2.29: BCom 91, 1986, 366 ff. Abb. 57. 58 (»edificio Alpha«, »edificio beta«). – Bei Bipedales handelt es sich um Ziegel mit einer Kantenlänge von 0,60 m. Hierzu: Marta a. O. 46.

309 Zur Nutzung von Bipedales: Rakob a. O. 368; Marta a. O. 30 ff.

310 Archivio della Soprintendenza Speciale per i Beni Archeologici di Roma, Collocazione 80/1. Das Fußbodenmosaik weist starke Ähnlichkeit mit einem Mosaik aus dem Ambiente E des Caseggiato der Region III, Insula ii in Ostia auf, vgl. G. Becatti, Scavi a Ostia. Mosaici e pavimenti marmorei (1961) 96 f. Nr. 170 Abb. 29 (110–112 n. Chr.).

311 CP 2.46: FUR Taf. 11; CAR III H 1.

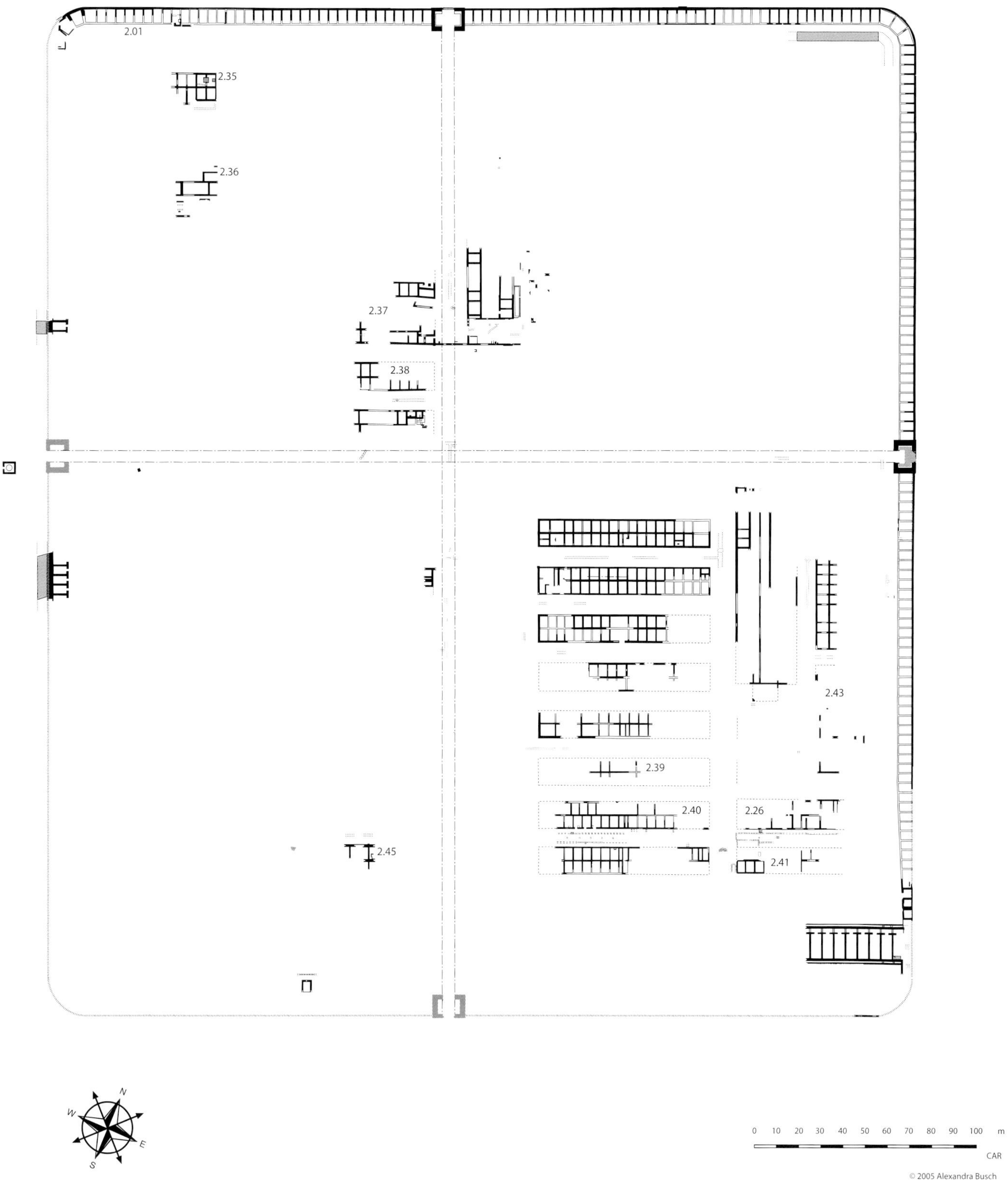

2.01
2.35
2.36
2.37
2.38
2.43
2.39
2.40
2.26
2.45
2.41

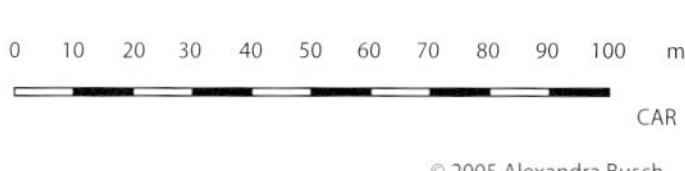

Abb. 28 Castra praetoria, Rekonstruktion von Phase 3 (Innenbebauung)

Abb. 29 Castra praetoria, ›Offiziersunterkunft‹ mit Rankenmosaik (CP 2.36)

mit den Ziegelbauten nahezu identische Grundriß nahe, daß diese oder entsprechende Vorgängerbauten bereits in Phase 2 errichtet worden waren und nach längerer Benutzung lediglich stärkere Reparaturen benötigten als die übrigen[312]. Da in den meisten Fällen weite Teile des aufgehenden Mauerwerks fehlen, ist es ebenfalls gut denkbar, daß sich die Reste des älteren Ziegelmauerwerks an diesen Bauten nicht erhalten haben. In den castra praetoria gab es aber auch Gebäude, die von Grund auf in opus listatum errichtet worden wurden und offenbar nicht auf eine ältere Bebauung zurückgingen. Es handelt sich hierbei um zwei etwa nordsüdlich orientierte Bauten, die zwischen den Doppelbaracken und der Umfassungsmauer im südöstlichen Areal der castra praetoria lagen[313] (Abb. 28. 90). Während das westliche der beiden Gebäude seiner Raumorganisation nach am ehesten zu einer weiteren Mannschaftsbaracke rekonstruiert werden kann, weicht der Grundriß des östlichen Baus davon ab und läßt sich nicht mehr vollständig erschließen.

Nahe der Nordwestecke lag ein weiterer Bau mit opus-listatum-Mauern[314], dessen erhaltene Räume mit Ausmaßen von bis zu fünfundfünfzig Quadratmetern deutlich größer waren als die sonst im Lager nachgewiesenen. Leider konnte der Bau nicht vollständig ergraben werden, so daß seine Gesamtausdehnung ebenso wie seine Struktur unklar bleiben (Abb. 25. 90). Aus diesem Grund ist eine funktionale Deutung kaum möglich[315]. An verschiedenen Stellen im Norden und Süden des Gebäudes hatten sich Reste eines opus-spicatum-Fußbodens erhalten, und in einem Raum, von dem zwanzig Quadratmeter freigelegt wurden, befand sich ein aufwendiges Mosaik mit Rankenmotiv[316] (Abb. 29).

Phase 3 b: Ein Mosaikfußboden, der nach den Beschreibungen der Ausgräber vor dem Osttor entdeckt wurde, kann durch seine Lage frühestens aus der Zeit nach der Einbindung des Lagers in die Aurelianische Stadtmauer stammen, als das Osttor zugemauert war[317]. Möglicherweise stammt auch die verlängerte Außenmauer einer der westöstlich orientierten, in opus listatum errichteten Mannschaftsunterkünfte aus dieser Zeit. Diese blockierte nämlich allem Anschein nach die Nordsüdachse der castra praetoria[318] (Abb. 28).

312 CP 2.35: CAR III D 145 II a. – CP 2.42: CAR III E 142.

313 CP 2.33: CAR III E 96. – CP 2.43: CAR III E 102. 103.

314 CP 2.36: CAR III D 158 a. b.

315 Eine Interpretation als Offiziersunterkunft ist trotz des gehobenen Ausstattungsniveaus und der großen Räume durch die abseitige Lage des Baus nicht überzeugend.

316 Archivio della Soprintendenza Speciale per i Beni Archeologici di Roma, Palazzo Altemps Collocazione 70. – Archivio Fotografico, Palazzo Massimo Neg. 26950. 26954. 26967.

317 CP 2.44: Zanghieri, Castro Pretorio 64 f.; CAR III E 79.

318 CP 2.37: CAR III E 67. In der zugänglichen Grabungsdokumentation wird der Bau nur sehr summarisch beschrieben, so daß sich nicht klären läßt, ob die Mauer in einer späten Phase angefügt wurde oder ob die Doppelbaracke gleich so errichtet wurde, daß ihre südliche Außenmauer die Nordsüdachse blockierte.

Ein weiterer Bau, der keiner Phase mehr zugewiesen werden kann, befand sich im Westen des Lagers[319]. Die Beschreibungen seiner Lage und Raumaufteilung variieren ebenso wie dessen Darstellungen in den verschiedenen Publikationen. In mehreren Räumen fanden sich Mosaikfußböden[320] (Abb. 26. 90).

Zusammenfassend läßt sich für die Entwicklung der Innenbebauung festhalten, daß es in einem relativ frühen Stadium der militärischen Nutzungsphase offenbar zu einer großflächigen Umstrukturierung der castra praetoria kam, bei der eine große Anzahl von in etwa westöstlich orientierten Doppelbaracken in Ziegelbauweise errichtet wurden (Phase 2; Abb. 25). Den zahlreichen Mauerflickungen und verschiedenen Innenausstattungsphasen zufolge blieben diese über einen längeren Zeitraum, vermutlich bis zur Aufgabe des Lagers, in Benutzung. Manche der Bauten wurden im Laufe der Zeit vermutlich so baufällig, daß man sie ihrem alten Bauschema folgend und unter Berücksichtigung der bestehenden Innenstruktur des Lagers in einer anderen Mauertechnik von Grund auf neu errichten ließ[321] (Abb. 28).

Die Betrachtung der Innenbebauung läßt erkennen, daß nur wenige Gebäudetypen des Prätorianerlagers verläßlich identifiziert werden können. Am besten ist dies bei den zahlreichen Mannschaftskasernen möglich, die häufig in der Art von Doppelbaracken gebaut wurden. Eine Besonderheit der Kasernen war dabei zweifelsohne ihre mehrgeschossige Ausführung, die außerhalb Roms kaum durch gesicherte Beispiele belegt ist. Sie lassen sich mit mindestens zwei Stockwerken rekonstruieren, was den Charakter der Anlagen gegenüber der üblicherweise als einstöckig gesehen Baracken der Lager an den Grenzen des Reiches deutlich unterscheidet. Neben der Mehrgeschossigkeit ist das regelmäßige Fehlen eines Vorraumes ein Charakteristikum der Mannschaftsunterkünfte des Prätorianerlagers, das in Rom auch im jüngeren Lager der equites singulares Augusti zu beobachten ist, in den Provinzen aber nicht vorkommt[322]. Auffällig und ein weiterer Unterschied bei der Gestaltung der stadtrömischen Kasernen ist das Fehlen von Kopfbauten für die Zenturionen. Wohnbauten von höheren Offizieren konnten ebensowenig lokalisiert werden, so daß bei ihnen wäre zu fragen, ob sie überhaupt im Lager wohnten oder nicht vielmehr in aufwendigeren Häusern außerhalb. Das gilt insbesondere für die beiden Kommandeure der Einheit. Im archäologischen Befund lassen sich daneben nur noch die Überreste eines einzigen großen Speicherbaus[323] sowie zwei Bauten erkennen, bei denen es sich unter Vorbehalt um Valetudinarien gehandelt haben könnte[324]. Ferner gab es einen Gebäudetypus, der vermutlich als Kombination aus Stall und Mannschaftsunterkunft genutzt wurde[325]. Die principia des Lagers sind nur indirekt durch eine schriftliche Quelle überliefert, die das im Zentralgebäude zu lokalisierende Fahnenheiligtum erwähnt[326]. Mit dem Fehlen verschiedener, lagerüblicher Bauformen unterscheidet sich das Prätorianerlager von den Lagern an den Grenzen des Reiches. Es ist kein autonomes Gebilde, das wie eine Stadt für sich existieren könnte, sondern ein Annex zu Rom, auf das es notwendigerweise angewiesen ist.

g Epigraphisch und historisch nachgewiesene Innenbauten

Neben den genannten Baubefunden gab es weitere Gebäude, die lediglich durch Beschreibungen aus dem achtzehnten und neunzehnten Jahrhundert überliefert sind und heute nicht mehr genau lokalisiert werden können. So rekonstruiert Rodolfo Lanciani einen Triumphbogen nahe dem Westtor, wobei seine Rekonstruktion auf Funden von Bauplastik sowie Fundamentresten eines großen Pfeilers beruht, die bei Bauarbeiten auf dem Gelände des ehemaligen königlichen Villino zutage traten[327]. Hierunter befand sich ein Relief mit der Darstellung einer geflügelten Viktoria, das ohne Zweifel zu einer Bogenarchitektur gehörte[328].

319 CP 2.50: BCom 1, 1872/73, 18 ff. Taf. 1 (nach S. 238) zeigt den Plan des Baus; FUR Taf. 11; CAR III D 184.

320 CP 2.50: BCom 1, 1872/73, 18 ff. 288 Nr. 2 (= 311 Nr. 10) Taf. 1 Nr. 2 (Mosaik).

321 Vgl. CP 2.45: CAR III H 3.

322 Zur regelhaften Aufteilung der contubernia in arma und papilio: D. P. Davison, The Barracks of the Roman Army from the 1st to the 3rd Centuries A. D., BARIntSer 427 (1989) 39. 101 f. 127 f.

323 CP 2.20: CAR III E 146. H 9 (falsch lokalisiert); CAR III E 94 III a; FUR Taf. 11; Buonocore, Codici Lanciani II 54.

324 CP 2.17. 2.18: Lissi, Ceramica 56 f. »edificio J«; CAR III E 131 a. Lissi, Ceramica 68 »edificio W«; CAR III E 62–65 a.

325 CP 2.08–2.12: BCom 1, 1872/73, Taf. 1 (nach S. 238); BCom 4, 1876, 178; FUR Taf. 11; CAR III H 19; Buonocore, Codici Lanciani II 53. 55; BCom 61, 1933, 251; CAR III D 145 I. D 145 II d.

326 Herodian. 4, 4, 5.

327 Lanciani weist diese einem Triumphbogen für Gordianus zu, der sich der historischen Überlieferung des späten 15. Jhs. zufolge zwischen der Porta Clausa und der Porta Viminale befunden haben soll. Die beschriebenen Fundamente sind nicht dokumentiert. CP 6.03: Lanciani, Ruins 442; Antonielli, Castra Praetoria 39; FUR Taf. 11; Buonocore, Codici Lanciani II 50 f.; CAR III D 193 I a. c, App. 21.

328 CP 6.02: Poulsen, Cat. Sculpt. Nr. 511; N. Hannestad, Tradition in Late Antique Sculpture (1994) 68 ff. Weitere Bauornamentikfragmente, die möglicherweise zu einem Bo-

Abb. 31 Weihaltar an die Dei Deae; Musei Vaticani, Galleria Lapidaria Inv. 9313 (157 n. Chr.)

Gestaltung und Aufstellung im Lager sich nicht genauer beschreiben lassen, bestand aus einer gigantischen Marmorplatte mit einer über 320 Zeilen laufenden Inschrift[350]. Ähnliche Militärlisten sind auch aus anderen Teilen des Stadtgebietes überliefert, entsprechende Monumente waren also nicht auf das Lagerareal und dessen unmittelbare Umgebung begrenzt.

4 Das ältere Lager der equites singulares Augusti

a Historischer Hintergrund

Die castra priora equitum singularium wurden vermutlich gleich nach der Gründung der equites singulares Augusti in trajanischer Zeit errichtet[351]. Im Lager waren zwischen fünfhundert und eintausend Reiter mit ihren Knechten und Pferden stationiert, die dort unter dem Befehl eines Tribunen standen[352]. Als die Einheit unter Septimius Severus verdoppelt wurde, errichtete man in der unmittelbaren Nähe ein zweites Lager. Zahlreiche Grabinschriften der equites singulares, die entweder die castra priora oder die castra nova nennen, belegen, daß das ältere Lager nach der Errichtung des jüngeren Lagers nicht aufgegeben, sondern bis zur Auflösung der Einheit im Jahre 312 n. Chr. weiter genutzt wurde[353].

b Forschungsgeschichte und Überlieferungsbedingungen

Zwischen 1885 und 1887 stieß man im Zuge von Bauarbeiten in der Via Tasso, einem Bereich, der ehemals zur Villa Giustiniani gehörte, auf die Reste eines Gebäudes und eine große Anzahl von Weihaltären und -inschriften[354]. Da es

Der Obergermanisch-Rätische Limes (1992). Unter den Resten der steinernen Innenausstattung des Legionslagers Vetera I (Germania Inferior) trat das Haarfragment einer weiblichen Porträtstatue des Kaiserhauses (vermutlich Livia) zutage: Rheinisches Landesmuseum Bonn Inv. 13686. Die Überreste der steinernen Innenausstattung der niedergermanischen Legionslager hat die Verf. im Rahmen eines am Archäologischen Institut der Universität zu Köln angesiedelten und mit Mitteln der Fritz Thyssen Stiftung finanzierten Postdoc-Projekts aufgenommen. Die Monographie ist in Vorbereitung.

350 CIL VI 32526; R. Lanciani, Notes from Rome (1988) 4. Die Liste nennt 150 Namen von Soldaten der 12. und 15. cohors urbana mit ihren jeweiligen Zenturien. Sie wurde unter den Konsuln Saturninus und Gallus beziehungsweise Lateranus und Rufinus im Jahr 197/198 n. Chr. errichtet.

351 Die älteste Entlassungsweihung der equites singulares stammt aus dem Jahre 118 n. Chr. und wurde in einem Gebäude gefunden, das als die principia des älteren Lagers angesprochen wird. Speidel, Kaiserreiter 33 Nr. 1.

352 Zur Kommandostruktur der equites singulares: Speidel, Equites 26. Während Michael Speidel in seiner ersten Publikation zu den equites singulares die Truppenstärke mit anfänglich fünfhundert, dann eintausend Mann angibt, spricht er in späteren Publikationen stets von einer eintausend Mann starken Einheit, die auf zweitausend Mann verdoppelt wurde, ohne daß nachvollziehbar ist, wie er zu den neuen Angaben kommt, vgl. Speidel, Equites 16; M. P. Speidel, Riding for Caesar (1994) 59. – Sklaven und Freigelassene der equites singulares sind durch zahlreiche Denkmäler in der Nekropole der Einheit belegt, vgl. Kap. III 6.

353 ES 148: CIL VI 32798. – ES 183: CIL VI 3191. – ES 219: CIL VI 3279. – ES 266: CIL VI 3288. – ES 289: CIL VI 3236. – ES 293: CIL VI 3241. – ES 392: CIL VI 3196. – ES 407: CIL VI 3300. – Speidel, Kaiserreiter 344 Nr. 627 (= CIL VI 3293). – Zum Ende der Einheit: M. P. Speidel, ClAnt 5, 1986, 253 ff.

354 CIL VI 31138–31187; NSc 1886, 12; NSc 1887, 139; NSc 1888, 566 (Villa Lancellotti al Laterano); Lanciani, Ruins 338.

sich beinahe ausschließlich um epigraphische Zeugnisse der equites singulares Augusti handelte, identifizierte Rodolfo Lanciani den Bau Ende des neunzehnten Jahrhunderts als einen Teil des älteren Lagers der Einheit[355]. Die baulichen Überreste konnten damals nicht systematisch ergraben werden, doch fertigte Lanciani vor deren Zerstörung eine Skizze an, auf der die Darstellung des Baus in der Forma Urbis Romae basiert[356]. Ferner beschrieb er die Fundsituation der bei den Bauarbeiten geborgenen Weihdenkmäler und publizierte deren Inschriften in den Notizie degli Scavi[357]. Nur wenige Worte verlor er in diesem Zusammenhang zum Bau und dessen Ausstattung[358]. Gegen Ende des neunzehnten Jahrhunderts wurden die Weihdenkmäler zum ersten Mal Gegenstand einer ausführlichen Untersuchung zur Heeresreligion durch Alfred v. Domaszewski[359]. Der bauliche Kontext, in dem die Denkmäler gefunden worden waren, blieb jedoch bis zur Mitte des zwanzigsten Jahrhunderts unbeachtet, als Antonio Maria Colini in seiner Publikation zur Geschichte und Topographie des Caelius sämtliche Informationen zum Fundkontext der Weihungen und dem überlieferten Baubefund zusammenstellte[360]. Zusammen mit den Grabdenkmälern der equites singulares wurden die Weihungen in den sechziger Jahren des zwanzigsten Jahrhunderts in der grundlegenden Arbeit zur Organisation und Geschichte der Einheit von Michael Speidel erneut intensiv untersucht und gegen Mitte der neunziger Jahre in einer Zusammenstellung sämtlicher Denkmäler der equites singulares ausführlich vorgelegt[361].

c Topographische Situation

Die castra priora equitum singularium werden in der antiken Regio V zwischen Caelius und Esquilin in mehr als fünfhundert Metern Entfernung östlich der Servianischen Stadtmauer lokalisiert (Abb. 6). Die Lage war zwar nicht besonders exponiert, dafür aber zwischen zwei wichtigen Ausfallstraßen, der Via Labicana im Norden und der Via Tusculana im Süden. Inwieweit die direkt von Süden auf die vermeintlichen Reste des Lagers zulaufende Via Asinaria zu Beginn des zweiten Jahrhunderts bereits existierte, läßt sich nicht mit Sicherheit sagen. Als in der zweiten Hälfte des dritten Jahrhunderts die Aurelianische Stadtmauer errichtet wurde, muß die Straße jedenfalls eine so große Bedeutung besessen haben, daß man dort, wo sie aus der Stadt führte, eine aufwendige Toranlage errichtete[362]. Wenn man die Stadt von Südosten her betrat, mußte man das Lager der equites singulares passieren.

Die Umgebung des Bereichs, der mit dem Lager in Verbindung gebracht wird, war in trajanischer Zeit nicht besonders dicht bebaut. Im ersten Jahrhundert waren auf dem Caelius südwestlich des späteren Lagerareals große, zum Teil reich ausgestattete Privathäuser entstanden[363]. Unmittelbar südlich lag ein Aquädukt, der von Osten nach Westen am Rande des Caelius entlang verlief[364]. Nördlich davon erstreckten sich auf dem Esquilin die großen horti reicher senatorischer Familien, die zum Teil bereits im ersten Jahrhundert in kaiserlichen Besitz übergegangen waren[365]. Vielleicht zählte hierzu auch das Gelände, auf dem zu Beginn des zweiten Jahrhunderts die castra priora errichtet wurden. Für die Wahl des Ortes sprach zudem die südlich gelegene unbebaute Fläche des sogenannten campus Caelimontanus, da die Soldaten als Reiter in besonderem Maße Platz zum Exerzieren brauchten[366].

d Innenbebauung und Ausstattung

Auf Grund der beschriebenen Überlieferungssituation ist nicht mit Sicherheit zu sagen, ob der gegen Ende des neunzehnten Jahrhunderts entdeckte Bau wirklich zum Lager gehörte und ob die castra priora tatsächlich an dem von Rodolfo Lanciani identifizierten Ort gelegen haben. Es fanden sich hier keinerlei konkrete Hinweise wie Spuren einer Umfassungsmauer oder andere Reste typisch militärischer Bebauung, die ein Lager an dieser Stelle

355 Das jüngere Lager war zu diesem Zeitpunkt bereits bekannt, vgl. Kap. II 5 c.

356 Colini, Celio 315 Abb. 257; Buonocore, Codici Lanciani I 59 f.; FUR Taf. 31.

357 R. Lanciani, NSc 1885, 524 ff.; ders., NSc 1886, 12 ff.

358 Ders., BCom 13, 1885, 137 ff.

359 A. v. Domaszewski in: ders., Aufsätze zur Heeresgeschichte (1972) 81 ff.

360 Colini, Celio 315 Anm. 68.

361 Speidel, Equites; Speidel, Kaiserreiter.

362 Zur Porta Asinaria: B. Brizzi (Hrsg.), Mura e porte di Roma antica (1995) 160 ff; Arch. Fot. 58678; 58685; 58663; 58665; 58668; 58670.

363 Diese mußten Ende des 2. Jhs. dem jüngeren Lager der Einheit weichen. Zu den domus s. Kap. II 5 c.

364 H. Dodge in: Coulston – Dodge, Rome 168 ff. Abb. 8. 1 mit weiterführender Literatur.

365 Zu den horti allgemein: LTUR III (1996) 61 ff. s. v. horti Lamiani (Chr. Häuber); 64 ff. s. v. horti Linciniani (M. Cima di Puolo); 70 ff. s. v. horti Maecenatis (Chr. Häuber); Chr. Häuber, KölnJb 23, 1990, 11 ff.

366 Colini, Celio 314; LTUR I (1993) 218 Abb. 115 s. v. ccampus Caelimontanus (C. Buzetti). – Zur militärischen Ausbildung: G. Horsmann, Untersuchungen zur militärischen Ausbildung im republikanischen und kaiserzeitlichen Rom (1991). – Zu Exerzierplätzen von Reitereinheiten: R. W. Davies in: E. Birley – B. Dobson – M. Jarrett (Hrsg.), Roman Frontier Studies, Kongreß Cardiff 1969 (1974) 20 ff.

Abb. 32 Weihrelief an Silvanus aus den castra priora equitum singularium; Rom, Mus. Capitolini Inv. 5554 (2. Jh. n. Chr.)

belegen würden. Anders als im jüngeren Lager konnten in den vermeintlichen Überresten der castra priora auch keine Spuren einer planmäßigen Zerstörung nachgewiesen werden. Der als principia bezeichnete Bau wird allein durch die darin gefundenen Weihungen dem Lager zugewiesen, doch zeigen andere Befunde, wie die Weihungen der Prätorianerkohorten auf dem campus cohortium, daß diese nicht zwangsläufig innerhalb eines Lagers aufgestellt sein mußten[367]. Die Überlieferungssituation läßt damit weder eine Rekonstruktion der Innenbebauung des Lagers zu, noch können auf Basis der Befundbeschreibungen Aussagen zu dessen Ausdehnung und Struktur getroffen werden. Der durch eine flüchtige Skizze Rodolfo Lancianis in Teilen dokumentierte, bereits erwähnte Bau wird wegen seiner Unterkellerung als Stabsgebäude angesprochen[368]. Colini lokalisiert diesen am Rande des Lagers, wobei eine solche Lage für ein mittelkaiserzeitliches Stabsgebäude vollkommen unüblich wäre[369]. Nach Lanciani fanden sich dort vierundvierzig Weihungen in einem großen Raum, von denen bei der Auffindung einige noch in situ an der gegenüber dem Eingang liegenden Wand standen. Der Fußboden des Raumes war mit Marmorplatten ausgelegt, und in dessen Wände waren zahlreiche Nischen eingelassen[370]. Manche der Räume waren mit Wandmalerei verziert, die wegen ihrer schlechten Qualität in das dritte Jahrhundert datiert werden[371]. Reste von Treppen weisen darauf hin, daß der Bau zum Teil unterkellert war. Doch angesichts zahlreicher Unterkellerungen in horrea und sogar in Mannschaftsunterkünften stadtrömischer Militärlager reicht dies nicht aus, um den Bau als principia des älteren Lagers zu identifizieren[372].

Außer dem im archäologischen Befund erhaltenen Bau, der möglicherweise zum Lager gehörte, ist durch eine Weihinschrift auf einer Marmorsäule aus dem Jahre 250 n. Chr. noch ein sacellum für einen Genius turmae überliefert[373]. Solche kleineren Kultbauten für den Genius der jeweiligen Einheit finden sich in nahezu jedem stadtrömischen Lager[374]. Wenngleich die Informationen über die Innenbebauung der castra priora also äußerst spärlich und unsicher sind, gibt die einzigartige Fundsituation der Weihungen Auskunft über die Aufstellungspraktiken und den längerfristigen Umgang mit solchen Denkmälern in militärischem Kontext. Die in den sogenannten principia gefundenen Weihungen reichen von der ersten Hälfte des zweiten bis zur Mitte des dritten Jahrhunderts. Die neunzehn Entlassungsweihungen aus den Jahren 118–188 n. Chr. wurden also nicht etwa beiseite geräumt, um Platz für jüngere Denkmäler zu schaffen, sondern dürften beinahe

367 Entlassungslisten der cohortes praetoriae und urbanae fanden sich über das ganze Stadtgebiet verteilt. – In Osterburken (Germania superior) wurden zahlreiche Weihungen von Benefiziariern in einem kleinen sakralen Bezirk außerhalb des Lagers entdeckt: E. Schallmayer in: Ph. Filtzinger – D. Planck – B. Cämmerer (Hrsg.), Die Römer in Baden-Württemberg³ (1986) 473 ff.; E. Schallmayer u. a., Der römische Weihebezirk von Osterburken, 1. Corpus der griechischen und lateinischen Beneficiarier-Inschriften des Römischen Reiches, Forschungen und Berichte zur Vor- und Frühgeschichte in Baden-Württemberg 40 (1990) 131 ff.

368 Buonocore, Codici Lanciani I 59 f.; Speidel, Kaiserreiter 28.

369 Colini, Celio 314 ff.

370 R. Lanciani, BCom 13, 1885, 137; R. Lanciani, New Tales of Old Rome (1901) 180.

371 R. Lanciani, NSc 1888, 566.

372 Für Unterkellerungen militärischer Bauten in Rom s. CP 2.20: CAR III E 146, H 9 (falsche Position); FUR Taf. 11; Buonocore, Codici Lanciani II 5 sowie CNES 2.2: Liverani, Laterano 7.

373 Speidel, Kaiserreiter 89 f. Nr. 64.

374 Vgl. Kap. II 3 h; 6 e.

Abb. 33 Weihrelief an Sol Invictus aus den castra priora equitum singularium; Rom, Mus. Naz. Romano Inv. 78197 (2. Hälfte 2. Jh. n. Chr.)

zweihundert Jahre lang sichtbar gewesen sein. Daneben gab es eine Vielzahl von Weihungen an römische Staatsgötter und verschiedene Götter keltisch-germanischen oder orientalischen Ursprungs, die von der regen kultischen Aktivität der Einheit zeugen[375] (Abb. 32. 33). Vor dem Hintergrund der unterschiedlichen Herkunft der Soldaten sind die Weihungen der equites singulares unter religionsgeschichtlichen Aspekten besonders interessant[376].

5 Das jüngere Lager der equites singulares Augusti

a Historischer Hintergrund

Das jüngere Lager der equites singulares Augusti wurde nach der Verdoppelung der Truppenstärke von vermutlich eintausend auf zweitausend Reiter durch Septimius Severus zwischen 193 und 196 n. Chr. unweit des Ortes errichtet, an dem das ältere Lager lokalisiert wird[377]. Die Errichtung des Lagers läßt sich durch eine Weihinschrift relativ sicher auf den Zeitraum zwischen 193 und 196 n. Chr. eingrenzen. Demnach stiftete das collegium curatorum der equites singulares am 1. Januar 197 n. Chr. in seiner neu errichteten schola für das Heil von Septimius Severus und Caracalla eine Weihung an Minerva[378]. Die Inschrift gibt einen Terminus ante quem für die Errichtung des Lagers, dessen Bau in weniger als vier Jahren realisiert worden sein muß, um die erst unter Septimius Severus verdoppelte Anzahl der Reiter unterbringen zu können. Bis zur Auflösung der Reitereinheit im Jahre 312 n. Chr. waren die Soldaten auch hier, wie im älteren Lager, zusammen mit ihren Knechten und Pferden untergebracht und standen unter dem Oberbefehl eines Tribunen[379].

Nach dem Sieg Konstantins über Maxentius in der Schlacht an der Milvischen Brücke waren die Soldaten in Ungnade gefallen und wurden zusammen mit den Prätorianerkohorten aufgelöst[380]. Konstantin hatte für den siegreichen Ausgang der Schlacht den Bau einer Kirche gelobt, die er nach der Schleifung der castra nova equitum singularium auf den Resten des ehemaligen Lagers errichten ließ.

375 Die frühen Weihungen müssen natürlich nicht zwangsläufig von Anfang an in dem Raum gestanden haben, sondern könnten erst im Laufe der Zeit dorthin gelangt sein. CIL VI 31138–31187.

376 Zur Herkunft der Reiter s. Einleitung zu Kap. III 6.

377 Zum Problem der Truppenstärke s. Anm. 352. – Zur Datierung des Lagers s. u. Kap. II 5 e.

378 Spinola, Sculture 88 f. Nr. 441 Taf. 37, 311–315. Die Inschrift ist auf einem wiederverwendeten ionischen Kapitell angebracht. Eine zweite Weihung auf dem gleichen Kapitell stammt vom 2. Juni 203 n. Chr.

379 Speidel, Kaiserreiter 45 ff. Nr. 11.

380 Zos. 2, 17, 2.

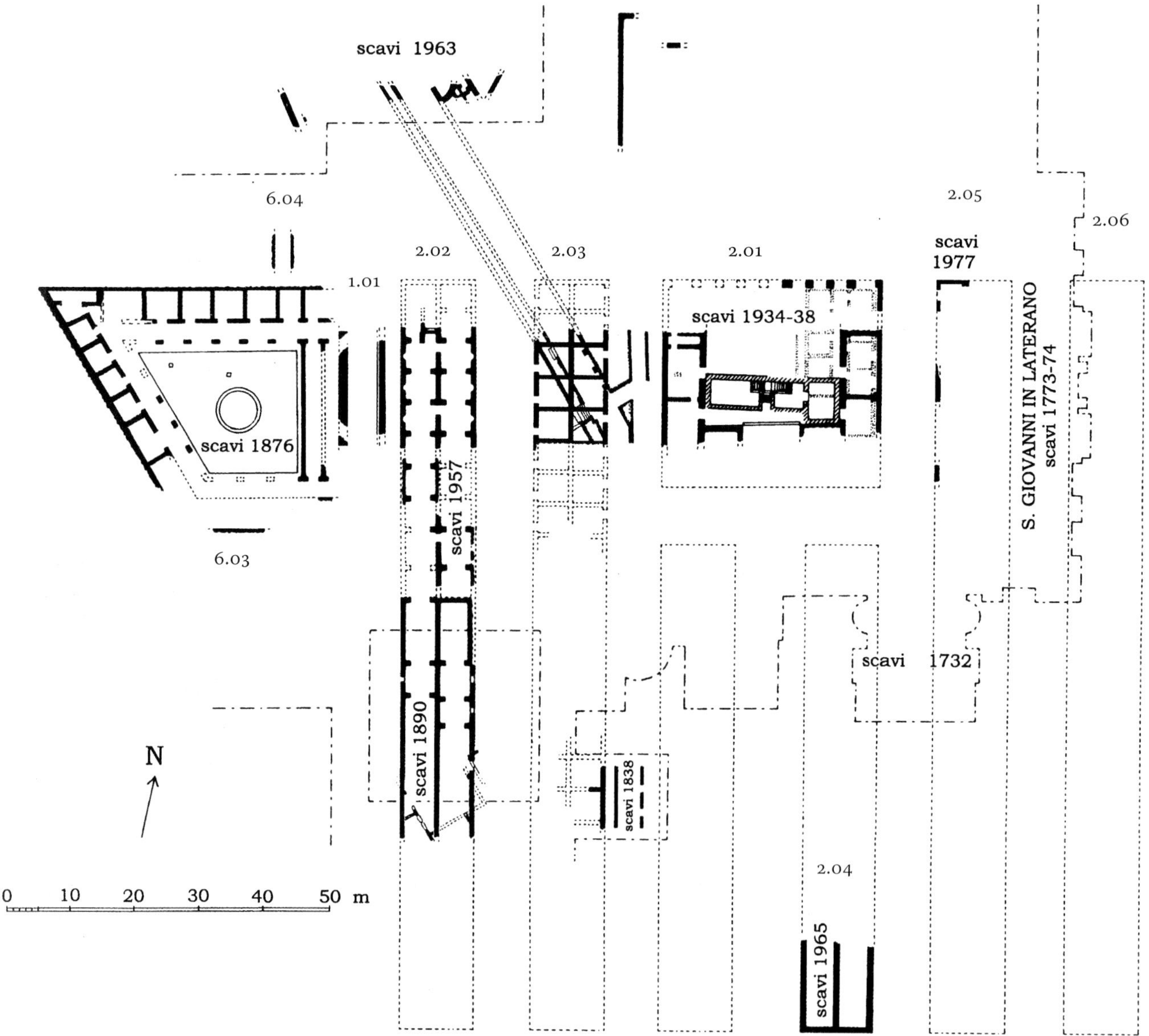

Abb. 34 Gesamtplan der castra nova equitum singularium (CNES)

b Forschungsgeschichte und Überlieferungsbedingungen

Im Jahre 1732 stieß der Architekt Alessandro Galilei beim Bau der neuen Fassade von S. Giovanni in Laterano auf Überreste der castra nova equitum singularium (Abb. 34). In den beiden darauffolgenden Jahren fand man im Fundamentbereich der Capella Corsini sowie auf dem unbebauten Gelände zwischen der Capella und der Aurelianischen Stadtmauer weitere Reste von Mannschaftsunterkünften[381]. 1838 kamen zwischen den Fundamenten der Sala Capitolare Räume zutage, deren Wände mit Wandmalerei dekoriert waren[382]. Nach der Beschreibung des von Bauweise, Alter und Orientierung der Mauern gehörten diese zu den später von Rohault de Fleury und Lanciani in den Kellern des Papstpalastes entdeckten Baubefunden[383].

Verschiedene Baumaßnahmen, die im Laufe des zwanzigsten Jahrhunderts im Inneren der Lateranbasilika und auf dem umliegenden Gelände durchgeführt wurden, ermöglichten die genauere Untersuchung des Lagers und seines Umfeldes. Die erste detailliertere Darstellung zur Topographie und Gestaltung der castra nova findet sich in Colinis Publikation zur Topographie und Geschichte

381 CNES 2.04–06: Liverani, Laterano 7. 10 Abb. 4. 5; S. 12 Abb. 7; Lanciani, Ruins 338; R. Venuti, Descrizione di Roma (1803) 179.

382 CNES 2.01: Liverani, Laterano 6 Abb. 1.

383 E. Braun, BdI 1838, 6; FUR Taf. 37.

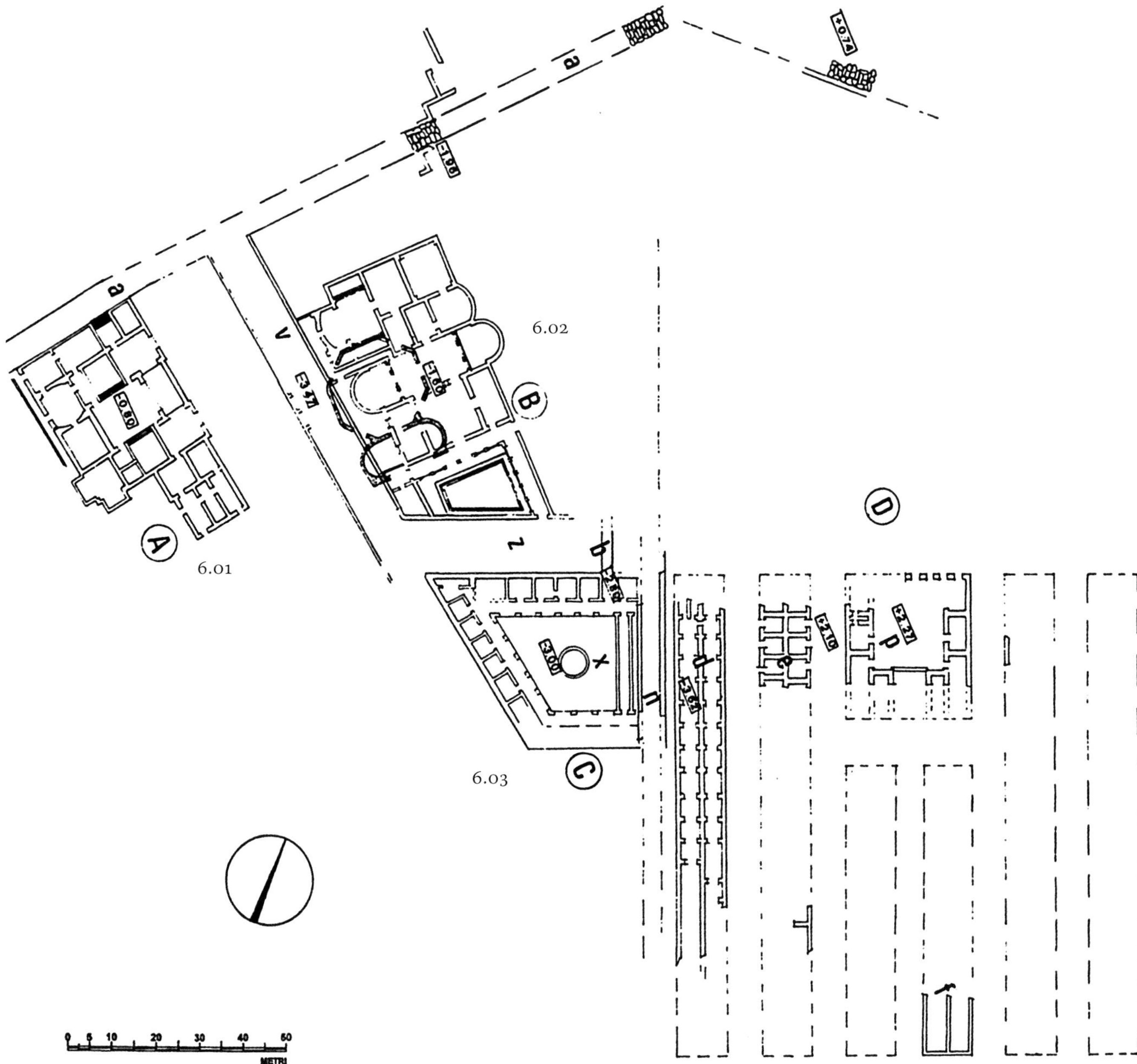

Abb. 35 Plan der Baubefunde im Bereich des Lateran

des Caelius in der Antike[384]. Er stellte hierfür die älteren Grabungsergebnisse zusammen und veröffentlichte den ersten Gesamtplan der Innenbebauung[385]. Die Ergebnisse jüngerer Grabungen und Untersuchungen, bei denen auch die Bauten unterhalb des Lagers genauer untersucht werden konnten, wurden Ende der neunziger Jahre in einer umfangreichen Publikation von Paolo Liverani vorgelegt[386]. Neben den von Giandomenico Spinola untersuchten Überresten der Skulpturenausstattung und der Bauornamentik[387], die im Bereich des Lagers und der angrenzenden Bebauung gefunden wurden, konnten die Wandmalereien der domus unterhalb der Baracken genauer analysiert und chronologisch eingeordnet werden. Diese geben einen Terminus post quem für die Errichtung des Lagers[388].

384 Colini, Celio 343 ff.
385 Colini, Celio Taf. 19.
386 Liverani, Laterano.
387 Spinola, Sculture.
388 E. M. Moormann – S. T. A. M. Mols in: Liverani, Laterano 115 ff.

c Topographische Situation und bauliches Umfeld des Lagers

Die castra nova equitum singularium wurden in der antiken Regio V außerhalb der Servianischen Stadtmauer errichtet (Abb. 6). Das Terrain, das heute als relativ ebene Fläche mit nur kleinen Höhenunterschieden erscheint, war zur Zeit der Errichtung durch erhebliche Niveauunterschiede geprägt[389]. Aus diesem Grund waren aufwendige bauvorbereitende Maßnahmen zur Nivellierung des Geländes nötig, um das Lager an der dafür vorgesehenen Stelle errichten zu können. Durch großangelegte Planierungsarbeiten schuf man für den Bau der castra nova eine über einen Hektar große ebene Fläche[390]. Die im näheren Umfeld des Lagers freigelegten Amphorendepots zeugen von diesen Tätigkeiten[391].

Die Errichtung des Lagers beeinflußte offenbar die Entwicklung der urbanistischen Struktur im umliegenden Stadtareal nachhaltig, da sich jüngere Bauten und die Infrastruktur an der Ausrichtung der Mannschaftsunterkünfte orientieren[392]. Zuvor hatte im Bereich des späteren Lagers eine Wohnbebauung existiert, die anders als die Bauten der castra nova equitum singularium parallel zur östlich davon gelegenen Via Tusculana ausgerichtet waren. Es handelte sich dabei um mindestens zwei reich ausgestattete domus, die in den ersten beiden nachchristlichen Jahrhunderten bewohnt wurden[393]. Die östlich gelegene domus muß sogar noch bis kurz vor dem Bau des Lagers in Benutzung gewesen sein, da einige Räume in der zweiten Hälfte des zweiten Jahrhunderts mit neuen Wandmalereien versehen wurden[394]. Möglicherweise gehörten die Häuser und das umliegende Gelände in dieser Zeit bereits zum kaiserlichen Besitz, denn aus der literarischen Überlieferung ist bekannt, daß Mark Aurel im Bereich des Lateran geboren und dort in seinem Elternhaus groß gezogen wurde[395].

In unmittelbarer Nähe der beiden domus befanden sich zwei Thermenanlagen[396] (Abb. 35). Die größere der beiden lag jenseits der Via Tusculana und war bereits im ersten Jahrhundert n. Chr., also etwa gleichzeitig mit den domus, in Gebrauch[397]. Im Hinblick auf die Entwicklung des Umfeldes nach dem Bau der castra nova ist aber vor allem die jüngere und kleinere Thermenanlage von Interesse, die sich direkt nordöstlich des Lagers befand. Die im späten ersten Jahrhundert errichtete Anlage erlebte nämlich nach der Errichtung der castra nova in severischer Zeit eine Um- und Ausbauphase, was nahelegt, daß sie in enger Beziehung zum Lager stand und von seiner Besatzung genutzt wurde[398] (Abb. 36). Als ein weiterer Hinweis darauf, daß die Thermen zum Lager gehörten, kann die Errichtung des Baptisteriums an dieser Stelle gesehen werden, da sämtliche Kirchengründungen auf kaiserlichem Besitz stattfanden[399].

Direkt westlich des Lagers lag jenseits einer mächtigen Mauer, etwa fünf Meter tiefer als das Laufniveau der Mannschaftsunterkünfte, ein großer trapezoider, dreiflügeliger Bau mit Peristyl, der sich nach Osten zum Lager hin öffnete[400] (Abb. 34. 35). Das Gebäude wird in der Forschung häufig als Offiziersunterkunft angesprochen und dem Lager zugerechnet, weist jedoch keinerlei Übereinstimmungen mit den bekannten Grundrissen von Tribunenhäusern oder praetoria auf[401]. Um einen großen Innenhof gruppierten sich zu drei Seiten kleine Räume, die mit Schwarzweißmosaiken und einfacher Wandmalerei ausgestattet waren. Der gesamte Innenhof des Baus war ebenfalls mit einem Schwarzweißmosaik dekoriert und besaß in der Mitte eine heute nicht mehr erhaltene runde Struktur, die durch kreisförmig verlegte Platten vom Mosaik getrennt war[402]. Colini zufolge handelte es sich hierbei um ein mit

389 Während das heutige Laufniveau nur geringfügig über dem severischen liegt (vgl. CNES 2.04), befanden sich die Fußböden der Häuser, die vom Lager überbaut wurden, ca. 6 m unterhalb des severischen Horizontes.

390 Liverani, Laterano 11.

391 Amphorendepots sind nachweislich mit Planierungsmaßnahmen in Verbindung zu bringen. Dazu: U. Ehmig, Die römischen Amphoren aus Mainz, Frankfurter Archäologische Schriften 4 (2003) bes. 186.

392 Liverani, Laterano 7.

393 Die östlich gelegene domus wurde vermutlich in domitianischer Zeit errichtet. Zusammenfassend in: LTUR II (1995) 127 s. v. domus Laterani (P. Liverani); BCom 68, 1940, 220.

394 Interessant ist diese Beobachtung vor allem im Hinblick auf die Besitzverhältnisse im Bereich des Laterans vor dem Bau der castra nova equitum singularium, auf die in Kap. II 9 noch näher eingegangen wird.

395 SHA Aur. 1, 5. 7.

396 CNES 6.01. 6.02: Liverani, Laterano 11. 14.

397 Im Plan mit A gekennzeichnet. Colini, Celio 334 ff.

398 G. Pelliccioni, Le nuove scoperte sulle origini del battistero lateranense. MemPontAc XII 1 (1973) 38 ff. 59 ff.

399 Vgl. Basilica SS. Pietro e Marcellino. Den Hinweis verdanke ich Paolo Liverani.

400 CNES 6.03.

401 Der Bau wird auf sämtlichen Plänen des Lagers zusammen mit den Mannschaftsunterkünften als dem Lager zugehörig abgebildet. LTUR I (1993) 442 s. v. castra equitum singularium (C. Buzzetti); Liverani, Laterano Abb. 1. 7.

402 Die Platten sind heute noch sichtbar, der Rest ist überbaut. In den Grabungsberichten des späten 19. Jhs. wird diese Struktur als Fontäne angesprochen, s. Colini, Celio 341 Abb. 283.

Abb. 36 Historische Fotomontage, Luftaufnahme der nahe der castra nova gelegenen kleinen Thermenanlage, Blick von Nordosten

Marmor ausgekleidetes Becken[403]. Im nördlichen Bereich des Innenhofes bilden Mosaiksteinchen ein rechteckiges Feld, das möglicherweise den Aufstellungsort einer Basis oder eines Altars markierte[404]. Sucht man nach Parallelen für den Grundriß des Baus, finden sich diese am ehesten außerhalb der sogenannten Militärarchitektur. So weist er Ähnlichkeiten mit den Grundrissen römischer Macella auf, wobei die runde Struktur in der Mitte des Innenhofes an ein Podium oder eine Verkaufsbühne erinnert[405]. Die reiche Ausstattung mit Mosaiken und Wandmalerei widerspricht nicht unbedingt einer solchen Deutung, da sich reich ausgestattete Macella auch anderenorts fassen lassen[406].

Während die Interpretation des Baus Probleme bereitet, ist seine direkte Zugehörigkeit zum Lager aus verschiedenen Gründen zu auszuschließen[407]. Sieht man von dem für Militärlager erklärungsbedürftigen Grundriß ab, so spricht der große Niveauunterschied zwischen dem Bau und dem Laufhorizont der castra nova, den man auf engstem Raum hätte überwinden müssen, dagegen. Der trapezoide Bau fällt ferner aus dem regelmäßig geplanten Bauschema der Anlage heraus, das sich in den symmetrisch um ein zentrales Gebäude[408] angeordneten Mannschaftsunterkünften erkennen läßt (Abb. 34). Es scheint eher so, als habe man nach der Errichtung der castra nova den verbleibenden Raum zwischen Lager und Straße optimal ausnutzen wollen. Die hier gefundenen Stiftungen der Soldaten belegen den engen Bezug des trapezoiden Baus zum Lager, der sich auch bei den nördlich gelegenen kleinen Thermen feststellen ließ, doch sind sie keineswegs als Indiz dafür zu betrachten, daß er innerhalb des umwehrten Areals gestanden haben muß. Aller Wahrscheinlichkeit nach bildete die im Osten des Baus liegende dicke Nordsüdmauer[409] die Begrenzung des Lagers nach außen. Völlig unklar ist der bauliche Kontext eines nördlich des Baus gefundenen Mosaikfußbodens (Abb. 34) und eines kleinen Raumes, den ein mit Stuck und Malereien verziertes Gewölbe überspannt.

Die castra nova equitum singularium errichtete man in einem bereits erschlossenen Gebiet, ohne dabei Rücksicht auf die Vorgängerbebauung zu nehmen. Um das Lager bauen zu können, schleifte man mehrere domus und nahm die Mühe in Kauf, das Gelände durch aufwendige Planierungsmaßnahmen einzuebnen[410]. Außer durch seine günstige Lage zwischen der Via Tusculana und der Via Labicana zeichnet sich das Areal vor allem durch seine unmittelbare Nähe zur severischen Palastanlage, dem im südöstlichen Stadtareal gelegenen Palatium Sessorium, aus. Für die berittene Leibgarde des Kaisers war der Standort in optimaler Entfernung zum Einsatzort gelegen. Hier erstreckte sich außerdem der sogenannte campus Caelimontanus, eine Hochebene, die sich zum

403 Colini, Celio 350. Den Durchmesser des Beckens gibt er mit 3,50 m an, dessen Tiefe mit 1 m.

404 In unmittelbarer Nähe wurden zwei fragmentierte Basen gefunden: Spinola, Sculture Nr. 318. 319.

405 Vgl. dazu allgemein: C. de Ruyt, Macellum. Marché alimentaire des Romains (1983); ders., QuadChieti 3, 1982/83, 171 ff.

406 So beispielsweise in Pompeji: de Ruyt a. O. 255 f.

407 Nach Colini, Celio 351 f. wurde der Bau bereits Ende des 1. Jhs. n. Chr. errichtet und gehörte zur Vorgängerbebauung des Lagers. Im Laufe des 2. Jhs. hatte das Gebäude s. E. mehrere Umbauphasen, während seine übrigen Teile den Kellern der westlichsten Mannschaftsunterkunft gewichen wären. Spinola, Sculture 17 f. hingegen datiert die ›Casa trapezodiale‹ ins 3. Jh.

408 CNES 2.01: Liverani, Laterano 12 f. Abb 8; Colini, Celio 353 ff.

409 CNES 1.01: Liverani, Laterano 6 f. Abb. 1.

410 Liverani, Laterano 11. 13 f.

Exerzieren eignete[411]. Selbst wenn das ältere Lager der Einheit nicht mit Sicherheit lokalisiert werden kann, ist es wahrscheinlich, daß zwischen den beiden Standorten der Einheit nur eine geringe Entfernung lag, die eine schnelle Kommunikation ermöglichte und der Einsatzfähigkeit der equites zugute kam.

d Ausdehnung des Lagers

Von der Umwehrung der castra nova equitum singularium hat sich so gut wie nichts erhalten, so daß es schwierig ist, den exakten Grundriß und die Gesamtgröße der Anlage zu bestimmen. Durch die Kombination der archäologischen Befunde mit der topographischen Situation gelingt es aber, eine Vorstellung von der ehemaligen Ausdehnung des Lagers zu gewinnen. Die castra nova nutzten den auf dem Hügel verfügbaren Raum bis zum Geländeabfall. Im Westen und Südwesten wurde die Ausdehnung des Lagers von der Via Tusculana und der älteren Bebauung begrenzt, während die südliche Begrenzung zwischen der Aurelianischen Stadtmauer und dem südlichen Ende der in den siebziger Jahren ergrabenen Mannschaftsunterkunft verlaufen sein muß[412]. Die westlich der Mannschaftsunterkunft[413] gelegene starke Mauer[414] wurde in der bisherigen Forschung stets als Terrassierungsmauer angesprochen, die das Plateau stützte, auf dem sich das Lager erstreckte, und dieses von dem nahegelegenen trapezoiden Bau abgrenzte[415]. Es handelte sich hierbei jedoch nicht allein um eine Terrassierungsmauer, sondern gleichzeitig um einen Teil der Umfassungsmauer, die das Lager umgab. Unklar ist, wie weit sich das Lager nach Norden hin erstreckte. Nördlich der Mannschaftsunterkünfte wurden jedoch einzelne Strukturen entdeckt, die in ihrer Orientierung den ergrabenen Lagerbauten entsprechen und vermutlich dem Lager zugerechnet werden müssen[416] (Abb. 34). Die größtmögliche Ausdehnung markiert mit Sicherheit die im Norden gelegene Wasserleitung[417], wobei die erwähnten Befunde in Orientierung der Lagerbauten bereits etwa siebzig Meter davor enden[418].

Faßt man die Beobachtungen zur Ausdehnung des Lagers zusammen, ergibt sich eine Anlage mit einem längsrechteckigen Grundriß und einer ungefähren Seitenlänge von einhundertdreißig mal zweihundert Metern. Die Grundfläche des Lagers betrug maximal 2,6 Hektar und war somit deutlich kleiner als die anderer Reiterkastelle, in denen Einheiten mit einer Mannschaftsstärke von eintausend Mann stationiert waren[419]. Nach Vergleichen am Obergermanisch-Rätischen Limes wäre eine größere Gesamtfläche von etwa vier bis sechs Hektar zu erwarten, wenn im Lager tatsächlich eintausend Reiter stationiert gewesen wären, wie Michael Speidel es postuliert[420]. Die fehlende Fläche wurde vermutlich auch hier, wie in den castra praetoria, durch eine Mehrgeschossigkeit der Bauten kompensiert.

e Innenbebauung und Ausstattung

Von der Innenbebauung des Lagers konnten durch Ausgrabungen die Reste von vier nordsüdlich orientierten Mannschaftsunterkünften[421], ein komplexeres Gebäude[422] in zentraler Lage, das in den älteren Publikationen als »schola«[423] bezeichnet wird, sowie einige isolierte Strukturen erfaßt werden (Abb. 34). Der zentral gelegene Bau hatte eine Breite von etwa vierunddreißig Metern und konnte auf eine Länge von fünfundzwanzig Metern

411 Siehe Kap. II 4.

412 Im Jahre 1965 war man auf das südliche Ende einer der Mannschaftsunterkünfte gestoßen, die gleichzeitig die südliche Ausdehnung des Lagers markiert. Liverani, Laterano Abb. 4. 5. 7.

413 CNES 2.02: Liverani, Laterano 6 f. Abb. 1; Colini, Celio Taf. 19.

414 CNES 1.01: Liverani, Laterano 7; Colini, Celio Taf. 19.

415 Liverani, Laterano 6. Als Stützmauer kann jene identifiziert werden, die unter Konstantin für die Apsis der Basilika wiederverwendet wurde.

416 CNES 2.7: Liverani, Laterano 14 f. Abb. 10.

417 Colini, Celio 81 ff. Taf. 2. 3.

418 Colini, Celio Taf. 19; Liverani, Laterano 14 Abb. 10.

419 Liverani, Laterano 7 spricht sogar nur von einer über 1 ha großen Fläche, die man für den Bau des Lagers geschaffen habe.

420 In dem 6 ha großen Kastell von Aalen war nachweislich eine ala milliaria stationiert, die nach der Aufgabe des nur geringfügig kleineren Vorgängerkastells Heidenheim an den äußeren Rätischen Limes verlegt wurde. Zum Kastell Aalen: E. Fabricius – F. Hettner – O. von Sarwey (Hrsg.), Der Obergermanisch-Raetische Limes des Römerreiches, Abt. B 66 (1914); Ph. Filtzinger – D. Planck – B. Cämmerer (Hrsg.), Die Römer in Baden-Württemberg^3 (1986) 203 ff. 321 ff. – Eine Zusammenstellung von Reiterkastellen aus Britannien, Obergermanien und Rätien, deren Größe zwischen 1,8 und 3,1 ha variiert, findet sich bei C. S. Sommer in: W. Czysz u. a. (Hrsg.), Provinzialrömische Forschungen, Festschrift Günter Ulbert (1995) 167, doch ist bei keinem der angeführten Beispiele die Stärke der ehemals darin stationierten Besatzung bekannt.

421 CNES 2.02–2.05: Liverani, Laterano 6 Abb. 1.

422 CNES 2.01: Liverani, Laterano 6 Abb. 1; 12 f. Abb. 8.

423 Die Benennung des Gebäudes basiert auf der Erwähnung einer *schola* in der Weihinschrift auf dem erwähnten ionischen Kapitell; Spinola, Sculture 88 ff. Nr. 441 Taf. 37, 311–315.

ergraben werden[424]. Die erhaltenen Räume des Erdgeschosses gruppierten sich um einen zentralen Hof, dem nach Norden hin über die gesamte Breite des Gebäudes eine Portikus oder Querhalle mit einer massiven Pfeilerstellung vorgelagert war (Abb. 34). Der rückwärtige Teil des Hofes war unterkellert und über eine zentral gelegene Treppe von Süden her zugänglich. Vergleiche mit ähnlichen Bauten in anderen Militärlagern zeigen, daß es sich bei der sogenannten Schola zweifelsohne um die principia des Lagers gehandelt haben muß[425]. Westlich der principia liegen die beiden am besten erhaltenen Mannschaftsunterkünfte[426], eine weitere mit geringerer Längsausdehnung befand sich südlich davon[427]. Spärliche Überreste von nordsüdlich orientierten Mauerzügen weisen auf eine vierte Mannschaftskaserne hin, die östlich der principia lag[428]. Aufgrund der regelmäßigen Verteilung der erhaltenen Mannschaftsunterkünfte sind mit großer Wahrscheinlichkeit zwei weitere zu ergänzen, von denen die eine südlich des zentralen Gebäudes und die andere unterhalb der heutigen Fassade von S. Giovanni in Laterano gelegen haben dürfte[429]. Die postulierten Mannschaftsunterkünfte wären dabei nur ungefähr halb so lang wie die westlich anschließenden Kasernenbauten gewesen. Die Mannschaftsunterkünfte, die zu beiden Seiten der principia lagen, bestanden, wenn man die erhaltenen Befunde zu durchgehenden Bauten rekonstruiert, aus mindestens achtzehn Räumen zu jeder Seite und hatten eine Gesamtlänge von mindestens fünfundachtzig Metern[430]. Die durchschnittlich sechzehn Quadratmeter großen Räume öffneten sich nach Osten und Westen in kleine vorgelagerte Portiken. Direkt unterhalb der Portiken verliefen Kanäle über die das Regenwasser der Vordächer abgeleitet wurde[431] (Abb. 37).

Während die principia und die direkt westlich davon liegende Unterkunft auf den Resten der beiden älteren domus

Abb. 37 Castra nova, Kanal und Rinnstein der Portikus einer Mannschaftsunterkunft (CNES 2.03)

errichtet worden waren, die im Fundamentbereich beider Bauten in Teilen konserviert wurden, war die westlichste Mannschaftsunterkunft[432] vollständig unterkellert. Die beiden parallel zueinander in Nordsüdrichtung verlaufenden langen Korridore waren über Durchgänge miteinander verbunden. Im Norden führte eine Treppe in das von einem Kreuzgratgewölbe getragene Erdgeschoß hinauf (Abb. 38). Die unterirdischen Korridore wurden zwar durch Lichtschächte (Abb. 39) mit Tageslicht beleuchtet, doch waren zusätzlich kleine Nischen für Öllämpchen in regelmäßigen Abständen in den Außenwänden eingelassen (Abb. 40). Die Mauern der Korridore wurden auch hier bis zur Fundamentunterkante in Ziegelbauweise errichtet. Wie bei der Umfassungsmauer der castra praetoria, die einzelne bis zur Fundamentunterkante geziegelte Abschnitte aufweist, geschah dies, um Geländesenken zu überwinden, da im Bereich der unterkellerten Mannschaftsunterkunft kein Terrain anstand, in das man Fundamentgräben hätte ziehen können[433]. Auch in anderen Bereichen des Lagers paßte man die Fundamenttechnik der Beschaffenheit des

424 CNES 2.01. Der südliche Gebäudeflügel war nicht mehr komplett erhalten, sondern durch die Fundamente von S. Giovanni in Laterano gestört.

425 Eine Übersicht über die Bauform geben: R. Fellmann, Principia – Stabsgebäude, Kleine Schriften Aalen 31 (1983) und Johnson, Kastelle 123 ff.

426 CNES 2.02–2.03.1.

427 CNES 2.04.

428 CNES 2.05: Liverani, Laterano 6 Abb. 1.

429 Bereits Colini, Celio 356 f. Taf. 22 hatte südlich des ›Prätoriums‹ zwei Unterkünfte von kleinerer Ausdehnung postuliert.

430 Liverani geht davon aus, daß die Baracken CNES 2.02. 2.03 im Süden bündig mit der kleineren Baracke CNES 2.04. abschließen, und rekonstruiert ca. 24 Räume zu jeder Seite. Die Gebäude hätten so eine Länge von über 100 m gehabt.

431 CNES 2.03.

432 CNES 2.02.

433 Die homogene Bauweise erklärt Liverani mit der Tatsache, daß die Seitenwände der Korridore das Gewölbe des Laufniveaus trugen. Liverani, Laterano 12.

Abb. 38 Castra nova, Kellergeschoß einer Mannschaftsunterkunft mit Kreuzgradgewölbe (CNES 2.02)

Abb. 39 Castra nova, Lichtschächte zur Beleuchtung des Kellergeschosses (CNES 2.02)

Geländes an. So wurde der Fundamentbereich der principia in einer Mischtechnik errichtet, wobei man nur den unteren Bereich goß, während man den oberen Bereich, wie das aufgehende Mauerwerk ziegelte (Abb. 41).

Faßt man die Beobachtungen zur Gliederung der Innenbebauung der castra nova zusammen, so weisen die ergrabenen Reste der Bauten darauf hin, daß das Lager nach Norden hin ausgerichtet war und es sich bei dem erhaltenen Bereich um die retentura des Lagers handelt. Die Innenbebauung wird, wie bei den castra praetoria, von Mannschaftsunterkünften dominiert, und auch hier scheinen die Unterkünfte für Offiziere und den Kommandanten zu fehlen.

Den erhaltenen Architektur- und Skulpturenresten zufolge war die Ausstattung relativ üppig. Bei den Ausgrabungen im Bereich des Lagerareals wurden zahlreiche Architekturfragmente gefunden, wobei sich nicht immer mit Sicherheit sagen läßt, ob diese wirklich zum Lager oder nicht vielmehr zu den Bauten in seinem direkten Umfeld oder zu dessen Vorgängerbebauung gehörten[434].

Verschiedene Elemente der Bauornamentik, bei denen es sich hauptsächlich um Kapitellfragmente handelt, können ihren stilistischen Merkmalen nach in die Zeit zwischen dem Ende des zweiten und der Mitte des dritten Jahrhunderts datiert werden. Unter rein chronologischen Gesichtspunkten ist es denkbar, daß es sich hierbei um Reste der architektonischen Innengestaltung der castra nova handelte[435]. So könnte sich die große Anzahl von Kapitellfragmenten durch die Portiken vor den Mannschaftsunterkünften und die Pfeilerstellung vor den principia erklären[436] (Abb. 34).

434 Nach Spinola, Sculture 112 stammt eine Gruppe von kannelierten Säulen vermutlich eher aus der ›Casa trapezodiale‹.

435 Spinola, Sculture Nr. 118. 119. 122. 158. 169. 228. 236. 282. 325. 407 (Ende 2./frühes 3. Jh.); Spinola, ebenda Nr. 88. 102. 109. 242. 252. 297. 332. 339. 343 (Mitte 3. Jh.). Die ans Ende des 3. Jhs. oder an den Anfang des 4. Jhs. zu datierenden Fragmente könnten zu einer späteren Ausstattungsphase gehören: ebenda Nr. 164. 217. 292/315. 294. 296. 297. 302. 361. 560 (spätes 3./4. Jh.).

436 Auch in den Militärlagern an den Reichsgrenzen lassen sich Reste aufwendiger Fassadengestaltung fassen. Zahlreiche Kapitell- und Gesimsfragmente sind aus den Legionslagern Vetera I, Novaesium und Bonn überliefert, die von der Verf. im Rahmen eines Projektes zu den Monumentalisierungsprozessen der römischen Militärlager Niedergermaniens bearbeitet wur-

Abb. 40 Castra nova, Nischen für Öllämpchen zur Beleuchtung des Kellergeschosses (CNES 2.02)

Abb. 41 Castra nova, Fundamente und Außenmauer der principia (CNES 2.01)

Neben architektonischen Gestaltungselementen wurden im Bereich des Lagers zahlreiche Skulpturen gefunden, doch ist durch die komplizierte Stratigraphie sowie die zahlreichen mittelalterlichen und neuzeitlichen Eingriffe in das Gelände nicht immer zu klären, ob diese ehemals in den castra nova standen oder zur Ausstattung der beiden älteren domus gehörten. Lancianis Anmerkung, das Lager sei reich mit Skulpturen (Statuen, Büsten, Altären) und anderen Kunstwerken ausgestattet gewesen, stützt sich auf den Fund einer Bacchusstatue und eines marmornen Throns, der sogenannten Sedia Corsini, die den Fundangaben zufolge aber nicht zwangsläufig zur Ausstattung der castra nova gehört haben[437]. Die Zugehörigkeit eines Herkuleskopfes und einer Statue der Aphrodite Pudica zur Ausstattung des Lagers kann hingegen durch die Datierung der beiden Stücke in das dritte Jahrhundert n. Chr. als relativ sicher angesehen werden[438]. Herakles erfreute sich unter den stadtrömischen Soldaten einer gewissen Beliebtheit, wie der Fund einer Statue des Gottes in situ in den nahegelegenen castra peregrina und die zahlreich überlieferten Heraklesweihungen von Soldaten zeigen[439]. Die wohl beeindruckendste Skulptur, die einst möglicherweise im Lager oder davor aufgestellt war, ist die bekannte Reiterstatue des Mark Aurel auf dem Kapitol[440]. Wirklich sicher dem Lager zuweisbar sind einige Weihungen, wie die das Lager datierende Weihinschrift an Viktoria, sowie ein Altar mit eradierter Inschrift[441].

den. Verf., Monumentalisierungsprozesse in der kaiserzeitlichen Militärarchitektur am Beispiel der römischen Legionslager Niedergermaniens, in: A. Morillo (Hrsg.), Papers of the 20th Congress of Frontier Studies. Kongressbericht Leon 2006 = Anejos de Gladius 13 (2009) 1209–1220. Zu Carnuntum vgl. Ch. Ertel, Römische Architektur in Carnuntum, RLÖ 38 (1991) 183 ff.

437 Lanciani, Ruins 338. Zu den Fundumständen des Bacchus: C. L. Visconti, BCom 14, 1886, 163 ff. bes. 166 Taf. 6

438 Spinola, Sculture 18 Nr. 4 (Herakleskopf); 23 Nr. 24 (Aphrodite); 112.

439 CPE 2.02 (Herakles in den castra peregrina).

440 Die Statue stand im 15. Jh. vor der Lateransbasilika und wurde erst später zum Kapitol gebracht: Helbig[4] II Nr. 1161; M. Wegner, Die Herrscherbildnisse in antoninischer Zeit, Herrscherbild II 4 (1939) 190 Taf. 22. 23; H. P. L'Orange, Studies in the Iconography of Cosmic Kingship in the Ancient World (1953) 139 f.; D. Strong, Roman Art (1976) 113 Abb. 151; M. Bergmann, Marc Aurel, Liebieghausmonographie 2 (1978) 37 Anm. 23 Abb. 23; J. Bergemann, Römische Reiterstatuen. Ehrendenkmäler im öffentlichen Bereich (1990) 105 ff. Kat. Nr. P 51 Taf. 78–80; Fittschen – Zanker I 72 ff. Nr. 67 Taf. 76, 7. Da es sich um ein Bildnis Mark Aurels handelt, wäre im Falle einer Zugehörigkeit zum jüngeren, severischen Lager der equites zu überlegen, ob die Statue zuvor bereits im älteren Lager der Einheit stand.

441 Spinola, Sculture 85 ff. Nr. 430. 440–443.

6 Das Lager der sogenannten peregrini

a Historischer Hintergrund

Die ersten sicheren Zeugnisse für die castra peregrina[442] stammen aus dem zweiten Jahrhundert n. Chr. [443] Hier wurden die Soldaten und Offiziere untergebracht, die für den Dienst in der Hauptstadt von ihren Legionen in den Provinzen vorübergehend abkommandiert worden waren[444]. Über die genaue Besatzungsstärke des Lagers geben weder die epigraphischen noch die literarischen Quellen detailliert Auskunft. Die beiden größten Gruppen bildeten wahrscheinlich die frumentarii und die speculatores legionis[445]. Unter der Bezeichnung *peregrini* zusammengefaßt, wurden diese Truppen vor Ort von einem *princeps peregrinorum*[446], dessen *subprinceps* und den *centuriones peregrinorum* befehligt, doch nahmen sie in der Hauptstadt unterschiedliche Aufgaben wahr, die meist einen Bezug zu ihrer in der Provinz stehenden Legion hatten[447]. Daß es sich bei den ›peregrini‹ nicht um eine selbstständige taktische Einheit handelte, wird durch das epigraphische Material unterstrichen, da nur Inschriften von Offizieren, nicht aber die von gemeinen Soldaten, die sich in diesem Fall als milites peregrinorum hätten bezeichnen müssen, überliefert sind[448].

Eine Textstelle bei Ammianus Marcellinus belegt, daß die castra peregrina noch im vierten Jahrhundert in Gebrauch waren. Der Autor berichtet vom Tode des Alamannenkönigs Chnodomarius, der nach dem Sieg Julians in den castra peregrina gefangen gehalten wurde und dort im Jahre 357 n. Chr. verstarb[449]. Das Ende des Lagers ist möglicherweise gleichzeitig mit der Zerstörung des im Lager gefundenen Mithrasheiligtums gegen Ende des vierten beziehungsweise Anfang des fünften Jahrhunderts anzusetzen. Auf den Resten des Lagers errichtete man damals S. Stefano Rotondo[450].

b Forschungsgeschichte und Überlieferungsbedingungen

Die ersten sicher den castra peregrina zuweisbaren Befunde wurden im März 1848 entdeckt, als man nahe von S. Maria in Domnica eine Inschrift in situ fand, die das *balneum* des Lagers nennt[451]. In den vorangegangenen Jahrhunderten hatte es bereits diverse Vorschläge zur Lage und zur baulichen Gestaltung der castra peregrina gegeben. So war Pirro Ligorio durch Grabungen, die man zwischen 1554 und 1561 in den Weinbergen um S. Stefano Rotondo durchführte, zu einer zeichnerischen Rekonstruktion des Lagers angeregt worden[452]. Diese zeigt eine Anlage mit zwei Innenhöfen, die er zwischen dem Aquädukt des Nero, S. Stefano Rotondo und der Navicella lokalisiert[453]. Er kombinierte in seiner Zeichnung vermutlich die Reste der castra peregrina mit denen der nahegelegenen statio cohortis V vigilum, so daß die merkwürdige Form der Anlage entstand. Holstenius lokalisiert sie hingegen zwischen dem Aquädukt, S. Stefano Rotondo und dem Ospedale S. Giovanni. Er beschreibt einen der Höfe mit umlaufenden »cellae«, flankiert von Türmen und Mauern von 1,20 Meter Dicke, in dessen Mitte ein runder Tempel mit Säulen aus Porphyr und orientalischem Granit lag. Der Beschreibung zufolge handelt es sich hierbei aber nicht um das Lager, sondern um das unter Nero errichtete

442 Zur Benennung *castra peregrina* anstelle von *castra peregrinorum*: J. C. Mann, ZPE 74, 1988, 148. Nach Lugli, Fontes 92 Nr. 58 (= CIL VI 29843 auch *castra Antoniniana*).

443 Die ältere Ansicht, die castra peregrina seien bereits unter Augustus errichtet worden, stützt sich auf Reste einer älteren Bebauung des Geländes. Ashby – Baillie Reynolds, Castra Peregrinorum 152 f. Colini, Celio 242 spricht sogar davon, daß das im 1. Jh. errichtete Lager im 2. Jh. nahezu vollständig erneuert wurde.

444 Durry, Cohortes prétoriennes 26 vergleicht die Situation der castra peregrina mit einer Karawanserei. Daß hier im 1. Jh. die Germani corporis custodes stationiert gewesen seien (Kolb, Rom 555), läßt sich nicht belegen.

445 W. Henzen, AdI 1884, 21 ff.; R. Paribeni, RM 20, 1905, 310 ff. Die in den castra peregrina stationierten speculatores legionis sind nicht zu verwechseln mit den speculatores Augusti cohortis praetoriae, die zur Besatzung der castra praetoria zählten (vgl. Kap. I 2). Zur Verbindung von frumentarii und speculatores: M. Clauss, Untersuchungen zu den Principales des römischen Heeres von Augustus bis Diokletian: Cornicularii, speculatores, frumentarii (1973) 59 ff. 158.

446 L. Poinssot – R. Lantier, Excavations at Henchir-Ksour-Dzemda, near Henchir-Dzemda (1923) 197; P. K. Baillie Reynolds, JRS 13, 1923, 168.

447 Ferner ist ein *optio castrorum peregrinorum* belegt. PE 02: CIL VI 3324. VI 32870. – Zu den Aufgaben vgl. Kap. I 2.

448 PE 01–04: CIL VI 3324. 3325. 3327. 3328.

449 Amm. 16, 12, 66.

450 Zum Ende des Lagers: A. Martin, Boreas 14/15, 1991/92, 157 ff. Eine detaillierte Baugeschichte von S. Stefano findet sich bei: H. Brandenburg – J. Pál (Hrsg.), S. Stefano Rotondo in Roma. Archäologie. Geschichte. Bauforschung, Tagung Rom 1996, Spätantike, frühes Christentum, Byzanz, Reihe B: Studien und Perspektiven 8 (2000).

451 P. Matranga, BdI 1849, 39 macht leider keine genaue Angabe der Fundstelle, sondern schreibt lediglich »una vigna rimpetto S. Maria in Navicella«.

452 Buonocore, Codici Lanciani I 63 (= Cod. Vat. lat. 13031 f., 209); Buonocore, Codici Lanciani I 63 f. (= Cod. Vat. lat. 13031 f., 210)

453 Biblioteca Apostolica Vaticana, Cod. Torin. XV, 127.

Macellum Magnum[454]. Das gleiche Bauwerk beschreibt offenbar Pietro Sante Bartoli. Dieser berichtet, daß unter Innozenz X. (1644–1645) und Clemens X. (1670–1676) große Ausgrabungen in den Gärten von Teofilo Sartori entlang der Via S. Stefano Rotondo im Bereich des heutigen Militärkrankenhauses durchgeführt wurden, bei denen Reihen von »cellae«, große Hallen und Säulenhöfe freigelegt wurden. Neben Statuen, Büsten und Köpfen fand man dabei verschiedene Reste einer versilberten Metallverzierung, bei der Bartoli glaubte, sie gehöre zu einem Triumphbogen[455].

Bei den Fundamentierungsarbeiten für das Krankenhaus des Konvents »Little Company of Mary« stieß man zwischen 1904/1905 und 1909 auf fünf parallel zueinander verlaufende Baukörper mit zahlreichen Nischen, die durch Inschriftenfunde sicher dem Lager zugewiesen werden konnten[456] (Abb. 42). P. K. Baillie Reynolds trug die spärlichen Informationen Anfang der zwanziger Jahre zusammen und publizierte diese zusammen mit den dort gefundenen Inschriften[457]. Sein umfangreicher Aufsatz ist noch heute eine entscheidende Quelle zum Lager und seiner Besatzung. In der jüngeren Publikation Colinis wurde der von Ballie Reynolds publizierte Plan der Bauten wohlwollend zu Mannschaftsunterkünften mit gleich großen Räumen ergänzt[458].

Direkt unterhalb und östlich von S. Stefano Rotondo konnten weitere Reste der castra peregrina lokalisiert werden. Zwischen 1969–1975 und 1987–1989 führte die Soprintendenza Archeologica hier unter der Leitung von Elisa Lissi Caronna Grabungen durch, bei denen die Überreste mehrerer Gebäude – von denen eines in ein Mithräum umgebaut worden war – sowie ein Turm und ein Brunnen freigelegt werden konnten[459]. Der Ausgräberin gelang es, in dem durch die Fundamente von S. Stefano stark gestörten Bereich mehrere Bauphasen festzustellen. Die bisherigen Ergebnisse ihrer Grabungen sind in Vorberichten und einer Monographie zum Mithräum publiziert[460].

c Topographische Situation

Die castra peregrina lagen auf einem Geländeplateau in der antiken Regio II[461] außerhalb der Servianischen Stadtmauer an einer der höchsten Stellen des Caelius (Abb. 6). Nach Süden hin fiel das Gelände wie heute bereits in der Antike steil ab[462].

Reste von Retikulatmauern, die bei Grabungen im Bereich des Lagerareals nachgewiesen werden konnten, belegen ebenso wie das bei Colini erwähnte Fundmaterial aus dem ersten Jahrhundert n. Chr., daß das Gelände bereits zu diesem Zeitpunkt genutzt worden sein muß[463]. Doch ist die Aussagekraft der Befunde zu gering, als daß sich damit eine erste, augusteische Bauphase des Lagers belegen ließe[464]. Daß es sich bei den älteren Strukturen nicht zwangsläufig um dem Lager zugehörige Befunde handeln muß, zeigen auch andere Beispiele aus Rom, wo zivile Wohnbebauung ebenso wie sepulkrale Monumente im Bereich späterer Militäranlagen nachgewiesen werden konnten[465]. Viel wahrscheinlicher ist, daß es sich hierbei um eine ältere Vorgängerbebauung des Geländes handelte. Wie bei den castra praetoria wären Grabbauten gut denkbar, da in unmittelbarer Nähe drei Gräber aus republikanischer Zeit nachgewiesen werden konnten, die eine sepulkrale Nutzung des Areals in der Vorlagerzeit belegen[466]. Die beschriebenen Retikulatbauten wurden jedenfalls zu Beginn des zweiten Jahrhunderts bei der Errichtung des Lagers zerstört.

454 Biblioteca Apostolica Vaticana, Cod. Vat. lat. 9141.

455 P. S. Bartoli in: Fea, Miscellanea I, 235 f. Nr. 55 und 242 f. Nr. 79; Lanciani, Ruins 339 f.

456 CPE 2.02–2.05. Da es sich nicht um eine archäologische Untersuchung handelte, sind Befunde und Funde nur sehr summarisch dokumentiert. Colini, Celio 242.

457 Ashby – Baillie Reynolds, Castra Peregrinorum 152 ff.

458 Colini, Celio Abb. 232.

459 E. Lissi Caronna, AKorrbl 83, 1976, 72 ff.

460 Lissi Caronna a. O.; E. Lissi Caronna in: La cultura in Italia fra tardo antico e alto medioveo (1981) 987 ff.; E. Lissi Caronna in: C. Ceschi, S. Stefano Rotondo, MemPontAc XV (1982) 175 ff.; E. Lissi Caronna, Il mitreo dei Castra Peregrinorum (1986). Nach einer persönlichen Auskunft von Elisa Lissi Caronna ist die Gesamtvorlage des Lagers noch in Arbeit.

461 So überliefert in der Notitia Urbis Romae (= Lugli, Fontes 92 Nr. 57), im Curiosum Urbis Romae (= Lugli, Fontes 92 Nr. 56) und im Breviarium (= Lugli, Fontes 92 Nr. 56).

462 Atlante di Roma (1991) Taf. 224. 225. 237. 238.

463 Colini, Celio 242 spricht davon, daß das Lager zu Beginn des 2. Jhs. komplett neu orientiert wurde, und ordnet damit die Baubefunde des 1. Jhs. dem Lager zu. Ihm zufolge könnten auf Grund unterschiedlicher Orientierungen mindestens zwei Bauphasen nachgewiesen werden.

464 Baillie Reynolds datiert die Gründung und den Bau des Lagers auf Basis dieser frühen Befunde in augusteische Zeit. Ashby – Baillie Reynolds, Castra Peregrinorum 157 f.

465 Vgl. Kap. II 3 c (castra praetoria) und II 5 c (castra nova equitum singularium).

466 Colini, Celio 242: »tombe a tegole«. Für eine Nekropole im Umfeld der castra peregrina spricht ferner ein zu Beginn des 18. Jhs. entdecktes Kolumbarium aus dem 2. Jh. n. Chr., Colini, Celio 31 f. 238.

d Ausdehnung des Lagers

Von der Umwehrung der castra peregrina hat sich nichts erhalten, doch geben sowohl die topographische Situation als auch die im Lagerumfeld nachgewiesenen Bauten Hinweise auf deren Ausdehnung[467]. Der starke Abfall des Geländes im Süden bildete eine natürliche Begrenzung des Lagers, und möglicherweise fielen in diesem Bereich sogar Teile der castra peregrina der Hangerosion zum Opfer[468]. Wie beim jüngeren Lager der equites singulares dürfte der nördlich des Lagers errichtete Aquädukt aus neronischer Zeit dessen Nordausdehnung beschränkt haben[469]. Im Westen lag in unmittelbarer Nähe der castra peregrina die vermutlich schon in augusteischer Zeit errichtete statio cohortis V vigilum[470]. Nordöstlich der erhaltenen Überreste der castra peregrina markierte die in der Spätantike entstandene domus Valeriorum die maximale Ausdehnung des Lagers[471].

Die dort ebenfalls nachgewiesenen lupanaria entwickelten sich vermutlich erst nach der Anlage der Lager[472].

e Innenbebauung und Ausstattung

Eine genaue Differenzierung der baulichen Strukturen im Lagerinneren und ihrer Bauphasen ist auf Basis der zugänglichen Grabungsdokumentation und dem bisherigen Publikationsstand nur in geringem Maße möglich. Nach Colini weisen neben Um- und Anbauten, die er nicht näher spezifiziert, zwei sich überlagernde Fußböden sowie Reste von Mauerwerk aus dem dritten Jahrhundert auf eine Mehrphasigkeit im südlichen Lagerareal hin[473]. Lissi Caronna konnte bei den Bauten unterhalb von S. Stefano Rotondo mehrere Bauphasen feststellen, die von späthadrianischer Zeit bis ins dritte Jahrhundert reichten, doch ist nicht sicher, ob es sich hierbei um kleinere Umbauten der einzelnen Gebäude oder großangelegte Baumaßnahmen handelt, die auch andere Teile des Lagers betrafen. Im Folgenden sollen die bisher publizierten Befunde auf ihre Aussagekraft hin geprüft werden.

Im Süden des Lagers fanden sich die Überreste von mehreren parallel zueinander verlaufenden, westöstlich orientierten Mauerzügen, die von Colini zu vier beziehungsweise fünf Mannschaftsunterkünften mit vorgelagerten Portiken rekonstruiert werden[474]. Betrachtet man allerdings die tatsächlich erhaltenen baulichen Reste, ist die Identifikation der Bauten längst nicht so eindeutig, wie es sein Plan suggeriert (Abb. 42). Es ist auffällig, daß die Bauten ebenso wie die dazwischen verlaufenden Gassen sich in ihrer Breite erheblich voneinander unterschieden. In nur zwei Bereichen waren Innenwände erhalten, die Auskunft über die Raumgliederung geben. Die erhaltenen Querseiten der Bauten verliefen nicht senkrecht zu den Längsseiten, sondern von Nordwest nach Südost. Es scheint fast so, als sei diese Abweichung durch eine nicht näher bestimmbare ältere Bebauung im Osten vorgegeben gewesen.

Eine sichere funktionale Bestimmung der westöstlich orientierten Bauten ist nicht möglich, es ist jedoch anzumerken, daß diese kaum Übereinstimmungen mit anderen stadtrömischen Mannschaftsunterkünften aufweisen, die durch einen regelmäßigen Aufbau gekennzeichnet sind[475]. Ebensowenig läßt sich bestimmen, wie die verschiedenen Gruppen von Soldaten über das Lager verteilt waren und ob diesen bestimmte Bereiche zugewiesen waren. Ein Indiz dafür, daß die frumentarii möglicherweise im Süden des Lagers untergebracht waren, könnten die hier gefundenen Weihungen geben. So waren zwei der beschriebenen Bauten mit Nischen versehen, in denen kleinere Weihaltäre sowie Reste der Skulpturenausstattung in situ gefunden wurden[476]. Unter diesen fand sich die Weihung eines *miles frumentariorum* an Merkur[477].

Im Nordwesten der beschriebenen Befunde lag ein weiterer westöstlich orientierter Bau mit einem nach

467 Inwieweit das Mauerstück, das sich noch 1931 auf der Piazza S. Maria in Domnica befand, wirklich zur Umwehrung des Lagers gehörte, ist nicht zu klären, vgl. Colini, Celio 243.

468 Betrachtet man die Nähe des südlichsten Baus zur Hangkante, wird diese Überlegung umso wahrscheinlicher.

469 Es handelt sich dabei um dieselbe Wasserleitung, die nördlich der castra nova und südlich des mit den castra priora equitum singularium in Verbindung gebrachten Baus über den Caelius führte, s. o. Anm. 588.

470 Neben dem excubitorium cohortis VII vigilum ist dies die einzige statio, die durch archäologische Baubefunde überliefert ist, vgl. Kap. II 7.

471 Nach Colini, Celio 243 bildete die Grenze des Konvents zum Hospiz der Addolorata, der das Lager von der domus der Valerii trennte, die östliche Begrenzung der castra peregrina, die südliche sei durch den Rand des Hochplateaus definiert, im Westen durch ein nicht mehr erhaltenes Mauerstück vorgegeben.

472 Nordh, De regionibus 19. 75.

473 Colini, Celio 242.

474 CPE 2.02. 2.05. Die nicht dokumentierten Grabungen im Bereich des Krankenhauses erschweren die Interpretation der Bauten, die in der Rekonstruktion von Gismondi (= Colini, Celio Abb. 202) sehr suggestiv zu Mannschaftsunterkünften ergänzt werden.

475 Vgl. Kap. II 3 f; 5 e.

476 Ashby – Baillie Reynolds, Castra Peregrinorum 163 ff.

477 Ashby – Baillie Reynolds, Castra Peregrinorum 163 Nr. 1.

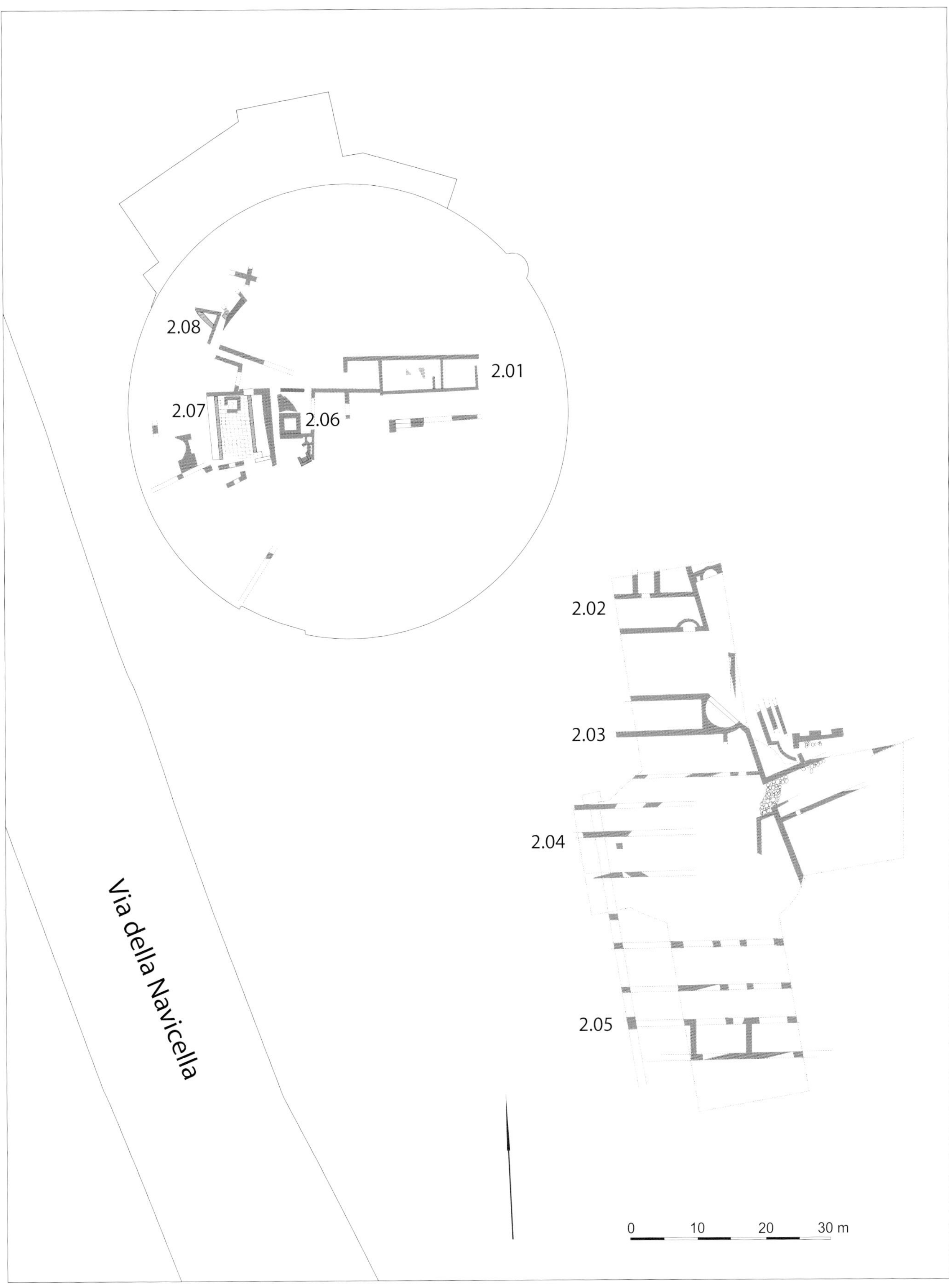

Abb. 42 Castra peregrina, Gesamtplan

Abb. 43 Rom, S. Stefano Rotondo, Mithräum in den castra peregrina

Süden hin vorgelagerten Korridor, der in seinen Ausmaßen dem ganz im Süden des Lagers gelegenen, identisch orientierten Bau entsprach[478] (Abb. 42). Lissi Caronna bezeichnet diesen als Soldatenunterkunft und beschreibt einen zwanzig Meter langen Raum, der zunächst in zwei und später in weitere kleinere Räume unterteilt wurde. In dem publizierten Plan scheint es, als ob am westlichen Ende des Baus ein weiterer, nordsüdlich orientierter Gebäudeflügel anschloß[479]. Nach Lissi Caronna wurde der Bau in spähadrianischer Zeit errichtet, wobei ihre Unterteilung und Datierung der verschiedenen Bauphasen auf der chronologischen Differenzierung unterschiedlicher Mauertechniken und den verschiedenen Fußbodenniveaus beruht[480].

Westlich der vermeintlichen Soldatenunterkunft befand sich ein Gebäude, dessen Grundstruktur und ursprüngliche Ausdehnung auf Basis der Pläne und Beschreibungen zwar nicht mehr nachvollziehbar sind, das jedoch durch den späteren Umbau in ein Mithrasheiligtum eine besondere Bedeutung besitzt[481]. Es handelt sich dabei nicht nur um das einzige sicher im archäologischen Befund nachgewiesene Heiligtum innerhalb einer stadtrömischen Truppenunterkunft, sondern darüber hinaus um das seltene Beispiel für ein Mithräum innerhalb eines Militärlagers, zu dem es im gesamten Römischen Reich nur drei Entsprechungen gibt. Gegen Ende des zweiten Jahrhunderts, etwa gleichzeitig mit dem Bau des Mithräums der castra peregrina, wurden auch im Militärlager von Aquincum mehrere Wohnräume im Haus des tribunus laticlavius in ein Mithrasheiligtum verwandelt[482]. Daß viele Soldaten eine Affinität zum Mithraskult besaßen, zeigt sich ferner am Obergermanisch-Rätischen Limes sowie am Hadrianswall in Großbritannien, wo neben zahlreichen Kultbauten im direkten Umfeld der Lager und Kastelle eine Fülle von Weihungen an den Gott gefunden wurden[483].

478 CPE 2.01 (vgl. CPE 2.05).

479 Die Beobachtung läßt sich ohne Einsicht in die Grabungsdokumentation nicht verifizieren.

480 Vgl. E. Lissi Caronna, AKorrbl 83, 1976, 72 ff.; dies. in: C. Ceschi, S. Stefano Rotondo, MemPontAc 15 (1982) 175 ff.

481 CPE 2.07.

482 Der Gebäudekomplex hatte einen geschlossenen Innenhof, in dem das von Norden her zugängliche Mithräum lag. Das Fußbodenniveau des Heiligtums lag eine Stufe unter dem der Vorhalle. An den Seiten des höhlenartigen Innenraums befanden sich Podien, von denen das westliche 1,60 m breit und 0,70 m hoch und das östliche 0,6 m breit und 0,45 m hoch war. Der Raum war mit Wandmalerei ausgestaltet, die an der Ostwand noch komplett erhalten, an der Westwand leider gestört war. In dem Mithräum fanden sich Weihaltäre, deren Inschriften sechs aufeinanderfolgende tribuni laticlavii der im Ort stationierten legio II Adiutrix nennen. Um 260 n. Chr. mauerte man das Heiligtum zu, s. H. Polenz (Hrsg.) Das römische Budapest. Neue Ausgrabungen und Funde in Aquincum, Ausst. Münster 1986 (1986), 164 ff. Die beiden weiteren Beispiele sind Dura-Europos (Syrien) undPorolissum (Rumänien). M. Clauss, Cultores Mithrae. Die Anhängerschaft des Mithraskultes, Heidelberger Althistorische Beiträge und Epigraphische Studien 10 (1992) 183 f.

483 Eine Zusammenstellung sämtlicher Denkmäler und Bauten findet sich bei: Clauss a. O. 238 ff.

Abb. 44 Rom, S. Stefano Rotondo, Wandmalerei mit dem Eros aus den castra peregrina

In der ersten Bauphase, die Lissi Caronna gleichzeitig mit dem westöstlich orientierten Bau datiert, existierten hier zwei Räume, die durch eine nordsüdlich orientierte Mauer getrennt wurden[484]. Um 180 n. Chr. wird der westlich gelegene Raum zum Mithräum umgebaut, das gegen Ende des dritten Jahrhunderts erweitert wurde, indem man die Trennwand zum östlichen Raum entfernte[485] (Abb. 42. 43). Das ehemals 4,30 mal zehn Meter große Heiligtum besaß infolge der Erweiterung nun eine Gesamtfläche von neunzig Quadratmetern. Die hier gefundenen Weihungen belegen eine kontinuierliche Nutzung des Heiligtums bis zu seiner gewaltsamen Zerstörung zwischen dem Ende des vierten und dem Anfang des fünften Jahrhunderts[486]. Unklar ist, ob das Mithräum während seiner Nutzungszeit über- oder, wie die Mehrzahl der anderen aus Rom bekannten Mithrasheiligtümer, unterirdisch lag. Etwa gleichzeitig mit der Errichtung des Mithräums wurde nämlich bei dem benachbarten westöstlich orientierten Bau das Fußbodenniveau um 1,80 Meter erhöht[487].

Abgesehen von der außergewöhnlich guten Überlieferungsituation des Heiligtums, in dem neben der räumlichen Gestaltung durch Bänke auch die Wandmalerei und Skulpturenausstattung erhalten sind (Abb. 43), ist von der Innenausstattung der Bauten im Lager nicht viel bekannt. Bei den Eingriffen zu Beginn des zwanzigsten Jahrhunderts hatte man im südlichen Lagerareal zwar zwei Mosaikfußböden freigelegt, doch ist deren baulicher Kontext ebenso unklar, wie der eines nördlich vom Mithräum entdeckten Mosaiks, das nur geringfügig unterhalb des heutigen Laufniveaus liegt[488]. Lissi Caronna weist den Mosaikfußboden demselben Gebäude zu, in dem sich auch das Mithrasheiligtum befand, und rekonstruiert für diesen eine zweite Etage, da nördlich des Mithräums Reste einer Treppe erhalten waren[489]. Die Deutung des Baus bleibt aber unsicher. Eine aufwendige Wandmalerei mit Eroten und Girlanden wurde im Korridor des westöstlich orientierten Baus unterhalb von S. Stefano freigelegt[490] (Abb. 44).

Besonders gut ist die Überlieferungssituation der epigraphischen Denkmäler in den castra peregrina, von denen die meisten zwar aus dem Mithräum stammen, aber nicht an Mithras gerichtet waren. Wahrscheinlich ist, daß zumindest ein Teil davon als Verfüllungsmaterial in das Heiligtum gelangte. So wurden hier zwei fragmentierte Säulenschäfte gefunden, die ursprünglich zu einem eigenständigen Monument gehörten, das ein *centurio*

484 E. Lissi Caronna, Il mitreo dei Castra Peregrinorum (1986) Abb. 1.

485 Lissi Caronna a. O. Abb. 2.

486 S. Panciera, RendPontAc 70, 1997/98, 219 ff. bes. 220. Möglicherweise markiert diese Zerstörung gleichzeitig auch das Ende des Lagers.

487 E. Lissi Caronna, ArchKorrbl 83, 1976, 72 ff.

488 Ashby – Baillie Reynolds, Castra Peregrinorum 159 f. Abb. 15.

489 Lissi Caronna a. O.

490 CPE 2.01 (Phase 3); H. Solin, Glotta 62, 1984, 167 ff. Auf einer der bemalten Wände war ein Graffito mit einer Ermahnung angebracht, das gegen Ende des 2. oder Anfang des 3. Jhs. entstanden ist.

frumentariorum geweiht hatte, der in Abwesenheit des princeps kurzzeitig mit der Lagerleitung betraut war[491]. Ob es sich hierbei um ein sacellum gehandelt hat oder ob die Säulen vielmehr eine der Nischen flankierten, die im südlichen Lagerareal nachgewiesen werden konnten, läßt sich nicht mit Sicherheit sagen[492]. Fest steht aber, daß es im Bereich des Lagers noch weitere sakrale Architekturen gegeben haben muß, auf die sich eine große Anzahl von Denkmälern verteilte. Neben orientalischen Gottheiten wie Mithras und Isis Regina wurden im Lager auch römische Staatsgötter, darunter Iuppiter Optimus Maximus[493], Mercurius[494], Apollo[495], Silvanus[496], Herakles und Iuppiter Redux[497] verehrt. Hinzu kamen Kultformen genuin militärischer Natur, die durch Weihungen an den Genius castrorum und die signa legionum belegt sind[498]. Ein ähnlich breites Spektrum findet sich sonst nur bei den equites singulares, für die ebenfalls eine Fülle verschiedener Kulte belegt ist[499]. Zur Skulpturenausstattung des Lagers soll angeblich auch das Original des Steinschiffs gehört haben, das heute in Kopie vor der Kirche S. Maria in Domnica, unweit des ehemaligen Lagers, steht[500].

f Epigraphisch nachgewiesene Innenbauten

Neben den erhaltenen Baubefunden sind für die castra peregrina mehrere Bauten inschriftlich überliefert. Interessanterweise bezeugen die Inschriften vornehmlich Restaurierungs- und Erneuerungsmaßnahmen, die im späten zweiten und frühen dritten Jahrhundert in verschiedenen Bereichen des Lagers durchgeführt wurden. So nennt eine Bauinschrift ein *templum Iovis Reducis*, das um 235 n. Chr. neu ausgestattet wurde[501]. Ferner wird die Erweiterung eines *balneum* in severischer Zeit, zwischen 198–229 n. Chr. überliefert[502]. Für die Mitte des dritten Jahrhunderts sind sogar mehrere Baumaßnahmen belegt. So erwähnt eine auf einem Gesims angebrachte Inschrift, daß zwischen dem Sommer des Jahres 250 und dem Frühling 251 n. Chr. ein Gebäude von einer höher gestellten Persönlichkeit ausgestattet wurde, das vor längerer Zeit erbaut und bereits einige Zeit zuvor von anderen restauriert worden war[503]. Ferner fanden sich Reste einer etwa sechs Meter langen, gleichzeitigen Bauinschrift[504], und ein im Mithräum gefundener Altar erinnert an die Restaurierung eines *simulacrum Silvani* durch einen *princeps peregrinorum*[505]. Daneben ist wie in allen stadtrömischen Militärlagern auch für die castra peregrina ein Heiligtum für den Genius castrorum epigraphisch bezeugt[506]. Auf die Existenz eines armamentarium weist die Inschrift einer kleinen Basis hin, die einen *custos armorum* nennt[507].

g Die stationes der frumentarii

Für die frumentarii werden auf Basis der literarischen Überlieferung und epigraphischer Einzelfunde mehrere militärische Wachtposten, sogenannte stationes, in der Stadt und im Suburbium postuliert[508]. Von den drei in diesem Zusammenhang zitierten Inschriften wurden zwei entlang der Via Appia und eine im Atrium Vestae gefunden. Da letztere ihrem Inhalt nach nicht mit den Vestalinnen in Zusammenhang steht, sondern von einem ehemaligen speculator aufgestellt wurde, vermutet Wilhelm Henzen eine statio frumentariorum auf dem Forum, in nächster Nähe zum Palatin[509]. Die zweite, stark fragmentierte Inschrift erwähnt als Ortsangabe den dritten Meilenstein der Via Appia, an dem ein nicht näher spezifiziertes Monument, möglicherweise ein Gebäude der frumentarii lag, das zu einem nicht mehr bestimmbaren Zeitpunkt erneuert wurde[510]. Auf dem fragmentarisch erhaltenen Fund basiert die Lokalisierung einer weiteren statio nahe dem Grabbau der Cecilia Metella, die direkt unterhalb des sogenannten Castrum Caetani aus dem vierzehnten Jahrhundert gelegen

491 Panciera a. O.

492 Zu Kultnischen: J. T. Bakker, Living and Working with Gods. Studies of evidence for private religion and its material environment in the city of Ostia (100–500 AD) (1994) Abb. 12. 17. 23.

493 CIL VI 36788.

494 CIL VI 36853.

495 Panciera a. O. 227 ff. Nr. 3 Abb. 4.

496 CIL VI 36825.

497 CIL VI 428: ILS 2218.

498 S. Panciera in: L'Afrique, la Gaule, la religion à l'époque romaine, Festschrift Marcel Le Glay (1994) 610 ff. Taf. 91–94.

499 Speidel, Kaiserreiter 55 ff. Nr. 18–67.

500 K. Lehmann, The Ship-Fountain from the Victory of Samothrace to the Galera, Samothracian Reflections (1973) 224 ff. Abb. 39–44; H. v. Hesberg in: T. Korkut (Hrsg.), Anado lu'da doğdu, Festschrift für F. Işik zum 60. Geburtstag (2004) 337 ff.

501 CIL VI 428: ILS 2218; LTUR I (1993) 249 s. v. castra peregrina (E. Lissi Caronna).

502 CIL VI 354.

503 Museo Nazionale Romano Inv. 360173 (= S. Panciera, RendPontAc 70, 1997/98, 221 ff. Nr. 1 Abb. 1).

504 Panciera a. O. 224 ff. Nr. 2.

505 CIL VI 36825.

506 CIL VI 231.

507 S. Panciera, ActaArchHung 41, 1989, 365 ff. bes. 374.

508 So schon W. Henzen, BdI 1884, 29. Jüngst erneut bei: N. Latteri, MEFRA 114, 2002, 476.

509 Henzen a. O. 25; T. Flavius Domitianus, der erst als speculator, später als hastatus diente, stiftete eine Weihinschrift für das Wohl des Alexander Severus.

510 CIL VI 3329.

haben soll[511]. Nur eine der drei Inschriften nennt explizit eine *statio*. Dem Wortlaut der rechts der Via Appia Antica, in der Vigna Capranica gefundenen Inschrift zufolge ist eine statio von zwei frumentarii verschiedener Legionen für ihre Kollegen errichtet und ausgebaut worden[512]. In Ostia und Portus sind die epigraphischen Belege für kleinere Stützpunkte der frumentarii etwas eindeutiger als in der Hauptstadt und deren unmittelbarem Umfeld[513]. So wurde ein Denkmal für Severus Alexander und Julia Mammea von der *statio n(umeri) frumentariorum* in »un luogo assegnato dal procurator portus utriusque« errichtet und die *fratres frumentarii*, die sicher zur stadtrömischen Garnison gehörten, stifteten in Ostia dem Genius der castra peregrina eine Weihung[514].

7 Die Unterkünfte der vigiles

a Historischer Hintergrund

Nach ihrer Gründung im Jahre 6 n. Chr. wurden die vigiles als erste militärisch organisierte Einheit in festen Unterkünften, den sogenannten stationes cohortium vigilum, in der Hauptstadt stationiert[515]. Die dreitausendfünfhundert Soldaten der zweitgrößten stadtrömischen Einheit wurden dabei ihrer Gliederung nach Kohorten entsprechend auf sieben stationes und vierzehn Wachlokale, die sogenannten excubitoria, über das gesamte Stadtgebiet verteilt[516]. Man entsandte ferner Abordnungen der vigiles nach Puteoli und Ostia, die beiden Hafenstädte, die Roms Getreideversorgung sicherten[517]. Es hielt sich folglich nicht immer die volle Kohortenzahl der vigiles im Stadtgebiet Roms und dessen unmittelbarer Umgebung auf. Für das dritte Jahrhundert ist sogar die Teilnahme von Soldaten der cohortes vigilum an auswärtigen Unternehmungen belegt[518].

b Forschungsgeschichte und Überlieferungsbedingungen

Die Unterkünfte der vigiles sind unterschiedlich gut überliefert. Nur zwei der ehemals mindestens einundzwanzig Standorte konnten bislang archäologisch nachgewiesen werden, während die übrigen epigraphisch oder literarisch belegt sind[519]. Die Lokalisierung der stationes beruht in den meisten Fällen auf isolierten Inschriftenfunden. Sofern deren Fundplätze innerhalb der antiken Region lagen, in der sich der Notitia Urbis Romae oder dem Curiosum Urbis Romae zufolge die statio der entsprechenden Kohorte befunden hat, identifizierte man den jeweiligen Auffindungsplatz mit der ehemaligen statio[520]. So führten die zahlreichen Weihungen der vigiles, die in den Kirchen am Fuße des Aventin in Zweitverwendung verbaut waren, zu der Annahme, die statio cohortis IV vigilum habe direkt unter S. Saba gelegen[521]. Ferner wurde angenommen, daß die in der Kirche verbauten Marmore aus der Unterkunft stammten[522].

Die einzigen archäologisch nachgewiesen Unterkünfte der vigiles sind die statio cohortis V vigilum und das excubitorium cohortis VII vigilum. Die statio wurde durch zwei im Januar 1820 nahe dem Eingang zur Villa Mattei (der heutigen Villa Celimontana) gefundene Marmorbasen lokalisiert, die noch in situ auf einem Mosaik standen, das den Beschreibungen des Ausgräbers zufolge Teil eines Vestibüls war[523]. Die beiden vom Anfang des dritten Jahrhunderts stammenden Monumente trugen Namen von Offizieren, Unteroffizieren und einfachen Soldaten[524].

511 L. Quilici, Via Appia. Da Porta Capena ai Colli Albani (1989) 42 bringt den Platz mit den Prätorianern in Verbindung. – Eine in der Vigna Amendola nicht weit von S. Sebastiano gefundene Weihung der equites singulares Augusti aus dem Jahr 202/203 n. Chr. bringt Latteri a. O. 745 ff. ebenfalls in Zusammenhang mit einer vermeintlichen statio am dritten Meilenstein. Weitere Belege seien eine Weih- und zwei Grabinschriften, die 1850 im Umfeld des Grabmals der Cecilia Metella gefunden wurden.

512 CIL VI 3329 (222–235 n. Chr.).

513 Die von Henzen angeführte Textstelle bei Suet. Aug. 32 *grassaturas dispositis per opportuna loca stationibus inhibuit* bezieht sich wohl eher auf die urbaniciani, da die frumentarii unter Augustus noch nicht existierten (vgl. Kap. I 2). Gleiches gilt für Suet. Tib. 37 *stationes militum per Italiam solito frequentiores disposuit*.

514 NSc 1881, 116.

515 Neben dem Begriff »statio« belegen epigraphische Zeugnisse auch die Bezeichnung »castra« für die Unterkünfte der vigiles, s. CIL XIV 4381. 4387.

516 Dies ist den einzelnen Benennungen der stationes zu entnehmen. Zur Verteilung: Cass. Dio 57, 19, 6; Sablayrolles, Libertinus miles 250; Nordh, De regionibus 105.

517 Sablayrolle, Libertinus miles 256; J. S. Rainbird, BSR 54, 1986, 145 ff.

518 B. Pferdehirt, ArchKorrbl 33, 2003, 403 ff.; dies., Römische Militärdiplome (2004) 192 ff.

519 Sablayrolles, Libertinus miles Abb. 1 kennzeichnet in seiner Kartierung den heterogenen Überlieferungsstand der Unterkünfte durch die Verwendung verschiedener Symbole.

520 J. S. Rainbird, BSR 54, 1986, 145 ff. bes. 148.

521 CIL VI 219. 220. 643. 1055.

522 Jordan – Hülsen, Topographie 187; G. B. De Rossi, AdI 1858, 285.

523 Sablayrolles, Libertinus miles 259; Colini, Celio 239.

524 CIL VI 1057. 1058: ILS 2157. – Die beiden Denkmäler belegen, daß die Zahl einer cohors vigilum zu Beginn des 3. Jhs. auf etwa eintausend Mann erhöht worden war.

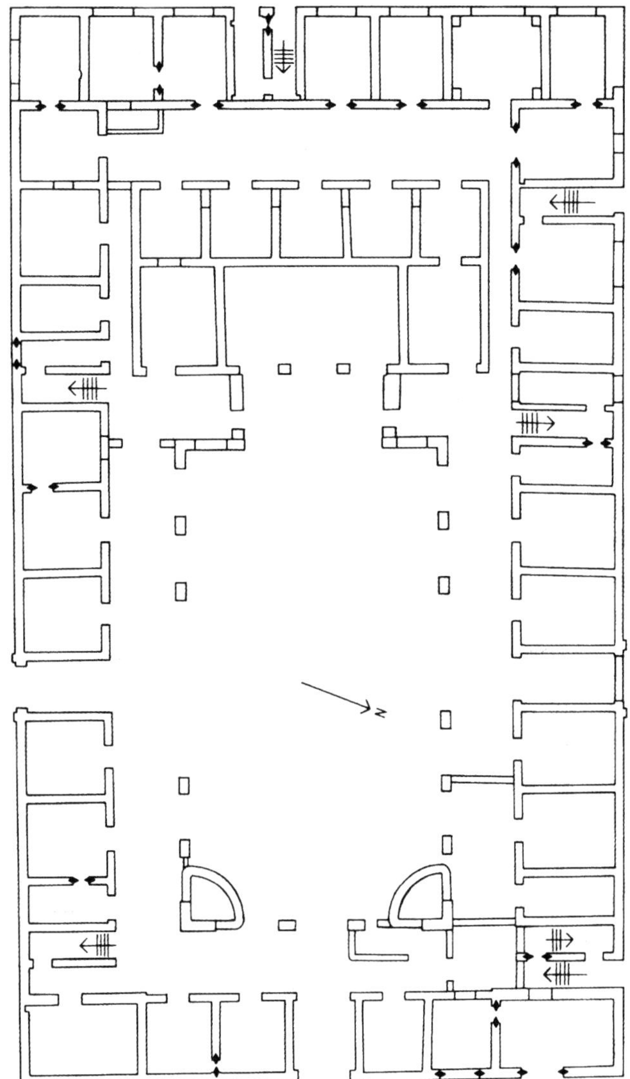

Abb. 45 Grundriß der ›Caserma dei Vigili in Ostia‹

Über die Innenbebauung und Ausstattung der statio ist nicht viel bekannt. Zwischen 1544 und 1546 waren unter Papst Paul III. bei Ausgrabungen im Bereich der Villa Mattei Funde zutage getreten, die in der Forschung der statio zugewiesen werden, doch ist deren Zugehörigkeit nicht gesichert[525]. Es handelte sich hierbei um zahlreiche Säulen und Architrave, die heute die Sala Regia im Vatikanspalast schmücken. Nach Robert Sablayrolles paßt die aufwendige Bauornamentik jedoch zu den anderen Fundbeschreibungen, die zur statio cohortis V vigilum gemacht wurden[526].

Luigi Rossini glaubte, während der Ausgrabungen im Jahre 1820 das Gefängnis der Kasernen gefunden zu haben[527]. Da es außer wenigen Fotografien und summarischen Skizzen keine Dokumentation der im Bereich der statio freigelegten Befunde gibt, sind die Aussagemöglichkeiten über die Struktur der stationes in Rom äußerst beschränkt. Die erste systematische Zusammenstellung und kritische Prüfung der erhaltenen Unterkünfte der vigiles gibt Rainbird[528]. Ausgehend von der gut erhaltenen Caserma dei Vigili in Ostia, stellt er Überlegungen zur Innenstruktur der stadtrömischen Unterkünfte an (Abb. 45).

Das im Jahre 1866 am Monte de' Fiori in Trastevere entdeckte excubitorium cohortis VII vigilum wurde erst kürzlich im Rahmen einer Untersuchung zur Wohnbebauung stadtrömischer Insulae ausführlicher vorgestellt[529]. Eine besondere Bedeutung kommt dem Wachlokal der Einheit durch den exzellenten Erhaltungszustand einzelner Räume und die zahlreichen Graffiti an den Wänden der Soldatenunterkünfte zu[530]. Diese sind eine wichtige Quelle für die Geschichte und Organisation der Einheit, die zuletzt umfassend von Sablayrolles behandelt wurde[531].

c Topographische Situation

Der literarischen Überlieferung zufolge lagen die stationes jeweils an der Grenze zweier (der insgesamt vierzehn) augusteischen Regionen Roms. Die Lage der stationes orientierte sich dabei am Verlauf der Severianischen Stadtmauer, wobei sich nicht alle Unterkünfte, sofern diese richtig lokalisiert sind, extra muros befanden (Abb. 6. 48). Die vigiles waren damit die einzige Einheit, die bereits in augusteischer Zeit auch innerhalb des pomerium stationiert war.

Bei der Auswahl der Orte, an denen man die stationes errichtete, läßt sich kein besonderer Organisationsplan erkennen. Die Unterkunft der cohors I vigilum war gleichzeitig das Hauptquartier und der Sitz des praefectus vigilum und befand sich, wohl aus diesem Grunde, in prominenter Lage auf dem Marsfeld[532]. An exponierten Stellen lagen

525 Lanciani zufolge gehörten diese zu einem Tempel. L. Malvezzi Campeggi (Hrsg.), R. Lanciani. Storia degli scavi di Roma II (1990) 144 f.

526 Sablayrolles, Libertinus miles 258. »Nell'orto del duca Mattei sotto la Navicella si cavò in tempo d'Innocenzo X e si trovarono cose belle; anzi di più si dice un grosso ripostino. Fu rimessa mano alla cava in tempo d'Innocenzo XI, nella quale furono trovate diverse teste, di marmi, busti di alabastro, e di porfido, metalli, ed iscrizioni, medaglie d'ogni genere«. Vgl. Fea, Miscellanea I, 242 f. Nr. 79 »Orto de' Mattei alla Navicella«.

527 Lanciani, Ruins 340 f.; L. Rossini, I sette colli (1829) Nr. 13.

528 J. S. Rainbird, BSR 54, 1986, 145 ff.

529 M. C. Molinari – S. Priester, RendLinc 10, 1999, 523 ff.

530 A. Pellegrini – W. Henzen, BdI 1867, 8 ff.; G. Henzen, AdI 1874, 111 ff.

531 Sablayrolles, Libertinus miles.

532 Nordh, De regionibus 82. Auf Grund von Inschriftenfunden wird die statio an der Nordseite der Piazza SS. Apostoli, unter dem Palazzo Balestra (ehemals Palazzo Muti) und im

auch die statio cohortis V vigilum auf einem Plateau im Bereich der heutigen Villa Celimontana[533] und möglicherweise die statio cohortis III vigilum, die für die Regio VI überliefert wird, wo sie vermutlich auf der Hochebene unweit der jüngeren Diokletiansthermen zu lokalisieren ist[534]. Die statio der cohors IV vigilum lag in der Regio XII, wobei ein Fragment der Forma Urbis für eine Lokalisierung auf dem Aventin sprechen könnte[535]. Die statio cohortis II vigilum befand sich in der Regio IV auf dem Esquilin, wo sie etwa zwischen dem später errichteten Nymphäum des Severus Alexander und des Hercules Sullanus südlich der Via Labicana gestanden haben dürfte[536]. Die statio cohortis VI vigilum lag in der Regio VIII[537]. Die statio cohortis VII vigilum ist in der Regio XIV[538] zu lokalisieren.

Der literarischen Überlieferung zufolge wurden im Laufe der Zeit zusätzliche Wachlokale der vigiles in den Regiones VIII, IX und X eingerichtet, weil hier häufiger Brände auftraten. Eines dieser nachträglich eingerichteten excubitoria ist das in Trastevere nahe S. Crisogono entdeckte Wachlokal der cohors VII vigilum[539]. Dem archäologischen Befund zufolge installierte man vom Beginn des dritten Jahrhunderts an eine Abteilung der siebten Kohorte über einen längeren Zeitraum in einem großen Privathaus[540]. Ob dieses hierfür angekauft, angemietet oder sogar enteignet wurde, läßt sich nicht klären.

Im Hinblick auf die Topographie der stationes und excubitoria läßt sich festhalten, daß diese zweifelsohne aus einsatzorientierten Gründen an strategisch günstig gelegenen Stellen errichtet worden waren, von denen zwei benachbarte Regionen so gut erreichbar sein mußten, daß die vigiles dort wirkungsvoll zur Brandbekämpfung eingesetzt werden konnten[541].

d Innenbebauung der stationes und der excubitoria

Auf dem von Colini publizierten Plan des Caelius sind die ergrabenen Reste der statio V vigilum verzeichnet[542]. Es handelt sich dabei um die einzige verwertbare Dokumentation der Bauten, da die bei den Grabungen angefertigten Fotografien es nicht zulassen, die Gebäudestrukturen im Detail zu begreifen. Der Plan Colinis zeigt zwei nordsüdlich orientierte Raumfluchten von mehreren etwa gleich großen Räumen, doch ist dabei nicht erkenntlich, wo sich die Zugänge befanden und wie sich die Bauten in die Gesamtstruktur der Anlage einfügten. Von besonderem Wert für das Verständnis der stadtrömischen Anlagen ist die Betrachtung der schon von Rainbird herangezogenen Caserma dei Vigili, obwohl in Ostia aller Wahrscheinlichkeit nach nur eine Abordnung, nicht eine ganze Kohorte der vigiles Platz finden mußte. Dort gruppieren sich mehrere Raumfluchten um einen zentralen Innenhof, der nach Westen hin von einer Ziegelmauer begrenzt wird, in die eine große Nische eingelassen ist (Abb. 45).

Das einzige ergrabene excubitorium ist im Hinblick auf die grundsätzliche Frage nach dem Aufbau der Wachlokale nur wenig aussagekräftig, da man das Wachlokal in bereits vorhandene Strukturen einer privaten Wohnbebauung integrieren mußte und dadurch gewisse Vorgaben bestanden. Es kann daher kaum stellvertretend für die anderen, bereits zu früheren Zeitpunkten eingerichten excubitoria der vigiles stehen. Interessant ist neben den zahlreichen Graffiti die Gestaltung des heute noch zugänglichen Bereichs der Wohneinheit[543]. Dessen Zentrum bildet ein Hof mit Schwarzweißmosaiken und einem Brunnen in der Mitte, an dessen Westwand sich ein kleines Sacellum befindet, das von einer dekorativen Ziegelfassade eingefaßt

Bereich von S. Marcello lokalisiert. R. Valentini – G. Zucchetti, Codice topografico della città di Roma I (1940) 110 Anm. 4; P. K. Baillie Reynolds, The vigiles of imperial Rome (1926) 45 f.

533 Nordh, De regionibus 75; CIL VI 221. 222. 1057. 1058; Jordan – Hülsen, Topographie 236; L. Malvezzi Campeggi (Hrsg.), R. Lanciani. Storia degli scavi di Roma II (1990) 144; C. Buzetti (Hrsg.), Rodolfo Lanciani. Storia degli scavi di Roma III (1990) 153.

534 Nordh, De regionibus 81 f.; CIL VI 3761. 31320; FUR Taf. 17; Jordan – Hülsen, Topographie 374; BCom 1, 1872/73, 249. Es könnte sich bei dem epigraphisch überlieferten Ort ebensogut um ein excubitorium gehandelt haben.

535 Nordh, De regionibus 93. Ein Fragment der Forma Urbis wird von E. Rodriguez Almeida, Forma Urbis Marmorea. Aggiornamento generale 1980 (1981) 57 ff. dem Aventin zugewiesen. Da sich keine baulichen Reste erhalten haben, ist die genaue Lokalisierung der statio schwierig. Zur Überlieferungsproblematik s. a. Sablayrolles, Libertinus miles 267 f.

536 Nordh, De regionibus 80; CIL VI, 414 b. 1059; L. Malvezzi Campeggi (Hrsg.), R. Lanciani. Storia degli scavi di Roma I (1989) 268; Buzetti a. O. 75; BCom 1, 1872/73, 163; FUR Taf. 24.

537 LTUR I (1993) 293 s. v. cohortium vigilum stationes (A. M. Ramieri).

538 Nordh, De regionibus 84; CIL VI 2998–3091; Jordan – Hülsen, Topographie 647; BCom 1, 1872/73, 157.

539 Lanciani, Ruins 547 ff.

540 Von der Dauerhaftigkeit der Stationierung zeugen die bereits erwähnten Graffiti an den Wänden der Räume, die im Jahre 215 einsetzen und um 245 enden.

541 Sablayrolles, Libertinus miles 245 f.

542 Colini, Celio Taf. 24.

543 E. Desjardins, Note sur les inscriptions graffites du corps de garde de la septième cohorte des vigiles (Rome), MemAcInscr 28, 2, 1876, 265 ff.

Abb. 46 Kultnische im excubitorium cohortis VII vigilum

ist[544] (Abb. 46). Im Eingangsbereich des excubitorium stand eine Silvanusstatuette in einer Mauernische[545]. Auch heute noch kann man erkennen, daß das Gebäude zahlreiche Stockwerke besaß, wobei die Wände zum Teil noch bis in den zweiten Stock der dortigen modernen Wohnbebauung reichen[546].

8 Epigraphisch oder literarisch überlieferte Lager und Unterkünfte

a Die Unterkunft der Germani corporis custodes

Die Germani corporis custodes wurden unter Augustus nach dem Vorbild der germanischen Leibwache Cäsars und der privaten germanischen Leibgarden einiger einflußreicher Familien der spätrepublikanischen Zeit eingerichtet[547]. Bereits wenige Jahre nach ihrer Gründung wurden sie von Augustus als Reaktion auf die Varusniederlage vorübergehend aus Rom verbannt[548]. Nach ihrer Rückkehr blieben sie bis zu ihrer endgültigen Entlassung durch Galba eine feste Einrichtung des julisch-claudischen Kaiserhauses[549].

Über die Unterbringung der Leibgarde ist so gut wie nichts bekannt[550]. Den zeitgenössischen literarischen Quellen zufolge lag das Quartier der vermutlich fünfhundert berittenen, in turmae organisierten Germani corporis custodes nahe der horti Dolabellae, die in Trastevere lokalisiert werden (Abb. 6)[551]. Für eine Stationierung der Soldaten in Trastevere spräche zudem auch die Lage der Bestattungen, die in kleineren Gruppen an der Via Aurelia und der Via Portuensis, also im näheren Umfeld des potentiellen Lagers, gefunden wurden[552].

b Ein aurelianisches Lager für die Stadtkohorten?

Die Soldaten der Stadtkohorten waren aller Wahrscheinlichkeit nach bereits in augusteischer und frühtiberischer Zeit, also noch vor dem Bau der castra praetoria, in Rom stationiert[553]. Vermutlich waren die auch als urbaniciani bezeichneten Soldaten zu dieser Zeit gleich den vigiles in Wachtposten untergebracht, die sich über das Stadtgebiet verteilten[554], bevor sie im Jahre 23 n. Chr. gemeinsam mit den Prätorianerkohorten, in den castra praetoria am Rande der Stadt zusammengeführt wurden[555]. Nachdem die Stadtkohorten über einen Zeitraum von zweihundertfünfzig Jahren zusammen mit den Prätorianerkohorten in den castra praetoria auf dem campus Viminalis stationiert

544 R. Lanciani, Ancient Rome (1888) 231 Taf.; zu Lararien in Wohnhäusern: J. T. Bakker, Living and working with gods (1994) 21 ff.

545 P. Zanker in: Kanon, Festschrift Ernst Berger (1988) 275 ff.

546 Lanciani, Ruins 549.

547 Bellen, Leibwache 13 ff.

548 Cass. Dio 79, 6.

549 Suet. Galba 12, 2; M. P. Speidel, Germani Corporis Custodes, Germania 62, 1984, 42 f.; Bellen, Leibwache 96 ff. Als Ursache für die Auflösung werden sowohl der Verrat an Nero wie auch der Umstand, daß sie Dolabella favorisierten, genannt.

550 Möglicherweise führte dies zu der fälschlichen Annahme, die Germani corporis custodes seien in den castra peregrina, nahe der Kaiserresidenz auf dem Palatin, stationiert gewesen. So: Kolb, Rom 555.

551 Möglicherweise gilt dies aber nur für das Vierkaiserjahr, als sie zu Dolabella hielten. Die Fundsituation ihrer Grabdenkmäler an der Via Aurelia und der Via Portuensis weist jedoch darauf hin, daß die Unterbringung auf der rechten Tiberseite lag. Zur Mannschaftsstärke der Einheit ausführlich: Bellen, Leibwache 53 ff.

552 Vgl. Kap. III 5.

553 Freis, Cohortes Urbanae 4. 37 f. nimmt in Analogie zu den Prätorianern an, daß auch die Stadtkohorten zunächst auf Privatquartiere in Rom und die Munizipien der Umgebung verteilt waren. – F. Coarelli in: LTUR I (1993) 255 s. v. castra urbana postuliert hingegen, die für die aurelianische Zeit belegten castra urbana hätten bereits in augusteischer Zeit existiert.

554 Suet. Aug. 32, 1. – Die Inschrift AE 1954, 53 nennt einen *stationarius*. Zu den stationarii vgl. auch: Dig. 1, 12, 1, 12 und 1, 8.

555 Tac. ann. 4, 2, 1.

gewesen waren, wurde der mittlerweile auf sechstausend Mann angewachsenen Einheit unter Aurelian mit großer Wahrscheinlichkeit ein eigenes Lager errichtet. In den Ausführungen eines anonymen Chronographen aus dem Jahre 354 n. Chr. heißt es nämlich: *Hic (Aurelianus) muro urbem cinxit, templum Solis et castra in campo Agrippae dedicavit.* Die beiden spätantiken Regionarien führen die neu errichteten castra unter den Bauten der Regio VII auf[556]. Es ist kaum anzuzweifeln, daß es sich hierbei um ein Lager für die Stadtkohorten handelte, auch ohne daß dies in den Quellen explizit als solches benannt wird. Die Umbaumaßnahmen im Inneren der castra praetoria, die mit der Einbeziehung des Lagers in die Aurelianische Stadtmauer nötig wurden, schränkten deren Funktionalität stark ein. So wurden die Unterkünfte entlang der Innenseite der Umwehrung vermutlich unbewohnbar, so daß für eine große Zahl von Soldaten eine neue Unterbringung geschaffen werden mußte[557]. Zudem geben die in den Digesten zusammengestellten Texte Ulpians einen Hinweis auf eine verstärkte Präsenz der cohortes urbanae nahe dem Forum Suarium[558]. Hiernach fiel die Oberaufsicht über die Fleischverteilung am Forum Suarium unter die Zuständigkeit des praefectus urbis und seiner Einheit. Natürlich müssen deshalb nicht zwangsläufig alle sechstausend Soldaten dort untergebracht gewesen sein, doch kann es keinen Zweifel daran geben, daß zumindest ein Teil der Stadtkohorten hier ihren Dienst verrichtete[559]. Neben der Textstelle in den Digesten ist eine Inschrift aus der Zeit zwischen 317 und 337 n. Chr. überliefert, die dem Kaiser von einem Tribunen der cohortes urbanae gestiftet wurde, der gleichzeitig dem Forum Suarium vorstand[560].

Betrachtet man die topographische Situation des Ortes, den man unter Aurelian für den Neubau der castra wählte, wird deutlich, daß dieser weder eine exponierte Lage besaß noch die Grenzen des pomerium berücksichtigte. Statt dessen errichtete man das Lager inmitten der Stadt, nahe dem Templum Solis, unmittelbar beim neuen Einsatzort der Soldaten, die neben ihren sonstigen Tätigkeiten die Fleischverteilung im nahegelegenen Forum Suarium überwachen sollten[561]. Über das äußere Erscheinungsbild der neuen castra und deren Ausdehnung können nach dem bisherigen Kenntnisstand keinerlei Aussagen gemacht werden.

Ausgehend von einer aus dem Jahre 182 n. Chr. stammenden Weihinschrift an den Genius centuriae, postuliert Coarelli im Bereich des aurelianischen Lagers eine statio der Stadtkohorten, die sich seit augusteischer Zeit dort befunden haben soll[562]. Gegen seine Annahme spricht jedoch, daß Weihungen der stadtrömischen Soldaten nicht nur im unmittelbaren Umfeld ihrer Unterkünfte, sondern über das gesamte Stadtgebiet verteilt und weit über dessen Grenzen hinaus zu finden sind.

c Das Lager der Flottensoldaten aus Misenum

Die literarischen Quellen geben keine Auskunft darüber, zu welchem Zeitpunkt erstmals eine Abteilung der Flottensoldaten aus Misenum abgezogen wurde, um zu verschiedenen Diensten in der Hauptstadt eingesetzt zu werden[563]. Ebensowenig weiß man über die Größe des abberufenen Kontingents. Da die classiarii der Überlieferung zufolge auch bei den Spielen im Kolosseum zum Hissen der Sonnensegel eingesetzt wurden, ist davon auszugehen, daß sie spätestens seit flavischer Zeit in unmittelbarer Nähe zum Amphitheater stationiert wurden[564]. Für die Annahme, sie seien zuvor zusammen mit den Prätorianern in den castra praetoria stationiert gewesen[565], gibt es keinen Beleg.

Das Lager der Flottensoldaten, die castra Misenatium, sind nicht nur durch die Nennung in der Notitia Urbis Romae bekannt, wonach sie sich in der Regio III nahe dem Kolosseum befanden, sondern ebenfalls auf einem Fragment des severischen Marmorplans überliefert[566]. Der erhaltene Teil des Planes ist jedoch so fragmentarisch, daß er sich nicht in einen topographischen Zusammenhang mit anderen Fragmenten bringen läßt (Abb. 47). Selbst wenn

556 Vgl. Lugli, Fontes 378 Nr. 65–67. Die Texte des Curiosum Urbis Romae und der Notitia Urbis Romae sind ediert bei: Nordh, De regionibus 73 ff. Darin heißt es: *templum Solis et castra.*

557 Vgl. Kap. II 3 d. f.

558 Dig. 1, 12, 1, 11.

559 Dig. 1, 12, 1, 12.

560 CIL VI 1156 a.

561 Lugli, Fontes 379 Nr. 69–71: Zos. 2, 9, 3 (306 n. Chr.); Symm. Epist. 9, 57 (54), 1.

562 LTUR I (1993) 255 s. v. castra urbana (F. Coarelli). Die Inschrift CIL VI 217 auch bei Lugli, Fontes 379 Nr. 68.

563 Erst unter Augustus wurden ständig in Ravenna und Misenum stationierte Flotteneinheiten aufgestellt: M. Reddé, Mare Nostrum (1986) 472 ff.

564 SHA Comm. 15, 6: *miles classis Misenensis vela ducebant in amphiteatro* (= Lugli, Fontes Nr. 302, Nr. 303). Den Berufungszeitpunkt der Marinesoldaten nach Rom jedoch allein auf Grund der überlieferten Einsätze bei den Spielen im Kolosseum in flavische Zeit zu setzen, greift m. E. zu kurz, da diese auch in anderen Bereichen eingesetzt wurden, vgl. Reddé a. O. 451 ff.

565 So Kienast, Kriegsflotten 53.

566 Nordh, De regionibus 77. 106; E. Rodriguez Almeida, Forma Urbis Marmorea. Aggiornamento generale 1980 (1981) 70 f. Taf. 4.

Abb. 47 Fragment der Forma Urbis mit Nennung der castra Misenatium

das Lager nicht sicher verortet werden kann[567], kann die grobe Lokalisierung im näheren Umfeld des Kolosseums durch zwei zusätzliche epigraphische Funde als gesichert betrachtet werden. Unweit der Titusthermen ist man auf eine Bauinschrift gestoßen, die eine Erweiterung des Lagers unter Gordian im Jahre 240 n. Chr. erwähnt[568]. Eine an der Via Tiburtina gefundene Grabinschrift eines Ehepaares, welches in den castra bei den Titusthermen gewohnt habe, bestätigt diese Lage[569]. Möglicherweise gibt die in die Zeit nach 313 n. Chr. zu datierende Inschrift über die bloße Lokalisierung der Anlage hinaus einen wichtigen Hinweis auf eine zivile Nutzung des ehemaligen Lagerareals in der Spätantike, nach Abzug der ehemaligen Besatzung. Ähnliche Phänomene kennt man aus anderen Teilen des römischen Reiches[570].

Die castra Misenatium lagen äußerst zentral, an der Kreuzung dreier antiker Hauptverkehrsachsen, aber in relativ großer Entfernung zum Tiber. Für die Errichtung des Lagers war offenbar eher die Nähe zum Kolosseum ausschlaggebend als der schnelle Einsatz auf dem Fluß.

d Das Lager der Flottensoldaten aus Ravenna

Das Lager für die Flottensoldaten aus Ravenna ist noch schlechter überliefert als die castra Misenatium. Ebensowenig ist bekannt, wann Abordnungen der italischen Flotte aus Ravenna nach Rom berufen wurden. Die Existenz eines stadtrömischen Lagers für die Ravennatii ist aber durch dessen Nennung in den beiden spätantiken Regionarien, der Notitia Urbis Romae und dem Curiosum Urbis Romae, gesichert[571]. Auf Grund ethymologischer Ähnlichkeiten mit einer mittelalterlichen Flurbezeichnung werden die castra Ravennatium in Trastevere lokalisiert, wo sich der Überlieferung zufolge auch die sogenannte Naumachia Augusti befand[572]. Bei den dort nachgestellten Seeschlachten wurden die Soldaten vermutlich eingesetzt. In Analogie zur Unterkunft der Misenatii könnte man also annehmen, die castra Ravennatium hätten ebenfalls nahe ihrem Einsatzort gelegen. Für eine solche Überlegung spräche ferner die Lage der Begräbnisplätze der Flottensoldaten aus Ravenna, die an der Via Aurelia, unweit des vermuteten Lagers entdeckt wurden[573].

9 Zur topographischen Situation der Truppenunterkünfte und ihrer Einbettung in die urbanen Strukturen

Betrachtet man die Verteilung der Truppenunterkünfte in Rom, so wird deutlich, daß ein wesentlicher Teil am Rande des augusteischen Stadtgebiets außerhalb der Severianischen Mauer lag und sich offenbar an deren Verlauf orientierte[574] (Abb. 6). Doch diese auf den ersten Blick wie ein Belagerungsring wirkende Lage der Kasernen

567 Die bei der Anlage eines Kanals auf der Via Labicana 1888 entdeckten Reste eines Gebäudes mit einer Reihe von Cellae, die die Südseite eines Hofs bildeten, können nicht sicher dem Lager zugewiesen werden. Anders: Lanciani, Ruins 389; FUR Taf. 30; H. Kiepert – Ch. Hülsen, Forma Urbis Romae Antiquae (1912) 66.

568 Die Bauinschrift CIL VI 1091 (= Lugli, Fontes III 171 Nr. 305) wurde »extra Thermas Titi«, unmittelbar südlich der großen Exedra der Trajansthermen gefunden. Sie befindet sich heute in den Musei Vaticani. Jordan – Hülsen, Topographie 301. Siehe auch W. Henzen, Sulla posizione delle castra Misenatium e di alcuni altri punti della terza regione di Roma, AdI 1862, 60 ff. bes. 64.

569 IG XIV, 956 B 15 (=Lugli, Fontes III 171 Nr. 304).

570 R. Kastler in: Ch. Gugl – R. Kastler (Hrsg.), Legionslager Carnuntum. Ausgrabungen 1968–1977, RLÖ 45, 2007, 462 ff. bes. 470 f.; M. Konrad, Die Ausgrabungen unter dem Niedermünster zu Regensburg II. Bauten und Funde der römischen Zeit – Auswertung, Münchner Beiträge Vor- und Frühgeschichte 57, 2005, 99 ff.; vgl. dazu auch diverse Beiträge in: M. Konrad – Ch. Witschel (Hrsg.), Römische Legionslager in den Rhein- und Donauprovinzen. Nuclei spätantik-frühmittelalterlichen Lebens (im Druck).

571 Nordh, De regionibus 106.

572 Nach F. Coarelli, Ostraka 1, 1992, 52 ff. lagen diese südlich der Via Aurelia.

573 Vgl. Kap. III 10.

574 Zur Ausdehung der Stadt unter Augustus: L. Haselberger (Hrsg.), Mapping Augustan Rome, JRA Suppl. 50 (2002) 26 Abb. 2 Beil. Plan 1 : 6000. – Chronologisch undifferenzierte Kartierungen der stadtrömischen Truppenunterkünfte bei: Y. Le Bohec, Armée Taf. 3 und J. C. N. Coulston in: Coulston – Dodge, Rome 77 Abb. 5, 1.

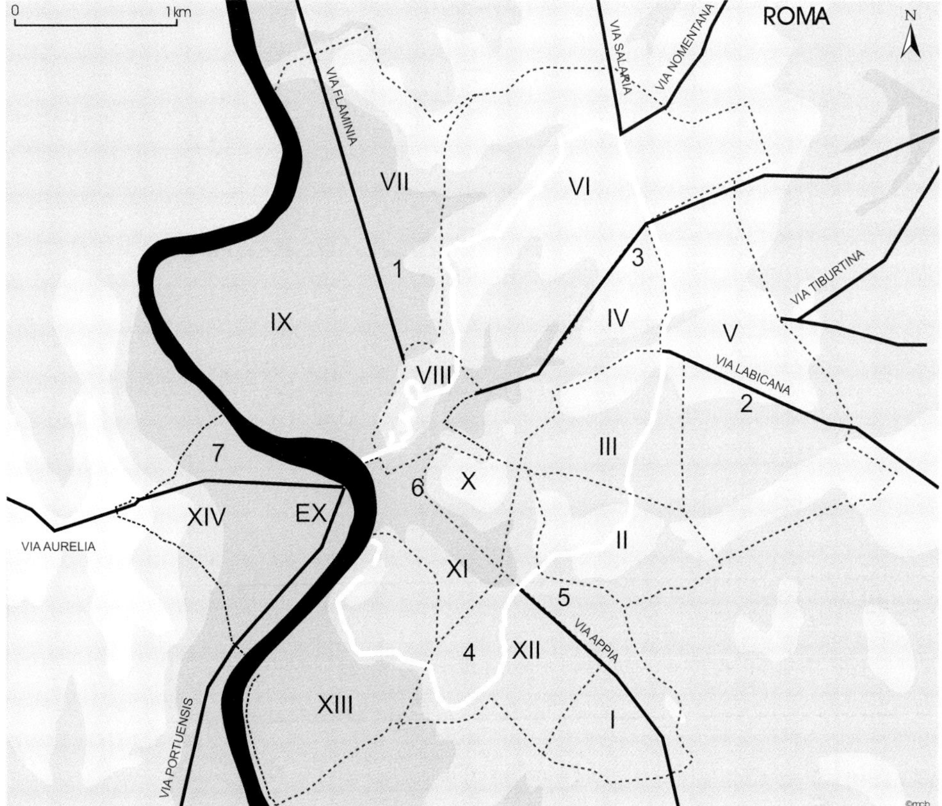

Abb. 48 Verteilung der stationes cohortium vigilum über die vierzehn augusteischen Regionen Roms:
statio cohortis I vigilum (1),
statio cohortis II vigilum (2),
statio cohortis III vigilum (3),
statio cohortis IV vigilum (4),
statio cohortis V vigilum (5),
statio cohortis VI vigilum (6),
statio cohortis VII vigilum (7),
excubitorium cohortis VII vigilum (EX), Unterkunft der Germani corporis custodes (GCC)

steht am Ende einer komplexen, über drei Jahrhunderte andauernden Entwicklung. Die topographische Situation der Lager war hierbei von unterschiedlichen Faktoren abhängig, die im Folgenden skizziert werden sollen. Im Hinblick auf die eingangs formulierte Fragestellung wird dabei aufgezeigt, ob und inwieweit sich in der Anlage der Truppenunterkünfte von der frühen Kaiserzeit bis zum Beginn des vierten Jahrhunderts Indikatoren widerspiegeln, die Rückschlüsse auf einen Wandel in der Stellung des Militärs in der Hauptstadt zulassen.

Betrachtet man zunächst die naturräumlichen Gegebenheiten, so zeigt sich zwar, daß man für viele der Truppenunterkünfte höher gelegene Bereiche auswählte, die exponierte Lage aber nicht zwangsläufig ausschlaggebend war. Die castra praetoria liegen auf einer Hochebene östlich des Viminal, die castra peregrina an einem der höchsten Punkte des Caelius und für die Anlage des jüngeren Lagers der equites singulares Augusti schuf man durch aufwendige Planierungsmaßnahmen eine höher gelegene Baufläche, die sechs Meter über dem ehemaligen Geländeniveau lag. Anders verhielt es sich mit den stationes der vigiles, von denen nur einzelne, wie die statio cohortis V vigilum auf dem Caelius, eine topographisch exponierte Lage aufweisen, während der Großteil in der Ebene beziehungsweise in den Tälern errichtet wurde, wie die statio cohortis I vigilum auf dem Marsfeld. Gleiches gilt für die Unterkunft der ravennatischen Flottensoldaten transtiberim und die ›castra Urbana‹ auf dem campus Agrippae. Die Lokalisierung der castra Misenatium nahe dem Kolosseum ist indes so ungenau, daß sich nicht mit Sicherheit sagen läßt, ob diese eine exponierte Lage besaßen.

Bei den ausgewählten Orten handelte es sich meist um besonders verkehrsgünstig gelegene Punkte, die neben der Kontrolle der Ausfallstraßen im Norden, Osten, Süden und Westen der Stadt größeren Truppenabteilungen ein schnelles Fortbewegen ermöglichten. Die castra praetoria beherrschten die Zugänge im Norden, Nordosten und Osten der Stadt. Von der Südseite des Lagers führte die Hauptstraße des Viminal durch den Vicus Patricius, Subura und Argiletum über das Nervaforum mitten ins politische Zentrum, zum Forum Romanum und auf den Palatin. Ähnliches läßt sich für die beiden Lager der equites singulares im Südosten der Stadt, zwischen der Via Tusculana und der Via Labicana gelegen, sowie für die castra urbana unweit der Via Flaminia feststellen. Abgesehen von ihrer verkehrsgünstigen Lage ist bemerkenswert, daß die Verteilung der Lager etwa mit der Verteilung der großen horti übereinstimmt[575]. In spätrepublikanischer Zeit hatten diese immer wieder zur Beherbergung von Soldaten gedient, wie es beispielsweise für die horti des

575 Zu den stadtrömischen horti s. Einträge in LTUR III (1996) 51 ff. und M. Cima – E. La Rocca, Horti romani, BCom Suppl. 6, Tagung Rom 1995 (1998).

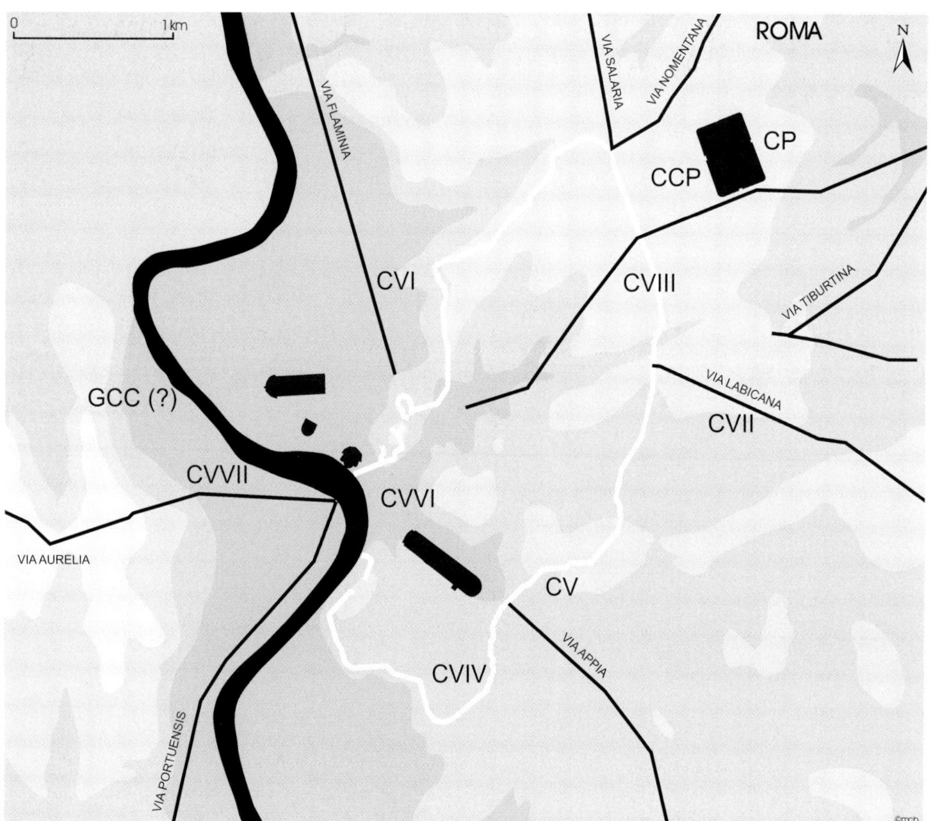

Abb. 49 Kartierung der in Rom nachgewiesenen Soldatenunterkünfte in tiberischer Zeit: castra praetoria (CP), campus cohortium praetorianorum (CCP), stationes cohortium vigilum (CV + römische Zahl), excubitorium cohortis VII vigilum (EX), Unterkunft der Germani corporis custodes (GCC)

Pompeius beim heutigen Muro Torto überliefert wird[576]. In der Kaiserzeit waren sie beinahe alle in kaiserlichem Besitz und waren damit gut verfügbares Bauland. Dies mag ebenso für das Gelände der castra auf dem campus Agrippae gegolten haben[577].

Die chronologische Differenzierung der Kartierung zeigt, daß es abgesehen von den geschilderten pragmatischen Gründen eine Entwicklung in der Anlage der Unterkünfte gab, die auf andere Ursachen zurückzuführen ist. Die Lager und Unterkünfte der stadtrömischen Soldaten waren über das ganze Stadtgebiet verteilt, wobei für die Auswahl eines Geländes unterschiedliche Faktoren bestimmend sein konnten. So waren in augusteischer Zeit nur die vigiles, als paramilitärisch organisierte Feuerwehr, in festen Truppenunterkünften innerhalb der Stadt untergebracht. Die dreitausendfünfhundert Soldaten verteilten sich auf sieben stationes und vierzehn excubitoria über das gesamte Stadtgebiet (Abb. 48). Da nur wenige stationes archäologisch überliefert sind, ist unklar, inwieweit für die in relativ dicht besiedeltem Gelände errichteten Unterkünfte vorhandene ältere Bebauung niedergelegt werden mußte. Von den neun Prätorianerkohorten waren zu diesem Zeitpunkt lediglich drei in Privatunterkünften über ganz Rom verstreut, während die übrigen sechs Prätorianerkohorten außerhalb der Stadt lagen. Die Soldaten der Stadtkohorten dürften in dieser Zeit ähnlich den vigiles in stationes untergebracht gewesen sein[578]. Als den Prätorianern zusammen mit den Stadtkohorten auf Betreiben des Prätorianerpräfekten Sejan in tiberischer Zeit ein Lager errichtet wurde, wählte man dafür ein Gebiet am nordöstlichen Rande der Stadt, in einer spärlich besiedelten, von Nekropolen geprägten Umgebung (Abb. 49). Auf bestehende Grabbauten wurde dabei keine Rücksicht genommen, zum Teil wurden diese sogar in die Umwehrung integriert. Auffällig ist die große Entfernung zum eigentlichen Einsatzort der Prätorianerkohorten, dem kaiserlichen Palast auf dem Palatin. Während man die stationes der vigiles wegen ihrer Funktion inmitten der dichtbesiedelten Stadt, jeweils an den Grenzen zweier Regionen errichtet hatte, wählte man für die Stationierung der Prätorianer einen in Hinblick auf die Funktion als Leibgarde des Prinzeps eher ungünstigen Ort aus. Möglicherweise spiegelt sich darin auch das ambivalente Verhältnis von Prinzeps und Prätorianergarde wider. Bemerkenswert ist weiterhin die Entfernung zur Stadtpräfektur, dem Sitz des praefectus urbi, der die ebenfalls in den castra praetoria stationierten Stadtkohorten

576 LTUR III (1996) 78 f. s. v. horti Pompeiani (V. Jolivet) mit weiterführender Literatur.

577 Dazu: M. Torelli, Ostraka 1, 1992, 105 ff.

578 Suet. Aug. 32, 1. – F. Coarelli in: LTUR I (1993) 255 s. v. castra urbana postuliert schon für die augusteische Zeit ein eigenes Lager auf dem campus Agrippae.

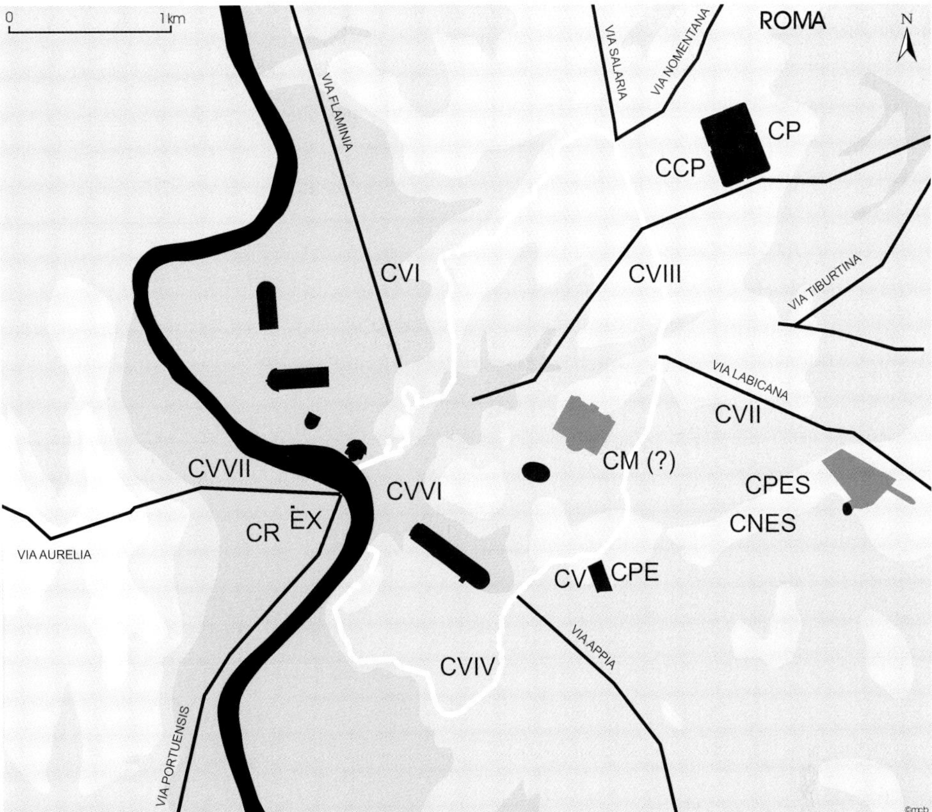

Abb. 50 Kartierung der in Rom nachgewiesenen Soldatenunterkünfte am Ende des 2. Jhs. n. Chr.: castra praetoria (CP), campus cohortium praetorianorum (CCP), castra peregrina (CPE), castra priora equitum singularium (CPES), castra nova equitum singularium (CNES), stationes cohortium vigilum (CV + römische Zahl), excubitorium cohortis VII vigilum (EX), castra Misenatium (CM), castra Ravennatium (CR)

befehligte[579]. Denkt man ferner an deren Hauptaufgabe, als Ordnungskräfte im Stadtgebiet zu wirken, überrascht die abseitige Lage auf dem campus Viminalis.

Während also die Unterkünfte der vigiles entsprechend ihrer Funktion inmitten der Wohnbebauung lagen, müssen für die Anlage der castra praetoria unter Tiberius andere Gründe ausschlaggebend gewesen sein[580]. Sicherlich spielte die topographisch günstige Lage auf der Hochebene sowie die Möglichkeit zur Kontrolle der Zufahrtswege eine entscheidende Rolle. Diese war offenbar bereits in mittelrepublikanischer Zeit erkannt worden. So überliefert Livius für das Jahr 211 v. Chr., Q. Fulvius Flaccus habe ein Lager zwischen der Porta Esquilina und der Porta Collina aufgeschlagen[581]. Abgesehen von diesen pragmatischen Gründen ist es bemerkenswert, daß man die castra praetoria in fünfhundert Metern Entfernung zur Servianischen Stadtmauer hinter deren zu dieser Zeit noch mehrere Meter hohem agger errichtete[582]. Das Gelände eignete sich zweifellos in besonderem Maße zur Anlage eines solch großflächigen Baus. Auch innerhalb der Grenzen des pomerium hätten sich aber topographisch günstige Orte angeboten, etwa das Gelände der zu Beginn des vierten Jahrhunderts erbauten Diokletiansthermen oder das Plateau des Oppius auf dem nach der Zerstörung der Domus Aurea die Trajansthermen errichtet wurden (Abb. 6)[583]. Die beachtlichen Anstrengungen, die man vor der Errichtung der castra nova equitum singularium im Bereich des Lateran auf sich genommen hatte, zeigen darüber hinaus, daß ein großer Aufwand betrieben werden konnte, wenn man auf einem ungeeigneten Gelände ein Lager errichten wollte. Die Beobachtungen sprechen dafür, daß man aus Rücksichtnahme auf die sakralrechtlichen Vorstellungen aus republikanischer Zeit für den Bau der castra praetoria einen Ort wählte, der außerhalb der Pomeriumsgrenzen der Stadt lag und diese respektierte. Die Präsenz des Militärs wurde dabei gerade durch die abseitige Lage der castra praetoria in besonderem Maße

579 Zunächst nahe der Basilica Aemilia, später im Vicus Telluris. Zu den castra praetoria und der praefectura urbana: Kiepert – Hülsen a. O. 123 f.; CIL VI, 31959; NSc 1897, 60; Jordan – Hülsen, Topographie 306.

580 Paul. Dig. 1, 15, 1: *itaque septem cohortes opportunis locis constituit ut binas regiones urbis unaquaeque cohors tueatur*; Paul. Dig. 1, 15, 3: *circa portas et muros disposita unde si opus esset evocabatur*.

581 Liv. 26, 10, 1 f.

582 Bemerkungen zum agger in der Kaiserzeit bei LTUR III (1996) 319 ff. s. v. murus Servii Tullii (M. Andreussi).

583 LTUR V (1999) 67 ff. s. v. thermae Traiani (G. Caruso – R. Volpe) mit weiterführender Literatur. Die Ausdehnung der Trajansthermen beträgt etwa 315 m mal 330 m. Die Anlage ist damit nur wenig kleiner als die castra praetoria.

betont. Jeden Tag mußte eine Prätorianerkohorte quer durch die Stadt über den beschriebenen Weg zum Palatin und nach Dienstende zurück, was für die Zeitgenossen ein besonders eindrucksvolles Schauspiel gewesen sein dürfte[584]. Die Wachablösung wurde so zu einem inszenierten Ritual. Als weiterer Vorteil der abseitigen Lage wurde möglicherweise die Entfernung zum Stadtzentrum mit seinen Versuchungen betrachtet, da so die Effizienz und Disziplin der Einheit gesteigert werden konnte[585]. Eine Textstelle bei Plinius legt allerdings nahe, daß das Lager bereits zu seiner Zeit als der Stadt zugehörig betrachtet wurde. Er beschreibt darin die Länge der Wege durch das bebaute Stadtgebiet bis zum Stadtrand einschließlich der castra praetoria[586].

Nach der massiven Konzentration von Soldaten am nordöstlichen Rande der Stadt errichtete man im weiteren Laufe des ersten Jahrhunderts für die Truppenkontingente der Flottensoldaten wie zuvor für die vigiles Unterkünfte in unmittelbarer Nähe ihrer Haupteinsatzorte, der Naumachia Augusti und dem Kolosseum. Zu Beginn des zweiten Jahrhunderts begann mit dem Bau der castra priora equitum singularium und der castra peregrina die militärische Nutzung des Caelius (Abb. 50). Nach Einrichtung der equites singulares Augusti wurde der Einheit das Lager im südöstlichen Stadtareal erbaut, am Endpunkt einer wichtigen Ausfallstraße, der Via Asinaria. Es lag inmitten einer Gegend, die bereits von aufwendig ausgestatteten Privathäusern und kleineren Thermenanlagen erschlossen war. Nördlich davon erstreckten sich die großen horti Maecenatis, Lamiani und Maiani[587]. Etwa zur gleichen Zeit entstanden in einiger Entfernung die castra peregrina, also das Lager für die aus den Provinzen abberufenen Legionssoldaten, die zu temporären Spezialdiensten nach Rom abgeordnet waren. Es wäre durchaus denkbar, daß für diese die Nähe zum Palatin ausschlaggebend war. Auch das Gebiet um die castra peregrina war bereits vor der Errichtung des Lagers genutzt. In unmittelbarer Nähe lag die statio cohortis V vigilum, und man hatte für den Bau des Lagers eine nicht näher spezifizierbare ältere Bebauung des Geländes niedergelegt[588].

Zwischen 193 und 196 n. Chr. errichtete man in geringer Entfernung zum älteren Lager der equites singulares eine zweite Unterkunft für die nun zahlenmäßig angewachsene Truppe. Um das Lager an der ausgewählten Stelle, nahe dem Palatium Sessorium, der severischen Palastanlage, bauen zu können, waren nicht nur aufwendige Planierungsmaßnahmen des Geländes notwendig, das zuvor große Niveauunterschiede aufgewiesen hatte. Vielmehr mußte man für das Bauvorhaben erst die reich ausgestatteten Wohnhäuser abreißen, die nach den dort gefundenen Wandmalereien noch bis in die zweite Hälfte des zweiten Jahrhunderts bewohnt gewesen waren. Man wählte also nicht nur einen Ort in bereits besiedeltem Gelände aus, sondern baute sogar auf noch kurz zuvor genutzter Wohnbebauung. Es ist nicht unwahrscheinlich, daß sich die beiden domus zu diesem Zeitpunkt bereits in kaiserlichem Besitz befanden und man niemanden zum Bau des Lagers hatte enteignen müssen[589]. Mit der Errichtung des Lagers auf dem künstlich geebneten Plateau schuf man einen markanten topographischen Punkt. Mit den castra nova equitum singularium kam es zudem zu einer Massierung militärischer Bauten im südöstlichen Stadtareal nahe dem Palatium Sessorium.

Den Endpunkt der beschriebenen Entwicklung kennzeichnet das in aurelianischer Zeit auf dem campus Agrippae neu errichtete Lager der Stadtkohorten, nachdem sie zweieinhalb Jahrhunderte lang in den castra praetoria am Rande der Stadt stationiert waren. Als Grund für die Verlegung erwähnen literarische Quellen die Überwachung der Fleischverteilung im dort gelegenen Forum Suarium[590]. Sicherlich muß diese Maßnahme aber auch im Kontext einer immer unruhigeren Zeit gesehen werden, die sich auch in anderen Maßnahmen wie dem Bau der Aurelianischen Stadtmauer widerspiegelt, nachdem die Stadt mehrere Jahrhunderte lang unbefestigt geblieben war.

584 Zum Einsatz auf dem Palatin: Tac. ann. 12, 69. Da hier keine Unterkünfte nachgewiesen werden konnten, ist ein täglicher Wechsel wahrscheinlich.

585 Tac. ann. 4, 2.

586 Plin. nat. 3, 66.

587 Die horti des Maecenas waren nach dessen Tode in kaiserlichen Besitz übergegangen und wurden weiter genutzt; Suet. Nero 38.

588 Hierbei handelte es sich vermutlich um Grabbauten, da im unmittelbaren Umfeld des Lagers weitere Gräber nachgewiesen werden konnten. Colini, Celio 129.

589 Beispiele für solche Enteignungen in der Antike: H. Fischer in: K.-P. Johne (Hrsg.), Gesellschaft und Wirtschaft des Römischen Reiches im 3. Jahrhundert (1993) 161 f. – Zu den Repressalien, die die Städte Byzanz und Antiochia samt ihren Bewohnern über sich ergehen lassen mußten, nachdem sie sich zu lange auf die Seite des Pescennius Niger gestellt hatten: R. Ziegler, Chiron 8, 1978, 493 ff. bes. 503 f.; M. Sartre, L'Orient romain. Provinces et sociétés provinciales en Méditerranée orientale d'Auguste aux Sévères (31 avant J.-C. – 235 après J.-C.) (1991) 52 f. 341. 456; vgl. auch: G. Alföldy, Die Krise des Römischen Reiches. Geschichte, Geschichtsschreibung und Geschichtsbetrachtung, Ausgewählte Beiträge, Heidelberger Althistorische Beiträge und Epigraphische Studien 5 (1989) 164; K. Dietz, Chiron 27, 1997, 483 ff. bes. 517 ff. mit weiterer Literatur.

590 Dig. 1, 12, 1, 11 f.

10 Die Außenwirkung der Lager

Um das Erscheinungsbild des kaiserzeitlichen Militärs in der Hauptstadt und seine Wahrnehmung durch die städtische Bevölkerung rekonstruieren zu können, ist es unerläßlich, sich mit der Außenwirkung und Rezeption der militärischen Anlagen zu befassen. Die Betrachtung der Umwehrungen und ihrer Gestaltungsweise sowie die Frage nach dem Vorhandensein von Annäherungshindernissen zielen auf eine konkrete Ebene ab, nämlich wie die Bauten vom vorbeiziehenden Betrachter wahrgenommen wurden[591]. Eine zweite, abstraktere Ebene der Wahrnehmung bezieht sich auf die verschiedenen Rezeptionsformen der militärischen Anlagen. Hierbei geht es darum aufzuzeigen, ob und in welchen Zusammenhängen man die Lager in antiken Schriftquellen und Darstellungen rezipierte, wie es sich auch für öffentliche Bauten zeigen läßt.

Für die Überlegungen zur Außenwirkung einer militärischen Anlage in der Hauptstadt sind ausschließlich die castra praetoria zu behandeln, da sich nur von diesem stadtrömischen Lager größere Teile der Umfassungsmauer erhalten haben[592]. In ihrer ersten Bauphase hatte die Umwehrung des Prätorianerlagers eine Gesamthöhe von etwa 4,50 Meter, wobei die Türme nur um wenige Zentimeter hervortraten[593]. Nicht zuletzt auch auf Grund der Tatsache, daß ein vorgelagertes Grabensystem fehlte, kann man davon ausgehen, daß der fortifikatorische Aspekt bei der Errichtung der Anlage nicht im Vordergrund stand[594]. Im Falle einer Belagerung waren die castra praetoria zu diesem Zeitpunkt nicht effektiv zu verteidigen, was eine historische Episode aus dem Vierkaiserjahr in eindrücklicher Weise belegt. Tacitus beschreibt darin die zügige Einnahme der castra praetoria, in denen sich die Prätorianer des Vitellius verschanzt hatten, durch die Truppen Vespasians[595]. In ihrer Grundkonzeption entsprachen die castra praetoria damit jedoch anderen frühkaiserzeitlichen Lagern in den Provinzen, die ebenfalls nicht für Belagerungszustände erbaut worden waren. Das Lager zeichnete sich also ebenso wenig wie die an den Reichsgrenzen überlieferten Anlagen durch eine in besonderer Weise fortifikatorisch gestaltete Umwehrung aus[596]. Es war eine Art Attrappe, die in erster Linie dazu diente, das Militär und die Zivilbevölkerung voneinander zu trennen. Das fehlende Grabensystem unterstreicht diese Tendenz[597]. Zweifelsohne war die Situation eines Lagers in der Hauptstadt eine andere als die einer Militäranlage an der Reichsgrenze. Doch besaßen provinziale Militärlager in zivilem Umfeld, wie etwa das rund 4,5 Hektar große, vermutlich im frühen zweiten Jahrhundert n. Chr. errichtete Cripplegatelager im Nordwesten von London durchaus Gräben[598]. Vielleicht läßt sich in dem Verzicht auf ein solches Annäherungshindernis das Bestreben erkennen, den castra praetoria nicht das Äußere einer Festung zu verleihen. So ist es durchgehend auffallend, daß den stadtrömischen Lagern und Stationen ein festungsartiger Charakter fehlte. In der Gestaltung wurde offenbar ein Kompromiß gesucht, und es sollte der Eindruck vermieden werden, Rom das Aussehen einer von Soldaten beherrschten Stadt zu geben. Ein solcher Vorwurf wurde auch bei aller Kritik niemals von den antiken Schriftstellern geäußert.

Bauliche Eingriffe, die das Erscheinungsbild beeinflußten, bedingten Veränderungen in der Wahrnehmung des Lagers und damit auch des darin stationierten Militärs. Daß sich das Äußere der castra praetoria im Laufe der Zeit wandelte, zeigen die verschiedenen Bauphasen der Umfassungsmauer. Die Mauer wurde ebenso wie die Toranlagen durch Erhöhung und Umgestaltung immer wehrhafter, bis sie schließlich in die Aurelianische Stadtmauer einbezogen wurde und dadurch von außen nicht mehr als eigenständige Wehranlage zu erfassen war (Abb. 51). Die Frage ist nun, was die Ursachen für diese deutlich sichtbaren baulichen Veränderungen waren. Die zunehmende Wehrhaftigkeit, die sich vor allem in der mehrfachen Erhöhung der zunächst nicht sturmfreien Mauer der castra praetoria zeigt, ist sicher als eine Reaktion auf bestimmte Ereignisse zu verstehen, die eine bessere Verteidigung der Anlage erforderlich machten[599]. In den Provinzen wurden die Lager- und Stadtmauern vor allem in der Spätantike im Zuge

591 Zum Betrachter in Rom allgemein: P. Zanker in: ders. – A. Borbein – T. Hölscher, Klassische Archäologie. Eine Einführung (2000) 205 ff.

592 Natürlich können die hierbei gewonnenen Ergebnisse nicht unmittelbar auf die übrigen Lager übertragen werden, da jene möglicherweise anders gestaltet waren.

593 Vgl. Kap. II 3 d.

594 Der Abstand der Zinnen zueinander legte bei M. E. Blake, Roman Construction in Italy from Tiberius through the Flavians (1959) 14 sogar die Vermutung nahe, daß ihnen keine fortifikatorische Bedeutung im üblichen Sinn, sondern eher eine dekorative Funktion zukam.

595 Tac. hist. 3, 84.

596 Eine Ausnahme bilden die abgerundeten Ecken der Umfassungsmauer, die es erschwerten, die Ziegel aus dem Verbund zu stemmen, s. o. Anm. 225.

597 Vgl. Kap. II 3 d.

598 W. F. Grimes, The Excavation of Roman and Mediaeval London (1968) 15 ff. Abb. 4 Taf. 1–14; M. Millett, The Romanization of Britain (1992) 91 Abb. 31. – Eine Ausnahme stellt das jüngst entdeckte Militärlager von Virunum dar. So sind auf dem Luftbild keine Gräben sichtbar und die Bebauung reicht bis auf rund 10–12 m an die Umwehrung heran. M. Doneus – Ch. Gugl – R. Jernej, AKorrbl 33, 2003, 393 ff.

599 Eine sturmfreie Mauer mußte mindestens 6 m hoch sein. Johnson, Kastelle 70.

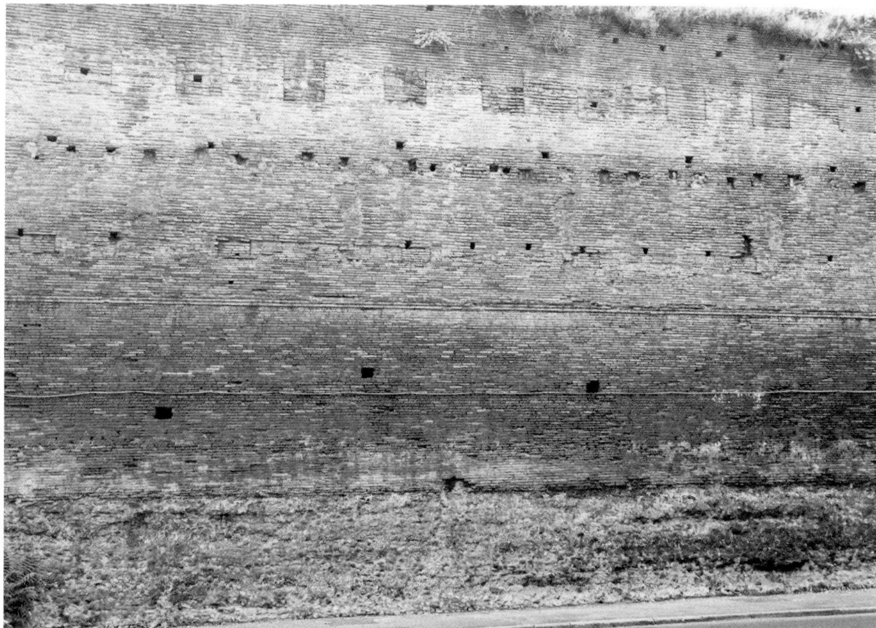

Abb. 51 Castra praetoria, Abfolge der Bauphasen der Umwehrung (CP 1.51)

immer unruhiger werdender Zeiten erhöht oder gleich in einer entsprechenden Höhe errichtet. In Rom führte dies unter Aurelian zum Bau einer neuen Stadtmauer, nachdem die Stadt über mehrere Jahrhunderte unbefestigt geblieben war. Die vorangegangenen Erhöhungen der castra praetoria müssen folglich in ihrem konkreten stadtrömischen Kontext gesehen und bewertet werden. In den baulichen Veränderungen, die an der Mauer durchgeführt wurden, spiegeln sich der Wandel im Verhältnis zwischen der Besatzung des Lagers und der städtischen Bevölkerung sowie zwischen der Besatzung des Lagers und dem Kaiser wider. Ein Indiz hierfür ist die literarisch überlieferte Zerstörung der Lager unter Konstantin[600].

Eine besondere architektonische Bedeutung kommt dem Lager nicht nur als erstem monumentalem Ziegelbau in Rom zu, sondern auch als erstem in festem Baumaterial errichteten Militärlager der Kaiserzeit. So besaßen die castra praetoria eine derart starke Außenwirkung, daß sie offenbar sogar die Entwicklung der römischen Militärarchitektur in den Provinzen nachhaltig beeinflußten[601]. Die verhältnismäßig schmucklose Fassade stand in deutlichem Kontrast zur aufwendigeren Baugestaltung mit kostspieligem Marmor im Inneren der Stadt. Die durch den Verzicht auf jeglichen Wandverputz bewußt zur Schau getragene Ziegelbauweise verkörperte andere Eigenschaften und Qualitäten als die massiv aus Marmor, Kalkstein, Tuff und Travertin errichteten städtischen Sakralbauten. Die nüchterne Gestaltung mit dem neuen Hightechprodukt vermittelte eine eigene Ästhetik und Wertigkeit[602]. Die gewählte bautechnische Ausführung ging mit der Funktion der castra einher, durch deren Errichtung der literarischen Überlieferung zufolge auch die Disziplin der Garde gesteigert werden sollte[603].

Ferner ist auch an die starke optische Wirkung zu denken, die ein Ziegelbau dieser Größe an einer solch exponierten Stelle gehabt haben muß. Vom agger aus hatte man über die freie Fläche des campus cohortium praetorianorum einen wunderbaren Blick auf das Lager und seine Gestaltung im Inneren. Die geordnete Innenbebauung, die Großräumigkeit der Anlage, die Wasserleitungen und der Ausstattungsluxus ließen das Leben der Soldaten im Lager für jemanden, der aus Roms Subura kam, sicherlich reizvoll erscheinen[604]. Daß die besondere Ausstattung der Mannschaftsbaracken auch wahrgenommen wurde, belegt eine Stelle aus der Historia Augusta, wo für die Zeit des Didius Iulianus berichtet wird, die Prätorianer seien durch den Luxus faul geworden[605]. Selbst wenn diese negative Schilderung in erste Linie dazu dient, die Soldaten zu diskreditieren, zeigt sie, daß die Ausstattung des Lagers zu bestimmten Zeitpunkten thematisiert wurde und durchaus im Bewußtsein der Zeitgenossen war.

Die Nennung der castra Misenatium auf der Forma Urbis, dem severischen Marmorplan, zeigt, daß die Truppenunterkünfte über ihre konkrete Außenwirkung hinaus

600 Zos. 2, 17, 2. – Vgl. Kap. II 3 a.

601 Vgl. Kap. II 13.

602 H. v. Hesberg – M. Pfanner, JdI 103, 1988, 479.

603 Tac. ann. 4, 1 f.

604 Zu den Lebensbedingungen in der Subura: Mart. 2, 17; 5, 22; Iuv. 3, 5–9; 11, 51; Prop. 4, 7.

605 SHA Did. 5, 9.

eine Bedeutung als topographische Fixpunkte hatten[606] (Abb. 47). Für die übrigen Lager ist anzunehmen, daß diese in Analogie dazu entsprechend beschriftet waren. Prüft man, welche Monumente sonst benannt wurden, so handelt es sich dabei vor allem um öffentliche Bauten oder solche von politischer oder religiöser Bedeutung[607]. Bei anderen antiken geographischen Darstellungen verhält es sich ähnlich. Als topographische Landmarken werden immer solche Monumente benannt und aufgeführt, die eine entsprechende Bedeutung haben[608].

Die Aufnahme der Kasernen und Unterkünfte in die spätantike Notitia Regionum Urbis Romae (337–354 n. Chr.) und das Curiosum Urbis Romae (354–403 n. Chr.) unterstreicht die Bedeutung der militärischen Bauten als topographische Fixpunkte im spätantiken Stadtbild. Ihre Nennung in den Regionenverzeichnissen erfüllt dieselbe Funktion, wie ihr Erscheinen auf der Forma Urbis Romae[609]. Vermutlich konnten die Orte noch lange mit dem ehemals dort errichteten Lagern in Verbindung gebracht werden, selbst wenn diese wie die castra praetoria und die castra nova equitum singularium bereits zerstört oder aufgelassen waren.

Ein Lager stand darüber hinaus offenbar als Sinnbild für die darin stationierte Einheit. So ist die Schleifung des jüngeren Lagers der equites singulares, auf dessen Resten die Lateranbasilika errichtet wurde, wie auch die Zerstörung ihrer Nekropole sicherlich im Sinne einer kollektiven damnatio memoriae zu verstehen[610]. Indem man ihre Unterkunft dem Erdboden gleich machte und ihre Denkmäler zerschlug, zerstörte man die Identität der Einheit, die im Lager und ihrer Nekropole zum Ausdruck kam[611]. Unterstrichen wird die Annahme, daß das

Abb. 52 Münze des Claudius mit einer Darstellung der castra praetoria

Lager quasi synonym für seine Soldaten stand, durch eine Textstelle bei Cassius Dio, der von Lager und Stadt spricht und damit eigentlich die Prätorianer und das stadtrömische Volk meint[612]. Als ein weiterer Beleg für eine solche Gleichsetzung von Lager und Einheit kann die Grabinschrift einer Frau aus der Domitillakatakombe angesehen werden, die die *secunda Parthica Sever(iana)* als topographische Angabe nennt und sich damit auf das Lager der Legion in Albano bezieht[613]. Nicht zuletzt legen auch die bildlichen Darstellungen des Prätorianerlagers auf Münzen eine entsprechende Deutung nahe. So veranlaßte Claudius gleich nach Regierungsantritt eine Münzemission, die das Lager der Garde zeigt, deren Offiziere seinen Vorgänger ermordet und ihn zum Kaiser erhoben hatten[614] (Abb. 52). Die castra praetoria werden darauf als Lager mit vier Toren abgebildet, in dessen Mitte sich ein Fahnenheiligtum mit sitzender weiblicher Gottheit befindet[615]. Die Beischrift *Imp(erator) Recep(tus)* ist in Kombination

606 E. Rodriguez Almeida, Forma Urbis Marmorea. Aggiornamento generale 1980 (1981) 70 f.

607 So auch: F. A. Bauer, Das Bild der Stadt Rom im Frühmittelalter. Papststiftungen im Spiegel des Liber Pontificalis von Gregor dem Dritten bis zu Leo dem Dritten, Palilia 14 (2004) 12. – Beispiele anderer Bauten mit Beschriftung bei Rodriguez Almeida a. O. 93 f. (Amphitheatrum Flavium). 96 ff. (Basilica Aemilia, Templum Castoris). 77 ff. (Thermae Traiani).

608 Vgl. hierzu: O. A. W. Dilke, Greek and Roman Maps (1985) 120 ff.; B. Salway in: K. Brodersen – R. Talbert (Hrsg.), Space in the Roman World (2004) 92 ff. Abb. 12 (Fragment des Schildes von Dura Europos, um 260 n. Chr.); R. Talbert in: Brodersen – Talbert a. O. 113 ff. (Tabula Peutingeriana, 335–366 n. Chr.); M. Piccirillo, Madaba: le chiese e i mosaici (1993) (Madaba-Mosaik, 542–565 n. Chr.). Einen Überblick gibt: K. Brodersen, Terra Cognita. Studien zur römischen Raumerfassung, Spudasmata 59 (1995).

609 Bauer a. O. 12.

610 Vgl. Kap. II 5 a.

611 Vgl. Kap. III 6 a.

612 Cass. Dio 75, 2, 3.

613 CIL VI 32877; RE XII 2 (1925) 1478 s. v. legio (II Parthica) (Ritterling).

614 RIC I Claudius 125 Nr. 22 Taf. 5 Nr. 88; H.-M. v. Kaenel, Münzprägung und Münzbildnis des Claudius, AMUGS 9 (1986) 7 (Münztyp 2, IMPER RECEPT) Taf. 1, 12. 13; G. Fuchs, Architekturdarstellungen auf römischen Münzen der Republik und der frühen Kaiserzeit, AMuGS 1 (1969); BMCRE I, 169 Nr. 5 Taf. 31, 4. 12. 13. 15. 16. 26.

615 Das Lager ist auf der Münze zwar nicht explizit als castra praetoria benannt, doch kann es sich bei der umwehrten Anlage mit einem Fahnenheiligtum in der Mitte nur um ein Militärlager handeln. Zum Zeitpunkt der Prägung gab es außer

mit dem abgebildeten Lager gleichermaßen als ein Appell an die Soldaten wie auch als ein Verweis auf den starken militärischen Rückhalt zu verstehen, der sich an die stadtrömische Bevölkerung richtete. Die Münzen ehrten die Prätorianer und wurden gleichzeitig wahrscheinlich zur Belohnung der Einheit verwendet[616]. Eine andere Emission gleicher zeitlicher Stellung zeigt auf dem Revers anstelle des Lagers Offiziere der Prätorianergarde[617]. Die Soldaten und ihr Lager konnten also synonym verwendet werden, um dieselben Inhalte zu transportieren.

Welche große Bedeutung ein Lager für die darin stationierten Soldaten selbst hatte, zeigt die bereits erwähnte Textstelle, in der Tacitus die Eroberung der castra praetoria durch die Truppen Vespasians beschreibt. Er spricht davon, daß »der Ruhm des Soldaten in seinem Lager (liege): das sei seine Heimat und sein Haus«[618].

11 Militärisches Wohnen in Rom

Vergleicht man die Unterkünfte der stadtrömischen Einheiten mit denen in den Provinzen des Imperium Romanum, treten deutliche Unterschiede zwischen Provinz und Zentrum hervor und es wird verständlich, wieso der militärische Dienst in der Hauptstadt den zahlreichen Soldaten des Grenzheeres erstrebenswert erschien[619].

Zur Unterbringung der Soldaten dienten zwar auch in Rom dicht gedrängte Mannschaftsbaracken, doch unterschieden sich diese sowohl in ihrer Konstruktionsweise als auch in ihrer Struktur und Ausstattung erheblich von dem, was in den Provinzen üblich war[620]. So fehlt den meisten stadtrömischen contubernia ein Vorraum, in dem die Soldaten normalerweise ihre Ausrüstung unterbrachten. Die Räume öffneten sich statt dessen unmittelbar in schmale Portiken[621] (Abb. 19). Das Fehlen des zweiten Raumes wird dabei offenbar durch die geradezu regelhafte Mehrgeschossigkeit der Bauten kompensiert. Mitunter konnten sehr breite Treppenhäuser festgestellt werden, die in mindestens ein weiteres oder sogar mehrere Geschosse führten[622]. Über die Gliederung der Obergeschosse weiß man auf Grund der schlechten Erhaltungsbedingungen leider ebensowenig wie über deren Nutzung. In den castra praetoria wurden die Räume im Erdgeschoß der doppelten Mannschaftsunterkünfte sicherlich als Wohnräume genutzt, was aber nicht bedeutet, daß im darüberliegenden Geschoß zwangsläufig die Ausrüstungsgegenstände der Soldaten untergebracht gewesen sein müssen. Eine Textstelle bei Tacitus läßt Rückschlüsse auf die Existenz eines zentralen armamentarium in Rom zu, das in den castra praetoria gelegen haben soll[623]. Daß die oberen Stockwerke gleichermaßen als Wohnbereich genutzt worden sein könnten, legen dekorative Ausstattungselemente wie Mosaikfußböden nahe, die hier nachgewiesen werden konnten[624].

Neben der Mehrgeschossigkeit ist die mehrfach nachgewiesene Unterkellerung von Bauten ein besonderes Merkmal der militärischen Unterkünfte in Rom. Diese beschränkte sich nicht etwa auf Speicherbauten, wie im Falle des in den castra praetoria gelegenen sogenannten horreum (Abb. 23. 24), sondern es existierten daneben sogar vollständig mit Kellerräumen versehene Mannschaftsunterkünfte wie in den castra nova equitum singularium[625] (Abb. 34. 38). Möglicherweise dienten diese zur Unterbringung von Ausrüstungsgegenständen und Versorgungsgütern.

Ein weiterer Unterschied ist die Größe der papiliones stadtrömischer Militärlager, deren Ausmaße mit durchschnittlich achtzehn bis zwanzig Quadratmetern in der Regel größer sind als entsprechende Unterkünfte in der Provinz[626]. Hinzu kommt die wesentlich aufwendigere Ausstattung mit Mosaikfußböden, Stuck und Wandmalereien, die bei Lagern an den Reichsgrenzen allenfalls in

den castra praetoria nur die stationes der vigiles, die nicht mit der Anlage gemeint sein können.

616 O. Hekster in: P. Erdkamp (Hrsg.), A Companion to the Roman Army (2007) 339 ff.

617 Hekster a. O.

618 Tac. hist. 3, 84, 2: *proprium esse militis decus in castris: illam patriam, illos penatis.*

619 Tac. ann. 1, 17, 6.

620 Einen Überblick gibt: D. P. Davison, The Barracks of the Roman Army from the 1st to the 3rd Centuries A.D., BARIntSer. 427 (1989).

621 CP 2.40: Lissi Caronna, Castra Pretoria 115; CAR III E 139. 140; CNES 2.02: Liverani, Laterano 6 Abb. 1.

622 Vgl. Kap. II 3 f.

623 Tac. hist. 1, 38, 3. Als Beleg für ein solches zentrales armamentarium führt Olivier Stoll noch das Grabdenkmal des C. Vedennius Moderatus an, der als *architectus armamentarii imperatoris* an der Entwicklung und Produktion von Artilleriegeschossen mitwirkte. O. Stoll in: L. Schumacher (Hrsg.), Religion – Wissenschaft – Technik, Althistorische Beiträge zur Entstehung neuer kultureller Strukturmuster (1998) 203 ff.

624 Ein solcher Fußboden fand sich in der ersten Etage eines Baus in den castra peregrina (CPE 2.08). Hierzu: E. Lissi Caronna in: C. Ceschi, S. Stefano Rotondo, MemPontAc 15 (1982) 175 ff.

625 CP 2.20: FUR 11; CAR III E 146, H 9 (falsche Position); Buonocore, Codici Lanciani II 54. – CNES 2.02: Liverani, Laterano 6 Abb. 1, 12.

626 Die Gesamtausmaße der contubernia (papiliones und arma zusammen) in den Lagern an den Reichsgrenzen betragen normalerweise nur zwischen 21 und 25 m^2: Davison a. O. 12 ff. Abb. 10.

Offiziersunterkünften nachgewiesen werden konnten[627]. Faßt man Baubefund und Bauausstattung zusammen, so fällt auf, daß man einerseits die militärisch nüchterne Bauform der Mannschaftsbaracke zur Unterbringung der Soldaten wählte, gleichzeitig aber darum bemüht war, eine komfortable Wohnatmosphäre zu schaffen. Bauform und Ausstattung standen also in einem Gegensatz zueinander, insbesondere wenn man an die Intention denkt, die Garde zu disziplinieren. Es ist jedoch nicht besonders verwunderlich, daß die Truppenunterkünfte im Zentrum des Reiches, in unmittelbarer Nähe zum Kaiser, anders ausgestattet waren als die in der Peripherie. Bei den in der Hauptstadt stationierten Soldaten handelte es sich um die ranghöchsten Abteilungen und Eliteeinheiten des römischen Heeres, die mitunter starken Einfluß auf die staatlichen Geschicke nahmen, wie verschiedene Episoden zeigen, bei denen manch ein Kaiser den Tod fand[628]. Gegen das Militär war keine Herrschaft in Rom zu behaupten. Möglicherweise ist damit die geradezu luxuriöse Ausstattung der Wohnbauten gegenüber der Stadtbevölkerung zu rechtfertigen, denn auf diese Weise waren die Soldaten gewissermaßen ruhig zu halten. Führung und Truppe waren offenbar getrennt. So konnten in keinem der Lager Offiziersunterkünfte lokalisiert werden, die sich normalerweise in ihrer Raumaufteilung und Innenausstattung deutlich von den Mannschaftsunterkünften unterscheiden lassen. Unterstrichen wird diese Annahme durch eine Textstelle bei Tacitus, in der von einem Tribun die Rede ist, der seinen Wachdienst in den castra praetoria verrichtete[629]. Ferner fehlen jegliche Belege für die Unterbringung des (der) Oberkommandierenden wie beispielsweise der Prätorianerpräfekten, die mit großer Sicherheit außerhalb der Lager wohnten[630].

Neben der bereits erwähnten Textstelle in der Historia Augusta illustrieren auch literarische Quellen aus der frühen und mittleren Kaiserzeit, daß sich der Dienst und das Leben der Soldaten in Rom merklich von dem der Heere in der Provinz unterschied und von den Zeitgenossen als offenbar wesentlich angenehmer wahrgenommen wurde. So berichtet Tacitus von dem Neid der normalen Soldaten auf die Einheiten der stadtrömischen Garnison und deren Luxus, der unter Tiberius sogar einen Aufstand herbeiführte[631]. Der Dienst in der Hauptstadt sei bequemer als der eines Legionärs, der stets dem Feinde gegenüberstehe[632]. In den Quellen ist außerdem die Rede davon, daß die Soldaten, insbesondere die der Prätorianerkohorten, »reich mit Gold- und Silbereinlagen verzierte Waffen besessen« hätten[633]. Sie werden ferner »als schlaffe, faule, in Theater und Zirkus verkommene Soldateska bezeichnet«[634].

12 Soziales und kultisches Leben der Soldaten in Rom

Viele der stadtrömischen Soldaten hatten bereits während ihrer Dienstzeit Frauen und Kinder, die nachweislich zusammen mit ihnen in der Hauptstadt lebten. Die archäologische Evidenz für solche sozialen Kontakte ist jedoch äußert gering und auch die literarischen Quellen sind in dieser Hinsicht nicht sehr ergiebig[635]. Die einzigen Belege für die mannigfaltigen zwischenmenschlichen Beziehungen der Soldaten zu Frauen und weiteren Familienangehörigen sind die zahlreichen militärischen Grabdenkmäler aus Rom, deren Inschriften Rückschlüsse auf das soziale und private Umfeld der stadtrömischen Militärs erlauben[636]. Als Stifter treten neben ihren Kameraden zahlreiche coniuges und uxores, aber auch direkte Verwandte wie die Eltern oder Geschwister auf, oder diese bekamen selbst ein Denkmal gesetzt. Wie man sich das Zusammenleben der Soldaten mit ihren Familien konkret vorzustellen hat, ist nur schwer zu beantworten. Denkt man an die für einzelne Soldaten gleichermaßen überlieferten üppigen Haushalte mit mehreren Sklaven oder Freigelassenen, ist es umso wahrscheinlicher, daß die Familien der Soldaten

627 Im Kastell von Echzell war die Offiziersunterkunft einer Mannschaftsbaracke mit figürlicher Wandmalerei ausgestattet. D. Baatz, Germania 46, 1968, 40 ff.; M. Schleiermacher, Germania 63, 1985, 507 ff.

628 Suet. Cal. 56–58; Zos. 1, 8, 2.

629 Tac. hist. 1, 28: Julius Martialis wird als wachhabender Offizier bezeichnet, was nahelegt, daß die übrigen sich nicht dort aufhielten.

630 Selbst im Falle des schottischen Legionslagers Inchtuthil konnte nachgewiesen werden, daß der Kommandant außerhalb des Lagers wohnte, obwohl die Situation des weit im Feindesgebiet angelegten Lagers ungleich gefährlicher war als die des Prätorianerlagers in Rom. L. Pitts – J. K. St. Joseph, Inchtuthil (1985) 207 ff.

631 Tac. ann. 1, 16–18.

632 Tac. ann. 1, 17, 6. Es geht außerdem um eine Soldangleichung der Legionäre. Suet. Tib. 25, 2: *ante omnia ut aequarentur stipendio praetorianis.*

633 Herodian. 2, 13, 10; O. Stoll, Römisches Heer und Gesellschaft, MAVORS 13 (2001) 118.

634 Stoll. a. O. 120; Tac. hist. 2, 21, 4: *segnem et desiderem et circo ac theatris corruptum militem.*

635 Beispiele hierfür wie aus Großbritannien vom Hadrianswall fehlen für Rom, vgl. C. van Driel-Murray in: A. R. Birley – E. Birley – R. Birley (Hrsg.), Vindolanda 3 (1993) 69 Nr. 18 Taf. 4; dies., Helinium 34, 1994, 342 ff.; dies. in: JberProVindon 1997, 55 ff.

636 Auf diesen Aspekt wird im folgenden Kapitel zu den Begräbnisplätzen der Soldaten ausführlicher eingegangen, s. Kap. III 11. 13.

in der Stadt lebten und dort von ihnen besucht wurden. Daß die Soldaten neben solchen seriösen Beziehungen auch rein körperlichen Freuden nicht abgeneigt waren, illustriert ein Graffito an der Wand eines lupanar in Pompeji, in dem von speziellen Qualitäten eines *miles cohortis praetoriae* die Rede ist, die nichts mit seinen militärischen Fähigkeiten zu tun haben[637].

Ihre Freizeit verbrachten die stadtrömischen Soldaten mitunter im Bad, wie es bei Herodian schriftlich für die Besatzung der castra praetoria überliefert ist, »die sich teils schon im Bad befand(en), teils sich erholte(n)«, als Caracalla Zuflucht im Fahnenheiligtum des Lagers suchte[638]. Ein weiteres Indiz für den hohen Stellenwert des Badens bei den Soldaten gibt der Ausbau der unmittelbar bei den castra nova equitum singularium gelegenen kleinen Thermenanlage, der in die Zeit der Errichtung des Lagers fällt[639]. Im Lagerareal der castra peregrina ist ein balineum durch eine Inschrift nachgewiesen, und unmittelbar gegenüber der porta praetoria des Legionslagers von Albano entstand ein großes Bad, obwohl es auch eine kleine Badeanlage im Inneren des Lagers gab[640]. Badeanlagen in Militärlagern und in deren unmittelbaren Umfeld sind auch in den Provinzen zahlreich belegt, es handelt sich hierbei also nicht um ein auf Rom beschränktes Phänomen[641].

Die in die Fußböden von Mannschaftsunterkünften eingelassen tabulae lusoriae veranschaulichen wie die Soldaten ihre freie Zeit im Lager gestalteten[642]. Daß es darüber hinaus Gemeinschaftsräume für Zusammenkünfte gab, belegen Inschriftenfunde, die *scholae* im jüngeren Lager der equites singulares und in den castra praetoria nennen[643]. Dabei ist jedoch unklar, wie diese baulich gestaltet waren und ob sie höheren Chargen vorbehalten blieben. Wie man sich die literarisch überlieferten *munera gladiatoria* in den castra praetoria vorzustellen hat, ist kaum zu beantworten[644]. Daß die Soldaten ein gewisses Interesse an der Tierhatz und Spielen im allgemeinen besaßen, legen die im Lager nachgewiesenen Mosaikfußböden mit entsprechenden Darstellungen nahe[645].

Die ungeheure Fülle von kleineren und größeren Heiligtümern, sacella und anderen kleinen sakralen Architekturen wie Kultnischen sowie eine verhältnismäßig hohe Zahl von Weihungen aus dem Inneren der stadtrömischen Truppenunterkünfte und deren Umgebung sind erwähnenswert, aber keineswegs spezifisch für Rom. Untersuchungen von Legionslagern und Limeskastellen zeigen, daß auch hier mit einer Fülle von sakralen Kleinarchitekturen und der entsprechenden Skulpturenausstattung gerechnet werden kann[646]. Die gemeinsame kultische Aktivität spielte eine besonders wichtige Rolle für das Gemeinschaftsleben der Soldaten im Lager und besaß darüber hinaus eine große identitätsstiftende Bedeutung. Dies zeigt sich in besonderem Maße im Bereich der Mannschaftsunterkünfte, wo der Genius cohortis oder der Genius centuriae verehrt wurde, läßt sich aber gleichermaßen in zentralen Bereichen des Lagers und außerhalb der Anlagen fassen[647]. Durch ihre Lebenssituation bedingt, hatten gerade die Soldaten ein besonderes Bedürfnis nach Religiösität. Die in den castra peregrina an den Enden der vermeintlichen Mannschaftsunterkünfte nachgewiesenen Nischen geben möglicherweise sogar einen Hinweis auf die Organisationsform des kultischen Betriebs im Rahmen der Wohngemeinschaft einer Baracke. In den castra praetoria wurden in einem Jahr gleich drei sacella für den Genius centuriae errichtet[648]. Der starke Zusammenhalt innerhalb der militärischen Gemeinschaften artikulierte sich also nicht allein in den zahlreichen Grabdenkmälern, die Soldaten einer Zenturie ihren verstorbenen Kameraden errichteten, sondern auch in einer Fülle von Weihungen für die Gesundheit der commilitones, für das eigene Manipel oder den Genius centuriae[649]. Die Weihdenkmäler geben damit, wie die Grabdenkmäler, Auskunft über die Sozial-

637 CIL IV 1711.

638 Herodian. 4, 4, 5.

639 G. Pelliccioni, Le nuove scoperte sulle origini del battistero lateranense, MemPontAc 12, 1 (1973) 38 ff. 59 ff.

640 P. Matranga, BdI 1849, 39; E. Tortorici, Castra Albana, Forma Italiae, Regio I, 11 (1974).

641 H. v. Petrikovits, Die Innenbauten römischer Legionslager (1975) 102 ff.; Johnson, Kastelle 213 f.; D. J. P. Mason, Roman Chester (2001) 66 ff.

642 CP 5.03: L. Bruzza, BCom 5, 1877, 81 ff.

643 Hierzu allgemein: R. MacMullen, Soldier and civilian in the later Roman empire (1963) 79 ff.; F. Kolb, Die Stadt im Altertum (1984) 185 f.; L. Wierschowski, Heer und Wirtschaft. Das römische Heer der Prinzipatszeit als Wirtschaftsfaktor (1984) 133 ff.

644 Suet. Claud. 21, 4.

645 Siehe Kap. II 3 h.

646 Ch. Ertel, Römische Architektur in Carnuntum, RLÖ 38, 1991, 183 ff. bes. 192 ff.; O. Stoll, Die Skulpturenausstattung römischer Militäranlagen an Rhein und Donau. Der Obergermanisch-Rätische Limes (1992) 616 ff.

647 Vgl. Kap. II 3 c (Mithräum nahe der castra praetoria).

648 CIL VI 212–214; NSc 1937, 44 f.; AE 1937, Nr. 135; Lugli, Fontes 253 Nr. 331 a; A. Donati, Aemilia Tributim Discripta (1967) 63 Nr. 121; A. v. Domaszewski in: ders., Aufsätze zur Heeresgeschichte (1972) 185 Nr. 222; H. Ankersdorfer, Studien zur Religion des römischen Heeres von Augustus bis Diokletian (Diss. 1973) 208.

649 CIL VI 20. CIL VI 30881. Mit der Funktion militärischer Genien als gemeinschaftsstiftende Elemente beschäftigt sich Julia Rückert in ihrer Dissertation am Archäologischen Institut der Universität zu Köln.

strukturen der Soldaten und den Stellenwert der verschiedenen militärischen Organisationsformen im Lebensalltag (Kohorte, Zenturie). Bei den Soldaten lassen sich außerdem sehr unterschiedliche, vermutlich herkunftsbedingte Votivgepflogenheiten beobachten, die zum Beispiel in der Bindung der Soldaten der castra peregrina an orientalische Gottheiten ihren Ausdruck fanden[650].

Der Kult im Lager war ein wichtiges gemeinschaftsstiftendes Element und entspricht der Dominanz des Sakralen bei allen beruflichen Korporationen[651]. Es gab jedoch eine starke Bindung der Soldaten an die kleinen Heiligtümer in den Zwischenbereichen von Lager und Stadt sowie an größere Heiligtümer in der Stadt, denkt man beispielsweise an den Ort, an dem die Militärdiplome aufgehängt wurden. So ist für die neronische Zeit auf dem Kapitol ein spezieller Schrein für die tensae überliefert, an dem im Jahre 60 n. Chr. die Kopie eines militärischen Diploms *ad latus sinistr(um)* der *aedes tensarum* angebracht wurde[652]. Die Soldaten weihten ihre Denkmäler also auch an Kultstätten, die von der Zivilbevölkerung aufgesucht wurden. Daneben gab es aber offenbar auch außerhalb der Lager dem Militär vorbehaltene Heiligtümer. Nahe der castra praetoria lag vermutlich ein solcher Kultbau, wie eine Fülle von dort entdeckten Denkmälern nahelegt, die ausschließlich von Prätorianern und anderen stadtrömischen Militärs geweiht wurden[653].

13 Die architektonische Gestaltung von Legionslagern und Limeskastellen als Reflex stadtrömischer Militärarchitektur

Es ist in der Forschung unumstritten, daß die Eroberung und Konsolidierung des Reiches durch Kaiser und Senat von der Hauptstadt aus gesteuert wurden. Man stellte sich jedoch selten die Frage, welche Rolle Rom bei der Entwicklung der römischen Militärarchitektur einnahm und inwieweit die Innen- und Außengestaltung von Lagern und Kastellen durch Vorstellungen aus dem Zentrum beeinflußt wurden[654]. Die Verwaltung der Reichsgrenzen, die Organisation des Heeres sowie der Bau der Grenzverteidigungen und deren Instandhaltung erforderte ein hohes Maß an logistischem und organisatorischem Aufwand, der nicht allein von der Administration der jeweiligen Provinz getragen werden konnte, sondern von zentraler Stelle aus koordiniert werden mußte[655]. Zwar fehlen in den literarischen und epigraphischen Quellen konkrete Hinweise für eine solche Instanz, doch lassen sich auf ganz unterschiedlichen Ebenen komplexe Verbindungen zwischen Rom und dem Militär an den Reichsgrenzen nachweisen, die eine zentrale Steuerung bestimmter Unternehmungen und Abläufe von der Hauptstadt aus wahrscheinlich erscheinen lassen. Als Beispiel für solche organisatorischen Abläufe werden im folgenden die Übertragung von Bauplänen und -formen betrachtet. Dabei geht es darum, die Verbindungen zwischen der stadtrömischen Militärarchitektur und den Lagern und Kastellen an den Reichsgrenzen aufzuzeigen und darzustellen, inwieweit deren Bauweise maßgeblich und nachhaltig von der Hauptstadt aus beeinflußt wurde.

Der Wechsel von den häufig polygonalen Lagergrundrissen der augusteischen Zeit zu den Lagern der sogenannten Spielkartenform, die von claudischer Zeit an nahezu ausschließlich, in Einzelfällen schon früher, in den römischen Provinzen errichtet wurden, wurde in der Vergangenheit immer wieder diskutiert[656]. Es konnte bislang aber keine befriedigende Erklärung gegeben werden, woher in der ersten Hälfte des ersten Jahrhunderts der Impuls kam, einen Baugrundriß reichsweit zu verbreiten und über mehrere Jahrhunderte in den verschiedenen Provinzen des Reiches daran festzuhalten[657]. In der älteren

650 Gleiches läßt sich für die Grabmalsformen und deren Gestaltung beobachten. Kap. III 13.

651 Dazu: D. Steuernagel, RM 106, 1999, 149 ff.; ders., RM 108, 2001, 41 ff.

652 CIL III 845; A. Abaecherli, Bollettino dell'Associazione Internazionale degli Studi Mediterranei 6, 1935/36, 9.

653 Eine Zusammenstellung der Weihreliefs findet sich bei: H. St. Jones, A catalogue of the acient sculptures preserved in the municipal collections of Rome: the sculptures of Palazzo dei Conservatori (1926) 202 Nr. 7 Taf. 78. 79.

654 C. V. Walthew, Possible Britannia 12, 1981, 15 ff. bes. 18: »administrative and supply buildings have been based on drawing-office blueprints issued from Rome«. Dagegen: S. v. Schnurbein in: R. J. Brewer (Hrsg.), Roman Fortresses and their Legions (2000) 29 ff. bes. 37 und E. Evans, Britannia 25, 1994, 145. Förtsch, Villa 617 ff. widmet sich in seiner Untersuchung zu den frühen praetoria der Lippelager der Übertragung von Elementen aus der italischen Villenarchitektur.

655 W. Eck, Die Verwaltung des römischen Reiches in der hohen Kaiserzeit, Ausgewählte und erweiterte Beiträge I (1995) 55 ff.

656 S. Gregory in: The eastern frontier of the Roman empire, Kolloquium Ankara 1988 (1989) 169 ff.

657 Daß es neben der regelmäßigen Form auch Ausnahmen gibt, die in nachclaudischer Zeit von der regelmäßigen Spielkartenform abweichen, sei hier unbestritten. Doch ist deren Zahl im Verhältnis zu den regelmäßig gebauten Anlagen äußerst gering. – Der Grundriß des norischen Legionslagers von Lauriacum, das im späten 2. bzw. frühen 3. Jh. n. Chr. errichtet wurde, ist einem Parallelogramm mit abgerundeten Ecken

Forschung wurde bereits diverse Male vorgeschlagen, die castra praetoria hätten als Modell für die Legionslager und Limeskastelle an den Reichsgrenzen gedient[658]. Der Plan der Prätorianerkaserne entspreche im wesentlichen der Spielkartenform und unterscheide sich lediglich durch eine Ausbuchtung an der Südseite[659]. Bei genauer Betrachtung der Umwehrung konnte aber gezeigt werden, daß die castra praetoria in tiberischer Zeit nicht mit einer abgeschrägten Südseite errichtet wurden, sondern es sich statt dessen um eine rechteckige Anlage mit abgerundeten Ecken handelte, die seit spättiberisch-claudischer Zeit im gesamten Reich Verbreitung fand[660]. Aus diesem Grund ist es gut denkbar, daß die castra praetoria als erstes aus festem Baumaterial errichtetes spielkartenförmiges Lager einen nicht unbedeutenden Einfluß auf die formale Entwicklung der römischen Militärlager genommen haben.

Hierfür mag auch die zeitliche Komponente sprechen. In augusteischer Zeit war es aus politischen Gründen noch nicht möglich, die Prätorianer in einem Lager am Rande der Stadt zusammenzuziehen. Es gab also unter Augustus kein direktes architektonisches Vorbild, an dem man sich beim Bau eines Lagers in der Provinz hätte orientieren können[661]. Betrachtet man die Formen augusteischer Militärlager, so variieren diese in der Regel erheblich, ebenso wie die frühtiberischen Anlagen[662]. War mit dem Bau der castra praetoria zwischen 21–23 n. Chr. die Spielkartenform erstmals in festem Baumaterial und zudem an zentraler Stelle errichtet worden, beginnt sich die Bauform mit einem Male beim römischen Militär zu etablieren[663]. Man griff auf diese zurück und hielt daran über mehrere Jahrhunderte fest[664]. Daß hierbei natürlich auch praktische, mit der militärischen Logistik verknüpfte Gründe eine Rolle spielten, soll aber keineswegs bestritten werden. Fest steht, daß die Grundidee gegen Mitte des ersten Jahrhunderts offenbar großen Anklang fand und seit diesem Zeitpunkt prinzipiell beibehalten wurde. Als erste Reflexe des neuen Bautyps lassen sich die in mitteltiberischer Zeit errichteten Lager von Rederzhausen (Raetia) und Aulnay de Saintonge (Aquitania) anführen[665].

Daß es bereits zuvor Tendenzen gab, hauptstädtische beziehungsweise italische Architektur in den im Norden angelegten Kastellen nachzuahmen, zeigen die augusteischen praetoria der Lippelager, die in ihren Grundrissen italischer Villenarchitektur folgten[666]. Gleiches gilt für das Stabsgebäude, die principia, das vom Aufbau an Forumsanlagen erinnert[667]. Selbst die Grundrisse der Kopfbauten für die Zenturionen entsprachen in ihren Raumschemata den aus Ostia und Pompeji bekannten Mietwohnungen[668]. Es lassen sich also sowohl für den Innen- als auch für den Außenbereich eines Militärlagers Übertragungen von Bauformen aus der Hauptstadt beziehungsweise aus Italien an die Grenzen des Reiches nachvollziehen. Der Unterschied liegt jedoch darin, daß die Gestaltung der frühen praetoria eher auf die Vorstellungen und Wünsche von Einzelpersonen, den jeweiligen Kommandaten, zurückzuführen ist. Die Planung gemeinschaftlich genutzter Bauabschnitte hingegen, also auch die Durchsetzung und Verbreitung der ›Spielkartenform‹, wurde wohl eher von übergeordneter

angenähert. Einen völligen unregelmäßigen Grundriß weist das Legionslager Carnuntum auf, vgl. Ch. Gugl – R. Kastler (Hrsg.), Legionslager Carnuntum. Ausgrabungen 1968–1977, RLÖ 45, 2007, passim.

658 Durry, Cohortes prétoriennes 50: »Elle a bien plutôt servi de modèle aux camps provinciaux de l'empire«. Den Hinweis auf die Problematik verdanke ich Jürgen Obmann.

659 Antonielli, Castra Praetoria 32.

660 Vgl. Kap. II 3 d.

661 Das republikanische Lager von Cáceres el Viejo hatte zwar einen rechteckigen Grundriß, aber keine abgerundeten Ecken. G. Ulbert, Cáceres el Viejo. Ein spätrepublikanisches Legionslager in Spanisch-Extremadura, MB 11 (1984) 45: »scharfe Ecken«.

662 Auch in nachclaudischer Zeit lassen sich immer wieder Ausnahmen, also Lager mit einem unregelmäßigen Grundriß finden, doch sind diese weitaus seltener. Augusteische Anlagen mit polygonalem Grundriß, wie beispielsweise Nimwegen (Hunerberg), Oberaden etc., finden sich in: J. S. Kühlborn, Germaniam pacavi. Germanien habe ich befriedet (1995) 29 ff. 103 ff. Ein spätaugusteisch-frühtiberisches Beispiel ist das Legionslager von Vindonissa. Zum sogenannten »schrägen« Lager von Vindonissa zuletzt zusammenfassend: A. Hagendorn u. a., Zur Frühzeit von Vindonissa. Auswertung der Holzbauten der Grabung Windisch-Breite 1996–1998, Veröffentlichungen der Gesellschaft Pro Vindonissa 18 (2003) 161 ff.

663 N. Hanel, Vetera I. Die Funde aus den römischen Lagern auf dem Fürstenberg bei Xanten, Rheinische Ausgrabungen 35 (1995).

664 E. Tortorici, Castra Albana, Forma Italiae, Regio I, 11 (1974); S. Gregory, Roman military architecture on the eastern frontier A.D. 200–600 (1995).

665 Zu Rederzhausen: S. v. Schnurbein, Germania 61, 1983, 529 ff. bes. 546 f. Zu Aulnay: M. Reddé (Hrsg.), L'armée romaine en Gaule (1996) 177 ff.; P. Tronche, Un camp militaire romain à Aulnay de Saintonge (Charente-Maritime) (1994); J. Santrot – M. H. Santrot – J.-L. Tilhard, La datation des céramiques du 1er siècle après J.-C. en Aquitaine et le camp tibérien d'Aulnay-de-Saintonge (Charente-Maritime), Kongreß Cognac 1991 (1991) 119 ff.

666 Förtsch, Villa 617 ff.

667 U. Schreiber in: A. Becker – G. Rasbach, Germania 81, 1, 2003, 190 ff.; B. Fehr, Hephaistos 7/8, 1985/86, 39 ff.

668 Den Hinweis darauf verdanke ich Michael Heinzelmann. Zu Mietwohnungen in Ostia s. M. Heinzelmann in: R. Neudecker – P. Zanker, Lebenswelten, Bilder, Räume, Palilia 16 (2005) 113 ff.

Ebene bestimmt, und es scheint sich hierin ein genereller Planungsgedanke widerzuspiegeln[669].

Wie man sich die Übertragungsmechanismen dieser Bauformen konkret vorzustellen hat, ist schwer zu beantworten, doch kommt den durch zahlreiche Inschriften belegten Militärarchitekten hierbei vermutlich eine wichtige Rolle zu[670]. Ähnlich wie der Technologietransfer in anderen logistischen Bereichen, beispielsweise beim Katapultbau, ist anzunehmen, daß Baupläne von Ingenieuren weiter verbreitet wurden. Neben den nachweisbaren personellen Verknüpfungen zwischen Rom und den Reichsgrenzen bezeugen Briefwechsel, in denen es um Baugenehmigungen geht, daß das Militär vor Ort sehr wohl Weisungen aus Rom entgegennahm[671]. Selbst Plinius erbittet in seiner Funktion als Statthalter der Provinz Bithynien vor der Durchführung von Bauvorhaben regelmäßig Trajans Erlaubnis[672].

669 Förtsch, Villa 629 f.

670 So war C. Vedennius Moderatus erst *architectus* und diente nach Beendigung seiner Dienstzeit als *evocatus Augusti* weiter. EV 01; M. Donderer, Die Architekten der späten Republik und der Kaiserzeit (1996) 41 ff. Spezieller zu Militärarchitekten und Technologietransfer: O. Stoll in: L. Schumacher (Hrsg.), Religion – Wissenschaft – Technik, Althistorische Beiträge zur Entstehung neuer kultureller Strukturmuster (1998) 203 ff.

671 A. Kolb, Nachrichten und Nachrichtentransfer im Römischen Reich (2000) 264 ff. 286 ff. 300 ff.; W. Eck in: ders. (Hrsg.), Die Verwaltung des römischen Reiches in der hohen Kaiserzeit, Ausgewählte und erweiterte Beiträge 1 (1995) 55 ff. bes. 69 ff.; W. Riepl, Das Nachrichtenwesen des Altertums (1913) 265 ff.

672 Plin. epist. 10, 70–71. Weitere Beispiele bei: M. Reuter in: W. Groenman u. a. (Hrsg.), Roman Frontier Studies 1995 (1997) 189 ff.

III Begräbnisplätze und Grabdenkmäler

1 Einleitung

Viele der Soldaten, die in einer der stadtrömischen Einheiten dienten oder zu Spezialaufgaben von ihren Heeren aus der Provinz nach Rom abberufen worden waren, verstarben während ihres Dienstes in der Urbs oder ließen sich nach ihrer Entlassung als Veteranen in der Hauptstadt nieder[1]. Will man das Militär als Bestandteil der städtischen Kultur Roms verstehen, ist die Untersuchung ihrer Begräbnisplätze und Grabdenkmäler unumgänglich. Diese geben nicht nur Auskunft über das Verhältnis von Soldaten und ziviler Bevölkerung, sondern reflektieren gleichzeitig auch das Selbstverständnis der Soldaten. Die folgenden Ausführungen widmen sich deshalb der Lage und Gestaltung der Nekropolen, in denen die Soldaten der stadtrömischen Einheiten bestattet wurden. Ziel ist es einerseits aufzuzeigen, an welchen Plätzen und auf welche Weise man sich als Soldat in Rom bestatten ließ. Andererseits soll geklärt werden, ob gemeinsame Begräbnisplätze im Sinne von Soldatenfriedhöfen existierten, wie sich solche gegebenenfalls erklären lassen und was sie über die Bindung der Soldaten an ihre Einheiten, an das Militär in seiner Gesamtheit und ihr Verhältnis zur städtischen Bevölkerung aussagen können[2].

Eng verknüpft mit der Betrachtung der Nekropolen ist die Frage nach der Gestaltung der Grabdenkmäler, da diese das Bild der Nekropolen prägten. Dabei steht die Art und Weise im Vordergrund, mit der sich die Soldaten im Zentrum des Imperium Romanum der Öffentlichkeit präsentierten und wie die militärischen Bestattungen durch die städtische Bevölkerung wahrgenommen wurden[3]. Trat man mit gleichartigen Grabdenkmälern in gemeinsamen Nekropolen geschlossen auf oder zeigte man sich zurückhaltend? Gab es einheitsspezifische Darstellungsweisen? Griff man zivile Darstellungsformen auf oder läßt sich in der Gestaltung der Denkmäler eine Art ›Soldatenstil‹ fassen, der als solcher für die Bevölkerung Roms erkennbar war? Daneben soll gezeigt werden, welchen Bildthemen bei der Gestaltung der Grabdenkmäler eine besondere Bedeutung zukam und welche Werte sich in der Auswahl der Bilder zu erkennen geben. Außerdem ist zu untersuchen, welche Rückschlüsse dies auf das Selbstverständnis der Einheiten, auf das Verhältnis zu anderen Abteilungen des stadtrömischen Militärs und zur stadtrömischen Bevölkerung erlaubt. Besonders interessant sind hierbei ein möglicher Wandel in der Gestaltungsweise der Denkmäler und dessen Ursache.

Für das Verständnis der Befunde und Denkmäler ist wichtig, daß das Militär in Rom eine heterogene Gruppe darstellte, die sich aus Römern, Italikern und Provinzialen mit unterschiedlichem kulturellen Hintergrund und unterschiedlichem sozialen Status zusammensetzte, deren einziges verbindendes Element der Dienst beim Militär war[4]. Ob und inwieweit sich diese Unterschiede auch in der Gestaltung der Grabdenkmäler und Begräbnisplätze widerspiegelten, soll in den folgenden Ausführungen dargelegt werden. Für die Frage nach der Äußerung eines militärischen beziehungsweise einheitsspezifischen Bewußtseins und der Bewahrung eines solchen im städtischen,

1 Überlegungen zu der Tendenz, nach der Entlassung nicht in seine Heimat zurückzukehren, bei: G. Forni in: ANRW II 1 (1974) 339 ff. Der aus der CCAA (Köln) stammende Marcus Ulpius Victor blieb nach seiner Entlassung in Rom, s. VES 02: CIL VI 3311. – Daneben gab es natürlich auch Soldaten der stadtrömischen Einheiten, die bei speziellen Einsätzen außerhalb Roms oder auf Feldzügen verstarben. So wurde einem Prätorianer in Ostia ein aufwendiges Grabmonument errichtet, nachdem dieser bei einem Brandeinsatz vor Ort verstorben war: CIL XIV 223. – Zur Lebenserwartung römischer Soldaten allgemein: W. Scheidel, Klio 77, 1995, 232 ff. Beispiele von Veteranen, die nach Ende ihrer Dienstzeit in ihre Heimatstädte zurückkehrten oder außerhalb der Hauptstadt angesiedelt wurden, bringt F. G. Maier, Historia 2, 1953/54, 318 ff.; vgl. auch: CIL III 6122 (= Speidel, Kaiserreiter Nr. 743). Aurelius Seuthes ging nach Ende seiner Dienstzeit zurück in seine thrakische Heimat (Kyzylhissar/Bulgarien).

2 In der Forschung wird oft von Soldatenfriedhöfen gesprochen: U. Antonielli, StEtr 2, 1928, 635; J. C. N. Coulston in: ders. – H. Dodge (Hrsg.), Ancient Rome. The Archaeology of the Eternal City (2000) 86 spricht von »military cemeteries«.

3 Zum Rezipienten von Grabdenkmälern: V. M. Hope, Constructing identity. The Roman Funerary Monuments of Aquileia, Mainz and Nîmes, BARIntSer 960 (2001) 88 f. – Allgemein zum Betrachter im kaiserzeitlichen Rom: P. Zanker in: ders. – A. Borbein – T. Hölscher, Klassische Archäologie. Eine Einführung (2000) 205 ff.

4 Zur Unterscheidung von Gruppen, die sich durch gemeinsamen religiösen Hintergrund bei der Ausübung des Kultes »freiwillig« zusammenfanden: J. M. C. Barclay, Jews in the Mediterranean Diaspora from Alexander to Trajan (1996); K. P. Donfield – P. Richardson (Hrsg.), Judaism and Christianity in the first century Rome (1998); H. Lichtenberger in: ANRW II 26, 3 (1996) 2142 ff.; C. Vismara in: A. Giardina (Hrsg.), Società romana e impero tardantico II (1986) 351 ff.; M. H. Williams, ZPE 101, 1994, 165 ff.; ders. in: M. Goodman (Hrsg.), Jews in a Graeco-Roman World (1998) 215 ff.

zivilen Umfeld sind die Grabdenkmäler solcher Soldaten besonders interessant, die aus der Provinz nach Rom kamen, da sie sich den stadtrömischen Einflüssen anders ausgesetzt sahen als die Soldaten italischer Herkunft.

2 Überlieferungsbedingungen und methodischer Zugang

Die materielle Grundlage der folgenden Überlegungen bildet die Erfassung aller militärischen Grabdenkmäler aus Rom, deren Anzahl sich auf über eintausendsechshundert beläuft[5]. Die verschiedenen Einheiten sind hierbei proportional unterschiedlich vertreten, was die Deutungsmöglichkeiten in Teilen einschränkt (Tab. 6). Unter den Denkmäler dominieren die Grabmonumente der equites singulares Augusti und der Prätorianerkohorten, während die vigiles als zweitgrößte stadtrömische Einheit[6] mit nur zweiundfünfzig Denkmälern einen überraschend geringen Anteil im Gesamtspektrum einnehmen[7]. Die heterogene Überlieferung der Grabdenkmäler läßt sich zum einen auf die unterschiedlichen Truppenstärken und Stationierungszeiten zurückführen, ist andererseits aber auch durch die besonderen Überlieferungssituationen einzelner Denkmälergruppen zu erklären. So resultiert die im Verhältnis zur Mannschaftsstärke der equites singulares Augusti überproportional hohe Anzahl ihrer Grabdenkmäler daraus, daß diese zerschlagen und im Fundament einer konstantinischen Basilika verbaut wurden. Als die Basilika ihrerseits zum Gegenstand archäologischer Untersuchungen wurde, konnte ein Großteil der im Fundament konservierten Denkmäler geborgen werden[8].

Wie klein die überlieferte Zahl der Grabdenkmäler im Verhältnis zur Anzahl der Soldaten ist, veranschaulicht folgendes Rechenexempel: Nimmt man für die Prätorianerkohorten eine Mannschaftsstärke von mindestens viertausendfünfhundert Soldaten an, die zwischen sechzehn und fünfunddreißig Jahre in der Einheit dienten, so hätten vom Ende des ersten Jahrhunderts v. Chr. bis zu Beginn des vierten Jahrhunderts n. Chr. mindestens 70.000 Soldaten in der Einheit gedient. Von ihnen haben sich in Rom jedoch nur insgesamt 589 Denkmäler erhalten.

Ein grundsätzliches Problem bei der Betrachtung der militärischen Sepulkralplastik aus Rom besteht darin, daß ein Großteil der Denkmäler heute verschollen und nur durch die Wiedergabe der Inschrift im CIL überliefert ist, so daß bei der Frage nach der Gestaltung lediglich auf die dortigen Angaben zurückgegriffen werden konnte. Das hieraus resultierende Fehlen von Maßangaben und die Unsicherheiten in der formalen Ansprache mancher Denkmäler erschwert ihre Auswertung im Hinblick auf Gestaltungsfragen[9]. Die Stücke wurden dennoch aufgenommen, da die Inschriften nicht nur Auskunft über die jeweiligen Stifter geben, sondern – sofern der Fundort genannt wird – für die Frage nach den militärischen Begräbnisplätzen herangezogen werden können. Von etwa der Hälfte der Stücke ist der genaue Fundort bekannt oder ließ sich rekonstruieren. Bei den heute noch in den Museen erhaltenen Denkmälern fehlt hingegen häufig die genaue Herkunftsangabe, doch lassen sich diese Stücke zumindest für die Frage nach der Gestaltung der militärischen Sepulkralplastik auswerten.

Die Begräbnisplätze und Grabdenkmäler werden, wie zuvor schon die Lager und Unterkünfte, zunächst in überblicksartig angelegten Abschnitten nach den verschiedenen Einheiten getrennt voneinander betrachtet. Besonders ausführlich werden hierbei die Nekropolen der Prätorianerkohorten und die Grabdenkmäler der equites singulares besprochen, da diesen im Rahmen der Fragestellung eine besondere Bedeutung zukommt und ihre Überlieferungssituation ausgesprochen günstig ist. Zum besseren Verständnis werden den Abschnitten einige einleitende Bemerkungen zu Herkunft und Status der Soldaten vorangestellt. Daran anschließend erfolgt die Auswertung der einzelnen Befunde mit einer kontextbezogenen Betrachtung der Denkmäler und ihrer Fundzusammenhänge.

5 Es wurden dabei auch Stücke aufgenommen, die sich heute nicht mehr in Rom befinden, aber nachweislich von dort stammen. Denkmäler, die von einem Soldaten für eine Zivilperson errichtet wurden, wurden nur dann berücksichtigt, wenn sie in direktem Zusammenhang mit den Soldatengrabsteinen zu sehen sind und gemeinsam mit diesen in einer Nekropole vergesellschaftet sind. Die Grabdenkmäler der Soldaten, die den Kaiser auf einem Feldzug begleiteten und verstarben beziehungsweise die nach ihrer Entlassung in ihre Heimat zurückkehrten, werden teilweise als Vergleichsstücke herangezogen.

6 Vgl. Kap. I 2 (Tab. 1. 2).

7 CV 01–52.

8 Deichmann – Tschira, Mausoleum 54; vgl. Kap. III 6 a.

9 Im CIL wird der Begriff »cippus« sowohl für Stelen, als auch für Altäre verwendet. Ein Beispiel hierfür ist der Grabaltar ES 004: CIL VI 3177; ILS 2196, der im CIL als »cippus marmoreus« bezeichnet wird. In einigen Fällen fanden sich in der Literatur nur Maßangaben in Spannen (Palmi), die im Katalog nach dem Wert für den palmo romano architettonico von 223,45 mm umgerechnet sind.

3 Datierungsgrundlagen

a Inschriften

Die Grabdenkmäler stadtrömischer Soldaten werden in der Regel anhand der Inschriften datiert, da sich auf Grund der stark reduzierten Ausführung und Bildlosigkeit in der überwiegenden Anzahl der Fälle keine stilistischen Datierungsmerkmale herausarbeiten lassen. Gesicherte Fundkontexte mit datierenden Beifunden fehlen durchgehend. Die Inschriften geben also oftmals den einzigen Anhaltspunkt für die chronologische Einordnung der Denkmäler, obwohl in der Regel datierende Angaben wie die Nennung von Konsul- oder Kaisernamen fehlen.

Das von Manfred Clauss zu Beginn der siebziger Jahre des letzten Jahrhunderts an den Grabdenkmälern der Prätorianerkohorten erarbeitete Datierungsmodell für stadtrömische Inschriften hat bis heute nicht seine Gültigkeit verloren[10]. Vielmehr kann es ohne weiteres auf die Denkmäler der anderen stadtrömischen Einheiten übertragen werden, da sich die militärischen Inschriften in ihrem Formular sehr ähneln[11]. Als Ausgangspunkt zur Kategorisierung des Materials betrachtete Manfred Clauss die onomastischen Formeln, das heißt die Inschriften wurden nach der Vollständigkeit der sechs Namensteile in Gruppen aufgeteilt und unter Einbeziehung anderer Bestandteile des Formulars, wie der Anfangs- und Schlußformeln *D(is) M(anibus)* und *h(ic) s(itus) e(st)* und der grammatikalischen Fälle, in chronologische Gruppen eingeteilt[12]. Das Fehlen der Formel *Dis Manibus* weist dabei ebenso auf eine frühe Datierung der Denkmäler wie der Abschluß *hic situs est*[13]. Michael Speidel, der die Grabdenkmäler der equites singulares aus althistorischer Sicht intensiv untersuchte, greift zu deren Datierung auf das von Manfred Clauss erarbeitete chronologische Datierungsmodell zurück[14]. Er bezieht zusätzlich andere epigraphische Kriterien sowie die Qualität der Fertigung in seine Bewertung mit ein und geht davon aus, daß die schlechter gearbeiteten Inschriften tendenziell die späteren seien[15]. Ihm zufolge geben bei den equites singulares Augusti die Namen der Soldaten einen Terminus post quem, unter der Voraussetzung, daß diese beim Eintritt in die Truppe den kaiserlichen Gentilnamen bekamen und ihre Denkmäler deshalb in die Regierungszeit der entsprechenden Kaiser weisen[16]. Hierbei ist jedoch zu bedenken, daß Gentilnamen erblich waren und deshalb auch noch Jahrzehnte später auftreten konnten[17].

Neben den erwähnten Datierungskriterien gibt die Nennung von Beinamen der Kohorten wie *Antoniniana* und *pia vindex* einen Anhaltspunkt für die Datierung zahlreicher Denkmäler der stadtrömischen Soldaten. Den Beinamen *Antoniniana* trugen die Prätorianerkohorten unter Caracalla und Elagabal[18]. Tauchen in den Inschriften der stadtrömischen Soldaten andere Einheiten wie die unter Septimius Severus ausgehobene legio II Parthica auf, ist damit für die Denkmäler ein Terminus post quem gegeben[19]. Ferner ermöglicht die bewegte Geschichte der Truppen in Rom eine Datierung der Denkmäler, da manche Kohorten nur für einen relativ kurzen Zeitraum existierten, wie beispielsweise die sieben zusätzlichen Prätorianerkohorten, die Vitellius der Überlieferung zufolge ausheben ließ[20]. Da sich diese auch im epigraphischen Material fassen lassen, ist durch die historische Überlieferung ein relativ enger Rahmen für die chronologische Einordnung der Stücke vorgegeben[21].

Die Entstehungszeit weniger Stücke läßt sich durch die Verklammerung mit fest datierten Weihungen bestimmen, die entweder einen der Auftraggeber des Grabdenkmals, den Verstorbenen selbst oder den Zenturio der Einheit nennen, in der der Verstorbene diente. So ist in einer aus dem Jahre 143/144 n. Chr. stammenden Militärliste[22] ein Zenturio namens Iedarnus aufgeführt, und die Inschrift einer Grabstele für einen *miles cohortis praetoriae* erwähnt

10 Die beiden jüngst erschienen Supplementbände des CIL VI, die »Supplementa Italica. Imagines«, greifen auf die von Clauss entwickelten Datierungskriterien zurück, wobei es in Einzelfällen zu anderen Datierungsvorschlägen kommt; z. B. G. L. Gregori – M. Mattei (Hrsg.), Supplementa Italica. Imagines, Roma (CIL VI) I, Musei Capitolini (1999) 72 f. Nr. 56; Di Stefano Manzella – Gregori, Imagines 328 f. Nr. 2874.

11 Vgl. Kap. III 12 b.

12 Clauss, Tituli 59 ff.

13 Einen detaillierten Überblick gibt Clauss, Tituli 88 ff.; einführend s. K. P. Almar, Inscriptiones Latinae. Eine illustrierte Einführung in die lateinsche Epigraphik (1990).

14 Speidel, Kaiserreiter 26 Anm. 168.

15 Diese Datierungsmethode mag einen allgemeinen Anhaltspunkt liefern, sie ist jedoch nicht immer verläßlich, vgl. E. Meyer, Einführung in die lateinische Epigraphik[3] (1991) 98 f.

16 Speidel, Kaiserreiter 11.

17 ES 147: CIL VI 3914. 32809. Der Name Ulpius sollte demnach an den Beginn des 2. Jhs. weisen, doch tritt das auf der Darstellung wiedergegebene Ringschnallencingulum erst im 3. Jh. auf.

18 CP 203: CIL VI 32671. Zu den Beinamen: RE XXII, 2 (1954) 1607 ff. bes. 1615 f. s. v. praetoriae cohortes (M. Durry).

19 VCP 10: CIL VI 2579; ES 346: CIL VI 37258 a.

20 Vgl. S. 170 Tab. 3.

21 CP 001: CIL VI 2768; CP 071: CIL VI 2764; CP 073: CIL VI 32710. 37226; CP 074: CIL VI 2765. 32625; CP 075: CIL VI 37225; CP 079: CIL VI 2762; CP 256: CIL VI 2763; CP 257: CIL VI 2766; CP 258: CIL VI 2767; CP 415: CIL VI 2922.

22 CIL VI 32520.

die *centuria Iedarni*[23]. Weitere Beispiele sind die Grabaltäre zweier equites singulares, bei denen als einer der Stifter der *duplicarius Aurelius Quintus* genannt wird, der auf einer konsuldatierten Weihung an die Sulviae und die Campestres aus dem Jahre 160 n. Chr. bereits zum Zenturio befördert worden war[24]. Beide Altäre müssen aus diesem Grund noch aus der Zeit vor seiner Beförderung um 160 n. Chr. stammen[25]. Mit Hilfe der wenigen auf diese Weise datierten Stücke läßt sich ein grobes chronologisches Gerüst erstellen, in das die übrigen Grabdenkmäler unter Vorbehalt und unter Berücksichtigung der anderen Merkmale eingeordnet werden können.

b Stil

Eine stilistische Datierung der meisten stadtrömischen Grabdenkmäler aus militärischem Kontext wird durch die meist geringe handwerkliche Qualität und das Fehlen entsprechend gut datierter Vergleichstücke erschwert. Viele der Stücke sind unreliefiert oder weisen als einzigen Dekor eine geritzte corona vittata auf, die auf Grund ihrer Fertigung chronologisch relativ unempfindlich ist[26]. Nur wenige qualitätsvollere Stücke ermöglichen eine Datierung auf Basis stilistischer Vergleiche. So finden sich für die Behandlung der Frisur und der Physiognomie eines decurio der equites singulares Parallelen in den männlichen Privatporträts tetrarchischer Zeit[27]. Ein anderes, sehr qualitätsvoll gearbeitetes Relief zeigt einen Reiter, dessen Frisur und Gesichtszüge an Bildnisse Gordians III. erinnern[28] (Abb. 76), was für eine Datierung der Stele in die Zeit von 230–250 n. Chr. spricht.

c Antiquarisches

Bei den im späten zweiten und frühen dritten Jahrhundert auftretenden ganzfigurigen Darstellungen von Soldaten geben die abgebildeten Ausrüstungsgegenstände, wie die Ringschnallencingula und die Dosenortbänder, Anhaltspunkte für die Datierung[29] (Abb. 76). Trägt der Verstorbene eine paenula, gehört das Denkmal eher in vorseverische Zeit[30].

4 Die Prätorianer und ihre Untereinheiten

Die Prätorianer waren die ranghöchste und am besten besoldete Einheit der römischen Armee, die durch ihre unmittelbare Nähe zum Kaiser und ihre Funktion als dessen Leibgarde eine herausragende Stellung innerhalb des Heeres einnahm[31]. Ihr Sold war bereits in augusteischer Zeit dreimal so hoch wie der von Legionssoldaten.

In den ersten beiden Jahrhunderten wurden vor allem Italiker in die Garde rekrutiert, wobei seit trajanischer Zeit vermehrt Soldaten einberufen wurden, die zuvor in den Stadtkohorten gedient hatten[32]. Hinzu kam eine geringe Zahl von Norikern, die als Provinziale bereits sehr früh römisches Bürgerrecht besaßen[33]. Nach dem gewaltsamen Tod des Pertinax und der Versteigerung des Reiches durch Angehörige der Prätorianergarde an Didius Iulianus löste Septimius Severus diese auf und bildete neue Kohorten aus den Soldaten der illyrischen Legionen[34].

23 CP 096: CIL VI 37217.

24 Speidel, Kaiserreiter Nr. 33.

25 ES 004: CIL VI 3177; ES 006: CIL VI 3224.

26 Siehe z. B. CP 45: Panciera, Pretoriani 168 ff. Abb. 3; CP 46: Giuliano, Sculture I 7, 175 f. Nr. V, 28 v; CP 47: Giuliano, Sculture I 7, 175 f. Nr. V, 28 u.

27 ES 161: Speidel, Kaiserreiter 289 f. Nr. 530; vgl. Kopenhagen NCG 769 a: M. Bergmann, Studien zum römischen Porträt des dritten Jahrhunderts n. Chr. (1977) 138 ff. bes. Taf. 40, 3. 4.

28 ES 154: Speidel, Kaiserreiter 290 Nr. 531; vgl. Paris, Louvre MA 1063: M. Wegner – J. Bracker – W. Real, Das römische Herrscherbild III 3 (1979) Taf. 8.

29 ES 154: Speidel a. O. – Weitere Beispiele: ES 160: Speidel, Kaiserreiter 289 Nr. 529; CP 023: Kleiner, Altars 271 f. Nr. 125; CP 025: NSc 1923, 391 f. Abb. 9 – Zur Ausrüstung des 3. Jhs. s. T. Fischer, BayVgBl 53, 1988, 167 ff.; S. v. Schnurbein in: W. Czysz u. a. (Hrsg.), Provinzialrömische Forschungen, Festschrift Günter Ulbert (1995) 139 ff.

30 CU 27: CIL VI 2886; CV 05: CIL IV 2987; ILS 2169; M 01.

31 Vgl. Passerini, Coorti pretorie 100 ff.; P. A. Brunt, BSR 1950, 50 ff.; G. R. Watson, Historia 5, 1956, 332; D. Breeze, JRS 61, 1971, 130. Unter Caracalla bekommen die Prätorianer 10.000 Sesterzen im Jahr, die Legionäre hingegen nur 3.000 Sesterzen. Zur Besoldung des Heeres: M. A. Speidel, JRS 82, 1992, 104. Dagegen: R. Alston, JRS 84, 1994, 113 ff.

32 Tac. ann. 4, 5, 3; Passerini, Coorti pretorie 159 ff.; Durry, Cohortes prétoriennes 243 ff.; Freis, Cohortes Urbanae 15.

33 G. Alföldy, Noricum. History of the Roman Provinces (1974) 102 f. Appendix XI (Noricans in the Roman army). Romanisierungsphänomene im Zusammenhang mit der Urbanisierung Norikums untersucht zuletzt: P. Scherrer in: M. Kos – P. Scherrer (Hrsg.), The autonomous towns of Noricum and Pannonia. Die autonomen Städte in Noricum und Pannonien: Noricum, Situla 40 (2002) 11 ff.

34 Herodian. 2, 13, 9 f.; 2, 14, 5; Passerini, Coorti pretorie 171 ff.; Durry, Cohortes prétoriennes 247 ff.; E. Birley, Septimius Severus and the Roman Army, Epigraphische Studien 8 (1969) 63 ff. bes. 64 f.; D. L. Kennedy, AncSoc 1978, 275 ff. bes. 290 ff.; J. B. Campbell, The Emperor and the Roman Army 31 BC–AD 235 (1984) 10 f.; D. Noy, Foreigners at Rome (2000) 20 f.

Im Hinblick auf ihre besondere Stellung und die guten finanziellen Vorraussetzungen stellt sich die Frage, ob die Soldaten der Prätorianerkohorten spezielle Begräbnisplätze besaßen oder ihre Denkmäler besonders aufwendig gestaltet waren und sich von denen der anderen stadtrömischen Einheiten als besonders qualitätsvolle Stücke absetzten. Interessant ist ferner, ob mit der vermehrten Rekrutierung der Soldaten aus den Donauprovinzen unter Septimius Severus ein nachvollziehbarer Wandel in der Darstellungsweise einherging.

Von den insgesamt 589 bekannten aus Rom stammenden Grabdenkmälern der Prätorianerkohorten und ihrer Untereinheiten lassen sich mehr als die Hälfte einem genauen Fundort zuweisen, so daß sie eine besonders wichtige Grundlage für die Betrachtung der militärischen Sepulkraltopographie bilden und deshalb im folgenden ausführlicher besprochen werden.

a Die Begräbnisplätze der Prätorianer in der frühen und mittleren Kaiserzeit

Einer der frühesten bekannten Begräbnisplätze der Prätorianer lag an der Via Cassia unweit der Milvischen Brücke (Abb. 53). Es handelt sich dabei um ein Ensemble von zwölf zeitlich zusammengehörigen Grabstelen, von denen der Großteil in das erste Jahrhundert n. Chr. zu datieren ist[35]. Unter den Denkmälern befanden sich auch zwei Exemplare für Soldaten der Stadtkohorten[36]. Zwar läßt sich die Aufstellung der Denkmäler auf Basis der Befundbeschreibung ebensowenig rekonstruieren wie das Umfeld[37], bemerkenswert ist jedoch, daß die hier bestatteten Soldaten allesamt etrurischer Herkunft waren.

Eine besondere Bedeutung unter den stadtrömischen Nekropolen besitzt die Salarianekropole, da sie im Zuge von umfangreichen Erschließungsmaßnahmen im späten neunzehnten und zu Beginn des zwanzigsten Jahrhunderts großflächig untersucht werden konnte[38]. Die Ergebnisse der Ausgrabungen wurden für die damalige Zeit sehr sorgfältig dokumentiert[39]. Die Nekropole erstreckte sich außerhalb der Porta Salaria und wird heute durch den Corso d'Italia, die Via Pinciana und die Via Salaria Nuova begrenzt[40] (Abb. 54). Von den insgesamt 234 militärischen Denkmälern aus der Salarianekropole wurden allein 137 für Soldaten der Prätorianerkohorten aufgestellt, die sich hier vom ersten bis zum dritten Jahrhundert bestatten ließen[41] (Tab. 5). Die Bestattungen der Prätorianer verteilen sich in meist kleinen Gruppen über die gesamte Nekropole (Abb. 54). Einer der wichtigsten Befunde für die Frage nach der Zusammensetzung und Gestaltung militärischer Begräbnisplätze wurde im Jahre 1751 in der Vigna del Cinque entdeckt. Es handelt sich dabei um einunddreißig Grabdenkmäler von Soldaten verschiedener stadtrömischer Militäreinheiten, die auf engstem Raum und mit nur geringem zeitlichem Abstand zueinander beigesetzt wurden[42]. Die Stelen mit den jeweils darunter deponierten ollae cinerariae waren nahe beieinander in den Boden eingelassen[43]. Die von Carlo Fea beschriebene und von Giovanni Battista Piranesi rekonstruierte Aufstellungssituation der Denkmäler vermittelt eine gute

35 CP 042: CIL VI 2475; CP 041: CIL VI 2478; CP 040: CIL VI 2513; CP 243: CIL VI 2542; CP 260: CIL VI 2577; CP 273: CIL VI 2587; CP 081: CIL VI 37193; SP 02: CIL VI 2683; CP 070: CIL VI 2684; EV 35: CIL VI 3414; ILS 2150; C. Gatti, BCom 33, 1905, 154 f. 186 f.; NSc 1925, 396. U. Antonielli, StEtr 2, 1928, 635 ff.; Clauss, Tituli 59.

36 CU 15: CIL VI 2921; CU 90: CIL VI 2923.

37 »Le dodici iscrizioni provengono dal primo tronco di essa dopo passato ponte milvio, e fra questo e il famoso Sepolcreto di Vibio«, NSc 1923, 251.

38 Bereits im 18. Jh. hatte man damit begonnen, im Bereich der Nekropole zu graben: Fea, Miscellanea I, 148 f. Nr. 63; II, 99 ff. 161 f.

39 Eine Zusammenstellung und Kartierung der in den NSc und dem BCom publizierten Fundbeschreibungen und Inschriften findet sich in der CAR II.

40 Ehemals lagen hier die Vigna Bertone (im Norden), Vigna Nari (im Süden), Vigna del Cinque und die Vigna Pelucci zwischen der Porta Salaria und der Porta Pinciana, s. Durry, Cohortes prétoriennes 61.

41 Nach Durry, Cohortes prétoriennes 61 gibt es keine Denkmäler aus nachantoninischer Zeit – es läßt sich jedoch eine Reihe von Gegenbeispielen anführen: CP 017: CIL VI 2461; CP 025: NSc 1923, 391 f. Abb. 9; R. Paribeni – G. Wilpert, RendPontAc 2, 1923/24, 58 ff. Abb. 5; CP 113: CIL VI 2672; ILS 2054; CP 129: CIL VI 2653; CP 284: CIL VI 2472 a; VCP 18: CIL VI 2443.

42 CP 033: CIL VI 2443; CP 034: CIL VI 2645; ILS 2030; CP 038: CIL VI 2661; CP 060: CIL VI 2754; ILS 2059; CP 062: CIL VI 2474; CP 064: CIL VI 2533; CP 066: CIL VI 2546; CP 069: CIL VI 2615; CP 077: CIL VI 2733; CP 078: CIL VI 2664; CP 079: CIL VI 2762; CP 092: CIL VI 2580; CP 099: CIL VI 2451; CP 100: CIL VI 2476; CP 104: CIL VI 2741; CP 106: CIL VI 2753; CP 112: CIL VI 2585; CP 231: CIL VI 2522; CP 232: CIL VI 2538; CP 348: CIL VI 2669; CV 11: CIL VI 2986; EV 09: CIL VI 2530; ILS 2141; EV 10: CIL VI 3438; EV 60: CIL VI 2440; ILS 2077; SP 07: CIL VI 2743; ST 02: CIL VI 2952; ILS 2133; ST 03: CIL VI 2492; M 12: CIL VI 3642; M 13: CIL VI 3640.

43 Fea, Miscellanea II, 107. Eine Übersicht über die Verteilung der unterschiedlichen Bestattungssitten in der Salarianekropole findet sich bei: C. Cupito in: M. Heinzelmann u. a., Römischer Bestattungsbrauch und Beigabensitten, Kolloquium Rom 1998, Palilia 8 (2001) 47 ff.

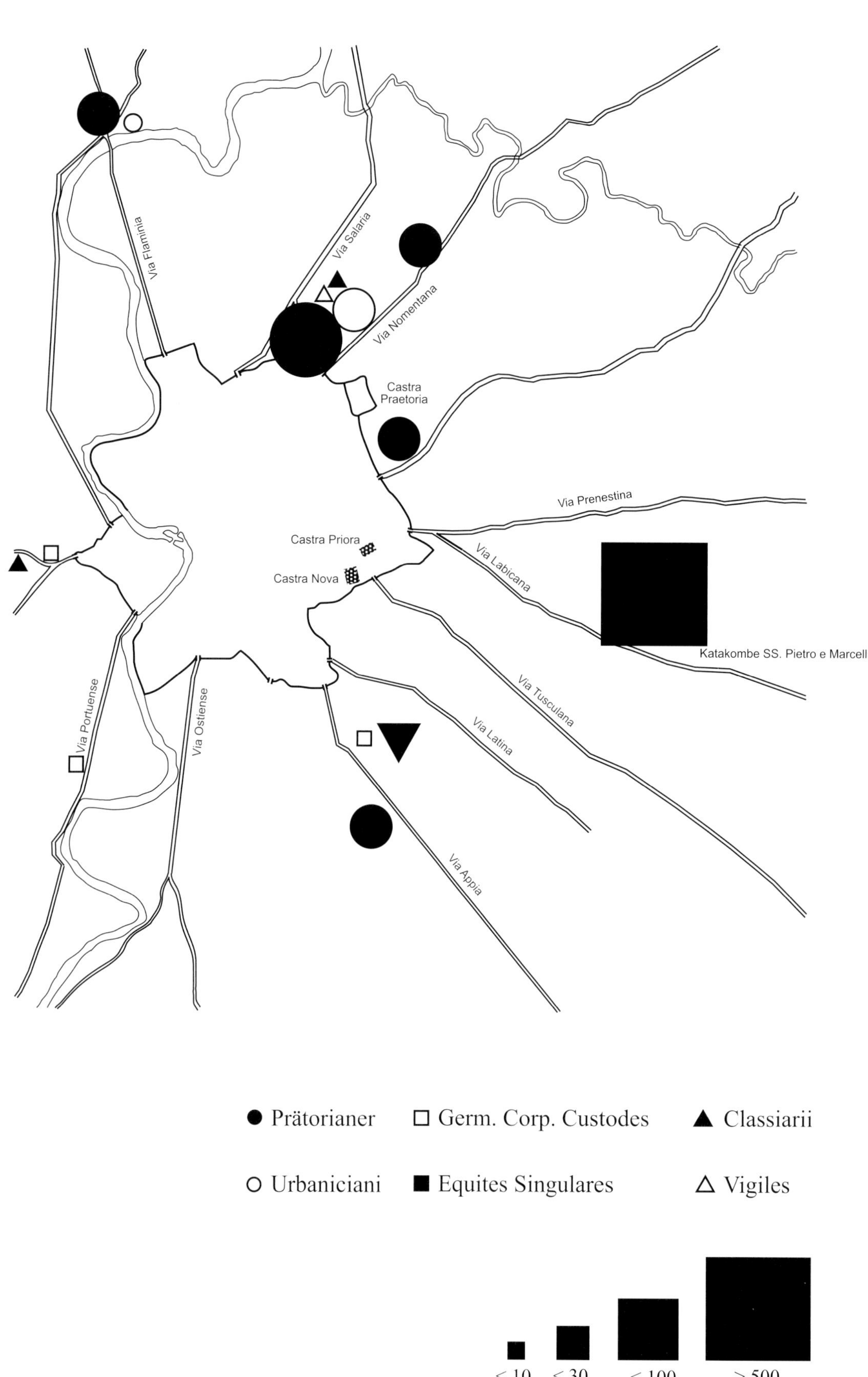

Abb. 53 Anzahl und Verteilung militärischer Bestattungen in Rom

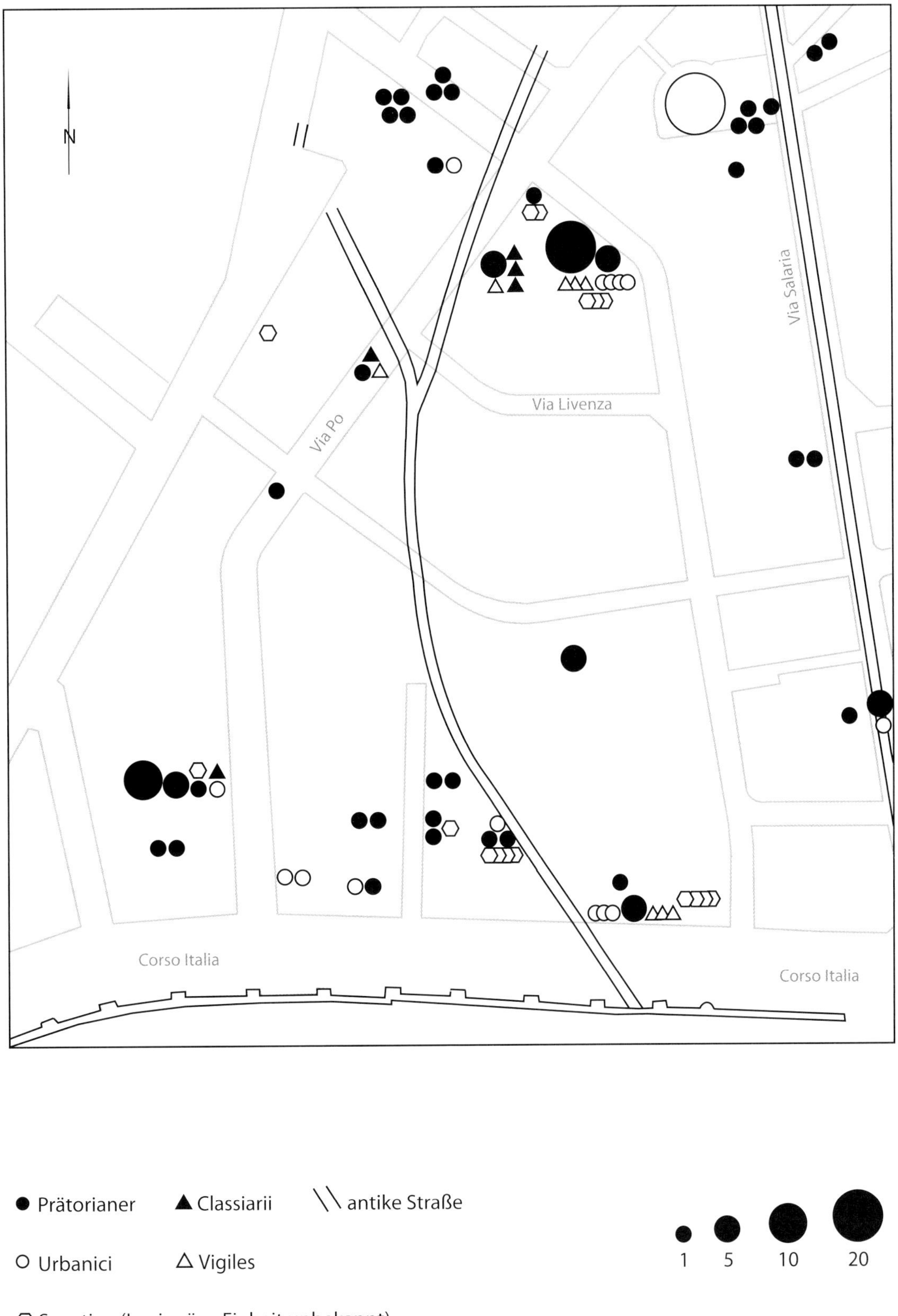

Abb. 54 Verteilung militärischer Grabdenkmäler innerhalb der Salarianekropole

Vorstellung davon, wie die Denkmäler in der Nekropole gewirkt haben könnten[44] (Abb. 55).

Neben dem besonderen Befund in der Vigna del Cinque gab es innerhalb der Salarianekropole noch einen weiteren Ort, an dem sich eine größere Ansammlung militärischer Bestattungen fand. Von einundzwanzig in einem Kolumbarium gefundenen Grabdenkmälern stammen fünfzehn von Soldaten der Prätorianerkohorten, die dort zusammen mit einem Veteranen der gleichen Einheit, einem Angehörigen der Stadtkohorten, einem evocatus und einem stator bestattet waren[45]. Bis auf zwei Ausnahmen lassen sich die Denkmäler ins zweite Jahrhundert datieren[46]. Die beiden beschriebenen Befunde können streng genommen nicht als exklusive Begräbnisplätze der Prätorianer angesprochen werden, da diese dort zusammen mit Angehörigen anderer Einheiten wie der vigiles und urbaniciani beigesetzt wurden. Auffallend ist allerdings die Dominanz des Militärs in beiden Fundkomplexen. An einer anderen Stelle in der Nekropole, nahe der Porta Pinciana, wurden mehrere statores zusammen mit Prätorianern begraben[47].

Neben diesen eher militärisch, wenngleich nicht rein prätorianisch geprägten Grabbereichen innerhalb der Salarianekropole treten die Grabdenkmäler für Prätorianer häufig in Vergesellschaftung mit zivilen Grabmonumenten auf und streuen über die gesamte Nekropole (Abb. 54). Einzelne Soldaten der Prätorianerkohorten wurden hier zusammen mit ihren Familien oder wie ein Veteran der Einheit in dem Kolumbarium seines Freigelassenen zusammen mit dessen *familia* bestattet[48].

Zu den frühen Begräbnisplätzen zählt neben der Via Cassia und der Salarianekropole auch eine kleine Nekropole nahe der Milvischen Brücke. Neben zwei in Ziegelbauweise errichteten Kolumbarien und einem Kolumbarium aus Retikulatmauerwerk stieß man bei Bauarbeiten im Jahre 1948 auf zweiundzwanzig Stelen von Soldaten der Prätorianer- und der Stadtkohorten[49]. Vier weitere fand man in einer Aufschüttung. Leider ist die Aufstellung der Stelen unklar, sie ähnelte aber vermutlich dem von Carlo Fea beschriebenen Befund in der Vigna del Cinque. Der Bestattungsplatz hat wegen der Homogenität und der engen zeitlichen Stellung der dort gefundenen Denkmäler eine große Bedeutung. Von den hier zusammen bestatteten Soldaten dienten jeweils dreimal zwei in derselben Kohorte, allerdings nicht in derselben Zenturie[50]. Denkt man an die Denkmäler von der Via Cassia, ist hier erneut die gemeinsame Herkunft der Soldaten auffällig, von denen mehrere aus dem Veneto stammten[51].

Stellvertretend für die zahlreichen Kleingruppen stehen zwei in situ gefundene Grabdenkmäler an der Via Flaminia (Tor di Quinto) aus der zweiten Hälfte des ersten Jahrhunderts[52]. Sie vermitteln eine Vorstellung davon, wie die Aufstellung militärischer Denkmäler im Suburbium ausgesehen haben könnte. Im Jahre 1986 entdeckte man zwischen den Resten zweier größerer Grabmonumente die Stelen von Soldaten, die zur Straße hin ausgerichtet waren. Eine der beiden markierte eine Brandbestattung, bei der sich der Leichenbrand in einer halbierten Amphore befand, die von einem Dachziegel abgedeckt wurde[53].

b Die Begräbnisplätze der Prätorianer im dritten Jahrhundert

Die Nekropole der Via Nomentana erstreckte sich zwischen den castra praetoria und der Via Nomentana, auf dem Gelände der ehemaligen Villa Patrizi bis hin zu den Vigne di S. Agnese[54]. Vereinzelte Bestattungen von Prätorianern und kleinere Gruppen von zwei bis fünf Denkmälern waren entlang der Straße über die gesamte Nekropole verteilt, in der die Soldaten zusammen mit der zivilen

44 Fea, Miscellanea II, 119; Piranesi, Antichità II Taf. 50–54. Ediert bei: L. Ficacci (Hrsg.), Giovanni Battista Piranesi. The Complete Etchings (2000). Vermutlich sind die Stelen in Zusammenhang mit den 1736 im Bereich der angrenzenden Vigna Nari entdeckten Denkmälern zu sehen.

45 CP 022: CIL VI 2437; ILS 2037; CP 063: CIL VI 2531; CP 102: CIL VI 2685; CP 233: CIL VI 2717; CP 246: CIL VI 2505; CP 259: CIL VI 2439; CP 301: CIL VI 2500; CP 302: CIL VI 2502; CP 306: CIL VI 2539; CP 310: CIL VI 2612; CP 374: CIL VI 2583; CP 385: CIL VI 2686; CP 395: CIL VI 2740; CP 405: CIL VI 3894. 32690; CP 407: CIL VI 3897. 32703; VCP 18: CIL VI 2443; CU 064: CIL VI 2891; EV 61: CIL VI 3893; ST 05: CIL VI 2954; ILS 2137; ST 12: CIL VI 2545; ILS 2064; CAR II, C 37 i.

46 Clauss, Tituli 92 ff.

47 ST 05: CIL VI 2954; ILS 2137; ST 10: CIL VI 2958; ST 12: CIL VI 2545; ILS 2064; ST 13: CIL VI 3617; ST 14: CIL VI 2949.

48 VCP 15: CIL VI 37200 a. b.

49 CP 046–058. SP04. VSP 01. CU 008–011: Alle bei Giuliano, Sculture I 7, 159 ff. – Befundbeschreibung: Archivio della Soprintendenza Speciale per i Beni Archeologici di Roma, Collocazione 17, 2.

50 SP 04: Giuliano, Sculture 162 f. Nr. V, 28 e und CP 054: Giuliano, Sculture 165 f. Nr. V, 28 h; CP 050: Giuliano, Sculture I 7, 162 f. Nr. V, 28 q und CP 057: Giuliano, Sculture I 7, 162 f. Nr. V, 28 c; CP 053: Giuliano, Sculture I 7, 162 f. Nr. V, 28 i und CP 055: Giuliano, Sculture I 7, 162 f. Nr. V, 28 g.

51 Panciera, Pretoriani 163 ff.; A. Donati, Aemilia Tributim Discripta (1967) 192 Nr. 298.

52 M. L. Bruto – G. Messineo – C. Vannicola, BCom 92, 1987/88, 477 ff. Abb. 196–198. 202.

53 Bruto – Messino – Vannicola a. O. 480 f.; vgl. auch den Befund in der Vigna del Cinque.

54 Durry, Cohortes prétoriennes 61 f.; FUR 6; CAR III.

Bevölkerung beigesetzt wurden (Abb. 53). Ein Beispiel sind zwei Prätorianer derselben Zenturie, die ihre letzte Ruhestätte in einem Kolumbarium dreier Aurelii fanden, die keinen militärischen Rang innehatten[55]. An der Straße lag außerdem ein in Ziegelbauweise errichteter Grabbau mit einer Grundfläche von 4,85 mal 4,30 Metern, der von einem Veteranen und zwei weiteren Personen *sibi et libertis libertabusque posteriisque eorum* errichtet worden war[56]. Die Inschrift nennt zudem die Maße des Grabbezirks, der den Grabbau umgeben hatte. Dieser maß *in front(e) ped(es) XXXXV in agro ped(es) XXXX* und zählte damit zu den größten bekannten Grabbezirken von Soldaten in Rom[57]. Unter zahlreichen Grabdenkmälern ziviler Personen fanden sich im Umfeld des Grabbaus auch die Urne[58] und die Grabplatte[59] zweier Prätorianer. Im Grabbau stieß man zudem auf einen etwa lebensgroßen männlichen Porträtkopf mit Lorbeerkranz, der den Ausgräbern zufolge von einem großen Relief stammte. Vielleicht gehörte dieser zur Ausstattung des Baus. Der beschriebene Befund ist einer der wenigen, die Auskunft über die Gestaltung eines militärischen Grabbezirkes geben.

Wie in der Salarianekropole läßt sich auch an der Via Nomentana eine Konzentration militärischer Grabdenkmäler ausmachen. Im engeren Umfeld von S. Agnese wurden insgesamt fünfundzwanzig Stücke gefunden[60]. Neben den Soldaten der Prätorianerkohorten waren dort zwei evocati[61], drei urbaniciani[62] und einige Veteranen[63] bestattet. Als Stifter der Denkmäler treten hier vor allem Familienangehörige auf, die ebenfalls in der Nekropole beigesetzt wurden[64]. Die Grabinschriften stammen vom Ende des zweiten beziehungsweise Anfang des dritten Jahrhunderts[65]. Giovanni Battista de Rossi deutet die Akkumulation der Denkmäler als regelrechten Prätorianerfriedhof und vermutet einen weiteren unter S. Constanza, den er mit der Nekropole für die equites singulares an der Via Labicana vergleicht[66]. Dabei entspricht die Ansammlung unter S. Agnese dem, was sich bereits für das erste und zweite Jahrhundert beobachten ließ. Es handelt sich um eine größere Gruppe von militärischen Denkmälern in zivilem Kontext, wobei die Soldaten bei S. Agnese im Unterschied zu denen an der Milvischen Brücke und in der Vigna del Cinque hier zusammen mit Familienangehörigen bestattetet wurden, was an den beiden älteren Begräbnisplätzen nicht vorkommt[67].

Südöstlich der castra praetoria erstreckte sich zwischen dem heutigen Policlinico Umberto I. und der Via Tiburtina eine weitere Nekropole, in der eine größere Ansammlung von Grabdenkmälern der Prätorianerkohorten gefunden wurde, die allesamt ins dritte Jahrhundert datiert werden können[68] (Abb. 53). Es handelt sich dabei um etwa zwanzig zeitlich zueinandergehörige Exemplare, die aus der Vigna Fortunati stammen[69]. Einzelne ältere Denkmäler streuten entlang der Straße bis hin zur Porta Tiburtina[70].

Faßt man die Beobachtungen zu den Bestattungsplätzen der Prätorianer und ihrer Untereinheiten für den Zeitraum vom ersten bis zum Beginn des vierten Jahrhunderts zusammen, läßt sich folgendes festhalten: Kleinere Gruppen von bis zu fünf Denkmälern, wie in der Salarianekropole und an der Via Nomentana, konnten an sämtlichen Ausfallstraßen in zivil geprägten Nekropolen nachgewiesen werden[71] (Tab. 5). Es traten jedoch nur wenige Orte wie die in der Salarianekropole liegende Vigna del Cinque oder die Nekropole an der Milvischen Brücke durch größere Ansammlungen militärischer Bestattungen hervor. Betrachtet man die chronologische Verteilung der Begräbnisplätze, so liegen die ältesten Bestattungen sowohl nahe dem Lager

55 CP 207: CIL VI 37201; EV 30: CIL VI 37203.

56 NSc 1911, 133 ff.

57 Vgl. Kap. III 12 d.

58 CP 144: CIL VI 37220.

59 CP 178: CIL VI 37219.

60 CP 016: CIL VI 2671; CP 198: CIL VI 2790; CP 207: CIL VI 37201; CP 208: CIL VI 37234; CP 286: CIL VI 2611; CP 305: CIL VI 2532; CP 320: CIL VI 2692; CP 336: CIL VI 32697; CP 338: CIL VI 3890. 32684; CP 339: CIL VI 2428; CP 377: CIL VI 2610. 32654; CP 389: CIL VI 2704; CP 409: CIL VI 32691; CP 411: CIL VI 32696.

61 EV 01: CIL VI 2725; EV 24: CIL VI 37267.

62 CU 039: CIL VI 2893; ILS 2144; CU 068: CIL VI 2870; CU 078: CIL VI 2898. – CU 095: CIL VI 2932.

63 VCP 02: CIL VI 2466; VCP 06: CIL VI 2514.

64 CIL VI 2497. 2667. 2668. 2708. 37205.

65 Im Formular fehlen immer die Tribus- und die Herkunftsangabe. Clauss, Tituli 59 f.

66 G. B. De Rossi, BdI 1863, 6 f. Bei dem Gebiet »ad duas lauros« habe es sich ebenfalls um kaiserlichen Besitz gehandelt, und die Nekropole an der Via Labicana sei wie diejenige der Prätorianer bei S. Agnese auf eine kaiserliche Schenkung zurückzuführen. U. Antonielli, BullAssARom 3, 1913, 166 ff.

67 CP 305: CIL VI 2532 (ein *medicus* der Prätorianergarde wird gemeinsam mit seiner Frau bestattet). – Vgl. Durry, Cohortes prétoriennes 62.

68 Antonielli a. O.; CP 185: CIL VI 2601; CP 186: CIL VI 2638; CP 190: CIL VI 2697; CP 191: CIL VI 2723; CP 196: CIL VI 2759; CP 201: CIL VI 3895. 32700; CP 394: CIL VI 2736; CP 398: CIL VI 2758; EV 29: CIL VI 2772. 32660. – Familienangehörige, die am gleichen Ort bestattet wurden: CIL VI 2633. 2734. 2737.

69 FUR 18. 26; O. Marucchi, Le catacombe romane (1933) 229 ff.; Durry, Cohortes prétoriennes 62.

70 CP 059: CIL VI 32676. 37190.

71 Durry, Cohortes prétoriennes 62 erwähnt in seiner Aufzählung die Via Appia nahe bei S. Sebastiano, die Villa Doria Pamphilj und die Porta Maggiore.

III
D M
M·VALERIVS·M·F
SERGIA·QVINTIA
NVS·SENI·MIL·COH
I·PR·>·SILVANI·VIX
ANN·XXI·MIL
ANN·III
H F C
D M
M·FADIO
NOMANTINO
SPECVLATORI
MIL·COH·X·PR·
>·PROCVLI
MIL·ANN·XVII
VIX·ANN·XXXVII
M·FADIVS·APELLES
PATRONO·B·M·FEC
de' SOLDATI PRETORIANI
lla de Cinque, &c, le quali si veggono
nel terreno a guisa di Termini nel modo stesso, come
ritrovate
Piranesi Archit. dis. ed inc.

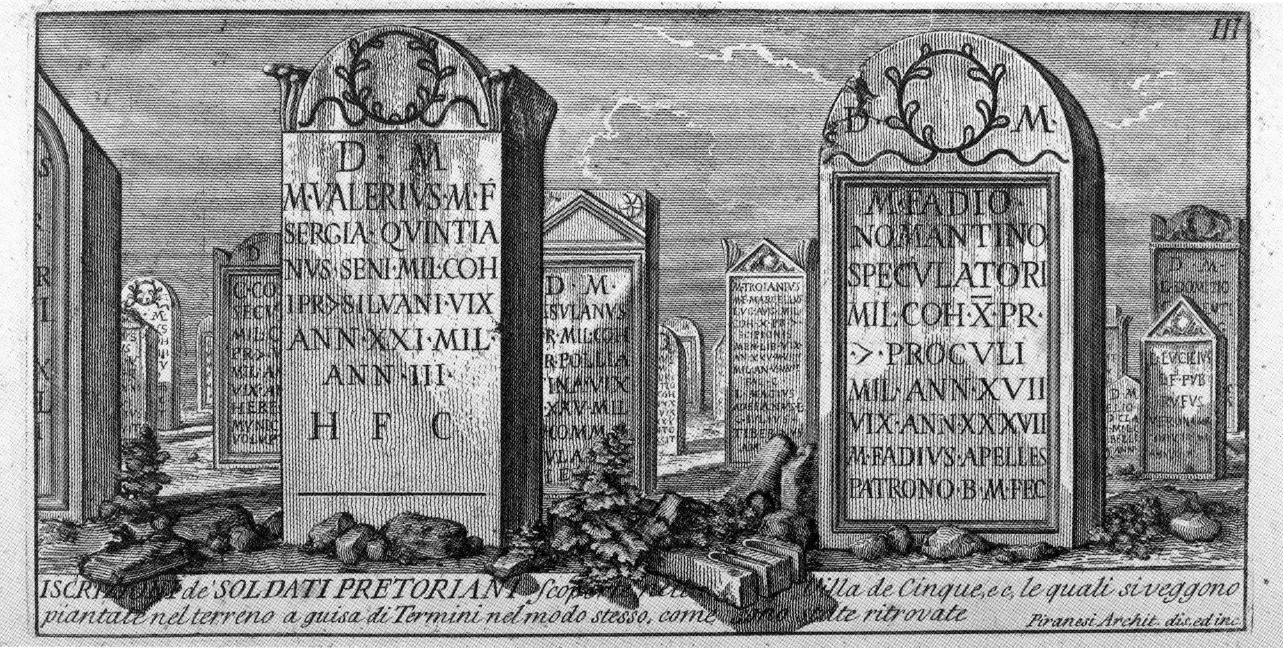

Abb. 55 Rekonstruierte Aufstellung der in der Vigna del Cinque gefundenen Grabstelen stadtrömischer Soldaten, Kupferstich von Francesco Piranesi (1756)

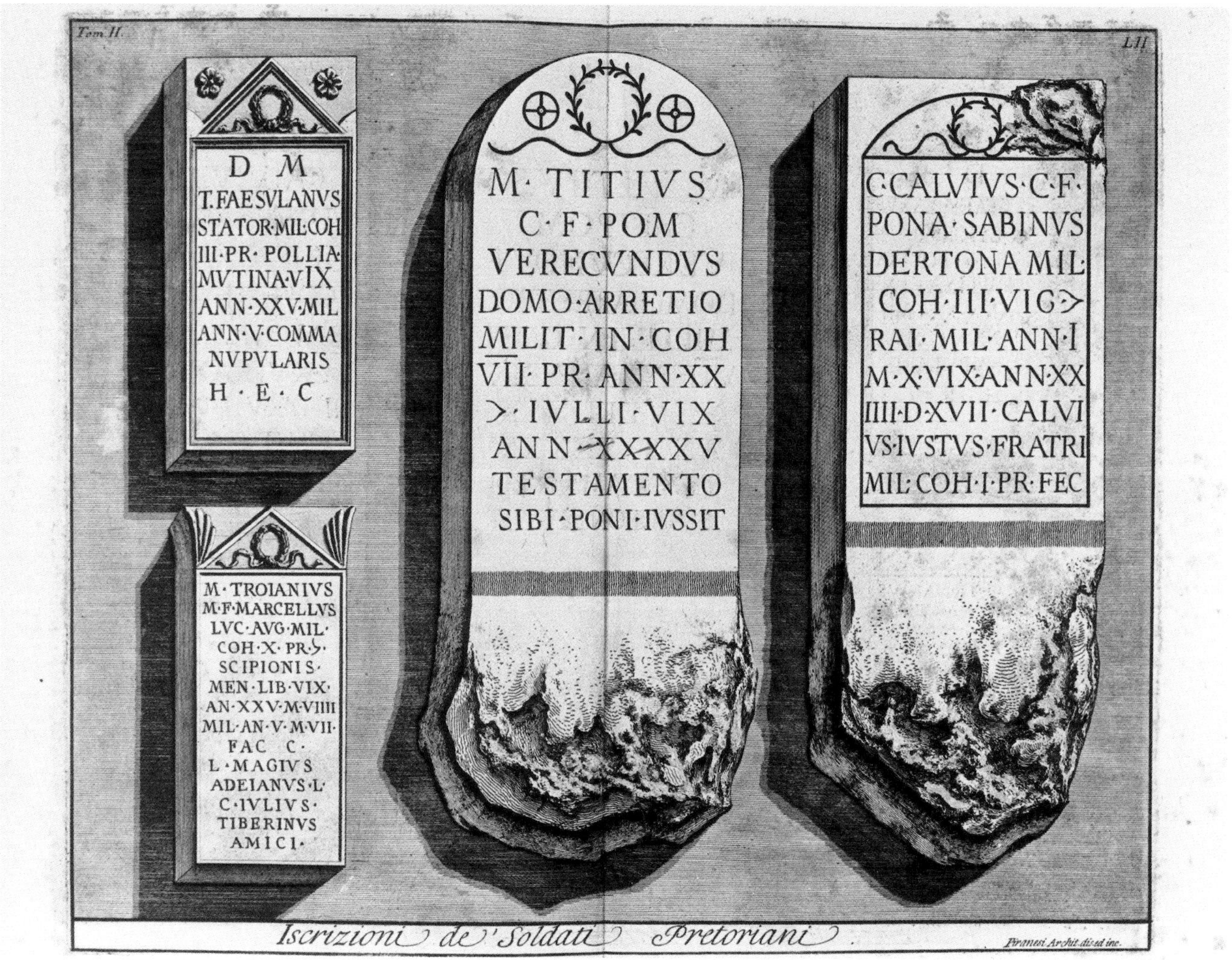
Tom. II.
LII
D M
T.FAESVLANVS
STATOR·MIL·COH
III·PR·POLLIA
MVTINA·VIX
ANN·XXV·MIL
ANN·V·COMMA
NVPVLARIS
H·E·C
M·TITIVS
C·F·POM
VERECVNDVS
DOMO·ARRETIO
MILIT·IN·COH
VII·PR·ANN·XX
>·IVLLI·VIX
ANN·XXXXV
TESTAMENTO
SIBI·PONI·IVSSIT
C·CALVIVS·C·F·
PONA·SABINVS
DERTONA·MIL·
COH·III·VIG·>
RAI·MIL·ANN·I
M·X·VIX·ANN·XX
IIII·D·XVII·CALVI
VS·IVSTVS·FRATRI
MIL·COH·I·PR·FEC
M·TROIANIVS
M·F·MARCELLVS
LVC·AVG·MIL·
COH·X·PR·>·
SCIPIONIS·
MEN·LIB·VIX·
AN·XXV·M·VIIII
MIL·AN·V·M·VII·
FAC C·
L·MAGIVS
ADEIANVS·L·
C·IVLIVS·
TIBERINVS
AMICI·
Iscrizioni de' Soldati Pretoriani.
Piranesi Archit. dis. ed inc.

Abb. 56 Auswahl militärischer Grabdenkmäler aus der Vigna del Cinque, Kupferstich von Francesco Piranesi (1756)

in der Salarianekropole als auch in größerer Entfernung dazu an der Via Cassia. Andere Orte im näheren Umfeld des Lagers, wie die Via Tiburtina und die Via Nomentana, werden trotz ihrer Nähe erst im Laufe der Zeit für die Beisetzung von Soldaten genutzt.

c Die Grabdenkmäler der Prätorianer

Unter den überlieferten Grabdenkmälern der Prätorianerkohorten sind die Grabstelen mit insgesamt hundertelf Exemplaren die am häufigsten gewählte Denkmalsform[72] (Tab. 6). Innerhalb dieser Gruppe dominieren hochrechteckige, schlanke Stelen mit einem einfachen halbrunden Abschluß, der gelegentlich von Akroteren flankiert wird[73] (Abb. 55. 56). Das Schriftfeld auf der Vorderseite ist in vielen Fällen eingetieft und profilgerahmt, die Inschrift kann aber gleichermaßen in eine ungegliederte, ebene Vorderseite gemeißelt sein[74]. Oberhalb der Inschrift ist meist, vor allem in den ersten beiden nachchristlichen Jahrhunderten, eine eingeritzte corona wiedergegeben, und nur in seltenen Fällen ist dort eine andere Darstellung vorzufinden. Eine solche Ausnahme stellt das Grabdenkmal eines cornicen der cohors VII praetoria aus dem ersten Jahrhundert dar, der ganzfigurig mit seinem Instrument, also in seiner Funktion als cornicen abgebildet wird[75] (Abb. 57).

Im Laufe des zweiten Jahrhunderts fanden in Einzelfällen auch weitere Bildmotive Eingang in die Sepulkralplastik der Prätorianer. So zeigen zwei nahezu identisch gestaltete Stücke in einem Bildfeld unterhalb der Inschrift – was sonst bei den Prätorianerkohorten nicht vorkommt – eine Pferdevorführung, wie man sie in Rom abgesehen davon nur von den Reliefs der equites singulares kennt (Abb. 58)[76]. In vier Fällen ist das Brustbild des Verstorbenen in einer Nische dargestellt, wobei sich dieser in der Toga zeigt[77]. Im dritten Jahrhundert treten die Soldaten auf ihren Grabstelen nun häufiger ganzfigurig und in militärischer Tracht in Erscheinung[78] (Abb. 59. 60).

Die nach den Stelen am häufigsten verwendete Denkmalform waren einfache, unreliefierte Grabplatten, bei denen die Schriftfelder in einigen Fällen eingetieft und

Abb. 57 Stele für den Prätorianer M. Antonius Ianuarius, 1. Jh. n. Chr. (CP 097)

Abb. 58 Stele für den Prätorianer C. Caelius Arventus, 2. Hälfte 2. Jh. n. Chr. (CP 086)

72 CP 030–134. CP 265. CP 341. CP 430–433.

73 CP 100: CIL VI 2476.

74 CP 81: CIL VI 37193; CP 58: Panciera, Pretoriani 170 f. Abb. 4.

75 CP 097: CIL VI 2627; ILS 2063.

76 CP 084: CIL VI 2519; CP 086: CIL VI 2572. Zum Motiv der Pferdevorführung auf den Grabdenkmälern der equites singulares vgl. Kap. III 6 b.

77 Vgl. CP 123: CIL VI 2544; CP 142: CIL VI 3889. 32665; CP 426: CIL VI 2256; EV 07: CIL VI 3434..

78 CP 113: CIL VI 2672; CP 015: CIL VI 2602.

Abb. 59 Stele für den Prätorianer Aurelius Saturninus, 3. Jh. n. Chr. (CP 113)

Abb. 60 Stele für den Prätorianer M. Aurelius Vitalis, 3. Jh. n. Chr. (CP 023)

profilgerahmt waren[79] (Abb. 61), während der Großteil ungerahmt blieb[80] (Abb. 62). Sie unterscheiden sich durch ihre Maße von den kleineren Tituli der Kolumbarien, die bei den Prätorianerkohorten mit nur insgesamt sieben Exemplaren überliefert sind[81].

Grabaltäre wurden seit dem frühen ersten bis weit ins dritte Jahrhundert hinein von Angehörigen der Einheit verwendet, doch bilden sie mit nur neunundzwanzig Stücken eine verhältnismäßig kleine Gruppe[82] (Tab. 6). In der Regel waren diese, bis auf die Darstellung von Kanne und Patera auf den Nebenseiten, schmucklos oder mit einfachen Rosetten oder coronae verziert[83] (Abb. 63. 64). In

79 CP 175: CIL XIV 2523.

80 CP 184: CIL VI 2601.

81 CP 168–174: CIL VI 2507. 2581. 37221. 2529. 32713. 37210; BCom 69, 1941, 170 Nr. 71.

82 CP 001–028.

83 CP 004: CIL VI 32707. – EV 07: I. Di Stefano Manzella, Bolletino 8, 1988, 125 Nr. 32.

Abb. 61 Grabinschrift für den Prätorianer T. Sempronius Paternus, 1. Hälfte 2. Jh. n. Chr. (CP 178)

Abb. 63 Grabaltar für den Prätorianer C. Vesius Cordus, 1. Jh. n. Chr. (CP 004)

Abb. 62 Grabinschrift für den Prätorianer Apollonius Mucater, 3. Jh. n. Chr. (CP 184)

Abb. 64 Grabaltar für den evocatus Lucius Vitellius Fuscinus, 2. Jh. n. Chr. (EV 04)

Abb. 65 Grabaltar für den Prätorianer Septimius Valerinus, 3. Jh. n. Chr. (CP025)

Abb. 66 Grabaltar für den *veteranus cohortis praetoriae* M. Aurelius Secundinus, 3. Jh. n. Chr. (VCP 07)

Analogie zu den Grabstelen tauchten im dritten Jahrhundert ganzfigurige Darstellungen von Soldaten in militärischer Tracht auch auf der Vorderseite von Grabaltären der Prätorianergarde auf[84] (Abb. 65). Auf einigen wenigen Exemplaren trägt der Verstorbene auch die Toga[85] (Abb. 66). Bemerkenswert ist, daß die Prätorianer noch Grabaltäre aufstellen ließen, als diese bei der Zivilbevölkerung längst aus der Mode gekommen waren, denn zwei Drittel der bekannten Stücke stammen aus dem dritten Jahrhundert[86]. Zudem waren ganzfigurige Darstellungen von togati in der zivilen stadtrömischen Sepulkralplastik zu diesem Zeitpunkt eigentlich schon verschwunden[87].

Das gleiche Phänomen läßt sich bei den fünfunddreißig überlieferten Urnen der Prätorianer beobachten, von denen ein Großteil ins dritte Jahrhundert zu datieren ist[88]. Die meisten Urnen verzichten auf Reliefdekor und sind äußerst schlicht gehalten. Sind diese reliefiert, so fügen sich ihre Bilder mit Adlern, Greifen, Vogeldarstellungen und Eroten in das gängige Bildrepertoire der stadtrömischen Marmorurnen. Ein besonders aufwendiges Stück ist die Urne für Tiberius Claudius Pastor, einen Soldaten der cohors VIII praetoria (Abb. 67)[89].

Die vier bekannten Sarkophage von Angehörigen der Prätorianerkohorten sind bis auf eine Ausnahme ausgesprochen einfach gehalten und lassen sich über die Inschriften Zenturionen und einem *medicus* der Einheit

84 CP 025: Giuliano, Sculture I 7, 146 ff. Nr. V 20.

85 CP 016: CIL VI 2671; VCP 07: CIL VI 2488.

86 CP 015–027. Boschung, Grabaltäre 20 Tab. 1 gibt eine Übersicht über die zeitliche Verteilung der Altäre, deren Produktion gegen Mitte des 2. Jhs. stark zurückgeht.

87 Boschung, Grabaltäre 29. – Bei anderen Einheiten, wie den equites singulares, ist die beschriebene Darstellungsform in militärischer Tracht nur von Stelen bekannt, Togati kommen gar nicht vor.

88 CP 135–167.

89 Bei F. Sinn, Stadtrömische Marmorurnen, BeitrESkAr 8 (1987) 54 ff. werden die verschiedenen Bildthemen stadtrömischer Urnen und ihre Entwicklung detailliert besprochen.

Abb. 68 Sarkophag für den Zenturio der Prätorianer Aurelius Vitalis, Mitte 3. Jh. n. Chr. (CP 240)

Abb. 67 Urne für den Prätorianer Tib. Claudius Pastor, 1. Hälfte 3. Jh. n. Chr. (CP 152)

zu ordnen[90]. Nur einmal ist ein besonders reich verzierter Kasten mit üppigem Reliefschmuck überliefert, der sich bei stadtrömischen Exemplaren der Gattung im zivilen Kontext häufiger beobachten läßt[91]. Der Sarkophag, der durch die auf der oberen Bildleiste angebrachte Inschrift eindeutig dem Zenturio Aurelius Vitalis zugewiesen werden kann, ist von seiner Qualität und Motivwahl her innerhalb der gesamten militärischen Sepulkralplastik Roms ein absolut singuläres Stück[92] (Abb. 68). Seine Front zeigt in besonders qualitätsvollem Relief eine Szene aus dem Meleagermythos[93]. Solche mythologischen Themen fehlen sonst in der gesamten militärischen Grabplastik Roms[94].

5 Die Germani corporis custodes

Die Germani corporis custodes waren den Inschriften zufolge eine wahrscheinlich fünfhundert Mann starke berittene Einheit von Soldaten, die hauptsächlich im Batavergebiet rekrutierten wurden[95]. In antiken Quellen werden sie deshalb häufig als *numerus batavorum* oder *cohors Germanorum* bezeichnet[96]. Das Stammesgebiet der Bataver lag im Umfeld des heutigen Nijmegen, zwischen Niederrhein und Maas, und bildete einen Teil der späteren Provinz Germania Inferior. Die Bataver waren

90 CP 237–241: CIL VI 2512. 2594. 2640. 32663; RACr 16, 1939, 73 ff.

91 Zahlreiche Beispiele aus dem zivilen Bereich bei: B. Andreae, Die römischen Jagdsarkophage, ASR I 2 (1980); R. Amedick, Vita Privata auf Sarkophagen, ASR I 4 (1991); H. Herdejürgen, Stadtrömische und italische Girlandensarkophage, ASR VI 2, 1 (1996).

92 CP 240: CIL VI 32663.

93 Zu Meleagersarkophagen vgl. Andreae a. O.

94 Die einzige Ausnahme ist eine reliefierte Grabstele, die Romulus und Remus mit der römischen Wölfin zeigt, ES 149: Speidel, Kaiserreiter Nr. 608.

95 Vereinzelt dienten auch Angehörige anderer Stämme unter den Germani corporis custodes: GCC 11 (Ubier).

96 Es findet sich ferner die Bezeichnung *batavi*, s. Cass. Dio 55, 24, 7. Zur Benennung auch: Bellen, Leibwache 34 ff. – Zu den numeri im römischen Heer: M. Reuter, BerRGK 80, 1999, 359 ff.

Abb. 69 Stele für den Germanus corporis custos Fannius, neronisch (GCC 12)

Abb. 70 Stele für den Germanus corporis custos Indus, neronisch (GCC 13)

ein kriegerisch geprägter Stamm, aus dem in der frühen Kaiserzeit zahlreiche Soldaten für die Hilfstruppen der römischen Armee rekrutiert wurden[97]. Der rechtliche Status der Germani corporis custodes in Rom wurde in der Forschung lange Zeit kontrovers diskutiert. Heinz Bellen gelang es jedoch, in seiner zusammenfassenden Untersuchung zur germanischen Leibwache überzeugend darzustellen, daß die Soldaten nicht, wie vielfach angenommen, als Sklaven am kaiserlichen Hofe dienten[98]. Sie hatten vielmehr den Status von Peregrinen und waren gemäß der Gliederung republikanischer Reitereinheiten in Dekurien aufgeteilt[99]. Als Fremde in Rom, die dort keine sozialen Bindungen besaßen und mit dem politischen Machtgefüge nicht vertraut waren, eigneten sich die Germanen für den Dienst in der Leibwache in besonderem Maße. Der Kaiser, dem sie direkt unterstellt waren, konnte sich ihrer uneingeschränkten Loyalität sicher sein[100]. Anders als bei

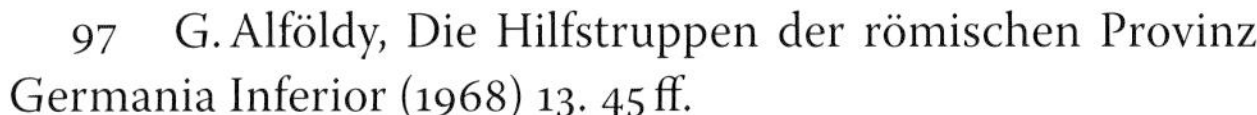

97 G. Alföldy, Die Hilfstruppen der römischen Provinz Germania Inferior (1968) 13. 45 ff.

98 Bellen, Leibwache 67 ff.

99 Hierzu auch: R. Wiegels, Gymnasium 92, 1985, 375 ff. bes. 376.

100 Sueton bezeichnet die corporis custodes als *cohors fidelissima*, Suet. Galba 12, 2. Hierzu Bellen, Leibwache 82 ff.

den equites singulares Augusti des zweiten Jahrhunderts n. Chr. handelte es sich bei den Germani corporis custodes um eine sehr homogene Gruppe mit dem gleichen oder zumindest einem sehr ähnlichen kulturellen Hintergrund. Ob und inwiefern ein indigenes Selbstverständnis der Germanen möglicherweise auch die Wahl einer spezifischen Denkmalsform bestimmte, ist bei der Betrachtung ihrer Grabmäler zu prüfen.

Die mit dreiundzwanzig überlieferten Exemplaren ausgesprochen kleine Zahl ihrer Grabdenkmäler erklärt sich vor allem durch den kurzen Zeitraum von etwa 70 Jahren, in dem die Einheit existierte (Tab. 1). Die frühesten Grabdenkmäler der Germani corporis custodes stammen aus tiberischer Zeit. Es handelt sich dabei um drei tituli, die in Kolumbarien an der Via Appia gefunden wurden[101]. Aus der Fundsituation der Denkmäler schloß man vorschnell auf den Status der Reiter, die sich zunächst mit anderen Sklaven des julisch-claudischen Kaiserhauses hätten bestatten lassen, bevor sie in neronischer Zeit ein eigenes collegium bildeten[102]. Ein weiterer früher titulus, der von einer Frau gestiftet wurde, stammt von der Via Portuensis[103]. Die Fundorte der übrigen zwei sind nicht bekannt.

Anders als die sechs frühen, verstreut gefundenen tituli der Germani corporis custodes wurden die sechzehn erhaltenen Grabstelen in kleinen Ensembles in der Villa Doria Pamphilj[104], an der Via Portuensis[105] und auf dem Gelände der Villa Abameleck, nördlich der Via Aurelia, entdeckt[106]. Weitere Stücke stammen aus der Vigna Ginnetti, die nicht weit von der ersten Fundstelle entfernt liegt[107]. Die auffällig großen und breiten Stelen haben einen halbrunden Abschluß, den eine corona vittata mit langen Binden (lemnisci) dekoriert. Das Schriftfeld auf der Vorderseite ist in den meisten Fällen eingetieft und profilgerahmt[108] (Abb. 69. 70).

Unbekannten Fundortes ist der einzige überlieferte Altar für einen decurio der Germani corporis custodes. Das schmucklose Stück wurde von der Ehefrau des Verstorbenen aufgestellt[109].

6 Die equites singulares Augusti

Mit der Einrichtung der equites singulares Augusti kam erstmals eine große Zahl von Soldaten nach Rom, die – anders als die Soldaten der Stadt- und der Prätorianerkohorten – in verschiedenen Provinzen rekrutiert worden waren[110]. Da in der Anfangszeit der equites singulares Augusti besonders viele Reiter aus Niedergermanien stammten, wird angenommen, sie seien aus den equites singulares hervorgegangen, die Trajan während seiner Statthalterschaft in Obergermanien zugewiesen waren[111]. Im Laufe des zweiten und verstärkt im dritten Jahrhundert zog man immer mehr Reiter aus anderen Provinzen heran, unter Septimius Severus bevorzugt solche aus den Donauländern[112]. Die Dienstzeit der Soldaten betrug ursprünglich fünfundzwanzig Jahre, wurde zwischenzeitlich aber auf siebenundzwanzig bis neunundzwanzig Jahre heraufgesetzt[113].

Von keiner anderen militärischen Einheit ist eine vergleichbar große Menge an Grabdenkmälern mit bildlicher Darstellung überliefert[114] (Tab. 8). Insgesamt sind an 289

101 GCC 01. 03–04: CIL VI 4437. 4339. 4341. – Zur Fundsituation: R. Paribeni, NSc 1922, 408 f.

102 Durry, Cohortes prétoriennes 23. – Beim collegium Germanorum handelt es sich jedoch, wie Bellen, Leibwache 58 ff. zeigen kann, nicht um einen Zusammenschluß von Sklaven oder Freigelassenen, sondern vielmehr um eines der frühesten collegia im militärischen beziehungsweise paramilitärischen Kontext; vgl. F. M. Ausbüttel, Hermes 113, 1985, 500 ff.

103 GCC 02: AE 1923, 73; NSc 19, 1922, 422 Nr. 84.

104 R. De Angelis Bertolotti, BCom 1989/90, 123 ff.

105 U. Scerrato, NSc 75, 1950, 86 ff.

106 GCC 08: CIL VI 37754 a; GCC 20: CIL VI 37754.

107 GCC 09: CIL VI 8804. GCC 16: CIL VI 8802; ILS 1729; GCC 17: CIL VI 8803; ILS 1730; GCC 22: CIL VI 8805; s. a. G. Henzen, BdI 28, 1856, 105 ff.

108 GCC 07–022.

109 GCC 23: CIL VI 8811; ILS 1731. – Auf den offensichtlichen Zusammenhang zwischen der Wahl einer spezifischen Denkmalsform, dem Bestattungsplatz der Germani corporis custodes und deren Abhängigkeit von den Stiftern der Denkmäler wird an späterer Stelle ausführlicher eingegangen; s. Kap. III 13 a.

110 Die equites singulares Augusti wurden aus den alae, also den berittenen Hilfstruppeneinheiten rekrutiert. Speidel, Equites 1; Speidel, Kaiserreiter 355 Nr. 659 (ala I Thracum). Ihr rechtlicher Status in trajanischer Zeit ist umstritten. Speidel, Kaiserreiter 95 f. Anm. 194.

111 M. P. Speidel, Riding for Caesar (1994) 91. Aus Niedergermanien stammen 8 von 18 der in den frühen Inschriften genannten Soldaten, obwohl die niedergermanische Reiterei mit nur 3 bis 4 % einen kleinen Anteil der Kavallerie des Imperiums ausmacht. Nach M. P. Speidel, Germania 62, 1984, 31 ff. bes. 44 f. spricht dieser Befund dafür, daß Trajan mit Aushebung der Einheit die Tradition einer germanischen Leibwache in Rom fortsetzen wollte.

112 Speidel, Kaiserreiter 16 Tab. 4.

113 Speidel, Kaiserreiter 28 f. Tab. 12.

114 Bei der Auswertung wurden nur die Grabdenkmäler berücksichtigt, die sicher einem eques singularis zugewiesen werden konnten. Da Pferdevorführungen, bei denen ein calo ein vor ihm schreitendes Pferd am langen Zügel führt, in Rom ausschließlich bei den equites singulares vorkommen, werden entsprechende Denkmäler der Einheit zugeordnet und in der Auswertung berücksichtigt, auch wenn die Inschrift nicht mehr

von den über 650 bekannten Stücken bildliche Darstellungen erhalten. Die Zahl der Stücke erlaubt die Untersuchung der von einer stadtrömischen Einheit gewählten Denkmalsformen und Bildthemen auf einer breiten Basis. Ihre Denkmäler sind dabei besonders interessant, da es sich bei den Soldaten, anders als bei den Germani corporis custodes, um Provinziale mit unterschiedlicher Herkunft und unterschiedlicher kultureller Prägung handelte, die in Rom in einer Einheit zusammengefaßt wurden.

Im Hinblick auf die Neueinrichtung der Einheit zu Beginn des zweiten Jahrhunderts stellt sich zunächst die Frage, ob es zu einer Neuformierung von Bildzeichen kam oder ob sich die Reiter bei der Gestaltung ihrer Grabdenkmäler an stadtrömischen Vorbildern orientierten. Denkt man an die heterogene Zusammensetzung der Truppe, ist ferner zu klären, ob in die Grabplastik der equites singulares auch Formen und Bildthemen aus den verschiedenen Herkunftsgebieten der Soldaten Eingang fanden. Ließen sich solche indigen-provinzialen Elemente in den Grabdenkmälern feststellen, wäre zu untersuchen, ob sich die Soldaten im Laufe der beiden Jahrhunderte, die ihre Einheit existierte, in ihrer Darstellungsweise der stadtrömischen Bevölkerung anpaßten oder ob sie bis zuletzt an eigenständigen Formen festhielten und wie ein solches Festhalten im stadtrömischen Kontext zu deuten wäre[115].

a Die Nekropole der equites singulares Augusti

Nahezu alle bekannten Grabdenkmäler der equites singulares Augusti, ihre Zahl beläuft sich auf über 400 Stücke, stammen aus dem Bereich um die Katakombe für die Heiligen Peter und Marcellinus aus der Umgebung des späteren Mausoleums der Kaiserin Helena, am dritten Meilenstein der Via Labicana[116]. In der Antike wurde das Gebiet mit *ad duas lauros* oder *inter duas lauros* bezeichnet und gehörte in konstantinischer Zeit zum kaiserlichen patrimonium[117]. Vermutlich lag die Nekropole der equites – in Analogie zu deren Lager unter San Giovanni in Laterano – im Bereich der Basilika und ihrer Annexe, deren Grundmauern aus den zerschlagenen Grabdenkmälern der Einheit bestehen[118].

Im Laufe der vergangenen Jahrhunderte traten bei baulichen Eingriffen oder landwirtschaftlicher Tätigkeit im Bereich des Mausoleums immer wieder fragmentierte, aber auch besser erhaltene Grabdenkmäler zutage[119]. Ein Großteil des Materials in der Sammlung des Museo Gregoriano Profano war als großer Block aus den Grundmauern der konstantinischen Basilika zusammenhängend in die darunterliegende Katakombe der Heiligen Peter und Marcellinus gestürzt[120].

Weitere Fragmente wurden 1922 beim Bau des Pfarrhauses südöstlich des Mausoleums und bei der Zerstörung einer Umfassungsmauer an der Via Casilina entdeckt, als man für den Bau einer neuen Kirche für die Heiligen Peter und Marcellinus Platz schaffen wollte[121]. Im Jahre 1948 stieß man beim Bau eines Schulgebäudes auf einen etwa vierzig Meter langen Abschnitt der Via Labicana. Bei den darauffolgenden Untersuchungen wurde in einem Meter Tiefe unterhalb der damaligen Oberfläche eine spätantike Mauer gefunden, die ebenfalls aus Fragmenten von Grabstelen bestand[122].

Das Deutsche Archäologische Institut begann 1940 mit den Untersuchungen des Mausoleums und des umliegen-

erhalten ist. Die zahlreichen Fragmente von Mahldarstellungen mit und ohne Diener werden neben den sicher der Truppe zuweisbaren Denkmälern in Klammern angegeben, da vom Friedhof der Truppe auch Grabdenkmäler von Nicht-Singulares bekannt sind, die entsprechende Darstellungen (sogar mit Diener) zeigen.

115 Mit indigen-provinzialen Elementen sind die spezifischen Ausdrucksformen gemeint, die sich in den verschiedenen Provinzen nach der römischen Okkupation durch die jeweiligen provinzialen Gesellschaften in Auseinandersetzung mit der römischen Kultur herausgebildet hatten, also als eine Mischform aus indigenen und römischen Elementen, die von Provinz zu Provinz divergierte; vgl. T. Fischer in: H. v. Hesberg (Hrsg.), Was ist eigentlich Provinz? Zur Beschreibung eines Bewußtseins, Schriften des Archäologischen Instituts der Universität zu Köln 1995 (1995) 67 ff. bes. 115.

116 Speidel, Kaiserreiter 1; Guyon, Cimetière 32; Deichmann – Tschira, Mausoleum 46.

117 Tert. Apol. 35; T. Ashby – G. Lugli, La Villa dei Flavi Cristiani »ad duas lauros« e il suburbano imperiale ad Oriente di Roma, MemPontAc II 3 (1928) 157.

118 Guyon, Cimetière 31.

119 Guyon, Cimetière 30. Die Stücke, die in den umliegenden Weinbergen gefunden wurden, waren häufig nahezu komplett erhalten, während aus der Katakombe nur zerschlagene Grabdenkmäler geborgen werden konnten (A. Ferrua, Nuove inscrizioni degli equites singulares, Epigraphica 13, 1951, 96 ff. bes. 96).

120 Nach der Auffindung und der Bergung der Fragmente im Jahre 1886 gelangten diese in das Museo Lateranense; nach dessen Schließung wurden sie in den Neubau des unter Papst Paul VI. errichteten Museo Gregoriano Profano ex Lateranense überführt, wo sie sich noch heute befinden, vgl. NSc 1896, 525 ff.; CIL VI 32813–32869.

121 ES 001: Speidel, Kaiserreiter 216 Nr. 300; ES 029: Speidel, Kaiserreiter 216 Nr. 300; ES 157: Speidel, Kaiserreiter 304 f. Nr. 555; ES 338: Speidel, Kaiserreiter 262 Nr. 427. – Zur Fundsituation vgl. G. Mancini, NSc 19, 1922, 141 ff.; ders., NSc 21, 1924, 46 ff.

122 Guyon, Cimetière 9 f.; B. M. Felletti Maj, NSc 1948, 148 ff.

Abb. 71 Zerstörte Grabdenkmäler der equites singulares Augusti in den Fundamenten der konstantinischen Basilika SS. Marcellino e Pietro

den Areals, die nach einer durch den zweiten Weltkrieg bedingten Pause im Jahre 1953 wieder aufgenommen werden konnte. Bei der Kampagne des Jahres 1956 wurden Teile der konstantinischen Kirchenanlage aufgedeckt, deren Fundamente zu einem großen Teil aus Fragmenten der Grabdenkmäler für die equites singulares bestanden[123] (Abb. 71).

Zwischen 1973 und 1976 fanden in verschiedenen Abschnitten der Katakombe Untersuchungen der École Française de Rome unter der Leitung von Jean Guyon statt, bei denen erneut zahlreiche fragmentierte Grabdenkmäler der equites singulares Augusti zutage traten[124]. Diese Stücke gelangten direkt in die Vatikanischen Museen oder verblieben in der Katakombe beziehungsweise auf dem Gelände der Suore della Sacra Famiglia.

Da keines der Grabmonumente in situ gefunden wurde, ist eine genaue Rekonstruktion der Nekropole zwar nicht mehr möglich; die erhaltenen Denkmäler und die Informationen zu dem Fundort erlauben aber dennoch, ein ungefähres Bild des Bestattungsplatzes dieser Gruppe zu entwerfen. Neben den beinahe vierhundert Grabaltären und -stelen sind Reste von drei Urnen[125] erhalten, die zusammen mit einundzwanzig Grabplatten[126], die wahrscheinlich zu Grabbauten gehörten, in die Überlegungen zu einer Rekonstruktion der Nekropole miteinbezogen werden müssen[127]. In den Fundamenten der Basilika der Heiligen Peter und Marcellinus fand man außer Fragmenten von Grabstelen und -platten auch noch solche von Flachziegeln mit Zahnschnitt aus antoninischer Zeit[128]. Diese gehörten vermutlich zu denselben Grabbauten, an denen die Grabplatten angebracht worden waren[129]. Ein heute nicht mehr erhaltenes Mausoleum aus severischer Zeit ist möglicherweise ebenfalls der Nekropole der equites zuzurechnen[130].

Neben den zahlreichen Stelen, die das Bild der Nekropole dominierten, ist hier also offenbar mit denselben Grabbautypen zu rechnen, die während des zweiten und

123 Deichmann – Tschira, Mausoleum Abb. 11. 14.

124 J. Guyon, Stèles funéraire d'equites singulares trouvées au cimetière inter duas lauros, RAC 53, 1977, 199 ff. bes. 199 f.

125 ES 349–351: CIL VI 3306. 3194. 3193.

126 ES 352–370: CIL VI 3201. 3239 a. 3252. 3283. 3309. 3320. 32785. 32787. 32810. 32821. 32837. 33043 a; CIL IX 795; ILS 2206; Speidel, Kaiserreiter 219 Nr. 309. 220 Nr. 311. 221 f. Nr. 314. 340 Nr. 620. 341 f. Nr. 623. 348 f. Nr. 641. 342 Nr. 624; BCom 95, 1993, 157 Nr. 2 Abb. 3; AE 1973, 64.

127 Die Zahl der Denkmäler unterscheidet sich von der bei Speidel, Kaiserreiter angegebenen, da nur die Stücke aufgenommen wurden, die sich sicher beziehungsweise mit großer Wahrscheinlichkeit einem eques singularis zuweisen ließen. Aus dem Bereich der Nekropole stammen nachweislich auch solche von Dienern, Verwandten und Freunden der Soldaten, so daß sich bei Fragmenten nicht immer mit Sicherheit sagen läßt, ob ein Grabmal im Stile der equites singulares auch wirklich einem Soldaten gewidmet war. Michael Speidel weist auch Fragmente ohne Inschrift, die in der Darstellung den Denkmälern der equites entsprechen, sowie Fragmente mit Inschriften, die jedoch nicht eindeutig einem eques singularis zugeordnet werden können, den Soldaten zu.

128 Deichmann – Tschira, Mausoleum 70.

129 In diesem Zusammenhang ist ein von J. Rodenbeck, Das Zoemeterium inter duas lauros in Via Labicana (1950) 22 ff beschriebenes Kolumbarium von Interesse, das heute nicht mehr erhalten ist.

130 Guyon, Cimetière 27 ff.

Abb. 72 Grabaltar für den eques singularis P. Aelius Bassus, 2. Jh. n. Chr. (ES 004)

dritten Jahrhunderts in anderen stadtrömischen Nekropolen errichtet wurden[131]. Obwohl auf Grund der Erhaltungsbedingungen nur wenig über die Gestaltung der Nekropole ausgesagt werden kann, deutet sich ein ähnliches Phänomen wie bei den Grabdenkmälern und deren Bildprogramm an. Eine in Rom häufig vertretene Bauform wird übernommen und mit provinzialen, typisch militärischen Traditionen kombiniert[132].

Nur ganz vereinzelt finden sich zwischen den Grabdenkmälern der Einheit solche von Personen, die nicht in der Truppe dienten. Bei diesen handelte es sich jedoch stets um Personen aus dem unmittelbaren Umfeld der equites, wie Ehefrauen, Knechte oder Soldaten der Prätorianerkohorten[133].

b Die Grabdenkmäler der equites singulares Augusti

Unter den Grabdenkmälern der equites singulares Augusti befinden sich Grabaltäre, Grabstelen, Graburnen und Grabinschriften, wobei die Grabstelen mit mehr als 350 Stücken die dominanteste Denkmälergattung bilden. Die Grabaltäre sind mit fast 30 Exemplaren die zweithäufigste Monumentgruppe bei den Kaiserreitern. Grabinschriften sind mit 18 Exemplaren nur wenige überliefert und die zwei Urnen stellen im Denkmälerspektrum der Soldaten eine regelrechte Ausnahme dar.

Für die Grabaltäre der equites singulares Augusti ist – in Analogie zu zahlreichen stadtrömischen Grabaltären – die Bekrönung des Altarkörpers durch einen Rundgiebel kennzeichnend, den in den meisten Fällen zu Masken ausgearbeitete Eckakrotere flankieren[134] (Abb. 72). Bei wenigen Stücken werden diese durch pulvini, die vorne mit Gorgoneia oder Rosetten verziert sind, ersetzt. Einige Altäre weisen an der Vorderseite eine architektonische Rahmung durch tordierte Halbsäulen auf. Auf der Vorderseite kann ober- oder unterhalb des Schriftfeldes ein weiteres Bildfeld angebracht sein. Fehlt das Bildfeld auf der Vorderseite, ist es häufig auf einer der beiden Nebenseiten ausgeführt. Zu deren Dekor gehören nahezu immer Kanne und Patera – in der stadtrömischen Grabplastik durch eine Fülle von Beispielen belegt-, nur in einem Fall sind diese durch Waffendarstellungen ersetzt[135].

131 Vgl. die Nekropole unter S. Pietro: H. v. Hesberg in: ders. – P. Zanker (Hrsg.), Römische Gräberstraßen. Stellung – Status – Standard, Kolloquium München 1985, AbhMüchen 96 (1987) 43 ff. Abb. 3. 4; W. Eck in: Vom frühen Griechentum bis zur römischen Kaiserzeit, Heidelberger althistorische Beiträge und epigraphische Studien 6 (1989) 55 ff.

132 Provinzial bedeutet an dieser Stelle »in der Provinz üblich« – es ist also nicht im Sinne von »indigen« zu verstehen und bezieht sich auf die häufige Verwendung von Stelen durch Angehörige des Militärs in provinzialen Kontexten.

133 Speidel, Kaiserreiter Nr. 692 (calo); 696 (servus); 722–727 (coniuges); CP 008: Speidel, Kaiserreiter 403 Nr. 744. – CP 109–110: CIL VI 2484. 2518; CP 156: CIL VI 32680; ILS 2212; CP 367: CIL VI 2486; VA 05: CIL VI 2457; CIL XI 3845.

134 So zeigt der Altar für den eques singularis Aelius Bassus ES 004 (= CIL VI 3177; ILS 2196) im Dekor starke Parallelen zu dem für Q. Volussius Antigonus: F. Sinn, Vatikanische Museen. Museo Gregoriano Profano ex Lareanense, Katalog der Skulpturen I – Die Grabdenkmäler 1. Reliefs, Altäre, Urnen, MAR 17 (1991) Nr. 52 Abb. 148.

135 ES 004, die singuläre Darstellung ist hier sicherlich in Zusammenhang mit dem Rang des Verstorbenen zu sehen, der

In Rom waren Grabaltäre vom ersten bis ins dritte Jahrhundert eine bei nahezu allen sozialen Schichten beliebte Form der Sepulkralplastik[136]. Allein aus dem stadtrömischen Gebiet sind weit mehr als neunhundert Stücke überliefert, die sich in ihrer Ausfertigung und Größe erheblich voneinander unterscheiden[137]. Die Grabaltäre der equites singulares fügen sich in ihren Maßen in das in Rom vorhandene Spektrum[138].

Im Vergleich zu der großen Menge bekannter Grabaltäre aus Rom waren figürlich verzierte Grabdenkmäler in Stelenform im stadtrömischen Gebiet weitaus seltener. Bei den equites singulares stehen den vierundzwanzig Grabaltären dreihundertsiebzig Grabstelen gegenüber. Diese sind hochrechteckig und schließen in der Regel, wie die Altäre, mit einem Rundgiebel ab, der meist von Maskenakroteren flankiert wird. Auf der Vorderseite befinden sich die Inschrift sowie ein oder mehrere Bildfelder[139] (Abb. 73).

Die Bilder auf den Grabdenkmälern der equites singulares Augusti beschränken sich auf eine kleine Auswahl von Themen: Als kanonische Darstellungen treten Mahlszenen und Pferdevorführungen auf nahezu jedem Denkmal auf. Diese Darstellungen können durch Eroten, Porträts der Verstorbenen in Büstenform[140], ganzfigurige Darstellungen von Soldaten mit Porträts[141] und Eberjagden ergänzt werden (Tab. 8). Als singuläre Erscheinungen können ein Reiter[142], der einen Barbaren niederreitet, sowie zwei Bilder der römischen Wölfin[143], die Romulus und Remus säugt, gelten. Bei der Untersuchung der Grabdenkmäler

Abb. 73 Stele für den eques singularis T. Aurelius Summus, 2. Jh. n. Chr. (ES152)

zeigt sich, daß zahlreiche Bildthemen der stadtrömischen Sepulkralplastik vorkommen, doch finden sich im zivilen Bereich nur sehr vereinzelte Beispiele für Grabstelen, die im Duktus der equites gefertigt wurden[144].

Die Mahlszene erscheint von Beginn des zweiten Jahrhunderts an auf den Grabdenkmälern der Einheit und ist mit 159 Beispielen das bei den equites am häufigsten vertretene Bildthema. Üblicherweise ist der Verstorbene nach folgendem Schema dargestellt: Er lagert lang ausge-

als Custos Armorum bei den equites singulares diente.

136 W. Eck in: Fasold u. a., Bestattungssitte 29 ff.

137 Boschung, Grabaltäre passim.

138 Die Maße der Altäre für die Equites liegen zwischen 0,69 m (ES 020) und etwa 1,80 m (ES 003), wobei die meisten Monumente über einen Meter hoch sind. Zu den Maßen stadtrömischer Altäre: Eck a. O. 29 ff.

139 ES 152: CIL VI 3225.

140 Unter Büstenform sei hier wie bei den sogenannten Büstengrabreliefs (= Kastengrabreliefs) die figürliche Darstellung mit abgeschnittenem Oberkörper verstanden, nicht also Büsten im eigentlichen Sinne (mit Büstenausschnitt), wie sie ebenfalls in der Sepulkralplastik auftreten können. Vgl. G. Zimmer, Römische Berufsdarstellungen, AF 12 (1982) Nr. 5. 54; P. Zanker, in: H.-J. Schalles – H. v. Hesberg – P. Zanker, Die römische Stadt im 2. Jahrhundert n. Chr., Kolloquium Xanten 1990, Xantener Berichte 2 (1992) 343 Abb. 225; V. Kockel, Porträtreliefs stadtrömischer Grabbauten (1993) 59 f.: »Die Form der wirklichen Büsten«.

141 Einzelne Stücke (s. Abb. 75) sind so schlecht gearbeitet, daß es hier schwer fällt, von einem Porträt des Verstorbenen zu sprechen.

142 ES 267: CIL VI 32803.

143 ES 149: Speidel, Kaiserreiter 334 f. Nr. 608.

144 Di Stefano Manzella – Gregori, Imagines 466 f. Nr. 2358 (bärtiger Mann auf Kline gelagert); 3091 (Frau auf Kline im Rundgiebel).

streckt auf einer Kline, ist auf seinen linken Arm gestützt und gegen ein Kissen gelehnt (Abb. 72–74). Der Gelagerte umfaßt mit seiner linken Hand ein Trinkgefäß und hält in seiner bis zur Klinenlehne erhoben Rechten eine Handgirlande. Variiert wird die Szene durch Beifiguren wie Diener, die von links mit einer Girlande herbeitreten, Frauen, die zusammen mit dem Gelagerten auf der Kline liegen, oder bärtige Männer, die in einem Sessel neben der Kline sitzen beziehungsweise hinter dieser stehen. Es scheint naheliegend, in diesen die bisweilen in den Inschriften der Grabsteine als Stifter genannten *heredes* des Verstorbenen zu sehen, bei denen es sich nahezu immer ebenfalls um equites singulares handelt. Vor der Kline steht ein meist in Aufsicht wiedergegebener Tisch, auf dem Speisen liegen. Rechts daneben befindet sich regelmäßig ein Korb oder ein tonnenförmiges Behältnis mit rund- beziehungsweise spitzgewölbtem Deckel. Zum festen Bildschema gehört außer der Cista eine größere Girlande, die oftmals links der Kline oder des Dieners hängt.

Mahldarstellungen[145] fanden in Rom im sepulkralen Zusammenhang bereits vor Beginn des zweiten Jahrhunderts auf Klinenmonumenten[146], Urnen[147] und Altären[148], im Laufe des zweiten und dritten Jahrhunderts auch auf Kästen oder Deckeln von Sarkophagen[149] Verwendung. Die Mahlszenen sollten persönlich betriebenen Aufwand und eine luxuriöse Lebensweise betonen und damit eine gewisse gesellschaftliche Stellung sowie die Teilhabe an der römischen Kultur suggerieren[150]. Ein Stück aus der Sammlung des Museo Gregoriano Profano bekräftigt die Annahme, daß die Darstellung des Mahles auch bei den equites singulares vor allem zur Repräsentation von Wohlstand und Luxus diente. Das Fragment zeigt unter anderem die Figur eines langhaarigen Dieners[151], wie sie auch in der stadtrömischen Sepulkralplastik und in anderen Bildgattungen begegnet[152]. Diese waren keine einfachen Sklaven, sondern Knaben, denen man eine besondere Ausbildung zukommen ließ, was nicht nur einen größeren finanziellen Aufwand erforderte, sondern auch einen gewissen kulturellen Anspruch implizierte[153]. Mit ihrer Darstellung wollte man die Zugehörigkeit zu einer kultivierten und mit finanziellen Mitteln besser gestellten Schicht unterstreichen und auf diese Weise den eigenen Status erhöhen.

Durch Elemente wie Girlande und Handgirlande weisen die Mahldarstellungen auf den Grabdenkmälern der equites zwar grundsätzlich ikonographische Übereinstimmungen mit den stadtrömischen Mahldarstellungen auf, gehörten jedoch – wenngleich in anderer Ausprägung – auch in den Herkunftsgebieten der Soldaten zum gängigen Bildrepertoire der Sepulkralplastik[154]. Man darf also annehmen, daß den Soldaten Mahlszenen in sepulkraler Verwendung bereits vertraut waren, bevor sie nach Rom kamen. Es ist demnach denkbar, daß die Idee, ein Mahl abzubilden, aus der Provinz mitgebracht wurde und man diese in Rom in der dort üblichen Ikonographie umsetzen ließ.

Neben der kanonischen Darstellung von Mahl und Pferdevorführung treten unter den Beibildern auf den Denkmälern am häufigsten Erotendarstellungen auf. In der

145 Hierbei handelt es sich um ein altes Bildschema. Auf eine generelle Herleitung der Totenmahldarstellungen, die auf Weihereliefs bereits in der Archaik und der Klassik Verbreitung gefunden hatten und im Hellenismus zu einem beliebten Motiv in der Sepulkralplastik wurden, muß an dieser Stelle verzichtet werden. Hierzu: J. M. Dentzer, Le motif du banquet couché dans le proche orient et le monde grec du VIIe au IV siècle avant J.-C. (1982) 1 ff.; J. Fabricius, Die hellenistischen Totenmahlreliefs, Studien zur antiken Stadt 3 (1999) 1 ff.

146 H. Wrede, AA 1977, 395 ff.

147 Beispiele stadtrömischer Urnen mit Mahldarstellungen: F. Sinn, Stadtrömische Marmorurnen, BeitrESkAr 8 (1987) Nr. 275. 282. 458. 459. 462. 515.

148 Kleiner, Altars Nr. 784. 852. 955. 966; Siehe den Altar für Socconius Felix (spätflavisch): F. W. Goethert, Die Grabara des Socconius Felix, AntPl 9 (1969) 79 ff.

149 R. Amedick, Vita Privata auf Sarkophagen, ASR I 4 (1991) Nr. 68. 176. 300 (Deckel).

150 Amedick a. O. 22 ff.

151 Speidel, Kaiserreiter 272 f. Nr. 473.

152 Amedick a. O. Nr. 286 (Sarkophag, Museo Gregoriano Profano). Demnächst: D. Boschung u. a., Vatikanische Museen. Museo Gragoriano Profano ex Lateranense, Katalog der Skulpturen, Die Grabdenkmäler III, Sarkophage und Reliefs der Equites Singulares, MAR (in Vorbereitung). Auf historischen Reliefs: F. Fless, Opferdiener und Kultmusiker auf stadtrömischen historischen Reliefs (1995) 38 ff. In der Wandmalerei: Aurea Roma, Ausst. Rom 2001, 454 Nr. 43 ff. Auf einem Mosaik: C. Robotti, Il Museo Provinciale Campano di Capua, La Provincia di Terra di Lavoro 11, 1974, 98 ff. bes. 105.

153 Amedick a. O. 21; J. Balty in: L. Hadermann-Misguich – G. Raepsaet (Hrsg.), Rayonnement Grec, Festschrift Charles Delvoye (1982) 299 ff.

154 Während das Motiv im Osten also eine lange Tradition aufweisen kann, treten Totenmahldarstellungen in den nordwestlichen Provinzen erst mit der römischen Okkupation im 1. Jh. n. Chr. auf. Britannien: A. S. Anderson, Roman Military Tombstones, Shire Archeology 19 (1984) Taf. 12. – Im Rheinland kommt das Bildthema in flavischer Zeit auf und kann dort auf den Einfluß von Auxiliarsoldaten aus dem Osten (insbesondere aus Thrakien) zurückgeführt werden, s. hierzu: P. Noelke in: Fasold u. a., Bestattungssitte 399 ff. bes. 416 (35 Mahlszenen aus flavischer Zeit, 14 davon aus Köln); ders. in: H. Walter (Hrsg.), La sculpture d'époque romaine dans le Nord, dans l'Est des Gaules et dans les régions avoisinantes, Kolloquium Besançon 1998 (2000) 59 ff.

Grabplastik der equites singulares sind auf achtundzwanzig Monumenten Eroten dargestellt, die eine Girlande, einen Kranz, einen Clipeus[155] oder ein rechteckiges Bildfeld mit der Büste des Verstorbenen[156] halten. Erotendarstellungen fanden sich in Rom bekanntlich bereits im ersten Jahrhundert n. Chr. in großer Zahl an Grabaltären[157] und Urnen[158], im Laufe des zweiten und dritten Jahrhunderts auch an Sarkophagkästen und -deckeln[159]. Die Erotendarstellungen auf den Grabdenkmälern der equites fügen sich, wie die Mahlszenen, in das in Rom bereits etablierte Darstellungsspektrum ein.

Gelegentlich ist das Porträt des Verstorbenen im Rundgiebel oder in einem kastenartigen Relieffeld ausgearbeitet[160]. Kastengrabreliefs mit Porträts waren seit spätrepublikanischer Zeit bekannte und beliebte Darstellungsformen in der stadtrömischen Grabplastik. Außer Freigelassenen, die ihre Grabmäler mit Bildnisbüsten dekorierten, um ihren neu erworbenen Status zu zeigen, ließen sich auch Soldaten und Angehörige anderer gesellschaftlicher Gruppen auf diese Weise darstellen[161]. Porträts konnten des weiteren die Giebel oder die Vorderseiten von Altären zieren[162]. Von Rom aus hatte sich das Porträt in Büstenform in die verschiedenen Provinzen verbreitet, wo die Darstellungsweise zum allgemeinen Bild des Bürgerideals wurde[163]. Die equites übernahmen also auch in diesem Fall eine in Rom ebenso wie in den Provinzen übliche Darstellungsform zum Ausdruck des Bürgerstatus und der damit verknüpften zivilen Werte. Anders als die Freigelassenen, denen es spezieller um das Bürgerrecht ging und die sich deshalb in Toga darstellen ließen, spielte für die equites vermutlich die Betonung der eigenen Integration unter Bewahrung ihrer militärischen Identität eine größere Rolle, was erklären würde, weshalb sie auf den Denkmälern das sagum tragen.

Eberjagdszenen, wie auf der Grabstele des Aurelius Dizala[164] (Abb. 74), die einen mit sagum und langärmeliger Tunika bekleideten Reiter zeigen, der mit hoch geschwungenem Speer nach rechts sprengt, tauchen auf den Grabdenkmälern der equites singulares erst auf, als deren ursprünglich mythologischer Kontext bereits keine Rolle mehr spielte[165]. Die dreiundzwanzig erhaltenen Exemplare belegen also ein Interesse an realistischen Jagdszenen, wie es sich gleichzeitig auch auf den Sarkophagen manifestiert[166]. Das Erscheinen der Eberjagd auf den Reliefs der equites im dritten Jahrhundert n. Chr. ist deshalb nicht, wie früher angenommen, auf thrakische Vorbilder zurückzuführen[167], sondern fügt sich in eine allgemeinere Entwicklung ein. Die Darstellung eines eberjagenden Reiters betont vor allem dessen Virtus, statt, wie für die equites häufig angenommen, auf reale Ereignisse zu verweisen[168]. Ein frühes Beispiel für das Bildschema findet sich auf einem der hadrianischen Jagdtondi am Konstantinsbogen, die als öffentliche Denkmäler die Virtus

155 ES 144: CIL VI 3234; ILS 2209; ES 148: CIL VI 32798; AE 1973, 61; ES 220: CIL VI 3297; ES 283: CIL VI 3270; ES 293: CIL VI 3241; ES 313: CIL VI 3198. VI 32783; ILS 2207; ES 150: Speidel, Kaiserreiter 366 Nr. 682.

156 ES 036: bisher unpubliziert. Demnächst Boschung a. O.

157 Kleiner, Altars Nr. 310. 782.

158 F. Sinn, Vatikanische Museen. Museo Gregoriano Profano ex Lareanense, Katalog der Skulpturen I – Die Grabdenkmäler 1. Reliefs, Altäre, Urnen, MAR 17 (1991) Nr. 95; Die Urne der Porcia Grapte ist eines der zahlreichen Stücke, das mit girlandenhaltenden Eroten geschmückt ist. Den als Spitzgiebel gearbeiteten Urnendeckel flankieren Maskenakrotere mit phrygischen Mützen, die ebenfalls von den Equites übernommen werden.

159 H. Herdejürgen, Stadtrömische und italische Girlandensarkophage, ASR VI 2, 1 (1996) Nr. 30. 31. 59. 70. 78.

160 Im Giebel: ES 072: CIL VI 3214; ES 074: CIL VI 3228. Kastenartiges Relieffeld: ES 163: Speidel, Kaiserreiter 324 f. Nr. 592.

161 P. Zanker, JdI 90, 1975, 267 ff. Beispiele für Freigeborene und Militärs bei: V. Kockel, Porträtreliefs stadtrömischer Grabbauten (1993) Nr. C1 (eques und magister capitolinus). D1 (tribunus militum). D2 (Soldat). J1 (Soldat). L9 (tribunus militum); 235 Anhang III 7.

162 Sinn a. O. Nr. 36; Kleiner, Altars passim.

163 P. Zanker in: ders. – H.-J. Schalles – H. v. Hesberg, Die römische Stadt im 2. Jahrhundert n. Chr., Kolloquium Xanten 1990, Xantener Berichte 2 (1992) 346; Tunesien: N. de Chaisemartin, Les sculptures romaines de Sousse et des sites environnants, Colloque de l'École Française de Rome 102 (= CSIR Tunisie Proconsulaire II 2 [1987] Nr. 157–161. 164); Griechenland: M. Lagogianni-Georgakarakos, Die Grabdenkmäler mit Porträts aus Makedonien, CSIR Griechenland III 1 (1998); Gallia Belgica: H. Dragendorff – E. Krüger, Das Grabmal von Igel (1924) 62 ff.; Norikum/Pannonien: J. Garbsch, Die norisch-pannonische Frauentracht (1965) 3 f. 11.

164 ES 145: CIL VI 3202.

165 Das Jagdthema tritt bei den equites vereinzelt (mit nur drei Exemplaren) im späteren 2. Jh. auf, im 3. Jh. gewinnt es an Bedeutung (20 Exemplare): Speidel, Kaiserreiter 7. Zum Wechsel von der mythologischen Eberjagd zu »realistischeren« Darstellungen: B. Andreae, Die römischen Jagdsarkophage I 2 (1980) 108 ff.

166 W. Raeck, Modernisierte Mythen (1992) 61 ff. bes. 68. Beispiele bei: Andreae a. O. Nr. 42 (Caracallasarkophag um 240 n. Chr.); 164 (Venatorsarkophag 220–230 n. Chr.).

167 So Speidel, Equites 82. Später auch: J. C. Coulston in: M. Dawson (Hrsg.), Roman Military Equipment, BARIntSer 336 (1987) 146.

168 F. Cumont, Recherches sur le symbolisme funéraire des romains (1942) 438 f.

des Kaisers veranschaulichen[169]. Die lange Tradition des Kompositionschemas und die Beispiele aus der Staatskunst ließen den antiken Betrachter in Rom auch die Reliefs der equites im Sinne der Virtus des Verstorbenen verstehen[170]. Diese wird auf dem Grabstein des Aurelius Bithus durch die Beifügung des helmtragenden Dieners, der im frühen zweiten Jahrhundert auf dem trajanischen Schlachtenfries und in antoninischer Zeit vermehrt auf Schlachtensarkophagen auftaucht, verstärkt[171]. Die Eberjagd und der helmtragende Diener sind zwar für sich betrachtet konventionelle Motive, doch findet ihre Kombination offenbar nur in Zusammenhang mit den equites statt, um den Aspekt der Virtus zu potenzieren[172].

Ganzfigurige Porträts, die den Soldaten im Hauptfeld der Stelenvorderseite zeigen (Abb. 75. 76), sind mit dreizehn Exemplaren eher selten vertreten. In den meisten Fällen ist der Reiter frontal stehend zusammen mit einem oder mehreren Pferden dargestellt. Er trägt keine Panzerung, sondern eine langärmelige Tunika und darüber das auf seiner rechten Schulter gefibelte sagum. In der Hand hält er häufig eine Schriftrolle, mit der sicherlich eine Buchrolle gemeint war, die den Bildungsanspruch des Verstorbenen betonen sollte[173]. Die Betonung der Fähigkeit des Lesens und Schreibens fügt sich als Aussage in das Bildprogramm der Kaiserreiter, da sie ebenso wie das Mahl als Bekenntnis zur römischen Lebensweise

Abb. 74 Stele für den eques singularis Aurelius Dizala und Aurelia Bazis, 3. Jh. n. Chr. (ES 145)

verstanden werden soll[174]. Zeitlich läßt sich der Bildtypus durch Ausrüstungsgegenstände, Bekleidung und Porträts der Soldaten bis auf eine Ausnahme[175] auf das dritte Jahrhundert n. Chr. eingrenzen[176].

Nachdem für einen Großteil der Bilder gezeigt werden konnte, daß sie von stadtrömischen Vorbildern abzuleiten sind beziehungsweise sich in allgemeine reichsweite Entwicklungen einfügen lassen, sollen die Elemente näher betrachtet werden, die die Soldaten vermutlich aus ihren

169 R. Turcan, CRAI 1991, 53 ff. bes. 58 ff.; A. Schmidt-Colinet in: F. Blakolmer u. a. (Hrsg.), Fremde Zeiten II, Festschrift Jürgen Borchardt (1996) 261 ff. bes. 271; G. Calcani, RIA 19/20, 1996/97, 175 ff. bes. 196.

170 Es handelt sich wie bei den Mahlszenen um ein Bildschema mit langer vorrömischer Tradition. Eine graeco-persische Stockwerkstele aus Çavusköy bei Daskyleion zeigt die Bildformel schon zu Beginn des 4. Jhs. v. Chr.: J. Fabricius, Die hellenistischen Totenmahlreliefs, Studien zur antiken Stadt 3 (1999) 35 Abb. 7. Auch in der Kleinkunst waren Eberjagdszenen schon vor der Kaiserzeit geläufig.

171 Weitere Beispiele: ES 141: CIL VI 3195; ES 145: CIL VI 3202; ES 175: Speidel, Kaiserreiter 133 Nr. 118; ES 287: CIL VI 32808. Zu den Schlachtensarkophagen: T. Schäfer, MM 27, 1986, 345 ff. Zum trajanischen Schlachtenfries: A. M. Leander Touati, The Great Traianic Frieze (1987) 21 Nr. 52; 27 ff. Taf. 55. Auch in der Kleinkunst: T. Schäfer, JdI 104, 1989, 283 ff.

172 Solche Kombinationen zur Steigerung einer bestimmten Aussage sind typisch für die provinzialrömische Kunst. H. v. Hesberg in: ders. (Hrsg.), Was ist eigentlich Provinz? Zur Beschreibung eines Bewußtseins, Schriften des Archäologischen Instituts der Universität zu Köln 1995 (1995) 67 ff. bes. 68.

173 Zur Deutung der Buchrolle: F. Brein, RömÖ 1, 1973, 1 ff; F. Fless, Opferdiener und Kultmusiker auf stadtrömischen historischen Reliefs (1995) 33 ff. Zur profanierten Bedeutungsebene der Buchrolle: Y. Freigang, JbRGZM 44, 1997, 313 f.

174 Nach Tacitus setzte Agricola Bildung als Mittel zur Romanisierung und Integration ein: Tac. Agr. 21.

175 ES 004: CIL VI 3177; ILS 2196.

176 Die Ausfertigung und die fehlende Rahmung der Inschriften sprechen nach Speidel, Kaiserreiter 25 für eine Datierung in nachseverische Zeit.

Abb. 75 Stele für den eques singularis Flavius Mocianus, 3. Jh. n. Chr. (ES 159)

Abb. 76 Stele für den einen unbekannten Reiter, 3. Jh. n. Chr. (ES 154)

Herkunftsgebieten mitbrachten. Ein in Rom bis dahin unbekanntes Bildthema, das in der Sepulkralplastik der equites singulares Augusti sehr häufig auftritt, ist die Pferdevorführung. Bei den 123 Beispielen lassen sich vier Varianten unterscheiden, von denen zwei genauer betrachtet werden sollen [177]. Die meisten Darstellungen zeigen links einen Pferdeknecht in Seitenansicht (calo), der das vor ihm nach rechts schreitende Pferd am Zügel hält (Abb. 72. 73). Auf seiner linken Schulter stützt er eine Lanze ab. Der frühe Grabaltar für den eques singularis Marcus Ulpius Clemens[178] belegt das Bildschema bereits für das frühe zweite Jahrhundert n. Chr., und die Stele des Flavius Mocianus (Abb. 75) zeigt, daß es bis ins fortgeschrittene dritte Jahrhundert Verwendung fand.

Pferdevorführungen in dem beschriebenen Schema kommen in Rom ausschließlich bei dieser Denkmälergruppe vor[179]. Sucht man aber nach ikonographischen

177 Neben den beiden Varianten gibt es solche, die den pferdeführenden calo in gespiegelter Form, von rechts nach links schreitend, wiedergeben, und weitere, die zwei oder drei Pferde abbilden, in deren Mitte ein Knecht oder ein Soldat steht, der diese am Zügel führt. ES 005: Speidel, Kaiserreiter 285 f. Nr. 524; ES 109: Speidel, Kaiserreiter 279 f. Nr. 508.

178 ES 020: CIL VI 29156.

179 Ein ähnliches Motiv ist auf einem Relief aus der Sammlung Ludovisi wiedergegeben, das sich heute im Palazzo Altemps befindet (Rom, Museo Nazionale Romano). Es zeigt einen Ritter auf einem Pferd, das von einem Knecht geführt wird. Ein anderer trägt den Helm des Ritters: Helbig[4] III 292 Nr. 2365.

Parallelen für die Darstellung, findet man diese vor allem im Rheinland. Bei vielen rheinischen Reitergrabsteinen des ersten Jahrhunderts führt ein calo ein vor ihm nach rechts schreitendes Pferd am Zügel. Die Vermutung, daß eine Übertragung dieses Bildschemas aus dem Rheinland durch die dort rekrutierten Soldaten nach Rom möglich war, läßt sich erhärten, wenn man die Häufigkeit des Bildmotivs in Abhängigkeit von den Herkunftsgebieten der Reiter überprüft. So zeigt sich, daß nahezu die Hälfte der Stücke (48%) Soldaten zuzuweisen ist, die germanischer oder raetischer Herkunft sind. Im zweiten Jahrhundert entfallen allerdings nur gut ein Drittel (38%) aller Grabsteine auf Soldaten aus den germanischen Provinzen und Rätien und ein weiteres Drittel (37%) auf die, die aus Noricum und Pannonien stammen[180]. Die Ursache für das häufige Auftreten der Pferdevorführungen auf den Grabdenkmälern ist daher nicht auf eine Dominanz der aus dem Rheinland stammenden Soldaten innerhalb der Truppe im zweiten Jahrhundert zurückzuführen. Der große Anteil der Soldaten rätisch-germanischer Herkunft an dem Bildtypus, der ihren prozentualen Anteil in der Truppe weit übersteigt, zeigt, daß hier eher eine Vorliebe für das Thema bestand.

Neben den Szenen, bei denen das Pferd von einem Knecht geführt wird, erscheinen bei den equites etwa seit severischer Zeit Darstellungen, bei denen der rechts vom Pferd stehende Soldat dieses am Zügel hält[181]. Hierfür lassen sich neben dem Mainzer Grabstein des Silius aus der zweiten Hälfte des ersten Jahrhunderts, der im unteren Register den verstorbenen Soldaten zeigt, wie er sein Pferd am Zügel führt[182], Parallelen im Donaugebiet anführen. Eines der zahlreichen Beispiele ist die Stele des Titus Calidius aus Bad Deutsch-Altenburg aus der ersten Hälfte des ersten Jahrhunderts n. Chr.[183], die einen Soldaten in paenula, links vor seinem Pferde stehend abbildet. Außer den beiden ins erste Jahrhundert zu datierenden Monumenten, lassen sich zahlreiche weitere pannonische Grabdenkmäler anschließen, die in das zweite Jahrhundert gehören[184]. Damit wäre für diese eine Übertragung durch Soldaten norisch-pannonischer Herkunft nach Rom denkbar, zumal deren Anzahl in der Einheit gegen Ende des zweiten Jahrhunderts deutlich zunimmt[185].

Die Häufigkeit des Themas bedarf einer Erklärung. Aus der literarischen Überlieferung wissen wir, daß der Knecht das Pferd am langen Zügel führte, um es zu trainieren[186]. Das Bild einzig als Wiedergabe realer Geschehnisse zu betrachten, ist eine zu einfache Deutung. Es ist vielmehr anzunehmen, daß das gut trainierte Pferd und der Pferdeknecht – wie auch die Staatspferde der equites equo publico – als Statussymbole abgebildet wurden[187]. Wurden mehrere Pferde dargestellt, handelte es sich, wie die jeweiligen Inschriften belegen, um die Grabdenkmäler von Offizieren und Unteroffizieren, wodurch die Interpretation zusätzlich an Gewicht gewinnt[188]. So dürfte jeder Betrachter bereits erfaßt haben, daß es sich um das Grabdenkmal eines Offiziers handelte, noch bevor er die Inschrift las. Man zeigte mit der Darstellung des Pferdes seine Zugehörigkeit zu einer Reitereinheit, die allgemein höher angesehen waren als die pedites in den Hilfstruppen[189]. Auffällig ist, daß statt der in Rom üblichen Darstellungsformen für Pferde, z. B. Pferdeprotomen oder ungeschirrte Pferde wie auf dem Grabaltar des Vitellius Successus[190] Bildschemata auswählt wurden, die denen aus den Herkunftsgebieten (Germania Inferior, Pannonien) der Soldaten entsprachen. Dort fanden sich ebenfalls zahlreiche Parallelen zu den Grabdenkmälern der Unter-

180 Speidel, Kaiserreiter Tab. 4.

181 So ES 159: Speidel, Kaiserreiter 288 Nr. 528.

182 Boppert, Grabdenkmäler Mainz 158 ff. Nr. 52 Taf. 45.

183 M. Mosser, Die Steindenkmäler der legio XV Apollinaris (2003) 206 f. Nr. 85 Taf. 15; H. Hofmann, Römische Militärgrabsteine der Donauländer (1905) Nr. 18 Abb. 18; A. Schober, Die römischen Grabsteine von Noricum bis Pannonien (1923) Nr. 54 Abb. 24.

184 Weitere Grabstelen mit pferdeführendem calo oder Soldaten: Hofmann a. O. Nr. 30 Abb. 26; 50 Abb. 42; 53 Abb. 45; 54 Abb. 46 (seitenverkehrt); Schober a. O. Nr. 255 Abb. 128; 190 Abb. 98; 210 Abb. 109. Im ungarischen Nationalmuseum befinden sich weitere Stücke mit demselben Motiv, die leider bislang unpubliziert sind. Weitere Beispiele bei: L. Barkóczi u. a. (Hrsg.), Intercisa I. Geschichte der Stadt in der Römerzeit (1954) 278 f. Nr. 4–6. 11 Taf. 36, 1–4.

185 Speidel, Kaiserreiter 16 Tab. 4.

186 Xen. equ. 2, 5; A. Hyland, Equus. The Horse in the Roman World (1990) 104.

187 M. Stemmler in: M. Kemkes – J. Scheuerbrandt, Fragen zur römischen Reiterei, Kolloquium Aalen 1998 (1999) 10 f. Ein entsprechendes Beispiel, die Grabstele eines eques equo publico, findet sich im Palazzo dei Conservatori: Stuart Jones, Pal. Cons. Taf. 79, 12. – Zur Funktion von Pferdedarstellungen in der hellenistischen Sepulkralplastik: J. Fabricius, Die hellenistischen Totenmahlreliefs, Studien zur antiken Stadt 3 (1999) 58 ff.

188 Auch literarisch belegt: Hyg. mun. castr. 16: *Alunt equos singuli decuriones ternos, duplicarii et sesquiplicarii binos.* – Schober und Hofmann machen dieselbe Beobachtung auf den Grabstelen des von ihnen untersuchten norisch-pannonischen Raumes: Hofmann a. O. 40.

189 Angehörige einer Reitereinheit wurden auch besser besoldet: M. A. Speidel, JRS 82, 1992, 87 ff. bes. 104; ders. in: G. Alföldy – B. Dobson – W. Eck (Hrsg.), Kaiser, Heer und Gesellschaft in der Römischen Kaiserzeit, Gedenkschrift Eric Birley (2000) 65 ff. bes. 69 f.

190 Kleiner, Altars Nr. 43 Taf. 26.

offiziere, die auch in den Herkunftsgebieten in der Regel mit mehreren Pferden dargestellt sind[191]. Ferner scheint die Kombination der Bilder »Mahl« und »Pferdevorführung« auf einen Einfluß aus einem der Herkunftsgebiete, den germanischen Provinzen, zurückzuführen zu sein, wo beide Themen häufig gemeinsam auf den Grabdenkmälern von Reitern auftreten[192].

Für die Themenwahl auf den Grabdenkmälern der equites singulares kann also festgehalten werden, daß hier eine Mischung stadtrömischer und genuin provinzialer Elemente vorliegt, mit der man anscheinend unter Bewahrung eigener Ausdrucksformen eine Annäherung an hauptstädtische Traditionen versuchte. An den Grabdenkmälern der equites singulares Augusti läßt sich ein partieller Transfer provinzialer Kultur von der Provinz ins Zentrum der römischen Welt nachvollziehen, der in Verbindung mit typisch stadtrömischen Elementen zu Beginn des zweiten Jahrhunderts dazu diente, einer Gruppe von Soldaten mit unterschiedlichem kulturellen Hintergrund durch die Neuformierung der Bilder eine Identifikationsmöglichkeit zu schaffen. Das Ergebnis war die Bildung einer ›corporate identity‹, die den Soldaten die Möglichkeit gab, sich als Fremde in Rom einer Gruppe zugehörig zu fühlen. Die Denkmäler erfüllten also auch eine soziale Funktion. Im Laufe der Zeit hatten die Bilder dabei ihren provinzialen Bezug verloren, so daß hier nicht von der Pflege provinzialer Traditionen, sicher aber von der Pflege einer einheitsspezifischen Tradition gesprochen werden darf, die dafür sorgte, daß die neugeschaffene Formensprache als identitätsstiftendes Element zwei Jahrhunderte lang beibehalten wurde.

Die Grabsteine für diejenigen Soldaten der Einheit, die auf Feldzügen fern von Rom gestorben waren, unterscheiden sich in der Gestaltung von den Stücken aus Rom und orientieren sich meist an dem am jeweiligen Ort vorhandene Gestaltungsspektrum. In der Fremde fiel offenbar die Verbindlichkeit der für Rom so typischen Bilder weg, da hier der gesamtgesellschaftliche Kontext fehlte, in dem die Grabdenkmäler zur visuellen Identifizierung mit einer Gruppe und dem Absetzen von anderen Einheiten gebraucht wurden[193].

7 Die Stadtkohorten

Die Stadtkohorten wurden in der Regel aus Freiwilligen rekrutiert, die das römische Bürgerrecht besitzen mußten[194]. In ihren Reihen sind außerdem viele ehemalige vigiles belegt, die nach dem Erwerb des römischen Bürgerrechts in die Stadtkohorten aufsteigen konnten[195]. Im Gegensatz zu den Prätorianerkohorten dominierten in den Stadtkohorten mit einem prozentualen Anteil von über fünfundachtzig Prozent auch noch im dritten Jahrhundert Soldaten italischer Herkunft[196]. Die Dienstzeit wurde von anfänglich sechzehn später auf zwanzig Jahre erhöht. Der Sold betrug erst zweihundertfünfzig, später dann dreihundertfünfundsiebzig Denare, also nur etwa die Hälfte dessen, was ein Angehöriger der Prätorianergarde erhielt[197].

Betrachtet man die Verteilung der Grabdenkmäler von Soldaten der Stadtkohorten, so zeigt sich, daß diese geradezu regelmäßig zusammen mit Prätorianern bestattet wurden (Abb. 53). Größere Ansammlungen finden sich vor allem im Umfeld der castra praetoria, in der Salarianekropole und in der kleinen Nekropole an der Milvischen Brücke[198]. Einzelne Denkmäler der urbaniciani wurden unweit des Prätorianerlagers in einem Kolumbarium auf dem Gelände der Villa Patrizi an der Via Nomentana entdeckt[199]. In einem zweiten Kolumbarium waren ein urbanicianus und ein stator Augusti gemeinsam bestattet[200]. Anders als bei den Soldaten der Prätorianergarde gibt es Belege dafür, daß die Soldaten der cohortes urbanae ihre Denkmäler noch zu Lebzeiten für sich und ihre Familien selbst errichteten[201].

Unter den in ihrer Form bestimmbaren Denkmälern dominieren auch bei den Stadtkohorten die Grabstelen (Tab. 6), die in ihrer Gestaltung den bereits beschriebenen Grabdenkmälern der Prätorianer entsprachen, so daß auf eine detaillierte Beschreibung im Folgenden verzichtet wird[202]. Bei den beiden gemeinsam stationierten Einheiten tauchen dieselben Denkmalsformen und derselbe Dekor auf (Abb. 77). Wie bei den Prätorianern fehlen bei

191 Barkóczi a. O. 278 Nr. 5 Taf. 36, 1: Reitknecht mit zwei Pferden, 1. Hälfte 2. Jh. »ala Britannica«.

192 Speidel, Kaiserreiter 4; hierzu auch: P. Noelke in: Fasold u. a., Bestattungssitte 415; Beispiele für die Bildkombination: Noelke a. O. 400 Abb. 1; 401 Abb. 4. 5; W. Boppert, Die militärischen Grabdenkmäler aus Mainz und Umgebung, CSIR Deutschland II 5 (1992) 158 ff. Nr. 52.

193 Daß man sicher auch an die dort ansässigen Werkstätten und deren Repertoire gebunden war, darf in diesem Zusammenhang nicht vergessen werden.

194 Freis, Cohortes Urbanae 50 ff.

195 Sablayrolles, Libertinus miles 137 ff.

196 Freis, Cohortes Urbanae 57 ff.

197 Freis, Cohortes Urbanae 48 f.

198 Vgl. Kap. III 4 a. b.

199 CU 014: CIL VI 32729; CU 021: CIL VI 32742; CU 046: NSc 1913, 347.

200 R. Lanciani, NSc 1885, 528 (Beschreibung des Kolumbariums); ders., NSc 1886, 23 (Grabdenkmäler).

201 CU 052: CIL VI 2887; CU 053: CIL VI 2899; CU 075: CIL VI 2885; CU 076: CIL VI 2888; CU 079: CIL VI 2902.

202 Siehe oben Kap. III 4 c.

Abb. 77 Grabstelen für urbaniciani und Prätorianer vom ›Friedhof‹ an der Milvischen Brücke, Ende 1. Jh. v. Chr. (v. l. CP 055. 054. 053. 052)

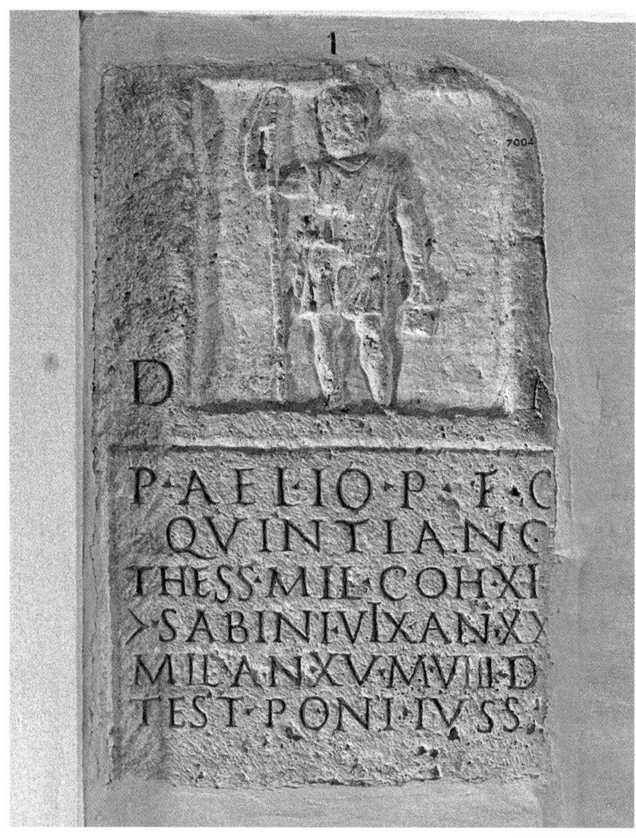

Abb. 78 Grabstele des urbanicianus P. Aelius Quintianus, 2. Jh. n. Chr. (CU 027)

Abb. 79 Grabaltar für Q. Flavius Criton und den urbanicianus Q. Flavius Proculus, 1. Hälfte 2. Jh. n. Chr. (CU 002)

den cohortes urbanae im ersten Jahrhundert ganzfigurige Darstellungen von Soldaten. Die beiden bekannten Stücke, die einen urbanicianus mit paenula und Lanze zeigen, stammen vom Beginn, bzw. aus der ersten Hälfte des zweiten Jahrhunderts[203] (Abb. 78. 79).

8 Die vigiles

Zu Beginn des ersten Jahrhunderts setzten sich die vigiles ausschließlich, später noch in großen Teilen aus Freigelassenen unterschiedlicher Herkunft zusammen, die durch den Dienst in der Einheit das römische Bürgerrecht erwerben konnten[204]. Vielen war dadurch die Möglichkeit geboten, eine höhere militärische Laufbahn einzuschlagen, die ihnen als Freigelassenen normalerweise verwehrt blieb. Der Sold der vigiles war im Vergleich zu anderen stadtrömischen Einheiten auffällig gering und lag unterhalb dessen eines Legionärs[205].

Denkt man an die Mannschaftsstärke der cohortes vigilum, überrascht die geringe Zahl dokumentierter Denkmäler. Von den vigiles, die über drei Jahrhunderte in einer Truppenstärke von dreitausendfünfhundert und später siebentausend Soldaten in Rom ihren Dienst taten, sind nämlich nicht mehr als einundfünfzig Grabdenkmäler überliefert[206]. Die im Verhältnis zur Mannschaftsstärke der zweitgrößten stadtrömischen Einheit ausgesprochen geringe Zahl von Grabdenkmälern läßt sich vermutlich nur dadurch erklären, daß diese den Dienst in der Einheit als Sprungbrett in eine höhere militärische Laufbahn nutzten. Für diverse Soldaten läßt sich nachvollziehen, daß sie in andere stadtrömische Einheiten versetzt wurden[207]. Dennoch überrascht die kleine Anzahl, da das berufsbedingte Risiko, im Dienst zu sterben, bei den vigiles höher gewesen sein dürfte als bei den Soldaten anderer stadtrömischer Einheiten.

Bestattungen von vigiles finden sich in sämtlichen Nekropolen der Stadt, es lassen sich dabei mit einer Ausnahme aber keine auffälligen Konzentrationen fassen (Tab. 5).

Abb. 80 Grabstele für den vigilis C. Calvius Sabinus, 1. Jh. n. Chr. (CV 06)

Im Bereich der beschriebenen Salarianekropole wurden zwar zehn Grabdenkmäler von vigiles gefunden, doch standen diese nicht zusammen (Abb. 54).

Vor dem Hintergrund ihres Status ist es interessant zu prüfen, ob sich bei den Freigelassenen im militärischen Dienst dieselben Phänomene wie bei anderen Freigelassenen fassen lassen, die sich in Rom besonders opulente Denkmäler errichteten[208]. Von den einundfünfzig dokumentierten Denkmälern der vigiles konnte nur etwa die

203 CU 027: CIL VI 2886; CU 002: CIL VI 2911.

204 Tac. ann. 13, 27, 1. Die Möglichkeit, nach 6 Jahren Dienstzeit das römische Bürgerrecht zu erwerben und so in den normalen Heeresdienst überzutreten, wurde durch die 24 n. Chr. verabschiedete Lex Visellia gegeben (auch Latini Iuliani). Durch einen Senatsbeschluß wurde die Zeit bald darauf auf drei Jahre herabgesetzt: Sablayrolles, Libertinus miles 37 ff.

205 Sablayrolles, Libertinus miles 333 ff.; zur Besoldung der höheren Chargen: a. O. 129 ff. (Subpraefectus). 148 (Tribunen).

206 CV 01–51.

207 Beispiele hierfür sind: CU 001. SP 17.

208 Vgl. P. Zanker, JdI 90, 1975, 267 ff. und V. Kockel, Porträtreliefs stadtrömischer Grabbauten (1993) 77 ff.

Abb. 81 Urne für den vigilis C. Burchius Iovinus, Ende 1. Jh. n. Chr. (CV 16)

Abb. 82 Grabstele für den vigilis Q. Iulius Galatus, Ende 1. Jh. n. Chr. (CV 05)

Hälfte in ihrer Form bestimmt werden (Tab. 6). Unter den zehn erhaltenen Grabstelen gibt es, neben gänzlich schmucklosen Exemplaren[209], Stelen mit einer corona oberhalb des Schriftfeldes[210] (Abb. 80), die sich beim stadtrömischen Militär einer besonderen Beliebtheit erfreuten[211]. Ferner sind drei Altäre[212] und drei Urnen[213] (Abb. 81) erhalten, die meist keine figürliche Verzierung besitzen.

Unter den Bildmotiven tauchen auf den Grabdenkmälern der vigiles neun coronae, eine ascia und einmal das Motiv von zwei um einen Krater gruppierten Vögeln auf[214]. Zu den wenigen erhalten Denkmälern des ersten Jahrhunderts mit figürlicher Darstellung, die für stadtrömische Militärs überliefert sind, zählt die ausgesprochen große Grabstele des Vigilis Quintus Iulius Galatus. Im Bildfeld oberhalb der Inschrift ist der Verstorbene ganzfigurig mit paenula und Lanze wiedergegeben[215] (Abb. 82). Ob dieses eine Beispiel allerdings ausreicht, um hierin ein besonderes Bedürfnis des Freigelassenen erkennen zu wollen, seine Zugehörigkeit zum Militär zu artikulieren, ist fraglich. Die anderen Einheiten wählten zu dieser Zeit keine ganzfigurigen Darstellungen.

9 Die sogenannten peregrini

Unter der Bezeichnung »peregrini« wurden Soldaten zusammengefaßt, die man von ihren Legionen zur Übernahme bestimmter Sonderaufgaben nach Rom abberufen hatte[216]. Als Legionssoldaten besaßen sie römisches Bürgerrecht, so daß ihr Name nicht als statusbeschreibend mißverstanden werden darf. Vielmehr bezieht er sich auf den Umstand, daß sich die aus einem der Provinzheere stammenden Soldaten nur temporär in der Hauptstadt

209 CV 11: CIL VI 2986.
210 CV 06: CIL VI 2970.
211 Vgl. Kap. III 4 c; 5; 7.
212 CV 01–03: CIL VI 32757. 2961.2990.
213 CV 16–18: CIL VI 2984. 2981. 2985.
214 CV 02: CIL VI 32757; CV 45: CIL VI 2963.
215 CV 05: CIL VI 2987.
216 Darunter befanden sich neben den frumentarii die speculatores legionis (s. o. Kap. II 6). Die Bezeichnung dieser Soldaten als *peregrini* ist durch zahlreiche Inschriften belegt: CIL VI 354. VI 1110. – PE 01: CIL VI 3327 und PE 03: VI 3325 nennen einen *princeps peregrinorum*; CIL VI 354. VI 1110. VI 3329. XI 5215 erwähnen einen *subprinceps peregrinorum*, in PE 02 (CIL VI 3324). PE 04 (CIL VI 3328) und CIL VIII 1322 ist ein *optio peregrinorum* aufgeführt.

Abb. 83 Grabstele des frumentarius M. Coelius Flavius, 2. Jh. n. Chr. (F 05)

aufhielten und somit als »Fremde« mit einer starken Fluktuation nach Rom kamen[217].

Die geringe Zahl von fünfundvierzig überlieferten Denkmälern erklärt sich durch die Mannschaftsstärke der Soldaten und deren kurzzeitige Stationierung in der Hauptstadt[218].

Bestattungen von frumentarii fanden sich zwischen der Via Appia intra muros und der Via Latina[219] (am ersten Meilenstein) sowie in der Salarianekropole[220] (Tab. 5; Abb. 54). Da die Soldaten auf Grund ihrer kurzen Aufenthaltszeit kaum eine Möglichkeit hatten, Kontakt zu den Soldaten anderer stadtrömischer Einheiten aufzubauen, treten als *heredes* in ihren Denkmälern häufig andere frumentarii oder speculatores legionis auf[221], mit denen sie gemeinsam in den castra peregrina stationiert waren. Möglicherweise ist dies auch die Ursache für die sehr einfache Gestaltung ihrer Grabdenkmäler[222] (Abb. 83). Sofern bildlicher Schmuck vorhanden war, handelte es sich in der Regel um eine corona. Die Soldaten besaßen wie die equites singulares Augusti als »Fremde« keine sozialen Bindungen in Rom und hatten durch die starke Fluktuation in den castra peregrina kaum die Möglichkeit, ein Gemeinschaftsgefühl zu entwickeln. Anders als die equites, die, sofern sie nicht zuvor versetzt wurden, sogar nach ihrer Dienstzeit mit ihren Familien in Rom blieben, kehrten die frumentarii und speculatores legionis normalerweise zu ihren Legionen zurück, in deren Listen sie auch während ihrer Abwesenheit geführt wurden[223]. Eine Ausnahme bildet ein frumentarius, der zum optio peregrinorum aufgestiegen war und auf Grund seiner Beförderung die Möglichkeit bekam, durch den längeren Aufenthalt in der Stadt soziale Beziehungen zu knüpfen. Er errichtete sich, seiner Familie und seinen Freigelassenen ein Grabmonument[224].

10 Die Flottensoldaten aus Ravenna und Misenum

Über die genaue Anzahl und Organisation der in die Hauptstadt abberufenen Flottensoldaten weiß man ausgesprochen wenig. Entgegen einer älteren Annahme Theodor Mommsens waren die Soldaten keine Sklaven, sondern in der Mehrheit Peregrine, d. h. freie Reichsbewohner ohne Bürgerrecht[225]. Ihre Offiziere, darunter auch die Ranghöchsten, waren meist Freigelassene[226]. Ihre Grabdenkmäler bilden mit einhundert überlieferten Exemplaren die viertgrößte Gruppe innerhalb der militärischen Sepulkralplastik Roms, wobei innerhalb der Gruppe die Denkmäler der Flottensoldaten aus Misenum mit einundsiebzig Stücken deutlich dominieren.

Betrachtet man die Verteilung ihrer Bestattungen, so läßt sich eine deutliche Konzentration an der Via Appia, unweit der Catacombe di S. Callisto und der nahegelegenen Catacombe di S. Sebastiano feststellen[227], wo ein

217 So schon W. Henzen, BdI 1851, 119 über die frumentarii. Daß der Name zunächst in der Umgangssprache das Lager bezeichnet habe und später auf die im Lager stationierte Einheit übertragen worden sei, ist allerdings unwahrscheinlich. Dagegen: P. K. Baillie Reynolds, JRS 13, 1923, 169, da beide Bezeichnungen auch im 4. Jh. noch parallel gebraucht werden; CIL VIII 1322.

218 Schätzungen zur Zahl der frumentarii bei: M. Reuter in: E. Schallmayer, Traian in Germanien. Traian im Reich, Kolloquium Saalburg 1999, Saalburg-Schriften 5 (1999) 78.

219 U. Antonielli, BullAssARom 3, 1913, 169.

220 F 29: NSc 1914, 425 Nr. 7.

221 F 13: CIL VI 3334; F 14: CIL VI 3333; F 21: CIL VI 3332; F 23: CIL VI 3357; F 38: CIL VI 3351; SPL 01: CIL VI 3358; M 04: CIL VI 3335.

222 F 06: CIL VI 3352; F 05: CIL VI 3362.

223 R. Haensch, KJb 34, 2001, 89 ff.

224 PE 02: CIL VI 3324. VI 32870; Wiedergabe der kompletten Inschrift und Hinweis auf seine Beförderung bei: S. Panciera, RendPontAc 70, 2000, 229 f. Anm. 37.

225 Kienast, Kriegsflotten 9 ff.

226 CIL VI 32775; hierzu auch Kienast, Kriegsflotten 3 f.

227 CL 04: CIL VI 3139. 7466; CL 05: CIL VI 3147. 7464; CL 08: CIL VI 3910. 7653. 32767; CL 09: CIL VI 32771; CL 11: CIL VI 3169; CL 17: CIL VI 3093. 7463; CL 20: CIL VI 3131; CL 27: CIL VI 3096; CL 32: CIL VI 3097; CL 34: CIL VI 3101; CL

Abb. 84 Grabplatte des optio classis praetoriae C. Iulius Alexander, 2. Jh. n. Chr. (CL 16)

Abb. 85 Grabstele des Flottensoldaten M. Antonius Athenodorus, Ende 1./Anfang 2. Jh. n. Chr. (CL 01)

Großteil der Flottensoldaten aus Misenum bestattet wurde (Abb. 53). Es gibt Hinweise darauf, daß die classiarii hier offenbar gemeinsame Kolumbarien besaßen[228]. Eine kleinere Ansammlung von Grabdenkmälern der Flottensoldaten aus Ravenna wurde bei Ausgrabungen in der Villa Doria Pamphilj am ersten Meilenstein der Via Aurelia gefunden[229]. Die Bestattungen lagen damit in der Nähe ihres vermutlich in Trastevere zu lokalisierenden Lagers, der castra Ravennatium[230].

Unter den Grabdenkmälern der Flottensoldaten finden sich nahezu ausschließlich unreliefierte kleine Grabplatten und Tituli[231] (Abb. 84). Sofern Schmuck vorhanden ist, handelt es sich um eine corona[232] (Abb. 85).

11 Soldatenfriedhöfe in Rom?

a Die Lage der Begräbnisplätze

Bestattungen von Angehörigen der stadtrömischen Einheiten finden sich an nahezu allen Hauptausfallstraßen der Stadt[233] (Abb. 53). Oftmals sind diese in kleinen Gruppen in zivile Nekropolen eingebettet. Massierungen treten vor allem im Nordosten der Stadt auf, im näheren Umfeld des

38: CIL VI 3106; CL 39: CIL VI 3107; CL 41: CIL VI 3110; CL 43: CIL VI 3113; CL 44: CIL VI 3114; CL 51: CIL VI 3123; CL 52: CIL VI 3124; CL 53: CIL VI 3126; CL 54: CIL VI 3128; CL 55: CIL VI 3129; CL 62: CIL VI 3137; CL: 63: CIL VI 3138; CL 70: CIL VI 3146; CL 83: CIL VI 32761; CL 84: CIL VI 32763; CL 89: CIL VI 32774; CL 94: CIL VI 32782. Jordan – Hülsen, Topographie 301 Anm. 42.

228 S. B. Platner – Th. Ashby, A Topographical Dictionary of Ancient Rome (1929) 603; C. G. Starr, The Roman Imperial Navy 31 BC–AD 324 (1960) 20 ff.; M. Bollini, StRomagn 14, 1963, 131 ff. bes. 134.

229 CL 71: CIL VI 3148; CL 72: CIL VI 3149; CL 74: CIL VI 3154; CL 75: CIL VI 3156, VI 3157; CL 76: CIL VI 3159; CL 78: CIL VI 3162; R. Valentini – G. Zucchetti, Codice topografico della città di Roma I (1940) 163 Anm. 3; Ch. Hülsen, BCom 55, 1927, 85 f. bes. 88; D. Giorgetti in: Corsi di cultura sull'arte ravennate e bizantina, Kolloquium Ravenna 1977 (1977) 223 ff. bes. 239 ff.

230 Vgl. Kap. II 9.

231 z. B. CL 16: CIL XI 3736.

232 CL 01: CIL VI 3099.

233 Die Grundlage der Kartierung bilden die im CIL erfaßten Denkmäler mit bekanntem Fundort. Mit Hilfe der publizierten Bände der CAR I–III, der unpublizierten Teile CAR IV–IX aus dem Archivio della Soprintendenza Archeologica di Roma sowie der Fundnotizen des BCom und der NSc konnten weitere Denkmäler lokalisiert werden. Berücksichtigt wurden ferner: Speidel, Kaiserreiter; Bellen, Leibwache.

Prätorianerlagers, sowie an der Via Appia und an der Via Labicana, im Bereich der Nekropole für die equites singulares Augusti. Doch finden sich einzelne Bestattungen von Soldaten der stadtrömischen Einheiten in beinahe allen stadtrömischen Nekropolen (Tab. 5).

Was bedingt die Lage der Gräber? Auffällig ist die Häufung von Gräbern der Prätorianer, ihrer Untereinheiten und der urbaniciani im unmittelbaren Umfeld der castra praetoria. Die räumliche Nähe der an der Salaria, der Nomentana und der Tiburtina liegenden Bestattungsplätze zum Lager wurde in der Literatur zwar häufig bemerkt, blieb jedoch weitgehend unkommentiert[234]. Ein ähnliches Phänomen läßt sich offenbar bei den Begräbnisplätzen der Germani corporis custodes und der Flottensoldaten aus Ravenna fassen, die unweit ihrer vermuteten Unterkünfte an der Via Aurelia und der Via Portuensis lagen[235]. Die antiken literarischen Quellen geben keine Auskunft über spezielle Begräbnisrituale der Soldaten, die sich mit dem topographischen Befund verbinden ließen[236]. Neben rein pragmatischen Aspekten, wie der Grabpflege, die sicher die Wahl des Ortes beeinflußten, scheint sich hierin eine Ortsverbundenheit der Soldaten zu ihrem Lager abzuzeichnen. Dieses bildete neben dem Palatin den zentralen Lebens- und Handlungsraum der Einheit. An zahlreichen Beispielen aus der Kaiserzeit läßt sich zeigen, daß für die Auswahl des Begräbnisplatzes häufig die Nähe zum Lebens- beziehungsweise Handlungsraum des Verstorbenen entscheidend war. Die sich hierin ausdrückende Ortsverbundenheit ist dabei nicht an bestimmte soziale Schichten gebunden. So wurden die Kinder der wohlhabenden Oberschicht häufig in der Nähe der Landgüter ihrer Familie bestattet[237], Gladiatoren in Nîmes fanden ihre letzte Ruhestätte nahe dem Amphitheater[238] und zahlreiche stadtrömische Händler und Handwerker ließen sich in der Umgebung ihrer Geschäfte und Werkstätten beisetzten[239]. Es scheint also nicht allzu abwegig, die Bestattungen der Prätorianer und der urbaniciani im Sinne dieses Phänomens zu deuten.

Die abseitige Lage der Prätorianergräber an der Via Cassia scheint dem zunächst zu widersprechen[240]. Hier mag allerdings die etrurische Herkunft der Soldaten, die in den Grabinschriften genannt wird, eine Rolle für die Wahl des Ortes gespielt haben. Sie ließen sich allesamt an der Straße bestatten, die in ihre Heimat führte[241]. Die Herkunft im weitesten Sinne könnte auch ausschlaggebend für die Lage der Bestattungen von Flottensoldaten aus Misenum an der Via Appia gewesen sein, über die man auf dem Landweg von Rom in die Hafenstadt gelang[242].

Ein anderes Bild zeigen die Bestattungen der equites singulares Augusti an der Via Labicana, die sich in relativ großer Entfernung zu den beiden Lagern der Einheit befanden[243] (Abb. 53). Hier greift das Argument der Ortsverbundenheit nicht, so daß die Auswahl des Arreals einer anderen Erklärung bedarf. In konstantinischer Zeit gehörte das betreffende Gelände nachweislich

234 Bereits U. Antonielli, BullAssARom 3, 1913, 170 spricht von einer »relazione topografica« zwischen den Kasernen und den Begräbnisplätzen; er spricht allerdings auch von »sepolcreti pretoriani«. Ferner: ders., StEtr 2, 1928, 635; Durry, Cohortes prétoriennes 60 f.

235 Vgl. Kap. II 9 a.

236 Zu Begräbnisritualen allgemein: Daremberg-Saglio IV (1896) s. v. funus 1386 ff. (Cuq); M. Kaser, ZSav 95, 1978, 30 ff.; T. Honorè, Ulpian (1982). Bei Veg. mil. 2, 20 ist von einer gemeinsamen Kasse der Soldaten die Rede, aus der die Kosten der Beisetzungen bestritten wurden. V. M. Hope, Constructing identity. The Roman Funerary Monuments of Aquileia, Mainz and Nîmes, BARIntSer 960 (2001) 39 bezieht sich auf Vegetius und spricht von »Military burial clubs«.

237 J. Griesbach in: M. Heinzelmann u. a., Römischer Bestattungsbrauch und Beigabensitten, Kolloquium Rom 1998, Palilia 8 (2001) 99 ff., bes. 109 kann dies überzeugend für die Kinder weiblichen Geschlechts darlegen, denen oftmals Goldbeigaben mit ins Grab gegeben wurden.

238 V. M. Hope in: R. Laurence – J. Berry (Hrsg.), Cultural Identity in the Roman Empire, Konferenz Reading 1995 (1998) 179 ff.

239 Beispiele für eine solche Ortsverbundenheit bei anderen Bevölkerungsgruppen: CIL VI 8466 (*tabularius viae Appiae*, FO: Via Appia); CIL VI 9183 (*argentarius macelli magni*, auf dem Celio, FO: Via Latina); CIL VI 9189 (*coactor portu vinario*, »sulla riva sinistra del campus Martius settentrionale, ciconiae, Piazza Nicosia«, FO: Transtiberim); CIL VI 9232 (*capsararius de Antonianas thermis*, FO: Via Ardeatina); CIL VI 9545 (*margaritarius de sacra via*, FO: Via Appia); CIL VI 9661 (*negotians castrorum praetoriorum*, FO: Via Nomentana); CIL VI 9992 (*vinariarius in castris praetorianis*, FO: Via Nomentana); CIL VI 33906 (*sagarius de horreis Galbianis*, FO: Nekropole Via Ostiense). Gleiches läßt sich für die liberti des Sallust und des Maecenas zeigen, die ihre letzte Ruhestätte nahe der entsprechenden domus fanden: CIL VI 16936 (*libert. et fam. Domiti Fausti et Maecenatiae*, FO: Esquilin, Stazione Termini); CIL VI 33427–37372 a: *liberti Sallusti* (FO: Salarianekropole). Den Hinweis hierauf und die entsprechenden CIL-Zitate verdanke ich Jochen Griesbach. s. hierzu auch: J. Griesbach, Villen und Gräber. Siedlungs- und Bestattungsplätze der römischen Kaiserzeit im Suburbium von Rom (2007) 6 ff.

240 Vgl. Kap. III 4 a.

241 So schon: Durry, Cohortes prétoriennes 63, der in seiner Argumentation U. Antonielli, StEtr 2, 1928, 637 folgt.

242 I. Della Portella (Hrsg.), Via Appia. Entlang der bedeutendsten Straße der Antike (2003).

243 Zu den Lagern vgl. Kap. II 4. 5.

zum kaiserlichen patrimonium[244]. Sofern dies bereits in vorkonstantinischer Zeit der Fall war, wäre es denkbar, daß der Ort für die Begräbnisse als Schenkung an die Einheit ging. Ähnliches wurde für die Bestattungen der Prätorianer unter S. Agnese angenommen und wäre auch für die Germani corporis custodes denkbar. Aus anderen Kontexten sind Schenkungen von Begräbnisstätten durch Patrone inschriftlich belegt[245]. Im Falle der equites wäre der Kaiser derjenige gewesen, der den Begräbnisplatz zur Verfügung stellte, wobei die Verbundenheit der Einheit mit dem Kaiser eine solche Schenkung nicht unwahrscheinlich macht[246]. Die große Entfernung zum Lager ist möglicherweise auch darauf zurückzuführen, daß für die Anlage einer regelrechten Soldatennekropole ein relativ großer freier Bereich zur Verfügung stehen mußte und sich entlang der Via Labicana bereits im ersten Jahrhundert eine Nekropole erstreckte[247].

Ausschlaggebend für die Lage von militärischen Bestattungen konnten auch organisatorische Gründe sein. Übernahm die Einheit beispielsweise die Funktion eines Bestattungsvereins, so wurden seine Mitglieder auf dem Grundstück beigesetzt, das der Verein dafür erworben oder erhalten hatte[248]. Für die Germani corporis custodes ist ein entsprechendes collegium Germanorum belegt, dessen Mitglieder als Stifter in den Inschriften auftreten, die an der Via Portuensis und im Bereich der Villa Doria Pamphilj gefunden wurden[249]. Sie sind damit die erste militärische Formation, für die ein solches collegium belegt ist[250].

Einzelne Bestattungen von Soldaten in größeren Kolumbarien, wie die zweier Germani corporis custodes, lassen sich vermutlich auf finanzielle und soziale Erwägungen zurückführen. So tritt in dem titulus für Romanos Iulianos als Stifter nicht etwa ein anderer Soldat der Einheit auf, sondern eine Fausta Iulia, bei der es sich wahrscheinlich um die Ehefrau des Verstorbenen handelte[251]. Möglicherweise verfügte sie nicht über die Mittel, ihm ein eigenes Monument zu errichten, sondern kaufte statt dessen einen Platz in einem Kolumbarium, der bereits für einige Hundert Sesterzen zu haben war[252]. Das collegium Germanorum war zu diesem frühen Zeitpunkt noch nicht gegründet.

Andere isolierte Bestattungen erklären sich ebenfalls durch die jeweiligen Stifter der Denkmäler oder den veränderten Status des Soldaten. So handelt es sich hier häufig um Veteranen beziehungsweise Soldaten, die von Familienangehörigen oder ihren Freigelassenen bestattet wurden. Doch heißt dies keineswegs, daß Veteranen oder Soldaten, die in Rom nachweislich Familie besaßen, zwangsläufig zusammen mit dieser statt mit ihren commilitones bestattet wurden. Der Prätorianer Quintus Aconius Messor wurde in der Salarianekropole zwar nahe dem Kolumbarium seiner Familie, nicht aber darin beigesetzt, sondern vielmehr im Kreise seiner Kameraden[253]. Daneben gibt es auch zahlreiche Belege für Veteranen, die zusammen mit Soldaten ihrer ehemaligen Einheiten beigesetzt wurden[254].

b Die Zusammensetzung und Sozialstruktur der Begräbnisplätze

Mit Blick auf das Selbstverständnis der Soldaten, ihre Bindung an die Einheiten und darüber hinaus das Verhältnis zur städtischen Bevölkerung ist die Frage von Interesse, mit wem die Angehörigen militärischer Einheiten in einer

244 J. Guyon in: A. Giardina (Hrsg.), Società romana e impero tardantico 2 (1986) 299 ff.; F. Coarelli in: ebenda 1 ff. bes. 35 ff.

245 CIL V 563 (Trieste); CIL IX 465 (Venusia). Hierfür spricht zudem, daß ein Grab nicht ohne Erlaubnis des Besitzers auf fremdem Boden errichtet werden durfte, s. J. Bodel, AmJAncHist 11, 1986, 38 ff.

246 Deichmann – Tschira, Mausoleum 68 sprechen sogar von einem Recht der Leibwache, sich auf kaiserlichem Grund bestatten zu lassen, und ziehen zum Vergleich die Prätoriangräber bei S. Agnese heran.

247 Eine Zusammenstellung der Literatur zu den Grabbauten an der Via Labicana bei: H. v. Hesberg, Römische Grabbauten (1987) 271.

248 Bellen, Leibwache 62. Daß es sich bei solchen Zusammenschlüssen nie um reine Bestattungsvereine, sondern meist um Gemeinschaften handelte, die sich nicht nur um die Begräbnisse ihrer Mitglieder kümmerten, sondern auch andere sakrale Aufgaben übernahmen, zeigt F. M. Ausbüttel, Untersuchungen zu den Vereinen im Westen des römischen Reiches (1982) 22 ff. 59 ff.

249 Bellen, Leibwache Nr. 7–22. Besonders wenn die Soldaten fern der Heimat dienten, waren sie darauf angewiesen, daß sich Angehörige ihrer Einheit um die Begräbnisse kümmerten. In Rom gilt dies besonders für Soldaten, die aus der Provinz rekrutiert wurden wie die Germani corporis custodes und die equites singulares Augusti.

250 F. M. Ausbüttel, Hermes 113, 1985, 500 ff.

251 GCC 02: AE 1923, 73. Fausta Iulia wird zwar nicht explizit als *coniux* bezeichnet, doch überliefert ein anderer titulus GCC 06 (CIL VI 8812; ILS 1724) aus den Musei Vaticani eine *coniux* als Stifterin des Grabdenkmals für einen Soldaten der germanischen Leibwache.

252 v. Hesberg, Grabbauten a. O. 10.

253 CP 079: CIL VI 2762; Fea, Miscellanea II, 118.

254 Aus der Nekropole an der Milvischen Brücke s. VCP 01: Giuliano, Sculture I 7, 176 f. Nr. V, 28 w; VSP 01: Giuliano, Sculture I 7, 161 f. Nr. V, 28 d. – VA 05: CIL VI 2457; CIL XI 3845. – Aus der Vigna Nari, Salarianekropole s. VCP 18: CIL VI 2443. – VEV 01: CIL VI 3430.

Nekropole bestattet wurden und wie gemeinsame Begräbnisstätten zu erklären wären. Ist es überhaupt möglich, in Rom von Soldatennekropolen zu sprechen[255]?

Die Ansammlung von Prätorianergräbern an der Via Salaria wird in der Literatur häufig als Prätorianerfriedhof bezeichnet[256]. Untersucht man jedoch die Fundzusammenhänge der Denkmäler, wird deutlich, daß hier keineswegs von einer Prätorianernekropole gesprochen werden kann[257]. Die Kartierung zeigt, daß an der Via Salaria zwar Prätorianer gemeinsam in kleinen Gruppen mit anderen Prätorianern bestattet wurden[258], doch finden sich daneben zahlreiche Bestattungen von Prätorianern mit urbaniciani, mit vigiles, mit Flotten- oder Legionssoldaten[259] (Abb. 54). Die Nekropole aus diesem Grunde jedoch als Soldatennekropole zu bezeichnen, wäre gleichermaßen unkorrekt, da die militärischen Denkmäler in beziehungsweise zwischen den Kolumbarien von Freigelassenen, Wagenlenkern und anderer ziviler Bevölkerung standen und sich über die ganze Nekropole verteilten[260]. Ähnlich verhält es sich mit den vermeintlichen Prätorianerfriedhöfen an der Via Nomentana und der Via Tiburtina[261].

Verhältnismäßig häufig sind mit fünfundvierzig Beispielen auch Familiengräber bei den Soldaten der stadtrömischen Einheiten nachgewiesen, die, sofern deren Fundorte bekannt sind, häufig in den gleichen Nekropolen auftraten, wo Soldaten von ihren Kameraden bestattet wurden, wie in der Nekropole an der Via Salaria[262]. Sie treten jedoch auch in anderen Bereichen der Stadt auf[263]. Die Zivilisten, mit denen die Soldaten bestattet wurden, waren aber nicht zwangsläufig mit diesen verwandt. So wurde ein speculator in einem Kolumbarium zusammen mit vielen Zivilisten bestattet, mit denen er in keiner nachweisbaren Beziehung stand[264].

Betrachtet man dagegen die Nekropole der equites singulares Augusti an der Via Labicana ergibt sich ein anderes Bild. Sie ist die einzige in Rom, bei der tatsächlich von einer Soldatennekropole gesprochen werden kann[265]. Nahezu alle bekannten Grabdenkmäler der equites singulares Augusti – ihre Zahl beläuft sich auf über sechshundert Stück – stammen aus dem Bereich um die Katakomben SS. Pietro e Marcellino aus der Umgebung des späteren Mausoleums für die Kaiserin Helena am dritten Meilenstein der Via Labicana. Sucht man im stadtrömischen Material nach einem annähernd vergleichbaren Befund, entspricht die Fundsituation von Grabdenkmälern der Prätorianer und der urbaniciani in der Vigna del Cinque und nahe der Milvischen Brücke am ehesten der Nekropole an der Labicana[266]. Die verhältnismäßig geringe Denkmälerzahl verbietet es zwar, bei dem Befund nahe der Milvischen Brücke von einer regelrechten Soldatennekropole zu sprechen,

255 Unter »Soldatenfriedhof« wird eine große Ansammlung militärischer Grabdenkmäler verstanden, wobei auch solche, die mit dem Militär in nur indirektem Zusammenhang stehen, wie Grabmonumente von Ehefrauen, Sklaven und Veteranen, im weitesten Sinne als militärisch angesehen werden. Mit Soldatenfriedhof ist folglich entgegen dem heutigen Sprachgebrauch nicht ein umgrenztes, rein militärisch geprägtes Areal gemeint, wie beispielsweise die Anlagen für die gefallenen Soldaten des zweiten Weltkriegs.

256 Obwohl Durry, Cohortes prétoriennes 60 bereits feststellt, daß man nicht von reinen »tombes prétoriennes« sprechen dürfe, da diese meist zusammen mit Zivilpersonen bestattet worden seien, und er lediglich auf eine Akkumulation von Grabdenkmälern der Einheit in den Nekropolen an der Salaria, der Nomentana und der Tiburtina hinwies, werden die an den drei Ausfallstraßen liegenden Nekropolen in jüngeren Publikationen meist als Prätorianerfriedhöfe angesprochen. So beispielsweise: Speidel, Kaiserreiter 4.

257 Beispiele für wirkliche Soldatennekropolen: F. Baratte – N. Duval, Les ruines d'Ammaedara-Haidra (1974); Le Bohec, Armée Taf. 2 Abb. 3 (Haidra); W. Boppert, Militärische Grabdenkmäler aus Mainz und Umgebung, CSIR Deutschland II 5 (1992) 10 ff. (Mainz); J. C. Balty, JRS 78, 1988, 91 ff.; J. C. Balty – W. van Rengen, Apamea in Syria. The Winter Quarters of legio II Parthica (1993).

258 So fanden sich in der Vigna del Cinque 22 Grabdenkmäler von Angehörigen der Prätorianergarde, s. hierzu: Fea, Miscellanea II, 101 ff.

259 CAR II C 22. 41. 45. 86. 104. 106–110. 119.

260 CAR II C 37. 45. 87. 106–110.

261 Bis auf eine Ansammlung mehrerer Grabdenkmäler bei S. Agnese, zusammengestellt bei: M. Armellini, Il cimitero di S. Agnese sulla Via Nomentana (1880), handelt es sich hauptsächlich um Einzelfunde aus zivilen Kontexten, vgl. CAR III D 19. 20. 32. 35. Gleiches gilt für die Funde von der Via Tiburtina: Hier stammt etwa ein Dutzend Denkmäler aus dem Bereich der Vigna Fortunati. Die übrigen verteilen sich über die gesamte Nekropole entlang der Straße (vgl. Kap. III 4 b).

262 CV 08: CIL VI 2961. – EV32: CIL VI 3420. – VCP 18: CIL VI 2443. – VCP 35: CIL VI 3896. 32705.

263 CP 305: CIL VI 2532. – CP 336: CIL VI 32697. – ES 358: Speidel, Kaiserreiter 221 Nr. 313. – M 35: BCom 43, 1915, 225. – ST 16: CIL VI 2956. – VCU 04: CIL VI 2879.

264 SP 10: CIL VI 37236; NSc 1912, 122 ff. bes. 126 Nr. 41 (Befundbeschreibung).

265 N. Lattieri, MEFRA 114, 2002, 745 spricht zwar von einer weiteren militärischen Nekropole am dritten Meilenstein der Via Appia Antica, doch basiert diese Deutung auf lediglich vier Fundstücken (davon zwei unsicher). Sie postuliert durch die vermeintliche Soldatennekropole ein »distaccamento« der Prätorianer in diesem Bereich, wie zuvor schon L. Quilici, Via Appia. Da Porta Capena ai Colli Albani (1989) 42.

266 Speidel zieht diesen Vergleich und spricht den Befund als Prätorianerfriedhof an: Speidel, Kaiserreiter 1 Anm. 4. Zu den Denkmälern: A. Ambrogi in: Giuliano, Sculture I 7, 158 ff.

doch verdient die Ansammlung gleichförmiger Denkmäler im Hinblick auf die Frage nach der Wirkung und Rezeption der Monumente Beachtung[267]. Darüber hinaus steht er stellvertretend für die zahlreichen anderen Gruppen militärischer Bestattungen in zivilen Nekropolen, die für die stadtrömischen Einheiten typisch scheinen[268].

Zusammenfassend ist festzuhalten, daß einzig die Nekropole der equites singulares als Soldatennekropole angesprochen werden kann. Die für equites geltende Verbindlichkeit der Ortswahl läßt sich für keine andere militärische Einheit in ähnlicher Intensität feststellen[269]. Häufig lassen sich in den Nekropolen der Stadt dagegen mehr oder minder große Gruppen von militärischen Denkmälern fassen, die dicht beieinanderstanden. Es handelt sich dabei aber nicht zwangsläufig um die Denkmäler von Soldaten, die in der gleichen Einheit dienten.

Was veranlaßte die Soldaten, sich gemeinsam bestatten zu lassen? Ein entscheidender Faktor war sicherlich der Dienst in der gleichen Einheit beziehungsweise das gemeinsame Leben in einem Lager. Bei den zusammen bestatteten Soldaten der Stadt- und Prätorianerkohorten (Abb. 53. 54) liegt es nahe, den ausschlaggebenden Faktor für die kollektiven Begräbnisplätze in der Stationierung im gleichen Lager zu sehen[270]. Noch deutlicher zeigt das Grabmal eines *speculator legionis*, das von einem *speculator* einer anderen Legion und einem *frumentarius legionis XX* aufgestellt wurde, daß das gemeinsame Wohnen ausschlaggebend sein konnte[271]. Die Soldaten lernten sich vermutlich in den castra peregrina kennen, wo sie während ihres temporären Aufenthaltes in Rom stationiert waren. Andere kannten sich bereits aus ihren Heimatstädten und hatten sich möglicherweise gleichzeitig für ihre Dienstzeit in Rom verpflichtet. So errichtet ein Benefiziarier für einen *miles* ein Grabdenkmal, der aus dem gleichen Ort stammte und zur gleichen Zeit Soldat wurde[272]. Daneben gibt es eine Fülle weiterer Beispiele für Soldaten, die ihren *municipales* ein Grabdenkmal aufstellen ließen[273], zum Teil handelte es sich dabei sogar um richtige Verwandte, die in derselben Einheit dienten[274]. Mitunter bekamen Soldaten gleicher Herkunft sogar zusammen ein Grabmal, wie zwei Prätorianer der tribus Pollia aus Lepido Regio, die gemeinsam in der sechsten Prätorianerkohorte dienten[275]. Manche Soldaten kannten sich schon vor ihrer Dienstzeit in Rom, weil sie zuvor in derselben ala gedient hatten[276].

Für die gemeinsamen Bestattungen der equites singulares und der Germani corporis custodes war wie bei den übrigen Soldaten der stadtrömischen Garnison sicherlich der Dienst in der gleichen Einheit ein entscheidender Faktor. Bei den equites singulares scheint zudem eine besondere Rolle zu spielen, daß sie – anders als die Soldaten der Stadtkohorten und der Prätorianerkohorten – aus den Provinzen rekrutiert worden waren[277]. Die Einheit setzte sich also aus Provinzialen mit unterschiedlichem kulturellem Hintergrund zusammen, deren stärkstes verbindendes Element der Dienst beim Militär war. Sie hatten sicherlich ein größeres Bedürfnis, sich in Rom einer Gruppe zuzuordnen als die Soldaten der übrigen stadtrömischen Einheiten[278]. Neben dem Gefühl einer Gruppenzugehörigkeit, das sich durch die Lebensumstände der Soldaten als Fremde in Rom ohne familiären Bindungen ergeben haben dürfte, gewinnt man den Eindruck, als habe die Einheit zudem die Funktion eines Begräbnisvereins übernommen[279]. Die Überlegung wird zum einen dadurch gestützt, daß es sich bei den inschriftlich genannten Auftraggebern fast ausschließlich um equites singulares Augusti handelt[280], zum anderen dadurch, daß für die Vorgänger der equites, die Germani corporis custodes, ein collegium Germanorum inschriftlich belegt ist, deren Mitglieder sich um die Bestattungen kümmerten[281].

Ein grundsätzlich verbindendes Element in allen Einheiten ist die gemeinsame Aktivität. Man lebte und arbeitete zusammen, sah sich denselben Risken ausgesetzt und ließ

267 Vgl. Kap. III 12 c.

268 Vgl. Bestattungen der Prätorianer bei S. Agnese und der Germani corporis custodes an der Via Portuense.

269 Daß die equites singulares die Praxis des Truppenfriedhofs aus dem Rheinland mitbrachten, läßt sich nicht belegen, so Speidel, Kaiserreiter 4.

270 Dies dürfte ebenso für die in der Salarianekropole gemeinsam mit Prätorianern bestatteten statores gelten. Zur gemeinsamen Stationierung der Prätorianer, urbaniciani und statores in den castra praetoria: s. Kap. II 3 a.

271 SPL 01: CIL VI 3358.

272 CP 090: CIL VI 39462.

273 CP 104: CIL VI 2741; CP 132: NSc 1923, 380 ff. bes. 387; CP 374: CIL VI 2583; CU 060: CIL VI 2583; CV 28: CIL VI 2982; CV 29: CIL VI 2996; VES 09: CIL VI 3216.

274 CP 422: BCom 69, 1941, 171 Nr. 74.

275 CP 069: CIL VI 2615.

276 ES 417: Speidel, Kaiserreiter 351 Nr. 648. Die Stifter bezeichnen sich in den Inschriften als *conalares* des Verstorbenen.

277 Speidel, Kaiserreiter 16 Tab. 4. Die Tabelle stellt die Herkunft der Soldaten nach Provinzen dar.

278 Zum Fremdsein in Rom: D. Noy, Foreigners at Rome (2000).

279 Vgl. H. Schutz-Falkenthal in: H.-J. Diesner – H. Barth – H.-D. Zimmermann, Afrika und Rom in der Antike (1968) 159.

280 R. P. Saller – B. D. Shaw, JRS 74, 1984, 124 ff.; S. Panciera in: W. Eck (Hrsg.), Prosopographie und Sozialgeschichte, Kolloquium Köln 1991 (1993) 264 ff. Tab. 3.

281 GCC 07–22.

sich deshalb häufig zusammen bestatten[282]. Die engen Verbindungen der Einheiten untereinander, die in den Inschriften deutlich wird, widersprechen dem Bild, zwischen den Soldaten habe eine starke Konkurrenzsituation bestanden und sie hätten einander verabscheut[283]. Daß gleiche Lebensbedingungen den Ausschlag für die Wahl eines gemeinsamen Bestattungsplatzes geben konnten, läßt sich auch bei anderen Berufsgruppen beobachten, etwa bei den Bestattungen der Bäcker an der Porta Maggiore oder den bereits genannten Gladiatoren in Nîmes[284].

12 Die Gestaltung der Begräbnisplätze

a Formen und Bilder der militärischen Grabdenkmäler

Während sich für die einzelnen militärischen Einheiten Roms Unterschiede beobachten lassen, durch die Wahl des Bestattungsplatzes Identität und Zugehörigkeit zu einer Gruppe zu artikulieren, bleibt zu fragen, inwieweit sich dies auch in der Gestaltung der Grabdenkmäler selbst widerspiegelt[285]. Die Grabdenkmäler prägten das Bild der Nekropole, ihre Betrachtung gibt Aufschlüsse über das Selbstverständnis der Soldaten und trägt in gleichem Maße zur Klärung des Verhältnisses zwischen dem Militär und der zivilen Bevölkerung bei[286].

Unter den Grabdenkmälern der stadtrömischen Soldaten, die in ihrer Form sicher bestimmbar sind, dominieren die Grabstelen, deren Anzahl sich auf insgesamt über 550 beläuft. Der hohe Anteil dieser Denkmalsform ist dabei nicht allein auf die besonderen Erhaltungsbedingungen im Falle der equites singulares zurückzuführen, bei denen nahezu ausschließlich Grabstelen verwendet wurden[287]. Betrachtet man nämlich die Grabdenkmäler der Prätorianer, der statores, der Germani corporis custodes und der vigiles, so scheint sich hierin vielmehr eine regelrechte Vorliebe für Grabstelen beim Militär in Rom auszudrükken[288] (Tab. 6). Bei diesen handelt es sich in der Regel um Stelen mit halbrundem Abschluß, die entweder unreliefiert waren oder einen einfachen Dekor über dem Schriftfeld trugen (Abb. 86). In wenigen Fällen wurde der halbrunde Abschluß von Akroteren flankiert. In den meisten Fällen war ein Lorbeerkranz mit Binden dargestellt, der durch die lemnisci zum Ehrenkranz wurde[289]. Das beinahe regelmäßige Auftreten des Motivs auf den militärischen Grabstelen des ersten und zweiten Jahrhunderts entspricht der inflationären Verwendung der Kranzsymbolik unter Augustus. Sein Erscheinen auf den Denkmälern mag gleichermaßen als Ehrung der Soldaten im Sinne von dona militaria wie auch als Loyalitätsbekundung an den siegreichen Kaiser zu verstehen sein. Die Grabdenkmäler des ersten Jahrhunderts sind häufig aus Travertin gefertigt, während im zweiten Jahrhundert immer öfter Marmor verwendet wurde. Die einfache Form wird jedoch auch bei den Marmordenkmälern beibehalten. Stelen, die in ihrem Aufbau denen der Soldaten entsprachen, in der Regel allerdings elaborierter waren, konnten vereinzelt auch in zivilem Kontext auftauchen[290].

Neben den Stelen mit halbrundem Abschluß existierten bei den Soldaten auch zahlreiche Stücke mit horizontalem Abschluß oder Spitzgiebel, die in Rom zum gängigen Repertoire der Sepulkralplastik gehörten[291] (Abb. 56. 86). Während sich bei den Soldaten der meisten stadtrömischen Militäreinheiten relativ einfach gestaltete Stelen besonderer Beliebtheit erfreuten, waren die Denkmäler

282 V. M. Hope in: G. J. Oliver (Hrsg.), The Epigraphy of Death. Studies in the History and Society of Greece and Rome (2000) 38.

283 Herodian. 1, 12, 9.

284 Zu den Bäckern: CIL VI 1203–1205; L. Richardson, A New Topographical Dictionary of Ancient Rome (1992) 355; O. Brandt, OpRom 19, 1993, 12 ff. Zu den Gladiatoren: s. O. Anm. 1065.

285 Im folgenden Abschnitt werden vor allem die Denkmäler behandelt, die in den Nekropolen der Stadt öffentlich sichtbar waren, wie etwa Grabstelen. Denkmälertypen mit begrenzter Zugänglichkeit wie Urnen, Sarkophage und Tituli werden an dieser Stelle ausgeklammert.

286 Zur Selbstdarstellung am Grab: P. Zanker in: ders. – H.-J. Schalles – H. v. Hesberg, Die römische Stadt im 2. Jahrhundert n. Chr., Kolloquium Xanten 1990, Xantener Berichte 2 (1992) 339 ff.

287 Vgl. Kap. III 6 b.

288 In der Tabelle sind nur die Denkmäler aufgeführt, die durch ihre Inschrift sicher einer der stadtrömischen Einheiten zuweisbar waren. Die Stücke, die nur durch die Nennung »miles cohortis I–VII, X–XIV« als militärische Grabdenkmäler zu identifizieren sind, blieben hier unberücksichtigt, da diese nicht eindeutig zugewiesen werden können. Sie wurden aber in die Gesamtauswertung einbezogen.

289 Giuliano, Sculture I 7, 238 Nr. VII, 31.

290 Einfache Grabstelen mit halbrundem Abschluß ohne Relief: Di Stefano Manzella – Gregori, Imagines Nr. 2395–2418 (wie CP 062: CIL VI 2474). – Mit gerahmtem Schriftfeld: ebenda Nr. 2419–2422. 2431–2437. – Wie bei den Germani corporis custodes: ebenda Nr. 2308. 2309. – Stelen mit geritzter corona vitatta und geritzten Pseudoakroteren: ebenda Nr. 2338. 2340. 2341. 2343–2352. 2423–2427. 2429 (vgl. CP 30: CIL VI 2619. 32655; CU 028: CIL VI 2874). – Mit richtigen Akroteren: ebenda Nr. 2353–2355. – Vgl. auch Giuliano, Sculture I 7, 32 Nr. II, 18. 22. 28.

291 ES 121: Speidel, Kaiserreiter 293 f. Nr. 535; ES 163: Speidel, Kaiserreiter 324 f. Nr. 592; ES 164: CIL VI 32790; ES 051: CIL VI 3318; ES 286: Speidel, Kaiserreiter 326 Nr. 595; ES 202: AE 1973, 65; Speidel, Kaiserreiter 158 Nr. 169.

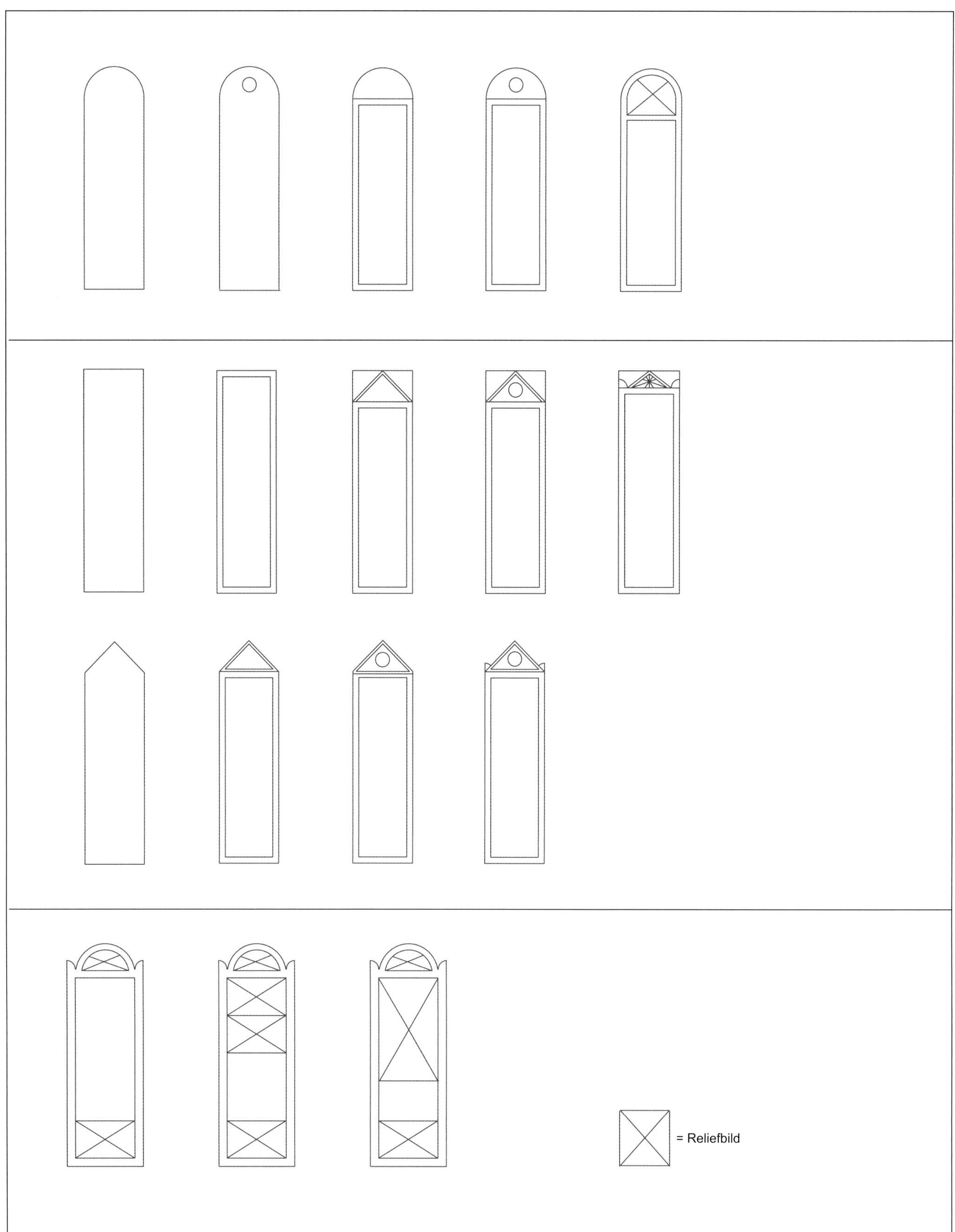

Abb. 86 Typologie der militärischen Grabdenkmäler aus Rom

der equites singulares mit einer kleinen Auswahl verschiedener Bilder differenzierter gestaltet[292]. Mahlszenen und Pferdevorführungen tauchen dabei geradezu verbindlich auf jedem ihrer Denkmäler auf. Stelen, die in ihrem Aufbau denen der equites singulares ähnelten, jedoch nicht mit der Truppe in Zusammenhang stehen, sind aus Rom nur vereinzelt überliefert[293].

Die Nutzung von Stelen war für das Militär in der Hauptstadt, insbesondere für die equites singulares, kennzeichnend, wobei die Wahl der Denkmalsform bei den equites zumindest in Teilen auf eine in der Provinz geprägte Vorstellung zurückgeführt werden kann. Die Soldaten hatten Bildschemata und Bildkombinationen von Soldatengrabsteinen aus ihren Herkunftsgebieten, insbesondere aus dem Rhein-Donau-Raum, übernommen[294]. Warum sollten sie nicht auch die Vorstellung, welche Form die Träger dieser Bilder haben sollten, von dorther mitgebracht haben?

Die zweitgrößte Denkmälergruppe innerhalb der militärischen Sepulkralplastik bilden die über 150 marmornen Grabplatten, die in der Regel keinen Reliefschmuck aufweisen und relativ einfach gearbeitet sind[295]. Während das Schriftfeld in den ersten beiden Jahrhunderten noch eingetieft und profilgerahmt war[296], finden sich im dritten Jahrhundert vermehrt ungerahmte Inschriften in relativ bescheidener Ausführung[297] (Abb. 62). Die Platten waren häufig an Grabbauten angebracht, konnten aber auch in den Boden eingelassen sein[298]. Da keines der militärischen Beispiele in situ gefunden wurde, orientiert sich die Rekonstruktion der Anbringung an Vergleichsbeispielen aus Rom und Ostia. Ferner sind zweiundzwanzig tituli aus Kolumbarien erhalten (Tab. 6).

Die Zahl der Altäre aus militärischem Kontext beläuft sich auf über hundert Exemplare, wobei diese in den ersten beiden Jahrhunderten oftmals gänzlich unverziert oder mit nur geringem Reliefschmuck dekoriert waren[299]. In der Regel handelt es sich um Marmoraltäre, doch zeigt der Altar für den Prätorianer C. Vesius Cordus, daß im ersten Jahrhundert auch Tuff verwendet wurde[300] (Abb. 63). Unter den Grabaltären der stadtrömischen Soldaten treten die der equites singulares wie ihre Grabstelen durch den typischen Bilddekor und die den Giebel flankierenden Maskenakrotere deutlich hervor. Anders als die Stelen tragen sie in der Regel Bildschmuck, der sich nicht nur auf die Giebelfelder beschränkt. Im späteren zweiten und frühen dritten Jahrhundert werden dann auch die Grabaltäre der übrigen Einheiten figürlich dekoriert[301]. Auffällig ist, daß die Denkmalsform in der militärischen Grabplastik noch Verwendung findet, als sie in der zivilen Grabplastik längst aus der Mode gekommen ist[302].

Ähnliches läßt sich für die Urnen feststellen, die bei den stadtrömischen Soldaten noch benutzt wurden, als der Wechsel von Brand- zu Körperbestattungen in zivilem Kontext längst vollzogen war. Beinahe die Hälfte der insgesamt fünfundsiebzig Stücke stammt aus dem dritten Jahrhundert n. Chr.[303] Ob und inwieweit diese Beobachtung Rückschlüsse auf militärspezifische Bestattungssitten erlaubt, müßte in einer eigenen Untersuchung geprüft werden[304]. Für nur zwölf Stücke ist figürlicher Dekor nachgewiesen, wobei sich dieser abgesehen von drei Ausnahmen, bei denen es sich um militärspezifische Motive handelte[305], mit Pforten-, Eroten- und Vogeldar-

292 Vgl. Kap. III 6 b.

293 Giuliano, Sculture I 7, 44 ff. Nr. II, 29–31; 187 f. Nr. VI, 9.

294 Vgl. Kap. III 6 b.

295 CP 175: CIL XIV 2523; ILS 2662.

296 CP 233: CIL VI 2717.

297 CP 184: CIL VI 2557.

298 Vgl. P. Castrén – A. Helttula – R. Pahtakari, Le iscrizioni della necropoli dell'Autoparco Vaticano, ActaInstRomFin 6 (1973) Taf. 1. 15 u. Beil.

299 CP 028: unpubliziert.

300 CP 004: CIL VI 32707.

301 CP 015–017: CIL VI 2602. 2671. 2461; CP 022: CIL VI 2437; ILS 2037; CP 023: Kleiner, Altars 271 f. Nr. 125; CP 025: NSc 1923, 391 f. Abb. 9; CP 27: CIL VI 2760; CU 006: CIL VI 2931; ILS 2112.

302 Zur Verwendung stadtrömischer Grabaltäre: Boschung, Grabaltäre 53 ff.

303 Vgl. F. Sinn, Stadtrömische Marmorurnen, BeitrESkAr 8 (1987) 51 ff. 84 ff. – CP 167 b: Il Lapidario Zeri di Mentana (1982) 87 ff. Nr. 34 Taf. 31. – CP 135: CIL VI 2464; VI 32647; X 1088, 082; ILS 2089. – CP 136: CIL VI 37215. – CP 148: CIL VI 2635. – CP 149: CIL VI 2634. – CP 152: CIL VI 2678. – CP 153: CIL VI 2586. – CP 154: CIL VI 2637. 39869. – CP 155: CIL VI 2746. – CP 156: CIL VI 32680. – CP 157: CIL VI 32694. – CP 158: CIL VI 2436. – CP 159: CIL VI 37218. – CP 160: CIL VI 2456. – CP 161: CIL VI 2503. – CP 162: CIL VI 2575. – CP 163: CIL VI 2625. – CP 164: CIL VI 2659. 32656. – CP 165: CIL VI 32689. – CP 166: NSc 1923, 60 Abb. 19. – CP 167: CIL VI 2425. – ES 351: CIL VI 3193. – EV 16: CIL VI 2495. – EV 17: CIL VI 32677. – SP 09: CIL VI 2561. – ST 09: CIL X 1766. – VA 02: BCom 69, 1941, 173 Nr. 80. – VCP 013: CIL VI 2510. – VES 05: CIL X 6010. – VES 06: CIL XI 3313.

304 Die literarischen Quellen geben hierüber jedenfalls keinen Aufschluß.

305 Es handelt sich dabei zweimal um Waffendarstellungen CP 135 (CIL VI 2464, VI 32647; ILS 2089). VA 02 (BCom 69, 1941, 173 Nr. 80) und eine »imago militis« CU 035 (CIL VI 2900).

stellungen in das für stadtrömische Marmorurnen übliche Spektrum fügt[306].

Bedenkt man die große Zahl stadtrömischer Sarkophage, überrascht es, daß nur elf Exemplare Angehörigen einer stadtrömischen Einheit zugewiesen werden können. Es handelt sich dabei stets um höhere Ränge, wie Zenturionen, Benefiziarier und einen *medicus*[307]. Die Mehrzahl war unreliefiert, doch gab es auch äußerst qualitätsvolle Stücke, wie der bereits beschriebene Sarkophag für den Zenturio Aurelius Vitalis mit einer mythologischen Darstellung zeigt, die sonst beim Militär kaum Verwendung fand (Abb. 68)[308].

b Material, Maße und Qualität

Ein Großteil der militärischen Sepulkralplastik aus Rom war, gemessen an den finanziellen Möglichkeiten der Soldaten und der Fülle an Werkstätten, die in der Hauptstadt zur Verfügung standen, auffällig bescheiden ausgearbeitet. Neben zahlreichen bildlosen Grabstelen und einfachen Grabplatten gab es eine große Zahl unreliefierter Grabaltäre[309] (Abb. 64. 80), Urnen und Sarkophage[310] (Abb. 81).

Im Hinblick auf die hohe Besoldung der Prätorianer überrascht die einfache Gestaltung ihrer Denkmäler[311]. Denn obwohl ein Prätorianer das Vierfache dessen verdiente, was ein Soldat der Stadtkohorten bekam, gab es in der Nekropole an der Milvischen Brücke wie auch anderswo dieselben einfachen, nahezu identischen Grabdenkmäler für die Soldaten beider Einheiten[312]. Nirgends sonst tritt der Wunsch nach Einheitlichkeit so deutlich hervor. Betrachtet man die Summe der Grabdenkmäler dominieren eher einfache Stücke das Bild (Abb. 56. 77), wobei die Einfachheit hier als eine semantische Kategorie verstanden werden kann, da finanzielle Gründe für die Denkmälerwahl bei den Soldaten der stadtrömischen Garnison kaum eine Rolle gespielt haben dürften[313]. Es gab offenbar eine Selbstbeschränkung der Soldaten, die der Zuordnung zum Militär diente[314].

Neben dieser einheitlichen Gestaltungsweise, in die sich auch die formelhaften Texte der Inschriften einfügen, kann bei sämtlichen Einheiten eine zweite, individuelle Ebene festgestellt werden, die in der unterschiedlichen Größe und Qualität der Denkmäler ihren Ausdruck fand. Diese unterscheiden sich in ihren Maßen mitunter erheblich voneinander und weisen dabei zum Teil beträchtliche Qualitätsunterschiede auf. Die Grabstelen der Germani corporis custodes entsprachen sowohl in Material als auch in ihrer Form denen anderer Einheiten, doch sind sie besonders groß und breit[315]. Daß sich hierin der Versuch einer Absetzung gegenüber den anderen stadtrömischen Einheiten fassen läßt, die bei ihren Nachfolgern, den equites, sogar zu einer Neuformierung von Bildmotiven führte, ist vor dem persönlichen Hintergrund der im Batavergebiet beheimateten Soldaten durchaus denkbar.

Bei den equites singulares, deren Denkmäler durch die figürliche Verzierung als vergleichsweise üppig zu bezeichnen sind, variieren Größe und Qualität am augenfälligsten. Diese Beobachtung vermag ein Vergleich zweier Grabstelen aus dem Bestand des Museo Gregoriano Profano zu verdeutlichen. Die beiden Denkmäler des dritten Jahrhunderts zeigen einen Soldaten, der sein Pferd führt. Die Grabstele eines unbekannten Reiters[316] (Abb. 76) hebt sich durch die Tiefe und Ausarbeitung des Reliefs, den detailliert dargestellten Pferdeschmuck und vor allem durch das Porträt des Soldaten, das an Gordian III. erinnert, von der schematischen Darstellung des Mocianus (Abb. 75) bedeutend ab[317].

Betrachtet man die Grabdenkmäler der Offiziere verschiedener Einheiten, zeigt sich, daß zwischen dem militärischen Rang und der Qualität sowie der Größe des Grabdenkmals keine Relation bestehen mußte, aber durchaus bestehen konnte. Das aufwendigste militärische Grabdenkmal aus Rom ist der Sarkophag für einen Zenturio der

306 Die Mehrzahl der Urnen ist nur durch die Wiedergabe der Inschrift im CIL nachgewiesen, wobei dort der figürliche Dekor in der Regel beschrieben wird. Wahrscheinlich waren die übrigen Stücke unreliefiert.

307 CP 238–241: CIL VI 2594. 2640. 32663; RACr 16, 1939, 73 ff. – CU 47: AE 1917/18, 118. – CV 26: CIL VI 2995. 32750. – CL 26: CIL VI 32772; ILS 2843. – ES 371: CIL VI 3190; ILS 2203. – EV 31: CIL VI 2783. – F 16: CIL VI 3363. – VES 05: CIL X 6010.

308 Vgl. Kap. III 4 b.

309 CP 28; CV 01: CIL XIV 2057.

310 CV 16: CIL VI 2984.

311 Zur Besoldung: Suet. Aug. 101; Cass. Dio 57, 32, 2; Durry, Cohortes prétoriennes 14; M. A. Speidel, JRS 82, 1992, 104. Dagegen: R. Alston, JRS 84, 1994, 113 ff.

312 Giuliano, Sculture I 7, 159 ff.

313 Die Angehörigen der equites singulares bekamen vermutlich mindestens das Doppelte von dem, was die Alenreiter erhielten: Speidel 1992, 104. Zur Qualität als semantische Kategorie: H. v. Hesberg in: ders. (Hrsg.), Was ist eigentlich Provinz? Zur Beschreibung eines Bewußtseins, Schriften des Archäologischen Instituts der Universität zu Köln 1995 (1995) 67 ff.

314 Solche Beispiele einer eigenen Bilder- und Formensprache von Soldaten finden sich auch in anderen Zusammenhängen, ebenda 68.

315 GCC 007–022.

316 ES 154: Speidel, Kaiserreiter 290 Nr. 531.

317 ES 159: Speidel, Kaiserreiter 288 Nr. 528.

Prätorianergarde[318]. Etwa gleichzeitig datiert eine einfache ungerahmte Grabplatte für einen Zenturio, der in derselben Garde diente[319]. Bei den equites singulares kann sogar eines der kleinsten und zudem am einfachsten gestalteten Denkmäler einem decurio zugewiesen werden[320].

Eine beschränkte Anzahl von Denkmälern könnte nach stilistischen Kriterien in ein und derselben Werkstatt gefertigt worden sein[321]. Bei zwei nahezu identischen, in den Maßen übereinstimmenden Grabstelen aus der Vigna del Cinque darf man zudem annehmen, daß diese etwa gleichzeitig in Auftrag gegeben wurden[322]. Entsprechende Beispiele bilden jedoch eher die Ausnahme. Daß es sich trotz der ähnlichen Gestaltung in der Regel nicht um vorgefertigte Standardausgaben einer Wertstatt handelt, zeigen die deutlichen stilistischen Unterschiede. Die Soldaten nutzten offenbar dieselben Werkstätten wie die Zivilbevölkerung und hatten damit in Rom ein breites Spektrum zur Verfügung[323]. Die Nutzung von vorgefertigten Grabstelen ist durch ein einziges Stück belegt, bei dem die Inschrift über das dafür vorgesehene Feld hinausgeht[324].

c Die Inschriften

Die Inschriften auf den Grabdenkmälern der stadtrömischen Soldaten folgen in der Regel einem festen Formular, das Auskunft über den Namen, die Einheit, das Lebens- und Dienstalter sowie über die Herkunft des Verstorbenen gibt[325]. In dieser Einheitlichkeit entsprechen sie der homogenen Gestaltung der Denkmäler und vereinigen wie ein gemeinsamer Aufstellungsort die Soldaten als Gruppe[326]. Selbst die equites singulares, die sich bei der Motivwahl von den anderen Einheiten deutlich unterscheiden, verwendeten zur Angabe des Dienstalters im gesamten zweiten Jahrhundert *militavit* wie die Soldaten der anderen stadtrömischen Einheiten statt *stipendiorum* wie die Soldaten in den Provinzheeren. Erst mit der unter Septimius Severus einsetzenden verstärkten Rekrutierung von Soldaten aus den Donauprovinzen setzt sich auch bei den equites im dritten Jahrhundert *stipendiorum* durch[327]. Nur eine Handvoll Grabinschriften fällt durch eine besonders persönliche Ansprache des Toten oder ihre besondere Form aus dem gängigen Spektrum heraus[328].

Abgesehen davon geben die Inschriften lediglich Auskunft über Alter, Nationalität und Herkunft sowie Rang und Funktion. Sofern die Denkmäler figürlich verziert waren, läßt sich die funktionale Differenzierung in geringem Maße auch in den Bildern erkennen. So zeigt das Grabmal eines cornicen cohortis praetoriae in einem kleinen Bildfeld oberhalb der Inschrift die Darstellung des Soldaten mit seinem Horn[329] (Abb. 57), die decuriones der equites singulares werden in der Regel mit drei Pferden abgebildet, und manche Zenturionen sind auf den Denkmälern mit vitis dargestellt[330] (Abb. 60).

Während sich bei senatorischen Inschriften im Laufe des zweiten Jahrhunderts die Tendenz erkennen läßt, nicht mehr die vollständige Laufbahn anzugeben und statt dessen eher Prädikate zu verwenden, die den Rang des Verstorbenen zum Zeitpunkt seines Todes dokumentieren[331], geben die Soldaten – sicher mit einem gewissen Stolz – in vielen Fällen ihre gesamte militärische Laufbahn wieder.

Im Hinblick auf das soziale Umfeld der Soldaten sind die in den Inschriften auftretenden Stifter von besonderem Interesse. Während bei den Germani corporis custodes und den equites singulares als *heres* oder *heredes* beinahe ausschließlich Angehörige der gleichen Einheit genannt werden, treten bei den Denkmälern der übrigen stadtrömischen Einheiten neben den auch hier zahlreich vertretenen Militärs vielfach die Ehefrauen, die Eltern und Geschwister sowie Freigelassene des Verstorbenen auf. Diese Beobachtung verdeutlicht, daß jene schon während ihrer Dienstzeit über ein gewisses soziales Netz verfügten, das bei den

318 CP 240: CIL VI 32663.

319 CP 184: CIL VI 2557.

320 ES 126: CIL VI 3206; ILS 2195.

321 CP 045–058: Panciera, Pretoriani 168 ff. Abb. 3; Giuliano, Sculture I 7, 175 f. Nr. V, 28 v. V, 28 u. V, 28 t. V, 28 s. V, 28 q. V, 28 n. V, 28 l. V, 28 i. V, 28 h. V, 28 g. V, 28 f, V, 28 c. V, 28 b; CU 007–011: Giuliano, Sculture I 7, 159 f. Nr. V, 28 a. V, 28 m. V, 28 o. V, 28 p. V, 28 r. (Denkmäler von der Nekropole nahe der Milvischen Brücke); CP 023: Kleiner, Altars 271 f. Nr. 125; CP 015: CIL VI 2602; M 03: unpubliziert.

322 CP 092: CIL VI 2580. – CP 112: CIL VI 2585; vgl. Piranesi, Antichità II Taf. 54.

323 Es finden sich auch zivile Grabstelen, die denen der Soldaten im Aufbau ähneln.

324 CP 096: CIL VI 37217.

325 Nur eine sehr kleine Zahl der Inschriften ist in Versform abgefaßt: Di Stefano Manzella – Gregori, Imagines Nr. 3121.

326 L. Keppie, Understanding Roman Inscriptions (1991) 86 Taf. 48.

327 M. P. Speidel, Riding for Caesar (1994) 15 ff. – Schulten beschreibt dies auch für die Grabdenkmäler der legio II Parthica und sieht darin eine besondere Eigentümlichkeit, die im Gegensatz zu anderen Legionen stünde, vgl. RE XII 2 (1925) 1477 s. v. legio (II Parthica) (Schulten).

328 CP 307: CIL VI 2556. – ES 287: CIL VI 32808.

329 CP 086: CIL VI 2572.

330 CP 023: Kleiner, Altars 271 f. Nr. 125.

331 Nach Werner Eck handelt es sich hierbei um ein Zeitphänomen, das möglicherweise auf ein Gebaren des Prinzeps zurückzuführen ist, der immer mehr darauf verzichtet, sein Leben detailreich aufzuführen. W. Eck in: H. v. Hesberg – P. Zanker (Hrsg.), Römische Gräberstraßen. Stellung – Status – Standard, Kolloquium München 1985, AbhMünchen 96 (1987) 61 ff.

equites wegen ihrer Rekrutierung aus den Provinzen wohl nicht in gleichem Maße vorhanden war.

Gleichsam bedeutend für das Verständnis der sozialen Strukturen und des Zusammenhaltes innerhalb der Einheiten beziehungsweise innerhalb des stadtrömischen Militärs ist der Sprachgebrauch der Soldaten. So werden die Verstorbenen in den Inschriften stets als *amicus*, *frater*, *contubernalis* oder *commilito* bezeichnet[332]. Die Stifter selbst nennen sich *heres fiduciarius*[333]. Welchen hohen Stellenwert die Sorge um das Aufstellen eines Grabmals durch die Kameraden neben rein pragmatischen rechtlichen Gründen wie etwa der Regelung des Erbes für die Soldaten besaß, zeigt eine Inschrift aus Ammaedara in Nordafrika, in der es heißt: *sic ego pro meritis (cap)io nomineque salutor et sum post obitum felix, cui cari sodales hoc titulo (posito) fexerunt nomen aeternum*[334].

In einigen Grabinschriften wird die Form des Grabmals genannt, das die Stifter errichten ließen. Erwähnt werden zwei *tituli*, eine *cupula*, eine *scutella perforata* und eine *olla*[335].

d Das Erscheinungsbild des stadtrömischen Militärs in den Nekropolen

Im ersten Jahrhundert dominieren einfach gestaltete Grabstelen unter den Grabdenkmälern der stadtrömischen Einheiten, die meist in kleinen Gruppen über die zivilen Nekropolen Roms verteilt waren. Die nahe der Milvischen Brücke gefundenen Stelen der Prätorianer und der Stadtkohorten sind repräsentativ für diese homogenen Denkmäleransammlungen des Militärs[336]. Die hochrechteckigen Stelen mit halbrundem Abschluß und eingetieftem Schriftfeld weisen in den meisten Fällen als einzigen Schmuck eine geritzte corona vittata mit langen lemnisci auf. In seiner Reduziertheit betont der Kranz die gleichständigen Blätter, die ihn als Lorbeerkranz identifizieren, sowie den Schmuckstein in der Mitte der corona. Besonders großen Wert legte man bei der Ausführung des Reliefs oder der einfachen Ritzung ferner auf die lemnisci, die, an Kränze angefügt, eine Steigerung der Ehrung bedeuteten[337].

Diese Denkmäler entsprechen in ihrer Gestaltung den älteren Stelen der Germani corporis custodes, sind allerdings schmaler gearbeitet. Chronologisch gehören sie an das Ende des ersten beziehungsweise den Beginn des zweiten Jahrhunderts. In ihrer Schlichtheit verkörpern sie eine gewisse Uniformität. Sie spiegeln das gleiche Werteverständnis wider, das sich auch in der Gestaltung der Stelen für die Germani corporis custodes zeigt. Die Form der schlichten Stele mit Kranz muß also von verschiedenen Einheiten zu unterschiedlichen Zeiten als geeignete Denkmalform erachtet worden sein und wurde so für das stadtrömische Militär charakteristisch.

Im zweiten Jahrhundert kommt es mit den Denkmälern der equites singulares Augusti zu einer Erweiterung des Bildspektrums in der militärischen Sepulkralplastik. Während die übrigen Einheiten an der einfachen Gestaltungsweise des ersten Jahrhunderts festhielten, bildeten die equites eine neue, eigene, charakteristische Denkmalsform heraus. Vergleicht man sie mit den Grabdenkmälern anderer stadtrömischer Einheiten, so läßt sich bald nach Einrichtung der Truppe eine motivische Absetzung gegenüber den einfachen Stelen der Prätorianer und Stadtkohorten erkennen.

Die meisten Stücke zeigen in einem von Maskenakroteren flankierten Rundgiebel eine Mahlszene. In dem Bildfeld unter der gerahmten Inschrift, die den oberen Teil des Schaftes einnimmt, ist eine Pferdevorführung zu sehen. In den Bildern der equites spiegeln sich, von Ausnahmen wie der Eberjagd abgesehen, nach wie vor eher zivile als militärische Werte. Durch die kanonische Verwendung von Mahlszenen werden zivile und private Aspekte aufgriffen[338]. Mit der Bildauswahl betonte man die eigene gehobene römische Lebensweise. Durch die Darstellung der Pferdevorführung verwiesen sie darüber hinaus auf ihre Zugehörigkeit zu einer Reitereinheit beziehungsweise zur berittenen Garde des Kaisers. Die Soldaten zeigen sich als gebildete, integrierte Personen[339]. Vielleicht muß diese zivil geprägte Bildwelt auch im Zusammenhang mit dem

332 Zum engen Zusammenhalt in der Armee: O. Stoll, Römisches Heer und Gesellschaft, Mavors 13 (2001) 106 ff. Spezieller zur Freundschaft zwischen den Soldaten: C. Ricci in: M. Peachin (Hrsg.), Aspects of Friendship in the Graeco-Roman World, JRA Suppl. Ser. 43 (2001) 41 ff.

333 ES 199: Speidel, Kaiserreiter 155 Nr. 164.

334 CIL VIII 11549: »So empfange ich für meine Verdienste den Lohn und werde mit Namen gegrüßt. Und ich bin nach dem Tod noch glücklich, weil (mir) liebe Kameraden durch diese Inschrift einen ewigen Namen fest gesichert haben«.

335 EV 19: CIL VI 3446, VI 37265; EV 55: CIL VI 3440 (*titulus*); CP 366: CIL VI 2554 (*scutella perforata*).

336 Vgl. Kap. III 4 a.

337 *Accesserunt et lemnisci, quos adici ipsarum coronarum honor erat*, Plin. nat. 21, 6. Zur Bedeutung von coronae: M. Bergmann, Die Strahlen der Herrscher (1998) 117.

338 Auch in der niedergermanischen Grabplastik wird »statt soldatischer virtus (…) kultivierter Genuß als bevorzugter Aspekt der vita humana gezeigt«, so P. Noelke in: Fasold u. a., Bestattungssitte 416.

339 Außer den equites singulares Augusti gab es unter den in Rom stationierten Einheiten nur noch die Reiter der Prätorianergarde, so daß der Verweis auf eine Reitereinheit sicherlich als Verweis auf die Kaiserreiter verstanden wurde.

sich im zweiten Jahrhundert vollziehenden Mentalitätswandel in der Grabrepräsentation gesehen werden, als der Wunsch, bestimmten bürgerlichen Standards zu genügen, und die statusgemäße Zuordnung zur Gruppe für die Gestaltung der Denkmäler bestimmend geworden war[340]. Die Hinwendung zum Privaten auf den Denkmälern der equites fügt sich dabei in eine allgemeine Entwicklung des zweiten Jahrhunderts, die sich auch in der Gestaltung stadtrömischer Grabbauten nachvollziehen läßt[341].

Vor dem Hintergrund des mannigfaltigen Bilderspektrums der römischen Sepulkralkunst fällt bei der Gestaltung der stadtrömischen Soldatengrabsteine vor allem deren Uniformität und Schlichtheit auf. Waffendarstellungen, wie sie von oberitalischen Soldatengrabmälern bekannt sind, fehlen nahezu ebenso vollständig wie die Darstellung eines Soldaten in seiner vollen militärischen Ausrüstung[342]. Während oberitalische Grabmäler häufig ganzfigurige Darstellungen gerüsteter Soldaten abbilden, und in der Provinz neben dieser Darstellungsform auch gerne Soldaten im Kampf dargestellt wurden, zeigen die wenigen frühen Denkmäler mit figürlicher Darstellung aus Rom einen sehr zurückhaltenden Umgang mit militärischen Themen. So wird bei den überlieferten ganzfigurigen Darstellungen aus dem ersten Jahrhundert, wie bei dem Grabdenkmal für Quintus Iulius Galatus[343] (Abb. 82), beispielsweise auf die Sichtbarkeit des cingulum, das eindeutig auf die Zugehörigkeit zum Militär hinwies, verzichtet[344]. Schlachtenszenen oder Barbarenreiter, die in besonderem Maße geeignet waren, auf militärische Fähigkeiten zu verweisen, kommen so gut wie gar nicht vor[345]. In den Denkmälern des ersten und zweiten Jahrhunderts gibt man sich statt dessen bescheiden, betont wie die equites singulares durch die kanonische Verwendung von Mahlszenen zivile und private Aspekte, bleibt dabei aber uniform.

Abb. 87 Fragmentierte Grabstele für einen centurio (?) aus der Nekropole der equites singulares Augusti, Mitte 2. Jh. n. Chr. (M 04)

Das Fehlen kriegerischer Bilder in der militärischen Sepulkralplastik Roms ist jedoch sicher nicht darauf zurückzuführen, daß die Soldaten grundsätzlich kein Bedürfnis gehabt hätten, in ihren Denkmälern ihre Zugehörigkeit zum Militär zu betonen. Gleichzeitige Beispiele von Angehörigen der stadtrömischen Einheiten an anderen Orten zeigen, daß diese sehr wohl ein Interesse an solchen Darstellungsweisen hatten. So wurde ein tesserarius cohortis praetoriae in den Marken im zweiten Jahrhundert n. Chr. ganzfigurig mit seiner Ausrüstung abgebildet und ein miles cohortis urbanae wurde mit paenula und Lanze auf seinem Grabstein dargestellt[346].

In der zweiten Hälfte des zweiten Jahrhunderts treten in Rom bei verschiedenen Einheiten vereinzelt ganzfigurige Darstellungen von Soldaten auf (Abb. 87), die sich in ihren Denkmälern durch militärische Bekleidung und Ausrüstung als solche zu erkennen geben[347]. Sie sind dabei allerdings nicht hoch gerüstet, wie die im ersten Jahrhundert anderorts dargestellten Soldaten[348]. Einen

340 H. v. Hesberg – P. Zanker (Hrsg.), Römische Gräberstraßen. Stellung – Status – Standard, Kolloquium München 1985, AbhMünchen 96 (1987) 19.

341 H. v. Hesberg, Römische Grabbauten (1987) 42 ff; P. Zanker in: ders. – H.-J. Schalles – H. v. Hesberg, Die römische Stadt im 2. Jahrhundert n. Chr., Kolloquium Xanten 1990, Xantener Berichte 2 (1992) 339 ff. bes. 354 ff.

342 Auf dem Altar für den Custos armorum Aelius Bassus (ES 004: CIL VI 3177) sind auf den Nebenseiten Schild und Lanze sowie Helm und Schwert abgebildet. Die Darstellung der Waffen läßt sich hier vermutlich auf die Funktion des eques als Waffenmeister zurückführen. Möglicherweise ist das Altarfragment mit der Darstellung von Schild und Lanze (Speidel, Kaiserreiter Nr. 355 a) in einen ähnlichen Zusammenhang zu setzten. Zu oberitalischen Denkmälern mit Waffendarstellungen: C. Franzoni, Habitus atque habitudo militis. Monumenti funerari di militari nella Cisalpina Romana (1987) Nr. 1–3. 6. 7. 28. 29.

343 CV 05: CIL IV 2987; ILS 2169.

344 Zur Bedeutung des cingulum: J. Obmann in: H. v. Hesberg, Das Militär als Kulturträger in römischer Zeit (1999) 189 ff.

345 Einzige Ausnahme ist das Grabdenkmal eines eques singularis ES 267: CIL VI 32803. In den Provinzen finden sich hingegen zahlreiche Beispiele solcher Denkmäler. Eine Übersicht gibt: M. Schleiermacher, Römische Reitergrabsteine. Die kaiserzeitlichen Reliefs des triumphierenden Reiters (1984).

346 Franzoni, Habitus 59 f. Nr. 38 Taf. 19, 3. 4; 24 ff. Nr. 9 Taf. 3, 3 (urbanicianus).

347 M 01: M. P. Speidel, AntAfr 29, 1993, 139 ff. Abb. 2. – Weitere Beispiele sind M 02: Amelung, Vat. Kat. I 287 Nr. 163; ES 003: Speidel, Kaiserreiter 118 f. Nr. 90.

348 W. Boppert, Militärische Grabdenkmäler aus Mainz und Umgebung, CSIR Deutschland II 5 (1992) 87 ff. Nr. 1–10.

entscheidenden Wendepunkt markiert der Beginn des dritten Jahrhunderts. Die Soldaten lassen sich nun oft ganzfigurig in militärischer Tracht darstellen. Betrachtet man die Entwicklung der Soldatengrabsteine vom zweiten zum dritten Jahrhundert in den Provinzen, so scheint sich zu Beginn des dritten Jahrhunderts generell eine Tendenz zur ganzfigurigen Darstellungsweise als ein reichsweites Phänomen abzuzeichnen[349], das seit Caracalla nicht nur in den verschieden Teilen des römischen Reiches, sondern auch bei den unterschiedlichsten Abteilungen des Heeres und den Soldaten der stadtrömischen Garnison auftaucht[350] (Abb. 60. 75. 76). Mit der Herrschaft des Septimius Severus hatte ein Wandel in der Stellung des Militärs eingesetzt[351]. Der Kaiser hatte die Zahl der in der Hauptstadt und deren unmittelbarer Nähe stationierten Soldaten nahezu verdreifacht[352], zog zum Unmut seiner Zeitgenossen zusammen mit seinen bewaffneten Soldaten in militärischer Tracht auf das Kapitol[353] und setzte das Militär gegen den Senat ein[354]. Mit seinen Reformen, zu denen die Erhöhung des Soldes und die Verleihung des Eherechts an die Soldaten gehörten, trug er entscheidend zur Verbesserung des Status der Soldaten bei[355]. Den Zenturionen und den principales wurde gestattet, den goldenen Ring zu tragen, womit diese Soldaten als potentielle Ritter galten[356]. Das Militär hatte an Macht gewonnen und war als bedeutende Kraft gesellschaftsfähig geworden[357].

Diese Veränderung spielte sicherlich eine entscheidende Rolle für das Aufkommen und die reichsweite Verbreitung der Darstellungsform und insbesondere für ihr Erscheinen in Rom. Die Entwicklung, im dritten Jahrhundert auch in der bildlichen Darstellung auf seinen militärischen Status zu verweisen, geht ferner mit einer offensichtlich allgemein verbreiteten, neuen Vorliebe für militärische Thematiken einher, die sich auch in den senatorischen Feldherren- oder Schlachtensarkophagen manifestiert[358].

Mit neu gewonnenem Selbstbewußtsein konnten die Soldaten zu Beginn des dritten Jahrhunderts in ihren Grabdenkmälern auf ihre Zugehörigkeit zum den Staat tragenden Militär[359] verweisen. Stolz zeigten sie sich auf den Denkmälern in ihrer neuen Ausrüstung, zu der neben dem Ringschnallencingulum die am Balteus befestigte Spatha zählt[360]. Auf einigen Grabsteinen tragen die Prätorianer und Soldaten der equites singulares besondere Schwerter mit Adlerkopfgriffen. Es handelt sich hier um eine Waffe, die nach traditioneller Deutung zur monarchischen Repräsentation der römischen Kaiser des dritten und vierten Jahrhunderts gehörte[361]. Möglicherweise ist dies als ein Verweis auf die besondere Kaisernähe der Soldaten zu verstehen.

Die höheren Ränge sind im Fundmaterial im gesamten Betrachtungszeitraum so gut wie gar nicht vertreten, was daran liegen mag, daß der Dienst beim Militär für die Offiziere senatorischen Ranges nur eine kurze Station ihres cursus honorum bildete. Die Unteroffiziere wurden zwar häufig weiterversetzt, nachdem sie in Rom gedient hatten, doch lassen sich diese in den Denkmälern fassen. Die Tribunen fehlen weitgehend. Ob ein Relieffragment mit der Darstellung einer Standarte von dem Grabbau

349 Es scheint sich hier tatsächlich um ein militärisches Phänomen – nicht um eine allgemeine formale Entwicklung – zu handeln, da sich ganzfigurige Darstellungen mit Porträts auf stadtrömischen Altären und Stelen des 3. Jhs. ausschließlich Soldaten zuweisen lassen. Boschung, Grabaltäre 34 f. Anm. 541; D. E. E. Kleiner, Roman Sculpture (1992) 381 f.

350 Eine Zusammenstellung der 83 Stücke, die sich auf 12 Provinzen sowie Rom und Italien verteilen, bei: P. Noelke in: Studien zu den Militärgrenzen Roms III, FBerBadWürt 20, 1986, 213 ff.

351 Herodian. 3, 8, 4 f. G. Alföldy in: ders. – B. Dobson – W. Eck (Hrsg.), Kaiser, Heer und Gesellschaft in der Römischen Kaiserzeit, Gedenkschrift Eric Birley (2000) 33 ff.

352 Vgl. Kap. I 2.

353 SHA Sept. Sev. 7, 1.

354 Herodian. 2, 11, 2.

355 Herodian. 3, 8, 8; 15, 2; Aur. Vict. 20, 14; Zos. 1, 8, 2.

356 Herodian. 3, 8, 5; G. Alföldy, Römische Sozialgeschichte 3 (1984) 144.

357 M. Grant, The Severians. The changed Roman Empire (1996) 35: »This soldiery was a novel elite«. Einen Forschungsüberblick bis 1971 gibt E. Birley, Septimius Severus and the Roman Army, Epigraphische Studien 8 (1971).

358 H. Wrede, Senatorische Sarkophage Roms (2001) 21 ff. bes. 94 f. In Krisenzeiten herrschte oftmals ein größeres Interesse an militärischen Themen; vgl. R. Brilliant in: T. Hölscher (Hrsg.), Gegenwelten zu den Kulturen Griechenlands und Roms in der Antike (2000) 391 ff.

359 Alföldy a. O. 52; Grant a. O. 38: »The army had become the master of the empire«.

360 Zur Änderung der Ausrüstung: M. C. Bishop – J. C. N. Coulston, Roman Military Equipment from the Punic Wars to the fall of Rome (1993) 109 ff.; J. C. N. Coulston in: M. Dawson (Hrsg.), Roman Military Equipment, BARIntSer 336 (1987) 141 ff. bes. 149. Mit der verstärkten Rekrutierung von Soldaten aus den Donauprovinzen in severischer Zeit war offenbar eine Ausrüstungsreform des römischen Militärs einhergegangen, die sich im Wechsel der Bewaffnung nicht allein auf den Denkmälern, sondern auch im Fundmaterial niederschlägt: T. Fischer, BayVgBl 53, 1988, 167 ff.; S. v. Schnurbein, Das römische Gräberfeld von Regensburg (1977) 87 ff.

361 A. Alföldi, Die monarchische Repräsentation im römischen Kaiserreich (1970) 184 f.; O. Stoll, Excubatio ad Signa (1995) 28 f.

einer höheren Charge stammt, läßt sich nicht mit Sicherheit sagen[362].

13 Uniformität oder Individualität?

Gründe für die Wahl der uniformen, schlichten Denkmalsform im ersten und zweiten Jahrhundert zu benennen, bereitet Schwierigkeiten. Fest steht, daß die meisten Soldaten in Rom von Angehörigen des Militärs, häufig der gleichen Einheit, beigesetzt wurden[363]. Bei den wenigen Ausnahmen, also Denkmälern, die durch Familienangehörige aufgestellt wurden, zeigen sich häufig Abweichungen in der Gestaltung und der gewählten Monumentform. Statt einer Stele mit halbrundem Abschluß und corona bekamen die Soldaten einen Platz in einem Kolumbarium[364]. Nur ein einziger Fall ist belegt, bei dem eine von Familienangehörigen gesetzte Grabstele weitgehend dem Stil der Einheit, in diesem Fall dem Stil der equites singulares Augusti, angepaßt war[365]. In der Regel unterscheiden sich diese deutlich vom normalen Spektrum, wie das Grabdenkmal für einen aus der Provinz Pannonia inferior stammenden *curator cohortis IIII praetoriae*, das von seiner Ehefrau errichtet wurde[366]. Das Monument zeigt den Verstorbenen halbfigurig mit Toga, wie es in Pannonien üblich ist. Gleiches gilt für die Tituli der Germani corporis custodes die stets von Frauen gestiftet wurden, während die Mitglieder des Collegium Germanorum ihren verstorbenen Kameraden stets Grabstelen errichteten. In einem Falle läßt sich die Familie des Verstorbenen gemeinsam mit diesem darstellen[367].Vergleicht man die stadtrömischen Denkmäler mit solchen von Soldaten in der Provinz, so scheint sich das variantenreiche Bild dort eventuell durch den Umstand zu erklären, daß hier die Masse der Soldaten von Familienangehörigen bestattet wurde.

Ein Faktor, der zur Uniformität beitrug, ist also die Tatsache, daß sich innerhalb der militärischen Gruppen offenbar ein System ausbildete, in dem spezifische Formen tradiert wurden. Mit dem Festhalten an Formen wurde gleichzeitig ein Erkennungsmerkmal für militärische Einheiten grundsätzlich oder im Falle der equites für eine bestimmte Einheit geschaffen. Die Darstellung in militärischer Ausrüstung oder kriegerische Bilder wurden dabei völlig ausgeblendet und nur bei den equites singulares zurückhaltend formuliert. Man verzichtete darauf, mit militärischen Bildern eine dauerhafte Präsenz in den Nekropolen der Stadt zu zeigen.

Hierin äußert sich in Rom eine Zurücknahme, die andernorts nicht in dieser Form auftritt. Die besonders schlichten Denkmäler des ersten Jahrhunderts sind hierbei im Kontext einer Zeit zu sehen, in der die Anwesenheit des Militärs nicht unproblematisch war. So rief diese bei der Bevölkerung in Erinnerung an die blutigen Unruhen der späten Republik auch in der Kaiserzeit sicher noch Mißtrauen und Beklemmung hervor[368]. Die Textstelle, in der Plinius der Jüngere im Panegyricus für Trajan die sich ordentlich benehmenden Soldaten als Besonderheit beschreibt[369], veranschaulicht, wie die Soldaten von der Bevölkerung normalerweise wahrgenommen wurden. Ihr gutes, unauffälliges Benehmen zu betonen, zeigt, daß dies eine Ausnahme darstellte.

Ein entscheidender Faktor, der die Wahl einer spezifischen Denkmalsform beeinflußte, war die kulturelle Prägung der Soldaten. So konnte gezeigt werden, daß einzelne Truppenteile extrem einfache Formen wählten und andere nicht. Die Germani corporis custodes hatten, durch Grabsitten in ihrem Herkunftsgebiet geprägt, wahrscheinlich gar kein Interesse an aufwendigen, mit reicher Ornamentik bestückten Marmordenkmälern[370]. Sie wählten statt dessen einfache Stelen, die sich in ihrem Aufbau an denen anderer stadtrömischer Einheiten der frühen Kaiserzeit orientierten. Man gewinnt den Eindruck, als habe in der Gestaltung ihrer Denkmäler die egalitäre Gesellschaftsvorstellung Ausdruck gefunden, die sich auch in ihrem Herkunftsgebiet fassen läßt[371]. Das Stammesgebiet

362 Pilaster mit Standarte Rom: Vatikanische Museen, Museo Gregoriano Profano. Inv.-Nr. 9508; A. Domaszewski in: ders., Aufsätze zur römischen Heeresgeschichte (1972) 64 Nr. 25 Abb. 81.

363 Zur Errichtung von Epitaphen durch Kameraden: Keppie a. O. 81. – Bei den Prätorianern sind 309 vollständige Inschriften erhalten, die von Soldaten der gleichen Einheit gesetzt wurden: Clauss, Tituli 93.

364 GCC 01: CIL VI 4437; GCC 02: Bellen, Leibwache Nr. 2 Taf. 1, 2.

365 ES 219: CIL VI 3279.

366 CP 123: CIL VI 2544; ILS 2066.

367 VCP 11: CIL VI 2604.

368 Augustus hatte es im Hinblick auf die angespannte politische Lage unterlassen, die Prätorianerkohorten in einem Lager zusammenzuziehen. Zur Situation des Militärs im 1. Jh. v. Chr.: L. de Blois, The Roman Army and Politics in the first Century B.C. (1987). Zum Mißtrauen der Bevölkerung: G. Webster, The Roman imperial army (1969) 261 ff.; J. B. Campbell, The Emperor and the Roman Army 31 BC–AD 235 (1984) 251 ff.

369 Plin. paneg. 23, 3: *nam milites nihil a plebe habitu tranquillitate modestia differebant.*

370 Zu solch religiös geprägten Vorstellungen, die die Gestaltung von Grabdenkmälern beeinflussen konnte, s. V. Kockel in: H. v. Hesberg – P. Zanker (Hrsg.), Römische Gräberstraßen. Stellung – Status – Standard, Kolloquium München 1985, AbhMünchen 96 (1987) 188 ff.

371 So auch T. Derks in: De Bataven. Verhalen van een verdwenen volk, Kat. Ausst. Nijmegen 2004 (2004) 64 ff.

der Bataver war deutlich durch seine weidewirtschaftliche Nutzung geprägt. Die vorherrschende Siedlungsform waren Wohnstallhäuser, die mitunter zu kleinen Weilern gruppiert waren. Nach Ursula Heimberg gab es in der vorrömischen Eisenzeit weder »deutlich größere Häuser, die als Sitz führender Häupter zu interpretieren wären, (noch) zentrale Orte mit einem städtischen Charakter, wie die Oppida im benachbarten Gallien (...)«[372]. Die Provinzwerdung hatte zunächst so gut wie keine Auswirkungen auf die Siedlungsweise im ländlichen Bereich. Bis zum Ende des ersten Jahrhunderts n. Chr. blieb diese unverändert[373].

In den Gräbern läßt sich ebensowenig wie in den Siedlungen eine Differenzierung der Gesellschaft fassen. Anders als im keltisch geprägten Treverergebiet fehlen reich ausgestattete Gräber bei den Batavern[374]; die Führungsschicht ist in der Sachkultur so gut wie nicht erkennbar.

Die Übernahme der reduzierten Darstellungsweise von den stadtrömischen Denkmälern der Prätorianer und der urbaniciani durch die Germani corporis custodes kann sicherlich damit erklärt werden, daß ein höheres künstlerisches Niveau für die batavischen Soldaten gar nicht erstrebenswert war. Diese hatten aufgrund ihrer Herkunft offenbar kein gesteigertes Interesse daran, sich aufwendigere Monumente aufzustellen wie andere soziale Randgruppen, etwa die Freigelassenen[375].

Anders verhielt es sich bei den equites singulares. Im Laufe des ersten Jahrhunderts hatte sich in den Rekrutierungsgebieten der Soldaten eine provinzialrömische Kultur mit aufwendigen Bauten und einer üppigen Sepulkralplastik entwickelt. Italische Legionssoldaten und Veteranen, aber auch Angehörige von Hilfstruppen hatten neue Bilder und Formen an den Rhein gebracht, die von der Bevölkerung aufgegriffen wurden. An den Ausfallstraßen der Städte und Siedlungen zeigten sich diese nun in aufwendigen steinernen Grabmonumenten. Die auffällig bildreichen Grabdenkmäler der Einheit sind mit dem sozialen Status der Auftraggeber zu erklären, die als Provinziale in Rom ihre Position auf diese aufwendige Weise darstellen wollten.

a Militärische und einheitsspezifische Darstellungsweisen und ihre sozialen Hintergründe

Die erwähnten Denkmäler der Germani corporis custodes an der Via Portuensis hatten, wenngleich sie nur in einer kleinen Gruppe von fünf Exemplaren zusammenstanden, mit Sicherheit eine starke einheitliche Wirkung auf den vorbeigehenden Betrachter[376]. Ihre Ausrichtung mit der Front zur Straße hin legt es nahe, daß sie unmittelbar vom vorbeigehenden Betrachter wahrgenommen werden sollten[377]. Durch die übereinstimmende Gestaltung und ihre gemeinsame Aufstellung müssen sie als zusammengehörig erkannt worden sein. In der schlichten und homogenen Form der Grabstelen liegt dabei eine der zentralen Aussagen der Grabmonumente. In ihrer Bescheidenheit und Gleichförmigkeit verkörperten die Denkmäler ein kollektives, uniformes Werteverständnis und strahlten Gruppenidentität aus. Zusammen mit den jüngeren Stelen der Prätorianer und der urbaniciani von der Milvischen Brücke bilden sie eine größere, homogene Denkmälergruppe, die dem Militär zugewiesen werden kann. Auch bei diesen handelt es sich um hochrechteckige Stelen, die mit einem Rundgiebel abschließen. Sie entsprechen in ihrer Gestaltung den älteren Stelen der Germani corporis custodes, sind allerdings schmaler gearbeitet[378]. Sie werden an das Ende des ersten beziehungsweise den Beginn des zweiten Jahrhunderts gesetzt[379]. In ihrer Einfachheit und Undifferenziertheit verkörpern auch sie eine gewisse Uniformität – in ihnen spiegelt sich das gleiche Werteverständnis und Standesbewußtsein wider, das sich auch in der Gestaltung der Stelen der Germani corporis custodes zeigt. Gleiches gilt für die besonders frühen Grabdenkmäler aus der Vigna

372 U. Heimberg, Das Rheinische Landesmuseum Bonn, Berichte aus der Arbeit des Museums 1997, 79.

373 H. van Enckevort in: Th. Grünewald – H.-J. Schalles, Germania inferior. Besiedlung, Gesellschaft und Wirtschaft an der Grenze der römisch-germanischen Welt, Ergänzungsbände zum Reallexikon der Germanischen Altertumskunde 28 (2001) 336 ff.

374 U. Heimberg, Hefte des Rheinischen Landesmuseums Bonn 1998, 6 ff.

375 Deren meist besonders aufwendige Denkmäler standen im Gegensatz zu den oftmals kleinen und verhältnismäßig unauffälligen Denkmälern von Angehörigen des Senatorenstandes, s. hierzu W. Eck in: P. Fasold – Th. Fischer – H. v. Hesberg – M. Witteyer (Hrsg.), Bestattungssitte und kulturelle Identität. Grabanlagen und Grabbeigaben der frühen römischen Kaiserzeit in Italien und den Nordwest-Provinzen, Kolloquium Xanten 1995, Xantener Berichte 7 (1998) 29 ff.

376 Die heutige Anordnung im Giardino des Museo Nazionale Romano vermag eine Vorstellung der antiken Aufstellungssituation zu vermitteln.

377 Zur Fundsituation der Denkmäler: U. Scerrato, NSc 75, 1950, 86 ff.

378 Während die Breite der Stelen für die Germani corporis custodes von der Via Portuensis über 70 cm beträgt, liegt die durchschnittliche Breite von den nahe der Milvischen Brücke gefundenen Stelen für Prätorianer und urbaniciani bei etwa 45 cm.

379 A. Ambrogi in: Giuliano, Sculture I 7, 158 ff.; Clauss, Tituli 55 ff.

Abb. 88 Auswahl militärischer Grabdenkmäler aus der Vigna del Cinque in einem Kupferstich von Francesco Piranesi (1756)

del Cinque (Abb. 88) und zahlreiche andere Stücke, die sich über die stadtrömischen Nekropolen verteilen.

Die Form der schlichten Stele mit Kranz muß also von verschiedenen Einheiten zu unterschiedlichen Zeiten als geeignete Denkmalsform erachtet worden sein. In der Wahl der Monumentform kam zum Ausdruck, daß sich die Soldaten eher als Angehörige des Militärs allgemein begriffen, auf eine besondere Herausstellung der eigenen Einheit durch eine spezifische Denkmalsform jedoch verzichteten. Diese Beobachtung manifestiert sich nicht nur in der einheitlich reduzierten Gestaltungsweise der Denkmäler, sondern ebenso in dem standardisierten Formular der Inschriften, das zu dem insgesamt uniformen Eindruck der Monumente entscheidend beiträgt.

Ein anderes Bild zeigt sich bei den equites singulares Augusti. Bald nachdem die Einheit zu Beginn des zweiten Jahrhunderts ausgehoben worden war, bildete sich die kennzeichnende Form ihrer Grabstelen und -altäre heraus. Man griff hierbei mit Mahldarstellungen, Eroten und Büsten auf Bildthemen und mit Altären auf Formen zurück, die in stadtrömischer Tradition standen. Charakteristisch ist ihre Kombination mit Elementen, die auf ikonographische Schemata aus der Provinz zurückzuführen sind. So ist das Motiv der Pferdevorführung auf den maßgeblichen Einfluß der Soldaten aus Niedergermanien zurückzuführen. In der Sepulkralplastik der equites singulares Augusti läßt sich also zu Beginn eine partielle Bewahrung provinzialer Ausdrucksformen fassen, die für die Gestaltung der Grabdenkmäler zwei Jahrhunderte lang prägend blieb. Erst im dritten Jahrhundert ist eine Öffnung für neue Themen zu verzeichnen. Nahezu verbindlich war also die Verwendung eines Bildschemas, zu dem es keine Entsprechungen in der stadtrömischen, jedoch in der Sepulkralplastik des Rheinlandes gab. Von den im Rheinland rekrutierten Soldaten kam der Impuls für bestimmte Motive, die in Kombination mit stadtrömischen Elementen zu etwas Neuem, für die equites Spezifischem wurde. Im Festhalten an einer kleinen Auswahl von Themen und in der Tatsache, daß die

Soldaten noch im späten zweiten Jahrhundert, als Altäre in der stadtrömische Grabplastik kaum mehr Verwendung fanden, solche nutzten, zeigt sich ein gewisser Konservativismus. Die formal einheitliche Gestaltungsweise der Grabdenkmäler wurde dabei zu einem identitätsstiftenden Element. Die Verwendung der gemeinsamen Bildersprache und Form ihrer Grabdenkmäler zeigt, daß sich die Soldaten trotz ihrer unterschiedlichen Herkunft als Einheit begriffen und dies auch durch die Absetzung von den Grabsteinen der anderen stadtrömischen Einheiten nach außen deutlich machten.

b Die Wahrnehmung militärischer Grabdenkmäler im kaiserzeitlichen Rom

Die beschriebenen Grabstelen der Prätorianer, der urbaniciani und der Germani corporis custodes waren einander so ähnlich, daß sich beim flüchtigen Hinsehen vermutlich nur schwer die Einheit bestimmen ließ, der der Verstorbene angehört hatte (Abb. 88). Sie waren aber sicher als Grabdenkmäler von Soldaten bestimmbar. Die der equites singulares ermöglichten dagegen die unmittelbare Zuordnung zur Truppe.

Daß diese Aussage der Denkmäler vom antiken Betrachter verstanden und in diesem Sinne rezipiert wurde, bekräftigt ein Dokument aus den Schriften der römischen Feldmesser. Unter den »terminorum Diagrammata« findet sich für hochrechteckige Stelen mit halbrundem Abschluß die Bezeichnung *sepultura militaris*[380]. Wenngleich die Zusammenstellung des Corpus frühestens in die Spätantike fällt, zeigt die Benennung, daß mit der Form noch in dieser Zeit das Militärische, genauer gesagt ein militärisches Grabdenkmal assoziiert wurde. Es gab offenbar sehr wohl eine Art ›Soldatenstil‹, also einen für das Militär spezifischen Habitus, der als solcher für die Bevölkerung Roms erkennbar war.

Die Denkmäler der equites singulares Augusti waren in sich ebenso homogen. Im Unterschied zu den beschriebenen Stelen waren sie allerdings als Grabdenkmäler einer bestimmten Gruppe deutlich erkennbar. Vergleicht man sie mit den Grabdenkmälern anderer stadtrömischer Einheiten, läßt sich schon bald nach Einrichtung der Einheit zu Beginn des zweiten Jahrhunderts eine motivische Absetzung gegenüber den einfachen Stelen der Prätorianer und der urbaniciani feststellen. Die equites singulares präsentierten sich durch die einheitliche Verwendung bestimmter Formen und Bildschemata noch in ihrer Nekropole als Einheit.

Als indirektes Zeugnis für die Wahrnehmung der equites singulares kann die Zerstörung ihres Friedhofes an der Via Labicana verstanden werden. Die Grabdenkmäler der Truppe wurden zerschlagen und im Fundament der konstantinischen Basilika an gleicher Stelle verbaut[381] (Abb. 71). Wie die Schleifung des jüngeren Lagers der Einheit, auf dessen Resten die Lateranbasilika errichtet wurde, ist die Zerstörung ihrer Nekropole wahrscheinlich im Sinne einer kollektiven damnatio memoriae zu verstehen, da die Einheit in der Schlacht an der Milvischen Brücke mit Maxentius gegen Konstantin gekämpft hatte[382]. Daß man sich die Mühe machte, die Nekropole vollständig zu schleifen, zeigt, wie deutlich die Identität der Einheit in der Stadt präsent gewesen sein mußte. Indem man ihre Denkmäler zerschlug, zerstörte man diese[383].

380 F. Blume – K. Lachmann – A. Rudorff, Die Schriften der römischen Feldmesser I (1848) 341 f.

381 Nur der Kaiser besaß als Pontifex maximus das Recht, den Status eines Grabes als locus religiosus zu ändern. So wurden die Grabanlagen des 2. und 3. Jhs. der Nekropole unter S. Pietro für den Bau eines Heiligtums zerstört: H. v. Hesberg, Römische Grabbauten (1987) 16. Gleiches gilt für einen locus sacer: Plin. epist. 10, 70–71.

382 So schon E. Josi, nach Deichmann – Tschira, Mausoleum 70 Anm. 37.

383 Daß sich die Nekropole der equites singulares als Ort zum Bau der Basilika SS. Pietro e Marcellino anbot, mag sich auch daraus ergeben haben, daß die Einheit nicht mehr existierte und niemand Widerspruch üben konnte. Die Zerstörung kann also nicht zwangsläufig als politisches Pogramm gesehen werden, wie die Zerstörung der Kaserne der Truppe.

Zusammenfassung

Im Stadtbild des kaiserzeitlichen Rom war der Anblick von Soldaten alltäglich. Vom ersten bis zum Beginn des vierten Jahrhunderts n. Chr. waren neben einzelnen Soldaten aus den regulären Truppenverbänden verschiedene militärische und paramilitärische Einheiten in unterschiedlicher Stärke in der Stadt dauerhaft präsent. Sie bildeten seit der Regierung des Kaisers Augustus einen nicht unbedeutenden Teil der Bevölkerung. Neben den kaiserlichen Leibwachen, wie den Prätorianerkohorten und den Germani corporis custodes, zählten hierzu auch die Stadtkohorten und die vigiles. Im weiteren Verlauf des ersten und im frühen zweiten Jahrhundert wurden diese durch abkommandierte Soldaten von den Flottenstützpunkten und aus den Provinzen sowie durch eine neu gegründete berittene Leibwache, die equites singulares Augusti, ergänzt.

Von den Einheiten, die Augustus für den Dienst in der Hauptstadt des Reiches ins Leben gerufen hatte, erhielten während seiner Regierungszeit allein die paramilitärisch organisierten vigiles eigene Unterkünfte innerhalb der sakralrechtlichen Grenzen Roms. Aus strategischen Gründen verteilte man die in erster Linie für die Feuerbekämpfung und die Wahrung der nächtlichen Ordnung zuständigen Soldaten auf mehrere stationes und excubitoria, die innerhalb und außerhalb des pomerium lagen. Die übrigen Einheiten wie die Stadtkohorten und die Prätorianergarde hatten zu diesem Zeitpunkt noch keine festen Quartiere und waren zum Großteil außerhalb Roms stationiert. Erst unter Tiberius errichtete man der größten militärischen Einheit Roms, den Prätorianerkohorten, zusammen mit den Stadtkohorten ein monumentales Lager. In der Geschichte der Hauptstadt waren nie zuvor so viele Soldaten dauerhaft an einem Ort zusammengezogen worden. Für den Bau der castra praetoria wählte man allerdings ein Terrain am Rande der Stadt, das hinter dem damals noch intakten agger der servianischen Stadtmauer quasi verborgen und zudem außerhalb der Pomeriumsgrenzen lag.

Auch zu Beginn des zweiten Jahrhunderts läßt sich beim Bau der Unterkünfte noch immer eine ähnliche Tendenz erkennen. Neu geschaffene Einheiten, wie die equites singulares Augusti und die frumentarii, wurden in Lagern untergebracht, die in relativ schwach besiedelten Gebieten am Stadtrand lagen. Unterkünfte in bereits besiedelten Bereichen nahe ihrer Einsatzorte, dem Kolosseum und der Naumachia Augusti, erhielten nur die Abordnungen der Flottensoldaten aus Ravenna und Misenum. Verglichen mit der Besatzung der castra praetoria handelte es sich dabei aber um eine kleine Zahl von Soldaten, deren Stationierung im Inneren der Stadt nicht ins Auge gefallen sein dürfte.

Ein deutlich sichtbarer Wandel der militärischen Präsenz in Rom trat dann unter Septimius Severus ein, der die Zahl der in und bei Rom stationierten Soldaten nahezu vervierfachte. Die Verdoppelung der Mannschaftsstärken und das Ausheben einer neuen Legion, die im fünfzehn Kilometer südlich von Rom gelegenen Albano stationiert wurde, darf man sicherlich als Machtdemonstration verstehen; denn die legio II Parthica – wäre sie ausschließlich für die bevorstehenden Feldzüge ausgehoben worden – hätte auch an anderer Stelle und nicht nur einen halben Tagesmarsch von der Hauptstadt entfernt ihr Standlager erhalten können. Die Erhöhung der Mannschaftsstärken führte auch zu einer Inanspruchnahme von zuvor zivil genutzten Bereichen durch militärische Einrichtungen. Dabei ging man weit weniger zurückhaltend ans Werk als zuvor: Für die Errichtung der castra nova equitum singularium wurden sogar Wohnbauten niedergelegt. Das unsensible Vorgehen bei der Anlage des neuen Lagers für die equites spiegelt den grundsätzlichen Wandel der Stellung des Militärs unter Septimius Severus wider, der auch in anderen Denkmälern der Zeit zum Ausdruck kommt. Das Militär hatte an politischer Bedeutung gewonnen. Die Abhängigkeitsverhältnisse zwischen Kaiser, Senat und Soldaten veränderten sich von da an fortlaufend.

Unter Aurelian fand diese Entwicklung ihren Abschluss darin, daß sämtliche Bauten militärischen Charakters als Teil des gewachsenen Stadtgebietes betrachtet und von der neuen Aurelianischen Stadtmauer eingeschlossen wurden. Die Umfassungsmauer der castra praetoria wurde sogar in jene integriert. Das Militär außerhalb der Pomeriumsgrenzen zu halten, war bedeutungslos geworden. Ein neues Lager für die auf sechstausend Mann angewachsenen Stadtkohorten wurde inmitten der Stadt errichtet. Die beschriebene Veränderung läßt zwei Lesarten zu: Entweder drängte das Militär in die Stadt oder der von ihm abhängige Kaiser holte es in Stadt.

Eine Analyse der Stadtlandschaft führt damit zu widersprüchlichen Ergebnissen. Zum einen lagen die castra exponiert auf Anhöhen und beherrschten somit einzelne Abschnitte des Stadtbildes, zum anderen lagen sie in den ersten beiden Jahrhunderten n. Chr. isoliert an den Rändern der sakralen Grenze der Stadt. Das Militär entsprach damit also einerseits den Vorstellungen, die sich in der Zeit der Republik herausgebildet hatten, andererseits zeigte es durch seine Einsätze im Stadtgebiet deutliche Präsenz und unterstrich auf diese Weise die Machtgrundlage der Kaiser. Gegen das Militär war keine Herrschaft in Rom zu behaupten.

Abb. 89 Die Verbrennung von Schuldtafeln durch stadtrömische Soldaten auf den sogenannten Anaglypha Traiani; Rom, Forum Romanum

Bei den Grabdenkmälern des Militärs läßt sich eine ähnliche Entwicklung erkennen. Zu Beginn der Kaiserzeit kann man die Soldaten in den Nekropolen als kleine Gruppen unter der übrigen Zivilbevölkerung fassen. Sie verzichteten darauf, auf ihren Denkmälern explizit als Militärs in Erscheinung zu treten, wie es in anderen Teilen des Imperium Romanum üblich war. So gab es in Rom nahezu ausschließlich Soldatengrabsteine ohne figürliche Darstellung, deren einziger Reliefschmuck in der Regel eine corona vittata war. Auf die Wiedergabe militärischer Ausrüstung oder kriegerischer Bilder wurde dabei fast völlig verzichtet. Hierin äußert sich eine Zurückhaltung, die andernorts nicht zu beobachten ist.

Am dritten Meilenstein der Via Labicana entstand im frühen zweiten Jahrhundert die erste und einzige bekannte Soldatennekropole Roms. Doch auch hier verzichteten die vor Ort begrabenen, in den Provinzen rekrutierten equites singulares Augusti mit Ausnahme der Pferdevorführung auf militärische Themen sowie auf eine Darstellung in Uniform. Stattdessen betonten sie in ihren Grabdenkmälern zivile und soziokulturelle Aspekte wie eine kultivierte Lebensweise und Gruppenzugehörigkeit.

Mit den Statusveränderungen der Soldaten in severischer Zeit ging auch ein deutlicher Wandel in der Darstellungsweise der Sepulkralplastik einher. Das Militär trat nun in seinen Denkmälern selbstbewußt auf und verwies auch mit bildlicher Darstellung auf seinen Status. Ein gesteigertes Interesse und eine größere Akzeptanz militärischer Themen lassen sich zwar auch auf senatorischen Sarkophagen der Zeit fassen, doch wird die stärkere Präsenz des Militärs in der Stadt durch diese Schicht eindeutig negativ bewertet. In den Schriften des Cassius Dio wird deutlich, daß die Senatoren die Machtzunahme registrierten und die Präsenz des Militärs in der Hauptstadt als Bedrohung empfanden[1].

Die archäologischen Funde und Befunde vermitteln ein ambivalentes Bild, das sich in einer komplizierten historischen Situation herausbildet: Das Militär wird zunächst für zivile, der Plebs urbana zugute kommende Aufgaben eingesetzt. Es tritt im Stadtbild und den Nekropolen sehr zurückhaltend auf und präsentiert sich der städtischen Bevölkerung nach den blutigen Unruhen der Bürgerkriege in erster Linie als ein Garant der inneren Sicherheit. Daß die Bürgerkriege während der Kaiserzeit nicht in Vergessenheit geraten waren, sondern über einen langen Zeitraum fest im Bewußtsein bestimmter Schichten verankert blieben, zeigen noch im fünften Jahrhundert n. Chr. die Ausführungen des Augustinus, der die Auseinandersetzungen des Bürgerkrieges gar mit den Goteneinfällen vergleicht[2]. Das Militär wurde also einerseits als schützender und andererseits als bedrohender Faktor wahrgenommen. Genau dieses Bild geben die kaiserzeitlichen Quellen wieder.

Augustus agierte, was die Präsenz des Militärs in der Stadt angeht, zunächst sehr zurückhaltend. Tiberius hingegen war deutlicher, auch wenn das unter seiner Herrschaft errichtete Prätorianerlager nicht die bedrohende visuelle Komponente im Stadtbild darstellte, wie es manche moderne Autoren suggerieren. Die Lage der Unterkünfte lassen ebenso wie die Gestaltungsweisen der militärischen Grabdenkmäler das Bemühen erkennen, die seit der späten Republik negativen Konnotationen von Militär in der Stadt auszublenden. Die Bilder der Staatskunst folgen dem: Selten sind Soldaten bei der Ausführung ziviler Aufgaben

1 Cass. Dio 75, 2, 3–4. 6.
2 Aug. civ. 3, 27–29.

in der Stadt selbst gezeigt, sondern es überwiegen Darstellungen mit Soldaten, die für Rom im Feld stehen oder in Rom an Triumphzügen teilnehmen. Bei Reliefs wie den ›Anaglypha Traiani‹ (Abb. 89) und dem ›Chatsworthrelief‹, die Soldaten bei der Verbrennung von Schuldtafeln in der Stadt zeigen, oder etwa der ausführlichen Schilderung des adventus auf den Cancelleriareliefs ist die Darstellbarkeit des ungewöhnlichen Themas bemerkenswert. Hier wurden Situationen im Bild fixiert und zur kaiserlichen Repräsentation genutzt, die sich auf den Einsatz von Soldaten in Rom beziehen. Soldaten, die ansonsten vor allem im Kontext von Feldzügen vorkommen, werden dargestellt, wie sie zum Wohl des Volkes agieren.

Eine zusammenfassende Betrachtung verdient auch die Artikulation eines militärischen Bewußtseins, wie es sich vor allem in der Grabkunst äußert. Ein Großteil der militärischen Sepulkralplastik aus Rom war, gemessen an den finanziellen Möglichkeiten der Soldaten und der Fülle an Werkstätten, die in der Hauptstadt zur Verfügung standen, auffällig bescheiden und vor allem sehr homogen gearbeitet. In dieser Konsens stiftenden Form stehen die militärischen Grabstelen in Rom nicht völlig singulär da. Neben aufwendigen Grabbauten lassen sich in der Hauptstadt immer wieder normierte Formen oder Monumentgattungen wie bei den Freigelassenen finden. In der militärischen Sepulkralplastik der Provinzen gibt es normalerweise keine entsprechenden Normierungen, die sich mit dem Militär als solchem oder einer bestimmten Einheit in Verbindung bringen ließen. Während die Soldaten in den Nordwestprovinzen in stärkerer Weise individuellen Vorlieben Ausdruck verliehen und durch eine detailreiche Angabe von Ausrüstungsgegenständen auf ihren militärischen Rang hinwiesen, wählten die stadtrömischen Soldaten in der frühen und mittleren Kaiserzeit eine uniforme Darstellungsweise.

In der Gleichförmigkeit der Grabdenkmäler der Prätorianer, der urbaniciani und der Germani corporis custodes spiegelt sich das Selbstverständnis wider, Teil eines größeren Ganzen zu sein. Die Grabmäler waren einander so ähnlich, daß beim flüchtigen Hinsehen nicht zu bestimmen war, welcher Einheit der Verstorbene einmal angehört hatte. Sie waren aber sicher als Grabdenkmäler von Soldaten bestimmbar. Es kam also offenbar nicht darauf an, innerhalb des Militärs in plakativer, unmittelbar nach außen wirkender Form eine bestimmte Gruppenzugehörigkeit zu zeigen oder andere Charakteristika hervorzuheben.

Das besondere der Grabmäler von Militärs in Rom ist jedoch auch, daß es dort eine Einheit gab, deren Mitglieder zwar ebenfalls eine normierte Form für das Grabdenkmal wählten, eine Form aber, die sich von der der anderen Einheiten abhob. Die Grabdenkmäler der equites zeigen die Herausbildung typischer Bildkombinationen wie Mahldarstellung und Pferdevorführung, die die unmittelbare Identifizierung des Einzelnen als Angehörigen einer Reitereinheit ermöglichte. In der Wahl einer typischen Bildsprache drückte sich zu Beginn eine gruppenspezifische Befindlichkeit der equites aus, deren Ursache wohl darin zu sehen ist, dass sie sich als Provinziale in Rom der stadtrömischen Umwelt ausgesetzt sahen – anders als beispielsweise die Prätorianer, die sich zu über fünfundachtzig Prozent aus Italikern rekrutierten. Es verwundert deshalb auch nicht, daß einzig die Nekropole der equites singulares als Soldatennekropole anzusprechen ist. Als Fremde in Rom hatten sie ein gesteigertes Bedürfnis, sich einer fest umrissenen Gruppe zugehörig zu fühlen. Im Laufe der Zeit verselbständigte sich diese equites-spezifische Ausdrucksform. Bei der Wahl der Motive kam es nun weniger darauf an, sich unter Rückgriff auf provinziale Bildformen und ein bestimmtes Bildprogramm von den übrigen Einheiten abzusetzen als vielmehr sich so darzustellen, wie es für die Einheit üblich war. Dies zeigen beispielhaft die Grabdenkmäler von equites syrischer oder arabischer Herkunft mit dem Motiv der Pferdevorführung, das keinerlei konkreten Bezug auf Bildtraditionen in der Heimat der Soldaten besaß.

An der uniformen Darstellungsweise hielten die Militärs bis in severische Zeit, die equites singulares sogar bis zur Auflösung ihrer Einheit zu Beginn des vierten Jahrhunderts fest. Die individuelle Entscheidung der Soldaten lag hierbei vor allem im Verzicht auf andere Ausdrucksformen. Man griff auf das bekannte Bildrepertoire zurück und nutzte diejenigen Motive, die sich für das Militär bzw. für die eigene Einheit als charakteristisch herausgebildet hatten. In der Gestaltung ihrer Grabdenkmäler, den formelhaften Inschriften sowie in der Zusammensetzung der Nekropolen äußert sich damit ein Korpsgeist, der anderenorts keine Parallelen findet. Viele Soldaten wurden selbst dann noch im Kreise ihrer commilitones bestattet, wenn sie schon nicht mehr dienten. Der starke Zusammenhalt der Soldaten, der nicht nur in den Grabdenkmälern, sondern auch in zahlreichen militärischen Weihungen an den Genius centuriae oder den Genius cohortis zum Ausdruck kommt, hatte sogar Eingang in die zeitgenössische Literatur gefunden, wie eine Episode aus Flavius Iosephus »De bello Iudaico« zeigt, in der ein Soldat der Stadtkohorten in einer Rede die Prätorianer als Brüder der cohortes urbanae bezeichnet[3]. Maßgeblich für die Sozialisation und das Selbstverständnis der Soldaten innerhalb ihrer Einheiten und des stadtrömischen Militärs insgesamt waren die Unterschiede in Herkunft und rechtlichem Status der Soldaten, die auch das Verhältnis zur Zivilbevölkerung prägten. Die Untersuchung zeigte darüber hinaus, daß in den stadtrömischen Militärlagern andere Lebensbedin-

3 Ios. Bell. Iud. 2, 211.

gungen als an den Reichsgrenzen herrschten. Die unterschiedlichen Anforderungen spiegeln sich vor allem in der Gestaltung der Lagerinnenbauten wider. Die stadtrömischen Militäranlagen unterschieden sich in wesentlichen Punkten von den Legionslagern und Auxiliarkastellen der Grenzprovinzen. Sie wiesen zahlreiche stadtrömische, zivil geprägte Elemente auf, die den Soldaten ein angenehmes Leben in einem militärischen Rahmen boten. Bei Bau und Gestaltung der Anlagen konnte man auf die umfangreichen Ressourcen und das Know-how der Hauptstadt zurückgreifen, was sich unter anderem in unterkellerten und mehrgeschossigen Bauten mit einem gewissen Ausstattungskomfort erkennen läßt, der an die gängige Bebauung stadtrömischer Insulae erinnert. Wichtig ist jedoch, daß man hierbei die für das Militär typische Grundstruktur beibehielt. Man lebte dabei allerdings komfortabler.

Die Innenbebauung des größten und am besten überlieferten Lagers, der castra praetoria, ist durch eine Serie von Baracken, die unmittelbar an die Befestigungsmauer angeschlossen waren, und weitere Baracken im Innern geprägt, die mit zwei oder mehr Stockwerken rekonstruiert werden können (Abb. 90). Ähnliche Baubefunde konnten in den anderen stadtrömischen Lagern wie den castra nova equitum singularium und den castra peregrina festgestellt werden. Der Charakter dieser Anlagen unterscheidet sich dadurch deutlich von den üblicherweise ein- bis anderthalbstöckig rekonstruierten Mannschaftskasernen an den Grenzen des Reiches. Ein repräsentativer Anspruch der Ausstattung wird zudem in den Mosaikböden, den Malereien und weiteren Details deutlich, wobei von der Ausstattung an Skulpturen und anderen Einrichtungsgegenständen so gut wie nichts mehr nachweisbar ist. Wohnbauten von Offizieren und Kommandanten konnten in keinem der stadtrömischen Lager nachgewiesen werden, so daß es wahrscheinlich ist, daß sie nicht im Lager wohnten, sondern vielmehr in aufwendigen Häusern außerhalb. Hier versagen die archäologischen Zeugnisse, doch wäre bei einer symmetrischen Verteilung der Mannschaftskasernen kaum noch Platz für Offiziersunterkünfte. Gleiches gilt für andere typisch militärische Bautypen wie horrea oder valetudinaria. Überhaupt scheint sich die Innenbebauung der Lager weitgehend auf Kasernen zu beschränken, da sich abgesehen von den principia so gut wie keine Spuren der sonst in Militärlagern üblichen Bauten finden und solche nach den erhalten Resten auch kaum mehr zu erwarten sind. Die stadtrömischen Anlagen entpuppen sich damit als eine Art militärische Wohnstätten, die nicht als autonomes Gebilde bestehen konnten, sondern nur als Annexe zu Rom, auf das sie notwendigerweise angewiesen waren. Wichtig war jedoch die formale Trennung der Soldaten von der Zivilbevölkerung der Stadt.

Riassunto

Nel quadro urbano della Roma imperiale la visione dei soldati rispondeva a esperienza tutt'altro che desueta. Dal I sino al principio del IV sec. d.C. diverse unità militari e paramilitari vi furono presenti con differente intensità, giacché, a partire dal regno di Augusto, costituirono parte non trascurabile della popolazione. Alle guardie imperiali, come le coorti pretoriane, e i *Germanes Corporis Custodes*, si affiancarono le coorti urbane e i *vigiles*; e nel corso del I e al principio del II sec. d. C. si aggiunsero i soldati distaccati dagli scali di appoggio della flotta e dalle province, al pari della guardia del corpo equestre di nuova creazione, gli *equites singulares Augusti*.

Tra le unità fondate da Augusto per il servizio nella capitale durante il suo regno solo i *vigiles*, organizzati in maniera paramilitare, ebbero residenza all'interno dei confini sacrali di Roma. Per motivi strategici, i 3500 soldati, incaricati in prima linea di contrastare gli incendi e di tutelare l'ordine notturno, li si distribuirono in diverse *stationes* ed *excubitoria* all'interno del *pomerium*. Le unità restanti, al pari delle coorti urbane e della guardia pretoriana, non disponevano in quel momento di un quartiere fisso e risiedevano per lo più persino al di fuori di Roma. Solo sotto Tiberio si provvide ad allestire per le più grandi coorti militari in Roma, le coorti pretoriane, in compagnia di quelle urbane: un monumentale accampamento, una novità, visto che nella storia della capitale mai prima di allora si era riusciti a radunare così tanti soldati in un unico luogo; per la costruzione dei *castra praetoria* si scelse un terreno a margine della città, quasi nascosto dietro l'*agger* allora ancora intatto delle mura serviane, e fuori dai limiti del *pomerium*.

All'inizio del II sec. d.C. si può riscontrare nell'impianto degli alloggi un'analoga tendenza. Unità sorte da poco, come gli *equites singulares Augusti* e i *frumentarii*, vennero alloggiate in accampamenti dislocati in settori a bassa densità abitativa ai margini della città. Al contrario, alloggi in settori già densamente abitati, vicino ai luoghi del loro impiego, il Colosseo e la *Naumachia Augusti*, furono concessi solo ai reparti distaccati dei soldati della flotta da Ravenna e Misenum: ma, a petto dell'enorme contingente di stanza ai *castra praetoria*, si trattava solo di un piccolo numero di soldati, il cui stazionamento all'interno della città non doveva troppo balzar all'occhio.

Un cambio palese nella presenza militare a Roma si verificò solo con Settimio Severo, che quasi quadruplicò il numero dei soldati nell'Urbe. Il raddoppiamento delle truppe e il reclutamento di una nuova legione stazionata a distanza di una mezza giornata di marcia, ad Albano, al XV km a sud di Roma, va di certo interpretata come manifestazione di potere, giacché l'accampamento della *legio II Parthica*, se esclusivamente finalizzato alle imminenti campagne, sarebbe potuto benissimo nascere anche in un altro punto e non alle porte della città. All'incremento del numero dei contingenti conseguì l'appropriazione di settori in precedenza di uso civile da parte di installazioni militari. In tale operazioni si provarono molto meno scrupoli rispetto al periodo precedente. Così, per l'impianto dei *castra nova equitum singularium* si allestirono quartieri abitativi, e le procedure adottate nell'impianto del nuovo accampamento per gli *equites* riflettono il sostanziale mutamento nella posizione dei soldati sotto Settimio Severo, peraltro ben rispecchiata anche in altri monumenti del tempo: allora la presenza militare aveva infatti acquisito enorme rilevanza sul piano politico, e i rapporti di dipendenza tra imperatore, senato e soldati da quel momento cominciarono a esser sottoposti a costanti mutamenti.

Sotto Aureliano siffatto sviluppo culminò nel fatto che tutti gli edifici di carattere militare vennero trattati come parte del territorio urbano allargato e inglobati dalle nuove mura aureliane, in cui il muro di cinta dei *castra praetoria* fu persino integrato: evidentemente tener fuori i soldati dai limiti del *pomerium* non rispondeva più a una priorità assoluta, cosiché un nuovo accampamento spuntò in mezzo alla città per le coorti urbane, aumentate a tal punto da poter contare nei loro ranghi seimila uomini. I mutamenti descritti danno adito a due interpretazioni: o i soldati iniziarono a esercitar pressione sulla città o, viceversa, l'imperatore, dai primi dipendente, finì per attirarli.

L'analisi del paesaggio urbano conduce a risultati contradditori: i *castra* da una parte trovarono posto su rialzi, in maniera tale da dominare singoli settori della città, mentre dall'altra, nel I e II sec. d. C., vennero a trovarsi isolati ai margini dei suoi confini sacrali. In tal modo i soldati andavano a confermare le immagini createsi al tempo della Repubblica, pur mostrando, perché impiegati nello spazio urbano, la propria evidente presenza e sottolineando le pretese di potere degli imperatori, visto che, senza di loro, era impossibile aspirare al comando a Roma. E in tal punto si palesa l'ambiguità della situazione, che esprime il peso e, al contempo, il rifiuto dei soldati.

Nei monumenti funerari dei militari si riscontra uno sviluppo per certi versi affine. Al principio dell'epoca imperiale nelle necropoli essi cominciarono a radunarsi in piccoli gruppi nel quadro della popolazione civile. Eppure, essi non vollero comparire nei loro monumenti esplicitamente come militari, come invece consueto in altre parti dell'Impero Romano: infatti, nell'Urbe si incontrano quasi solo monumenti funerari militari senza rappresentazioni figurate, il cui unico ornamento di norma corrisponde a una *corona vittata*, mentre pressoché del tutto si rinunciò alla riproduzione di equipaggiamento militare o a immagini di guerra, per cui diventa tangibile una sorta di ritrosia, altrove non osservabile in pari misura.

Al terzo miglio della Via Labicana, al principio del II sec. d. C., sorse la prima e unica nota necropoli di soldati, ma anche lì i sepolti, gli *equites singulares*, reclutati nelle province, fecero a meno di temi militari e di rappresentazioni in uniforme e intesero piuttosto enfatizzare nei loro monumenti funerari aspetti civili e socioculturali, come lo stile di vita ricercato e l'appartenenza al gruppo.

Con i cambiamenti di status in epoca severiana andò di pari passo una trasformazione nelle modalità di rappresentazione nel campo della scultura funeraria. I soldati nei loro monumenti si fecero avanti con maggior consapevolezza e vollero così enfatizzare il proprio status pure attraverso le immagini. Una crescita d'interesse e una maggior accettazione di temi militari si lasciano del resto accertare anche sui sarcofagi dei senatori del tempo, benché proprio da quest'ultima classe la presenza di soldati, diventata più massiccia, venisse vista tutt'altro che di buon occhio: dagli scritti di Cassio Dione trapela come i senatori si fossero accorti dell'incremento di potere e cominciassero a percepire come una minaccia la presenza dell'esercito in città[4].

Le evidenze archeologiche restituiscono un quadro piuttosto ambivalente, che prende corpo in una situazione storica complessa. L'esercito venne impiegato dapprima per compiti civili a vantaggio della *plebs* urbana; negli spazi urbani e nelle necropoli comparve in maniera piuttosto defilata e, dopo le sanguinose turbolenze delle guerre civili, si qualificò agli occhi della popolazione urbana in prima linea come garante della "sicurezza interna". Che le guerre civili durante l'epoca imperiale non fossero mai state dimenticate e che fossero, anzi, rimaste ben salde nella memoria di determinati ceti per lungo tempo, lo denunciano le annotazioni di S. Agostino persino nel V sec. d. C., quando raffronta i dissidi delle guerre civili alle invasioni gotiche[5]. I soldati vennero così percepiti come fattore da una parte di protezione, dall'altra di minaccia per la plebe e Roma. Proprio tal quadro viene restituito dal dossier di fonti letterarie dell'epoca imperiale; ed entro i due poli le evidenze archeologiche restituiscono un quadro estremamente differenziato.

Augusto procedette con grande discrezione, per quanto concerne la presenza di soldati a Roma, mentre Tiberio mostrò maggior risolutezza, anche se l'accampamento pretoriano allestito sotto il suo regno non assurse a componente visuale minacciosa nello spazio urbano, come invece sostenuto da qualche moderno commentatore. La posizione degli alloggi nello spazio urbano nonché le modalità rappresentative dei monumenti funerari militari fanno riconoscere lo sforzo compiuto nel prendere le distanze dagli aspetti più negativi dell'epoca tardo-repubblicana. Le immagini dell'arte statale si adeguarono a tale trend: poche rappresentazioni mostrano, infatti, i soldati nell'esercizio di funzioni civili, mentre predominano quelle dove essi sono effigiati nell'atto di partecipare o a campagne militari per Roma o alla cerimonia del trionfo. In rappresentazioni del genere dei cosiddetti *Anaglypha Traiani* e del rilievo Chatsworth, che effigiano soldati impegnati nell'incendiare in città le tavolette con la registrazione dei debiti, o altrimenti nella rappresentazione dettagliata dell'*adventus* sui rilievi della Cancelleria colpisce invece la messa in scena di un tema inconsueto: infatti, nella fattispecie, al fine della rappresentazione imperiale, degne di rappresentazione divengono scene in cui i soldati, di solito raffigurati soprattutto nel bel mezzo di campagne militari, vengono ritratti nel loro impiego in azioni a favore del popolo.

Gran parte della scultura funeraria dei soldati a Roma denota una lavorazione piuttosto modesta e soprattutto assai omogenea a confronto delle possibilità finanziarie dei soldati e alla quantità di botteghe disponibili nella capitale. In tal forma generatrice di consenso, le stele funerarie militari a Roma non si trovano del tutto isolate: lì, accanto a monumenti funerari sontuosi si lasciano difatti riscontrare a più riprese forme codificate o classi monumentali come per i liberti. La particolarità dei monumenti funerari militari tuttavia risiede nel fatto che si stabilì una forma caratteristica per i soldati, donde discese una omogeneità, che da una parte mirò a una forma standardizzata, dall'altra però consentì la distinzione da altre unità urbane. Nella scultura funeraria militare delle province non si assiste di norma a standardizzazioni del genere, collegabili con i soldati come tali o con una unità determinata. Mentre i soldati nelle province nord-occidentali dettero sfogo a predilezioni individuali con maggior evidenza e misero in risalto il loro rango militare mediante l'indicazione dettagliatissima di oggetti dell'armamento, i soldati di stanza nell'Urbe in epoca proto/medio-imperiale si avvalsero invece di modalità di rappresentazione uniformi.

Nell'uniformità dei monumenti funerari dei pretoriani, degli *urbaniciani* e dei *Germani corporis custodes* si rifletteva la consapevolezza di esser parte di un tutto. I monumenti funerari risultavano talmente simili l'uno all'altro che a prima vista era indeterminabile quale fosse l'unità di appartenenza del defunto, benché di certo ne potesse esser subito percepita l'appartenenza al gruppo dei soldati. Evidentemente, all'interno dell'esercito non contava più di tanto mostrare una determinata appartenenza in forma ostentata o sottolineare altre caratteristiche.

4 Cass. Dio 75, 2, 3–4. 6.

5 Aug. Civ. 3, 27 s. (Mario e Silla); 3, 29 (confronto tra le invasioni gotiche e le guerre civili d'epoca repubblicana).

I monumenti funerari degli *equites* a tal riguardo mostravano maggior chiarezza. La formazione di combinazioni visuali tipiche proprie degli *equites*, come la rappresentazione a banchetto e la presentazione di cavalli consentivano l'immediata attribuzione del singolo alla truppa mediante la sottolineatura di sue particolarità, con il risultato di renderne immediatamente riconoscibile l'appartenenza a un'unità equestre. Gli *equites* avrebbero potuto ricorrere al repertorio a disposizione delle stele di pretoriani o *urbaniciani*, ma preferirono sviluppare una propria forma connotativa ad articolazione della loro identità, espressione, questa, di un'inclinazione individuale, motivabile con il fatto che essi come provinciali a Roma si trovarono esposti a un ambiente urbano, diversamente ad esempio dai pretoriani, reclutati da Italici in percentuale superiore al cinquanta per cento. Non sorprende pertanto che la necropoli degli *equites singulares* fosse la sola a esser etichettabile come necropoli militare: come stranieri a Roma, essi con maggior urgenza avvertirono il bisogno di sentirsi appartenenti a un gruppo dai netti contorni rispetto ai restanti soldati di stanza nell'Urbe. Nel corso del tempo tale forma espressiva specifica degli *equites* divenne scontata; e nella scelta dei motivi non importò tanto la distinzione dalle restanti unità con un ricorso a forme di rappresentazioni provinciali e a una strategia visuale ben determinata, quanto, piuttosto, la rappresentazione più consueta dell'unità, come mostrato esemplarmente dai monumenti funerari degli *equites* di origine siriana o arabica, sempre contraddistinti dal motivo della presentazione dei cavalli, senza alcun concreto riferimento alle tradizioni di immagini della loro patria.

I soldati si mantennero fedeli a tale uniforme modalità rappresentativa sino a età Severiana, e gli *equites singulares* persino sino allo scioglimento della loro unità al principio del IV sec. d. C. La decisione individuale dei soldati consistette soprattutto nella rinuncia ad altre forme rappresentative: si ricorse al noto repertorio visuale e si impiegarono quei motivi, elaborati per i corpi militari o per la propria unità.

Dalla configurazione dei loro monumenti funerari, dalle iscrizioni così come dalla composizione delle necropoli traspare così uno spirito corporativo senza paralleli. Molti soldati vennero sepolti persino nella cerchia dei loro *commilitones* anche se non più in servizio. Lo spirito di gruppo dei soldati, manifesto non solo nei monumenti funerari ma anche nelle numerose dediche militari al *Genius centuriae* o al *Genius cohortis*, riuscì a infiltrarsi anche nella letteratura coeva, come mostra un episodio dal »*De bello Iudaico*« di Flavio Giuseppe[6], in cui un soldato delle coorti urbane in un discorso definisce i pretoriani come propri fratelli. Determinante per la socializzazione e per la comprensione di sé dei soldati in seno alle loro unità e dell'intero esercito di stanza nell'Urbe furono le differenze d'origine e stato giuridico dei soldati, inoltre in grado di influenzare anche il rapporto con la popolazione civile. Ciò si riflette in ugual misura nelle iscrizioni dei monumenti, così come nelle peculiari modalità rappresentative degli *equites singulares*, che, in virtù del loro speciale stato, trovarono forme espressive proprie, senza adottare il tipico abito militare delle altre unità urbane.

Grazie alla posizione in città e nei suoi dintorni negli accampamenti militari urbani vigevano condizioni di vita divergenti da quelle ai confini dell'Impero. Le divergenti pretese si ripercossero soprattutto sull'aspetto degli edifici interni all'accampamento. Gli impianti militari urbani si distanziarono in punti essenziali da quelli legionari e dai castelli ausiliari delle province ai confini: assimilarono, infatti, numerose componenti urbane, di stampo civile, in grado di offrire ai soldati uno stile di vita comodo, seppur in una cornice militare. Nella costruzione e nella configurazione degli impianti si poté ricorrere alle molte risorse della capitale, il che si può dedurre soprattutto dalla presenza di edifici muniti di cantine e a più piani e non sprovvisti di un certo confort, secondo una prassi richiamante la consueta modalità costruttiva delle *insulae* urbane, pur conservando, dato importante, la tipica struttura basilare consona alla presenza di contingenti militari.

Lo spazio dentro all'accampamento più grande e al meglio trasmesso, i *castra praetoria*, fu occupato da una serie di baracche subito addossate al muro di fortificazione e da altre all'interno, ricostruibili a due o più piani. Affini evidenze si lasciano constatare in altri accampamenti militari, come i *castra nova equitum singularium* e i *castra peregrina*, e il carattere di siffatti impianti diverge chiaramente dalle caserme normalmente ricostruibili a un piano e a un piano e mezzo ai confini dell'impero. Inoltre, una pretesa rappresentativa della decorazione traspare soprattutto dai mosaici pavimentali nonché da altri dettagli, laddove dell'arredo mediante sculture e altri oggetti d'ornamento nulla però è sostanzialmente noto. Edifici riservati a ufficiali e comandanti non sono stati individuati in nessuno degli accampamenti urbani, così che viene spontaneo domandarsi se quelli si trovassero davvero al loro interno o piuttosto in case sontuose all'esterno. A tal riguardo le testimonianze archeologiche purtroppo tacciono, anche se in una distribuzione simmetrica delle caserme delle unità è a stento concepibile che potesse rimaner posto per gli alloggi degli ufficiali; e lo stesso vale per altre tipologie edilizie dell'esercito, come *horrea* o *valetudinaria*. Le costruzioni interne degli accampamenti sembrano insomma limitarsi alle sole caserme, poiché, a parte i *principia*, non resta alcuna traccia di edifici altrimenti noti da accampamenti militari, che, per di più, a giudicare dai resti

6 Ios. Bell. Iud. 2, 211.

conservati, paiono a malapena attendibili. Gli impianti militari urbani si svelano così come una sorta di residenze militari, capaci di esistere solo come entità non autonome, ma annesse a Roma, da cui sono per necessità dipendenti. Importante fu tuttavia la separazione formale dei soldati dalla popolazione civile della città.

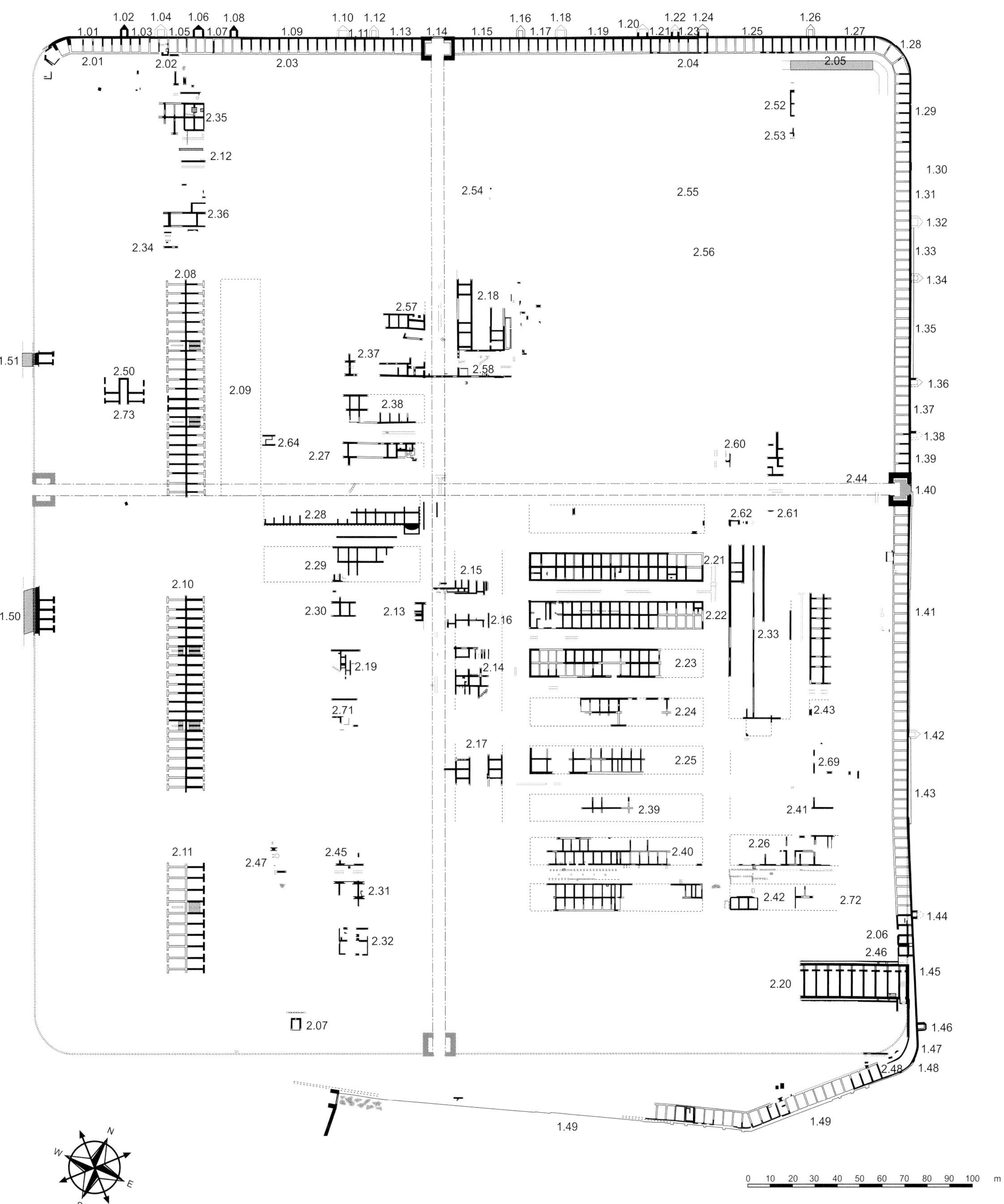

Abb. 90 Gesamtplan der Baubefunde im Bereich der castra praetoria und des umliegenden Geländes

Tab. 1 Die stadtrömischen Einheiten

Einheit	In Rom nachgewiesen	Lager	Organisation	Stärke	Herkunft	Rechtsstatus
cohortes praetoriae	27/26 v. Chr. bis 312 n. Chr.	castra praetoria	Kohorten	9–10 Kohorten à 500/1000 Mann	1./2. Jh. Italiker 3. Jh. Legionäre aus den Donauprovinzen	römische Bürger
speculatores Augusti	27/26 v. Chr. bis 312 n. Chr. (?)	castra praetoria	Unbekannt	300	aus den cohortes praetoriae	römische Bürger
evocati	27/26 v. Chr. bis 312 n. Chr. (?)	castra praetoria	numerus, Zenturien[1]	unbekannt	Veteranen der cohortes praetoriae und urbanae	römische Bürger
statores	27/26 v. Chr. bis 312 n. Chr. (?)	castra praetoria	numerus[2]	unbekannt	aus den cohortes vigilum[3]	römische Bürger
Germani corporis custodes	Augustus bis 69 n. Chr.	nahe der horti Dolabellae	Kohorte[4], Dekurien[5]	500	Niedergermanien, Batavergebiet	peregrini
equites singulares Augusti	Trajan bis 312 n. Chr.	castra priora/ nova equitum singularium	ala equitata	2. Jh. 500/1.000 3. Jh. 1.000/2.000	Niedergermanien, Pannonien, Norikum u.a. Provinzen	peregrini
cohortes urbanae	27 v. Chr. Bis Mitte 4. Jh. n. Chr.[6]	castra praetoria, stationes, castra (urbana)	cohortes quingenariae peditatae[7]	3 (+ 2) à 500–1.500	Italien (86-90%), Provinzen (10-14%) cohortes vigilum (Offiziere)	römische Bürger
cohortes vigilum	6 n. Chr. bis (?)	7 stationes 14 excubitoria	cohortes quingenariae peditatae	7 Kohorten à 500–1.000		liberti
frumentarii	Trajan bis Diokletian[8]	castra peregrina/ stationes (?)	numerus	90–100	aus den Legionen	römische Bürger
speculatores legionis	(?)	castra peregrina	(?)	(?)	aus den Legionen	römische Bürger
classiarii	1. Jh. bis (?)	castra Misenatium/ castra Ravennatium	classis	(?)		liberti, peregrini
legio II Parthica	Ende 2. Jh. n. Chr.	castra Albana	Legion	10 Kohorten à 500 oder 1.000 Mann	v.a. aus den Donauprovinzen	

1 Die Inschrift EV 27 (= CIL VI 2662) nennt einen *centurio evocatorum*.

2 Die Bezeichnung *numerus* ist durch die Grabinschriften ST 09 (= CIL X 1766) und ST 13 (= CIL VI 3617) belegt.

3 Epigraphisch belegt durch: CIL VI 221 *optio vigilum translatus inter statores*.

4 Suet. Galba 12, 2.

5 Durch Grabinschriften sind Dekurien und Dekurionen belegt vgl. GCC 07–23.

6 Sicher erst ab 5 n. Chr. durch Cass. Dio 55, 34, 2 bezeugt, doch vermutlich schon zusammen mit den cohortes praetoriae aufgestellt. s. Durry, Cohortes prétoriennes 12; Kolb, Rom 555. Die Vermutung, die Gründung der cohortes urbanae fiele in das Jahr 27 v. Chr., stützt sich nach Freis, Cohortes Urbanae 4 auf eine Textstelle bei Suet. Aug. 49, 1 *ceterum numerum partim in urbis partim in sui custodiam allegit*. Eine Diskussion der verschiedenen Forschungsmeinungen zum Gründungsdatum findet sich bei: Freis, Cohortes Urbanae 5 f. – Der Zeitpunkt der Auflösung wird ebenfalls kontrovers diskutiert. Vgl. hierzu: W. Sinningen, The officium of the urban prefecture during the later Roman Empire (1957) 89 (318 n. Chr.), dagegen A. Chastagnol, La préfecture urbaine à Rome sous le Bas-Empire (1960) 226 f. (368–378 n. Chr.).

7 Reiter sind bei den cohortes urbanae nur aus Nordafrika bekannt. Freis, Cohortes Urbanae 31 ff.

8 Aur. Vict. Caes. 13, 5, 6. – Zum Problem der Gründung: M. Clauss, Untersuchungen zu den Principales des römischen Heeres von Augustus bis Diokletian: cornicularii, speculatores, frumentarii (1973).

Tab. 2 Anzahl der Soldaten in Rom und Umgebung zwischen dem ersten und vierten Jahrhundert n. Chr.

Einheit	1. Jh.	2. Jh.	3. Jh.	Anfang 4. Jh.
cohortes praetoriae	4.500	5.000	10.000[1]	10.000
speculatores Augusti	300 (?)[2]	300 (?)	300 (?)	300 (?)
evocati	(?)	(?)	(?)	(?)
statores	500 (?)	500 (?)	500 (?)	500 (?)
Germani corporis custodes	500[3]	---	---	---
equites singulares Augusti	---	(500) 1.000	(1.000) 2.000	2.000
cohortes urbanae	1.500	2.000	6.000[4]	6.000
cohortes vigilum	3.500	3.500	7.000[5]	7.000
classiarii	(?)	(?)	(?)	(?)
frumentarii	---	90–100[6]	90–100	---
speculatores legionis	(?)	(?)	(?)	(?)
legio II Parthica	---	---	5.000–10.000	5.000–10.000
Sonstige[7]	(?)	(?)	(?)	(?)
Gesamt	10.800 + X	12.900 + X	35.900 + X	35.900 + X

1 Cass. Dio 55, 24, 6.

2 Die Stärke des Numerus wird auf etwa 30 speculatores pro Prätorianerkohorte, also insgesamt 270–300 Mann geschätzt. Durry, Cohortes prétoriennes 108. – Dagegen: Passerini, Coorti pretorie 70 Anm. 6. Die Soldaten entsprachen vom Rang her den principales.

3 Bellen, Leibwache 53 ff. 101.

4 Cass. Dio 55, 24, 6.

5 Zwei in der Villa Mattei gefundene Inschriften der cohors V vigilum, von denen die eine aus dem Jahre 210 n. Chr. und die andere vermutlich aus dem Jahr 205 n. Chr. stammt, nennt die eine 113 Offiziere und Unteroffiziere sowie 930 Soldaten und die andere 119 Offiziere und Unteroffiziere und 1013 Soldaten. CIL VI 1057. VI 1058 (=ILS 2157).

6 Unklar ist die genaue Stärke des numerus, wobei die Existenz eines *centurio frumentariorum* wie auch die Tatsache, daß eine Legion gleichzeitig drei frumentarii nach Rom abgeordnet haben konnte, zu Schätzungen von 90 bis 100 Mann führte. s. M. Reuter, Die frumentarii – neugeschaffene ›Geheimpolizei‹ Traians? In: E. Schallmayer (Hrsg.), Traian in Germanien. Kolloquium Saalburg/Bad Homburg 1999. Saalburg-Schriften 5 (1999) 78.

7 numerus primipilarium, lanciarii etc.

Tab. 3 Die Truppenstärke der Prätorianer vom Ende des ersten Jahrhunderts v. Chr. bis zum Beginn des vierten Jahrhunderts n. Chr.

	Kohortenanzahl	Kohortenstärke	Gesamtzahl
Augustus	9 (I–IX)	500[1]	4.500
Caligula	12 (+ X, XI, XII)[2]	500	6.000
Vitellius	16 (+ XIII, XIV, XV, XVI)[3]	1.000	16.000
Vespasian	9 (I–IX)[4]	500	4.500
Domitian	10 (I–X)[5]	500	5.000
Septimius Severus	10 (I–X)	1.000 (1500)	10.000

1 Die Forschungsmeinungen gehen bezüglich der Kohortenstärke auseinander. Nach Passerini, Coorti pretorie 58 ff. und D. L. Kennedy, AncSoc 1978, 275 ff. waren die cohortes praetoriae von Beginn an cohortes miliariae equitatae. Begründet wird dies mit den Textstellen Tac. hist. 2, 93 und Appian, bell. civ. 5, 3.

2 Tac. ann. 15, 50. 60–61.

3 Vitellius stellte während seiner kurzen Herrschaft im Vierkaiserjahr eine eigene Prätorianergarde auf, die er hauptsächlich aus seinen Legionen rekrutierte. Prok. hist. 20.

4 Vespasian setzte nach der Einnahme des Lagers seinen Sohn und Mitregenten als alleinigen *praefectus praetorio* ein und reduzierte die Kohortenzahl. Suet. Tit. 6.

5 CIL VI 208.

Tab. 4 Die Truppenstärke der cohortes urbanae in Rom vom Ende des ersten Jahrhunderts v. Chr. bis zur Mitte des vierten Jahrhunderts n. Chr.

	Kohortenanzahl	Kohortenstärke	Gesamtzahl
Augustus	3 (X, XI, XII)[1]	500	1.500
Claudius	4 (X, XI, XII, XIV)[2]	500	3.500
Vitellius (?)	8 (+ XVII)[3]	1.000	8.000
Vespasian	4 (X, XI, XII, XIV)[4]	500	2.000
Septimius Severus	4 (X, XI, XII, XIV)[5]	1.500	6.000

1 Tac. ann. 4, 5, 3. Eine zusätzliche cohors XIII urbana wurde 15 v. Chr. in Lyon stationiert. Freis, Cohortes Urbanae 90.

2 Zu den in Rom stationierten wurden unter Claudius fünf weitere cohortes urbanae ausgehoben, von denen zwei mit den Nummern XIV und XV in Ostia und Puteoli stationiert wurden. Die cohors XVII urbana ersetzte die cohors XIII urbana in Lyon, wurde aber bereits im Jahre 68 n. Chr. nach Ostia verlegt und in Lyon durch die cohors XVIII urbana ersetzt. Über den Standort der cohors XVI urbana weiß man nichts. Freis, Cohortes Urbanae 10. 90.

3 Im Jahre 69 n. Chr. ist eine cohors XVII für Ostia belegt. Tac. hist. 1, 80, 1; Plut. Otho 3.

4 In Lyon wurde eine neu gebildete cohors I Flavia urbana stationiert und nach Karthago kam die cohors XIII urbana.

5 Cass. Dio 55, 24, 6. – Da die Prätorianer in dieser Zeit in immer stärkerem Umfang als Interventionstruppe beim Kriegseinsatz herangezogen wurden, wurde die Zahl der cohortes urbanae verdreifacht.

Tab. 5 Zusammensetzung militärischer Begräbnisplätze in Rom[1] (Stand April 2006)

Einheit Begräbnisplatz	CP	SP	EV	ST	GCC	ES	CU	CV	CL	FR/SPL	VA
Salaria-Nekropole	128 (9)	8	(1)	8		2	17	10	7 (Mis)	1	2
Via Nomentana	30 (6)	1	5	3			6	2 (1)			1
Via Tiburtina	14 (1)		1				1 (1)	2			
Via Cassia	9 (1)		2				2				
Ponte Milvio	17 (1)			(2)			6				
Via Portuensis					8		(1)				
Via Appia	15 (1)				3		3	1	27	3	
Via Aurelia	2		1		11			1			
Via Labicana	1					>400		1	6	1	
Via Latina	5 (1)		2				1		1	2	
Via Ostiense	2					1	2			1	
Via Flaminia	7 (1)		1				2 (1)				

1 Die Veteranen sind jeweils in Klammern angegeben.

Tab. 6 Formen der Grabdenkmäler für Soldaten der Stadtrömischen Einheiten (Stand April 2006)

Einheit Form	CP	SP	EV	ST	GCC	ES	CU	CV	CL	PE	FR	SPL
Altar	29	1	8		1	29	6	4		1	2	
Stele	111	5	4	7	16	319	24	11	9	1	5	
Urne	35	1	10	2		3	10	3	1		1	
Titulus (Kolumbarium)	7	2			6			2	1			
Grabplatte	62	4	8	2		19	6	7	19		7	
Sarkophag	4		1			1	1	1	1		1	
Loculusplatte			1									
Tabula (CIL)	39	1	2				2	1	6		1	
Tabula Marm. (CIL)	20	2	10	2			25	7	26		7	
Tabula Trav. (CIL)		1					1	1				
Tabella (CIL)	5							4	4			
Cippus Travertinus (CIL)	5											
Cippus Marmoreus (CIL)	13						4	3	4			
Cippus (CIL)	5	2	4				2				1	1
Unbekannt	110	6	14	2		60	31	7	29	2	15	
Gesamtzahl	440	26	61	16	23	430	112	49	100	4	40	1

Tab. 7 Formen der Grabdenkmäler für Veteranen der stadtrömischen Einheiten (Stand April 2006)

Einheit Form	CP	SP	EV	ES	CU	CV	CL	FR	VA
Altar	7		1	1					
Stele	4	1		2	1	2			1
Urne	2			2 (1)					1
Titulus (Kolumbarium)	1				1				
Grabplatte (Grabbau)	4			1 (0)	1				3
Loculusplatte									
Sarkophag									
Tabula (CIL)	11							1	1
Tabula Marm. (CIL)					3				4
Tabula Trav. (CIL)									
Tabella (CIL)	1						1		
Cippus Travertinus (CIL)									
Cippus Marmoreus (CIL)									
Cippus (CIL)	3								
Unbekannt	11			4	3				
Gesamtzahl	44	1	1	11	9	2	1	1	8

Tab. 8 Bilder auf den Grabdenkmälern der stadtrömischen Soldaten (Stand April 2006)

Einheit Motiv	CP	SP	EV	ST	GCC	ES	CU	CV	CL	FR
corona vittata	65	4	1	4	10	3	19	7	3	5
Ganzfigurige Darstellung (in Toga)	2									
Ganzfigurige Darstellung (als Soldat)	10		3	1		13	4	1		
Porträt in Büstenform	2[1]					12	1	1		
Mahlszene		1				123				1
Pferdevorführung	2[2]					129				
Eroten	1		1	1		32				
Schlachtszenen						1				
Jagdszenen						31				
Waffen						2				
Sonstiges	1[3]		3[4]	1[5]	1		4[6]	2[7]	2[8]	1[9]
Gesamtzahl	83	5	7	7	23	346	28	11	5	7

1 Der Verstorbene ist dabei zweimal durch militärische Tracht als Soldat gekennzeichnet, und trägt zweimal die Toga.
2 CP 084.
3 Es handelt sich um eine Darstellung aus dem Meleagermythos.
4 Geschoß und Norma (EV 01). – Adler (EV 02). – Rosette (EV 10).
5 Rosette (ST 01).
6 Tür (CU 030). – Ascia (CU 56). – Rosette (CU 13). – Castor mit Pferd (CU 85).
7 Ascia (CV 46). – Vögel mit Krater (CV 02).
8 Delphine (CL 26). – Ammonsköpfe (CL 10).
9 Sertum (F 23).

Register und Quellenverzeichnis

Personen-, Sach- und Ortsregister

Bei mit einem Stern (*) bezeichneten Stichwörtern sind nur die Erwähnungen außerhalb der dem Lager bzw. den Grabdenkmälern der jeweiligen Einheit gewidmeten Kapitel aufgenommen.

Quellenregister

Literarische Quellen

Epigraphische Quellen

Abbildungsnachweis

Abb. 1: FA1035-06
Abb. 2: D-DAI-ROM-32.73
Abb. 3: Grafik Verf.
Abb. 4: Saalburg-Archiv A 30
Abb. 5: »Descrizione del Castro Pretorio, e degli avanzi antichi esistenti nella villa Torlonia presso la porta Nomentana« (c. 1830), Bibliothek DAI Rom, Signatur K 157 (Rara)
Abb. 6: Mike Bishop nach Angaben der Verf.
Abb. 7: BAV, Cod. Vat. lat. 13044, fol. 106
Abb. 8–15: Foto Verf.
Abb. 16: Arch. Fot.
Abb. 17: Arch. Fot. 12274
Abb. 18: Verf. auf der Grundlage von CAR III, BCom
Abb. 19: Arch. Fot. 14220.
Abb. 20: Arch. Fot. 58678
Abb. 21: Arch. Fot. 11109
Abb. 22: Arch. Fot.
Abb. 23: Arch. Fot. 48643
Abb. 24: Arch. Fot. 48641
Abb. 25: Verf. auf der Grundlage von CAR III, BCom
Abb. 26: Verf.
Abb. 27: Arch. Fot. 14222
Abb. 28: Verf. auf der Grundlage von CAR III, BCom
Abb. 29: Arch. Fot. 26954
Abb. 30: FA6028–06
Abb. 31: FA6027–05
Abb. 32: Mal33–07
Abb. 33: Mal397–03
Abb. 34: nach Liverani, Laterano Abb. 1
Abb. 35: nach Liverani Laterano Abb. 8
Abb. 36: Foto Vaticano
Abb. 37–41: Foto Verf.
Abb. 42: Grafik Margarete Schützenberger u. Verf. nach Angaben der Verf.
Abb. 43. 44: Foto Verf.
Abb. 45: Verf. auf der Grundlage von J. S. Rainbird, BSR 54, 1986, Abb. 3
Abb. 46: Foto Verf.
Abb. 47: D-DAI-ROM (H. Behrens) nach F. Piranesi, Le Antichità Romane I (1756) Taf. 2 (Fragment Nr. 25)
Abb. 48: Mike Bishop nach Angaben der Verf.
Abb. 49: Mike Bishop nach Angaben der Verf.
Abb. 50: Mike Bishop nach Angaben der Verf.
Abb. 51: Foto Verf.
Abb. 52: Archäologischer Park Xanten (St. Arendt)
Abb. 53: Verf. auf der Grundlage von CAR II
Abb. 54: Verf. auf der Grundlage von Deichmann – Tschira, Mausoleum Abb. 1
Abb. 55: D-DAI-ROM (H. Behrens) nach F. Piranesi, Le Antichità Romane I (1756) III.
Abb. 56: D-DAI-ROM-95.1017
Abb. 57: FA6025–07
Abb. 58: D-DAI-ROM-60.973
Abb. 59: FA6027–03
Abb. 60: Mal43–06
Abb. 61: D-DAI-ROM-2002.0657
Abb. 62: FA6024–04
Abb. 63: FA6027–07
Abb. 64: FA6027–06
Abb. 65: D-DAI-ROM-72.3021
Abb. 66: FA6024–03
Abb. 67: FA2620-02
Abb. 68: Fitt71–01–07
Abb. 69: D-DAI-ROM-78.470
Abb. 70: D-DAI-ROM-60.576
Abb. 71: D-DAI-ROM-DEI-o.Nr.
Abb. 72: FA–S4174–01
Abb. 73: FA–S4177–01
Abb. 74: FA6027–01
Abb. 75: FA4167–01
Abb. 76: FA–S 4169–1
Abb. 77: Foto Verf.
Abb. 78: FA6024–11
Abb. 79: FA1812-00
Abb. 80: D-DAI-ROM-2002.0658
Abb. 81: Museumsfoto
Abb. 82: FA6024–05
Abb. 83: Museumsfoto
Abb. 84: FA6024-10
Abb. 85: FA6024-10
Abb. 86: Verf. auf der Grundlage von M. Mosser, Die Steindenkmäler der legio XV Apollinaris (2003) Taf. 1
Abb. 87: FA4217-08
Abb. 88: D-DAI-ROM-95.1015
Abb. 89: D-DAI-ROM-1328
Abb. 90: Verf. auf der Grundlage von CAR III, BCom